Neue Materialien des Bayerischen Neolithikums 2

Würzburger Studien zur
Vor- und Frühgeschichtlichen Archäologie

Herausgeber
Frank Falkenstein und
Heidi Peter-Röcher

Band 3

Neue Materialien des Bayerischen Neolithikums 2

Tagung im Kloster Windberg vom 18. bis 20. November 2016

herausgegeben von
Ludwig Husty, Thomas Link und Joachim Pechtl

Würzburg
University Press

Würzburger Studien zur Vor- und Frühgeschichtlichen Archäologie

Herausgegeben vom Lehrstuhl für Vor- und Frühgeschichtliche Archäologie
Institut für Altertumswissenschaften

Herausgeber
Frank Falkenstein und Heidi Peter-Röcher

Schriftleitung
Gabriele Albers und Marcel Honeck

Layout
Thomas Link

Finanzielle Förderung

Gesellschaft
für
Archäologie
in
Bayern e.V.

Landkreis
Straubing-Bogen
Tradition und Zukunft

FÖRDERVEREIN FÜR KULTUR UND FORSCHUNG
BOGEN-OBERALTAICH E.V.

Impressum

Julius-Maximilians Universität Würzburg
Würzburg University Press
Universitätsbibliothek Würzburg
Am Hubland
D-97074 Würzburg
www.wup.uni-wuerzburg.de

© 2018 Würzburg University Press
Print on Demand

ISSN 2367-0681 (print)
ISSN 2367-069X (online)
ISBN 978-3-95826-098-6 (print)
ISBN 978-3-95826-099-3 (online)
urn:nbn:de:bvb:20-opus-168688

Inhalt

Gewidmet

Dr. Bernd Engelhardt

* 16. 11. 1945
† 18. 5. 2017

Vorwort

Einer ist keiner – zwei aber sind schon ein Paar! Die Hoffnung, eine neuen Serie von Arbeitstagungen zum bayerischen Neolithikum etablieren zu können und damit gezielt an die früheren Aktivitäten in Windberg anzuknüpfen, scheinen aufzugehen: Durch die Vorlage dieses neuen Bandes der Publikationsreihe mit den Beiträgen des Treffens im Jahr 2016 wird der zweite Zyklus endgültig abgeschlossen und das dritte Treffen am 16.–18.11.2018 steht unmittelbar bevor. Eine gewisse Tradition der neuen Windberg-Tagungen ist somit begründet; vielleicht entwickelt sich daraus ja eine feste Institution. Der weiterhin rege Zuspruch ist zumindest vielversprechend und der Ansatz, in offener und kollegialer Atmosphäre durch die möglichst eingehende Vorstellung und gemeinsame Diskussion neuer Materialien archäologische Grundlagenarbeit voranzutreiben, findet Anklang. Offenbar ist ein zeitgemäßes und tragfähiges Format gefunden.

Die Klausurtagung vom 18.–20.11.2016 vereinte 30 an der bayerischen Neolithforschung Interessierte für zwei volle und intensive Tage. 22 Vorträge mit einer reinen Sprechzeit von insgesamt gut über 7 Stunden wurden gehalten, wobei das Spektrum der vorgestellten Materialien von der ältesten LBK bis zum Endneolithikum reichte, ergänzt durch mehrere diachrone Beiträge. Für die gemeinsame Durchsicht und Diskussion der reichlich mitgebrachten Originalmaterialien war wieder viel Zeit eingeplant, was sich erneut als zentraler Bestandteil der Veranstaltung erwies. Allen Beteiligten sei herzlich gedankt für ihren Beitrag zu dieser Veranstaltung. Gleiches gilt für alle Autorinnen und Autoren, die ihre Vorträge in schriftliche Form überführt haben, um sie hier einer breiten Öffentlichkeit zugänglich zu machen. So wichtig der persönliche fachliche Austausch während der Klausurtagung selbst ist, sind wir überzeugt, dass letztlich die Verfügbarkeit in schriftlicher Form darüber entscheidet, ob ein archäologisches Material der Forschung dauerhaft einen Impuls zu verleihen vermag. Insofern steht zu hoffen, dass zumindest einige der hier nicht publizierten Fundkomplexe zukünftig in dieser Reihe oder andernorts Eingang in die Fachliteratur finden werden. Immerhin ist der Vortrag von G. Raßhofer zu „Baden in Bayern" bereits in der Reihe Fines Transire erschienen[1] und der Beitrag von B. Limmer und J. Pechtl über transalpine Beziehungen wird bald in dem Tagungsband zur 51° Riunione Scientifica des Istituto Italiano di Peristoria e Protostoria greifbar sein.

Wir freuen uns, dass auch diese Publikation wieder in Kooperation mit dem Lehrstuhl für Vor- und Frühgeschichtliche Archäologie und der Universitätsbibliothek der Universität Würzburg in den „Würzburger Studien zur Vor- und Frühgeschichtlichen Archäologie" ihren Platz gefunden hat und danken hierfür Prof. Dr. Frank Falkenstein, Prof. Dr. Heidi Peter-Röcher und Claudia Schober.

Sowohl für die Durchführung der Klausurtagung als auch für die Publikation sind wir auf die finanzielle Förderung angewiesen, die uns erneut die Gesellschaft für Archäologie in Bayern e. V., der Förderverein für Kultur und Forschung Oberalteich sowie der Landkreis Straubing-Bogen in ausgesprochen großzügiger Weise gewährt haben. Unser Dank gilt auch der Jugendbildungsstätte Windberg, wo wir alle uns rundum wohl und willkommen gefühlt haben und bestens versorgt wurden, was beides zweifellos wesentlich zum Gelingen der Veranstaltung beigetragen hat.

Den Autorinnen und Autoren des vorliegenden Bandes und den Teilnehmerinnen und Teilnehmern der Tagung danken wir für ihr Engagement und hoffen, dass sie alle auch zukünftig der bayerischen Neolithforschung in hoffentlich zahlreichen weiteren Arbeitstagungen im Kloster Windberg neue Impulse geben werden.

Zum Schluss aber möchten wir einen Moment innehalten und an Dr. Bernd Engelhardt erinnern, dessen stillem Angedenken wir diesen Band widmen. Er war über Jahrzehnte einer der prägenden Köpfe der bayerischen Neolithforschung, sowohl in menschlicher als auch in fachlicher Hinsicht – und hat nicht zuletzt auch die früheren Windberg-Tagungen maßgeblich mitgestaltet.

Im Oktober 2018   Ludwig Husty   Thomas Link   Joachim Pechtl

---

1   G. Raßhofer, Neue Funde der Badener Kultur von Parkstetten, Lkr. Straubing-Bogen, und weiteren Fundplätzen in Niederbayern. Fines Transire 26, 2017, 77–109.

Zweite Klausurtagung

Neue Materialien des Bayerischen Neolithikums

Kloster Windberg, 18. bis 20. November 2016

Tagungsprogramm

Freitag, 18.11.2016		
bis 14:15	Anreise, Zimmerbelegung	
14:30–15:00	**Kaffee**	
15:00–15:15	Thomas Link / Joachim Pechtl / Ludwig Husty	Begrüßung, Organisatorisches
15:15–18:00 *(mit Pause)*	Doris Mischka / Katharina Buchholz / Clara Drummer	Die Bandkeramik in Oberfranken. Gradiometerprospektion und Ausgrabungskampagne 2014 in der linearbandkeramischen Siedlung Ebermannstadt-Eschlipp *(40 Min.)*
	Anneli O´Neill / Heiner Schwarzberg	Zwischenbericht zum DFG-Projekt „Siedlungs-, Wirtschafts- und Sozialarchäologie des frühen Neolithikums im Tal der Itz" (Oberfranken) *(20 Min.)*
	Jessica Siller	Linearbandkeramik in Unterfranken *(20 Min.)*
	Martin Nadler	Zwei neue ÄLBK-Häuser mit Y-Stellung und ihr Inventar *(20 Min.)*
18:15–19:00	**Abendessen**	
19:15–20:00	David Berthel	Die bandkeramische Höhlennutzung auf der Schwäbischen Alb, der Südlichen Frankenalb und der mittleren Frankenalb *(15 Min.)*
	Anna-Leena Fischer	Die jüngere LBK im Nördlinger Ries *(15 Min.)*
20:00–20:30	Plenum	Diskussion Block 1: LBK, Materialauslage
ab 20:45	**Gemütliches Beisammensein**	

Samstag, 19.11.2016		
8:00–8:45	**Frühstück**	
9:00–11:00	Silviane Scharl	Gruben... und kein Ende – Abschluss der geomagnetischen Prospektion (2008–2016) in der mittelneolithischen Siedlung von Ippesheim *(15 Min.)*
	Stefan Suhrbier	Import-Export Mainfranken – Keramische Beziehungen im Mittelneolithikum *(15 Min.)*
	Erika Riedmeier-Fischer	Die „Große Grube" von Ergolding-LA 26 *(20 Min.)*
	Karin Riedhammer	Erkenntnisse aus 600 Radiokarbondaten zur ersten Hälfte des 5. Jahrtausends vom Elsass über Bayern bis nach Mähren *(20 Min.)*
11:00–12:00	Plenum	Diskussion Block 2: Mittelneolithikum, Materialauslage
12:15–13:00	**Mittagessen**	
13:15–15:00	Martón Szilágyi / Daniela Hofmann	The Münchshöfen pottery at Riedling: perliminary results and relative chronology *(20 Min.)*
	Daniel Meixner	Neue ^{14}C-Daten zur frühen Münchshöfener Kultur *(20 Min.)*
15:00–15:30	**Kaffee**	

15:30–18:00 (mit Pause)	Thomas Richter	Vilsbiburg Lidl-Neubau. Eine Mineralbodensiedlung der Altheimer Kultur (25 Min.)
	Ludwig Kreiner	Neue Altheimer Funde aus dem Landkreis Dingolfing-Landau (15 Min.)
	Thomas Saile	^{14}C-Daten aus Altheim (15 Min.)
	Gabriele Raßhofer / Ludwig Husty	Baden in Bayern (25 Min.)
	Georg Roth	Zur (jungneolithischen) Verbreitung des Baiersdorfer Plattenhornsteins (15 Min.)
18:15–19:15	**Abendessen**	
19:30–20:00	Joachim Pechtl / Barbara Limmer	Italische Beziehungen und transalpine Kontakte im südbayerischen Neolithikum (25 Min.)
20:00–20:30	Plenum	Diskussion Block 3: Jungneolithikum, Materialauslage
ab 20:45	**Gemütliches Beisammensein**	

Sonntag, 20.11.2016		
8:00–8:45	**Frühstück**	
9:00–11:00 (mit Pause)	Helmut Schlichtherle	Die Goldberg III-Gruppe in Oberschwaben. Befunde und Funde (20 Min.)
	Joachim Pechtl	Angekratzt – ein spätneolithisches Grubenhaus aus Chieming, Lkr. Traunstein (15 Min.)
	Thomas Link	Eine mehrphasige Grabenanlage des 3. Jahrtausends v. Chr. in Burgerroth, Lkr. Würzburg (20 Min.)
	Michaela Schauer	Die geschliffenen Steingeräte aus Oberflächenaufsammlungen der Region Unterfranken (Sammlung Schindler). Studien zur Typologie von Beilen, Dechseln und Äxten (25 Min.)
11:00–11:30	Plenum	Diskussion Block 4: Spät- und Endneolithikum, Materialauslage
11:30–12:00	Plenum	Abschlussdiskussion, Organisatorisches
12:15–13:00	**Mittagessen**	
ab 13:00	**Abreise**	

Die Tagung wurde ermöglicht durch die finanzielle Unterstützung der Gesellschaft für Archäologie in Bayern, des Landkreises Straubing-Bogen und des Fördervereins für Kultur und Forschung Oberaltaich.

Gesellschaft
für
Archäologie
in
Bayern e.V.

Landkreis
Straubing-Bogen
Tradition und Zukunft

FÖRDERVEREIN FÜR KULTUR UND FORSCHUNG
BOGEN-OBERALTAICH E.V.

Organisation:

Joachim Pechtl
kelten römer museum manching
Im Erlet 2
85077 Manching
E-Mail: joachim.pechtl@museum-manching.de

Ludwig Husty
Kreisarchäologie Straubing-Bogen
Klosterhof 1
94327 Bogen
E-Mail: Husty.Ludwig@landkreis-straubing-bogen.de

Thomas Link
Landesamt für Denkmalpflege
im Regierungspräsidium Stuttgart
Ref. 82 – Denkmalfachliche Vermittlung
Berliner Straße 12
73728 Esslingen am Neckar
E-Mail: thomas.link@rps.bwl.de

L. Husty / T. Link / J. Pechtl (Hrsg.), Neue Materialien des Bayerischen Neolithikums 2 – Tagung im Kloster Windberg vom 18. bis 20. November 2016. Würzburger Studien zur Vor- und Frühgeschichtlichen Archäologie 3 (Würzburg 2018) 11–22.

Die Bandkeramik in Oberfranken. Gradiometerprospektion und Auswertung der Befunde und Keramikfunde aus der Ausgrabungskampagne 2014 in der linearbandkeramischen Siedlung Ebermannstadt-Eschlipp, Lkr. Forchheim

Clara Drummer

Zusammenfassung

Der linearbandkeramische Fundplatz Eschlipp-Ebermannstadt, Lkr. Forchheim liegt in der Mittelgebirgszone der nördlichen Frankenalb. Die besondere Lage und große Anzahl an Silices, welche über 36 Jahre lang aufgesammelt wurden, führten zu der Annahme, dass es sich um einen Platz zur Rohmaterialgewinnung handeln müsste. Die 2014 durchgeführte Ausgrabung, welche auch bodenkundliche und archäobotanische Analysen umfasste, zeigt neben der günstigen Zugangslage zu Rohmaterialen, dass es sich auch um eine typische linearbandkeramische Siedlung handelt. Auf Basis der Ergebnisse einer im Vorfeld der Grabung durchgeführten Magnetometerprospektion kann eine Siedlungsgröße von 4,2 ha angenommen werden. Mit 32 Häusern, von denen vermutlich mehrere gleichzeitig bewohnt waren, kann von einer Weiler-Besiedlung ausgegangen werden. Dünnschliffe weisen aufgrund der Magerungsbestandteile der Keramik, wie etwa dem Vorkommen von sog. Kallmünzer Sandsteinen, auf eine Nutzung lokaler Tonvorkommen hin. Für das Verständnis der Besiedlungsgeschichte der Frankenalb wurden Korrespondenzanalysen der Keramikverzierungen durchgeführt. Das Fehlen von Vergleichsdatensätzen aus der lokalen Region verringerte dabei während des Bearbeitungszeitraumes Anfang 2016 die Aussagekraft der Ergebnisse. Auf Basis der traditionellen Typologie nach Meier-Arendt (1966) datiert der Fundplatz Eschlipp in die Stufen II bis V und ist somit ein Hinweis auf eine Besiedlung der Frankenalb seit der älteren LBK.

Abstract

The linearbandceramic site Eschlipp-Ebermannstadt is situated in the middle mountain range of the Frankenalb. This fact in combination with thousands of flintsherds, collected over 36 years, led to the assumption that this site was used during 5300-5000 BC for raw material exploitation. New excavations in 2014, including pedological and archaeobotanical analyses, were conducted. Beside the availability of diverse raw materials, Eschlipp was a regular settlement of the LBK with several simultaneously inhabited houses. The settlement covered ca. 4,2 ha with 32 houses and can be classified as a 'Weiler'-type (hamlet), based on the result of a geophysical survey. Through thin sections, the temper material of the analysed pottery demonstrates the use of local clay with a special type of sandstone, which could originate from the local region. Using Correspondence analyses for understanding the chronology of the settlement history of the Frankenalb, the wider context couldn't be investigated, because of a lack of comparable sites in this region. Based on the traditional typo-chronology by Walter Meier-Arendt the site of Eschlipp dates from phase II to phase V and gives evidence for the occupation of the Frankenalb since the older LBK.

Fruchtbare Lössböden und leichter Zugang zu Wasser gelten als bevorzugte Standortfaktoren für linearbandkeramische Siedlungen (Sielmann 1972, 19, 33, 61–62; Mischka u. a. 2016, 129). Dies führte zu der allgemeinen Annahme, dass unübliche Siedlungslagen wie etwa in Mittelgebirgszonen auf Orte mit spezieller Funktion schließen lassen. Zu den möglichen Funktionen zählen u. a. temporär genutzte Plätze zur Rohstoffgewinnung, Viehweiden oder Wegstationen (Valde-Nowak 2002, 2–10; Mischka u. a. 2016, 130).

Als Teil der Fränkischen Alb gehört die Fränkische Schweiz zu einer Mittelgebirgszone. An deren westlichen und nördlichen Rändern konzentrieren sich rund 100 Fundstellen der Linearbandkeramik, darunter auch der Fundplatz Eschlipp-Krügelsmelm, Gde. Ebermannstadt, Lkr. Forchheim (Abb. 1; Tab. 1). Die im Folgenden vorgestellten Ergebnisse der Forschungen des Institutes für Ur- und Frühgeschichte der Friedrich-Alexander-Universität Erlangen-Nürnberg zeigen (Mischka u. a. 2015, 4; Mischka u. a. 2016, 131–134), dass es sich hierbei nicht nur um einen der oben genannten Sonderplätze in einer Mittelgebirgszone handelt, sondern dass der Fundplatz Eschlipp – neben einer möglichen Sonderfunktion als Rohmaterialquelle – eine typische Siedlung der Linearbandkeramik war. Circa 5 km südöstlich von Ebermannstadt und rund 550 m westlich der Ortschaft Eschlipp liegt die Fundstelle in etwa 490 m NN auf einer Hochfläche der nördlichen Frankenalb (Abb. 1).

Der Siedlungsplatz Eschlipp ist seit Jahrzehnten bekannt und wird regelmäßig von mehreren Sammlern aufgesucht. Darunter auch Jörg Hähnel, der von 1987 bis 2014 mehrere tausend Funde, v. a. Silices, sammelte und größtenteils in die Ur- und Frühgeschichtliche Sammlung der Universität Erlangen-Nürnberg brachte (Mischka u. a. 2015, 8). Die Lage in der Mittelgebirgszone und die über Jahrzehnte hinweg gesammelten Funde führten zu der Annahme, dass Eschlipp ein Platz zur Rohmaterialgewinnung für Silices gewesen sein könnte (Böhner 2012, 80; Züchner 1986, 56–57). Das vom Sammler Jörg Hähnel beobachtete nachlassende Fundaufkommen veranlasste das Erlanger Institut für Ur- und Frühgeschichte zu einer Lehrgrabung, da der bandkeramische Fundplatz durch die agrarwirtschaftlichen Tätigkeiten gefährdet ist (Mischka u. a. 2015, 4). Durch die Ausgrabung sollte die Funktion des Fundplatzes sowie dessen Ausdehnung und Chronologie geklärt werden (Drummer 2016, 21–22; Mischka u. a. 2015, 7).

Parallel zur archäologischen Dokumentation wurden auch pedologische Untersuchungen durchgeführt, um die Bodenzusammensetzung zu klären. Auf dem kalkigen Untergrund des fränkischen Schichtgebirges bildete sich zunächst ein Terra Fusca Boden, der sich in seinen oberen Lagen bereits aufzulösen beginnt (Mischka u. a. 2015, 18–21). Auf diesem setzten sich während der Eiszeit Lösswehungen ab, die sich heute zu Parabraunerden entwickelt haben (Abb. 2). Die nachgewiesene Mächtigkeit dieses Bodens schwankt in Eschlipp von 0–80 cm. In diesem fanden anthropogene Eingriffe statt, die bis in den Terra Fusca Boden reichten. Der bandkeramische Laufhorizont ist jedoch nicht erhalten (Mischka u. a. 2015, 18–21). Die Befunde der LBK sind ebenfalls von wenigen Zentimetern bis maximal 62 cm Tiefe erhalten (Drummer 2016, 22). Der Vergleich von mehreren Bodenprofilen der Frankenalb lässt einen Bodenabtrag zwischen 70–100 cm vermuten (Mischka u. a. 2015, 20–21). Die meisten der Gruben in Eschlipp sind dementsprechend nur noch in ihren unteren Lagen erhalten. Trotz dieser Erhaltungsbedingungen und des eigentlich für Magnetometerprospektionen weniger geeigneten kalkigen Untergrunds, sind im Magnetogramm einer im Vorfeld der Ausgrabung durchgeführten Gradiometerprospektion Anomalien erkennbar, die sich als Siedlungsbefunde der LBK interpretieren lassen (Abb. 3). Insgesamt wurde eine Fläche von 2,2 ha prospektiert. Das Magnetogramm zeigt 101 NW-SO-orientierte Anomalien, die wahrscheinlich durch eine erhöhte Suszeptibilität der Längsgruben linearbandkeramischer Häuser verursacht wurden. Die Anomalien konzentrieren sich vor allem im nördlichen Bereich und nehmen nach Osten hin ab. Im Südwesten weicht die Orientierung der Anomalien von der NW-SO-Ausrichtung stärker nach Osten ab. Im nord- und südöstlichen Bereich des Magnetogramms sind Anomalien zu erkennen, die ebenfalls eine ähnliche Orientierung haben (Abb. 3). Die Dichte dieser amorphen Anomalien ist im Vergleich zu anderen Bereichen der Siedlung jedoch geringer. Gleichzeitig sind schwache, sehr dünne Anomalien sichtbar, für die als Erklärung eher ein geologisch unterschiedlicher Untergrund in Frage kommt. Die Interpretation möglicher archäologischer Befunde ist deshalb erschwert, sodass in diesen Bereichen auf eine Rekonstruktion bandkeramischer Hausstandorte verzichtet wurde. Zur Interpretation möglicher Längsgruben und damit auch bandkeramischer Hausstandorte wurde vor allem eine parallele

Nr	Fundstelle	Nr	Fundstelle	Nr	Fundstelle
1	Altendorf	55	Würgau 1	116	Walkersbrunn-Mürthensbrunnen
2	Altendorf	56	Würgau 2	117	Walkersbrunn-Kreuz
12	Hallstadt	57	Würgau 3	118	Ehrenbürg
15	Hohenplötz-Point	59	Gügel	121	Wannbach
19	Oberngrub	62	Hohenhäusling	123	Polsterhöhle
20	Teuchatz Lindlein	68	Motzenstein	124	Wüstenstein
21	Teuchatz Gemeindeebenen	69	Motzenstein	128	Küps
24	Hirschaid	70	Wattendorf-Schneidergasse	129	Stockheim
26	Hirschaid-Rothensand	73	Wattendorf-Pobenteich	133	Altenbanz
27	Königsfeld-Sportplatz	83	Gauerstadt 1	136	Staffelberg
29	Kotzendorf	84	Gauerstadt 2	137	Hohler Stein
32	Königsfeld-Kirchberg	85	Gauerstadt - Carlshan	138	Hohler Stein
34	Königsfeld	87	Sülzfeld	141	Stadel
36	Litzendorf	92	Großgarnstadt	141	Stadel
38	Naisa	96	Gleußen	143	Zilgendorf
39	Jungfernhöhle	98	Unterlauter	144	Staffelstein
40	Hohenellern	99	Beuerfeld	146	Döringstadt
41	Hohenellern	103	Merlach	148	Draisdorf
42	Merkendorf	104	Unterelldorf	149	Eggenbach
46	Burglesau	107	Zedersdorf-Bühl	150	Kleukheim
50	Neudorf	108	Zedersdorf-Breitweg	155	Lahm
51	Neudorf	109	Zedersdorf-Kleinleite	158	Arnstein
53	Scheßlitz-Kohlstatt	111	Altenhof	160	Diebeshöhle
54	Stübig-Rothe Steine	113	Eschlipp		

Tab. 1. Oberfränkische linearbandkeramische Fundstellen (Grabungen und Lesefundstellen mit datierbaren Scherben) nach Dürr 2015, 448–449.

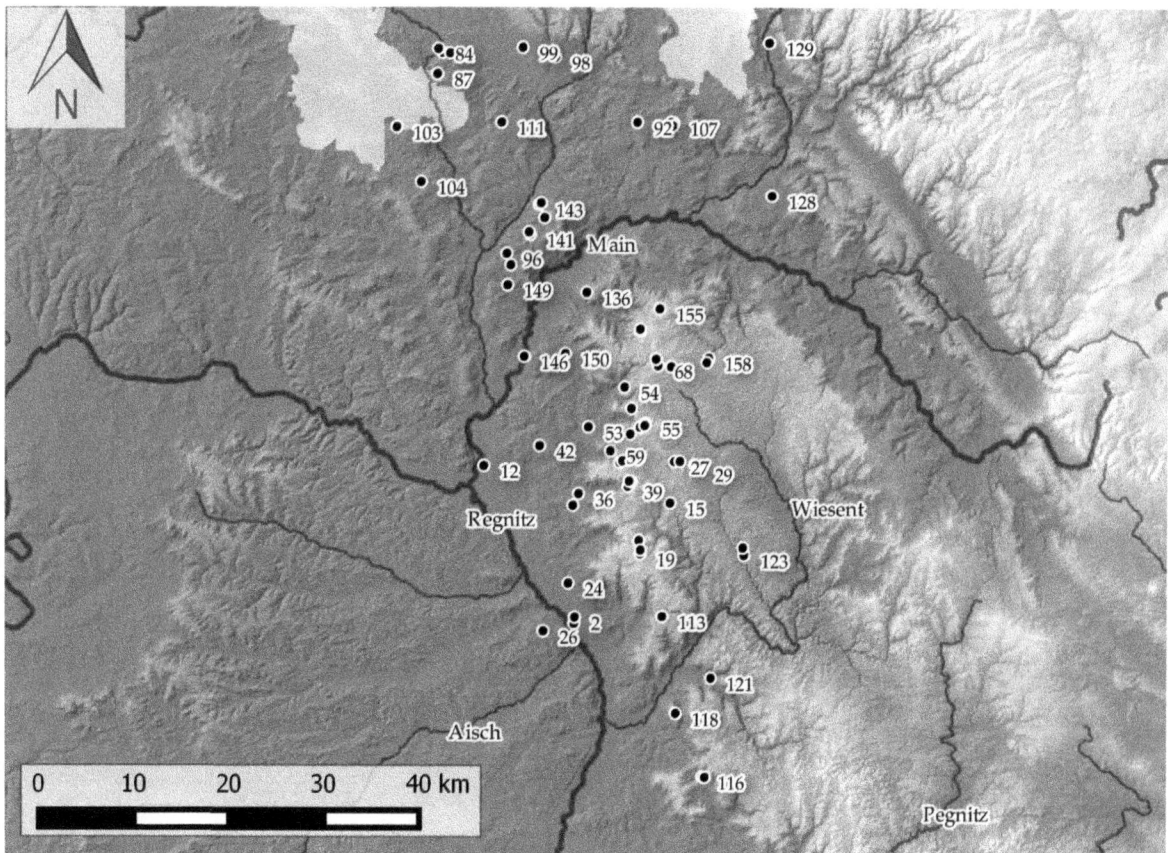

Abb. 1. Linearbandkeramische Fundstellen in Oberfranken (siehe Tab. 1) (Clara Drummer, FAU).

Anordnung der vermuteten Längsgruben mit gleicher Orientierung und einem Abstand von ca. 6 m zueinander vorausgesetzt und so insgesamt 24 mögliche Hausstandorte identifiziert (Abb. 3). Die Siedlung konnte durch die Magnetometerprospektion nicht vollständig erfasst werden. Vermutlich erstreckte sich diese weiter nach Norden und Osten. Erweitert man an diesen Stellen – gemäß der Fundmeldungen der Sammler – die Siedlung um weitere Hausgrundrisse lässt sich die Siedlungsgröße auf 4,2 ha schätzen (Abb. 5). Im Größenvergleich

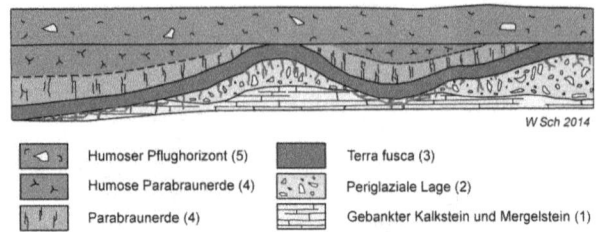

Abb. 2. Rekonstruiertes und idealisiertes Bodenprofil von Eschlipp (Mischka u. a. 2015, 21, Abb. 10, Bearbeiter: Wolfgang Schirmer).

mit anderen bandkeramischen Siedlungen, ist Eschlipp in die mittlere Größenordnung einzuordnen (Cladders u. a. 2012, 47; Kuhn 2012; 15–16; O'Neill 2013, 11; Drummer 2016, 121). Die Ergebnisse der Magnetometerprospektion waren auch für die Schnittlegung der Ausgrabung von Bedeutung.

    Das Ziel der Ausgrabung war es, einen Querschnitt durch die Siedlungsphasen des Platzes zu erhalten. Deshalb wurde auf eine flächige Ausgrabung einzelner Häuser verzichtet. Stattdessen wurden in unterschiedlichen Bereichen der Siedlung zwei Schnitte von je 30 x 5 m quer zu den Häusern angelegt (Mischka u. a. 2015, 14). Dabei wurden im nördlichen Schnitt mehrere Häuser unterschiedlicher Phasen geschnitten. Eine mögliche Erklärung für die bessere Befunderhaltung des nördlichen Schnittes kann der unterschiedliche Untergrund sein, der auch in den Geoprofilen der Grabung zu erkennen war (Mischka u. a. 2015, 18). Die Sichtbarkeit der Befunde war je nach Befundart und -tiefe unterschiedlich gut. Stratigraphische Aussagen waren aufgrund fehlender Überschneidungen der Gruben kaum möglich. Auf Basis

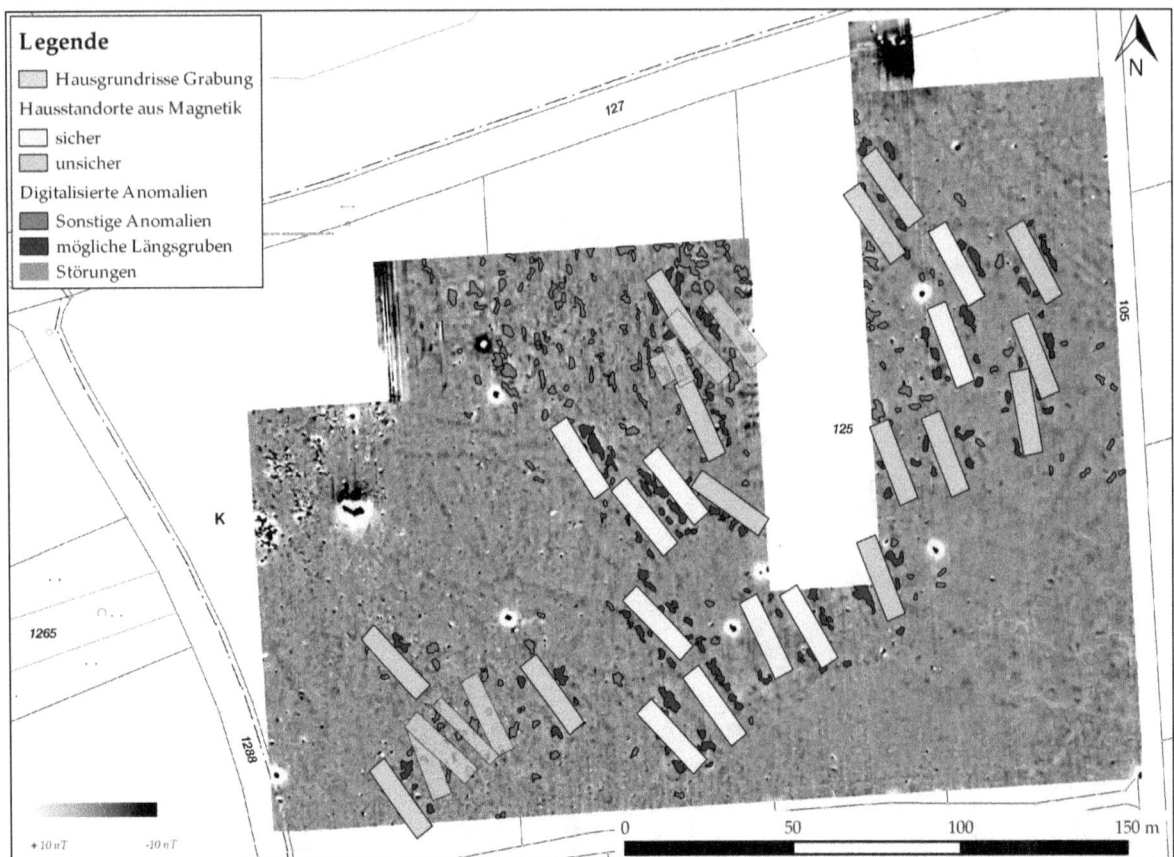

Abb. 3. Magnetogramm mit umgezeichneten Anomalien und Hausstandorten aus Grabung und Magnetik (Clara Drummer, FAU.)

Abb. 4. Hausgrundrisse der Ausgrabung von Eschlipp oben: Südschnitt, unten: Nordschnitt (Clara Drummer, FAU).

der Befundformen im Planum und in Profilen, sowie ihrer Lage zueinander, ließen sich jedoch insgesamt acht Hausgrundrisse postulieren (Abb. 4). Zusammen mit den zusätzlichen 24 rekonstruierten Hausstandorten aus der Magnetik, kann von mindestens 32 Hausgrundrissen ausgegangen werden (Abb. 5).

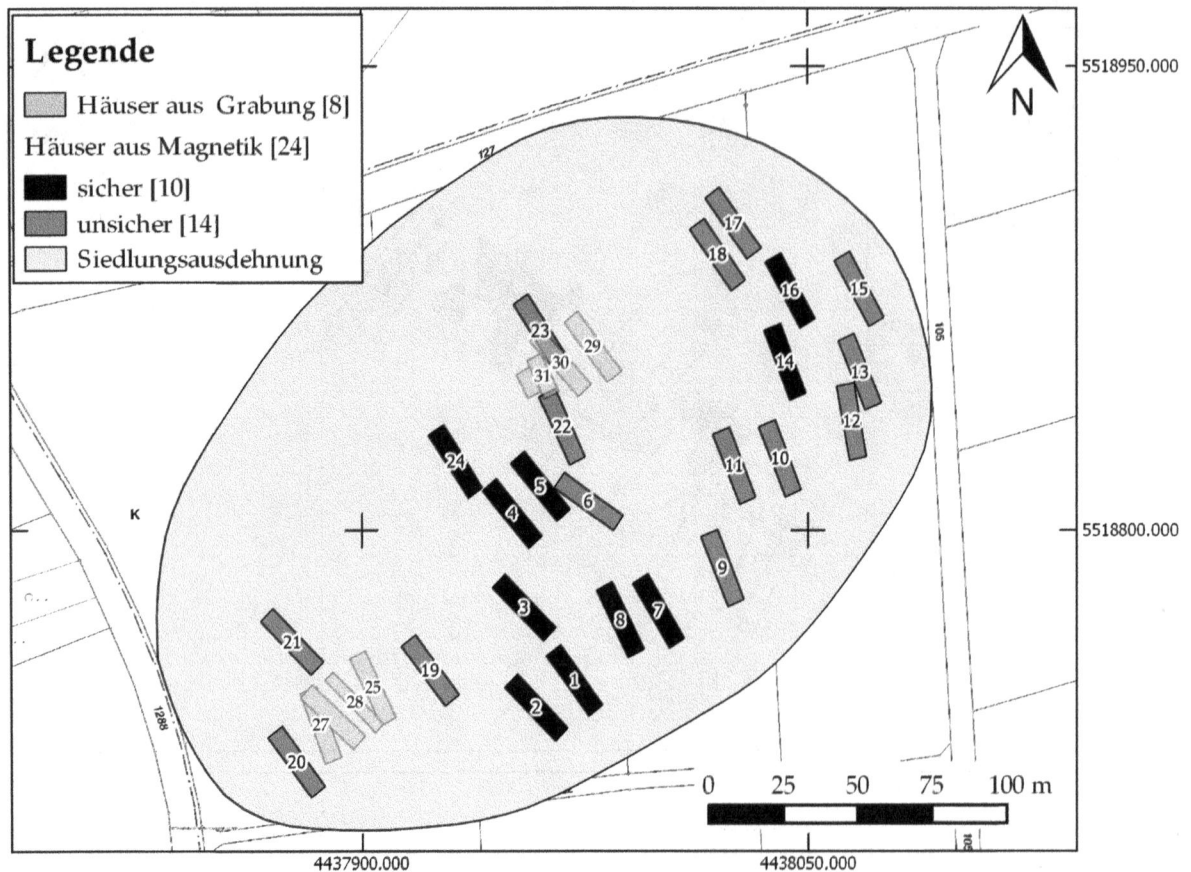

Legende

Häuser aus Grabung [8]

Häuser aus Magnetik [24]

sicher [10]

unsicher [14]

Siedlungsausdehnung

Abb. 5. Siedlungsausdehnung von Eschlipp aus Basis von Magnetometerprospektion und Lesefundaufsammlungen (Clara Drummer, FAU).

Insgesamt konnten aus den Schnitten 1396 Scherben, 523 Silices und 394 Felsgesteine geborgen werden (Drummer 2016, 66, Tab. 22; Buchholz 2017, 10). Für die Frankenalb ist der überwiegende Teil der bandkeramischen Fundplätze nach der Typologie Walter Meier-Arendts (1966) aufgenommen worden. Entgegen dieser qualitativen Einordnung wurde die Keramik nach dem merkmalsbasierten Aufnahmesystem aus dem Projekt „Siedlungsarchäologie der Aldenhovener Platte (SAP)" (Stehli 1977, 127–131) bzw. dem Bandkeramik Online Katalog (Strien 2010) quantitativ erfasst und ausgewertet. Dadurch sollte nicht nur der Fundplatz Eschlipp, sondern auch die Frankenalb als Siedlungsregion innerhalb der linearbandkeramischen Besiedlungsgeschichte an bestehende Systeme angeschlossen und eine lokale/regionale Feinchronologie anhand von Grabungsfunden erarbeitet werden können. Eine Vergleichsmöglichkeit bietet die 2015 abgeschlossene Dissertation Alexa Dürrs an der Universität Würzburg, da im Rahmen ihrer Arbeit 224 oberfränkische Fundstellen aufgearbeitet wurden. Darunter waren 52 Lesefundstellen und 18 ausgegrabene Fundstellen der LBK (Dürr 2015, 448–449). Die Keramik wurde von Alexa Dürr ebenfalls nach SAP aufgenommen, deren Daten lagen jedoch zum Bearbeitungszeitpunkt nicht vor. Hinzu kommen noch vorläufige Datensätze der Lehrgrabungen des Institutes für Ur- und Frühgeschichtliche Archäologie der Otto-Friedrich-Universität Bamberg, darunter die Fundplätze Königsfeld und Hohlen Stein[1]. Die nächstgelegene ausgegrabene Siedlung der LBK, welche ebenfalls nach SAP aufgenommen wurde, ist die Siedlung bei Buchbrunn, Lkr. Kitzingen jenseits der Mittelgebirgszone (Kuhn 2012, 9). Das lokale Vergleichsmaterial

1   Ein herzlicher Dank geht an dieser Stelle an Alexa Dürr für die Bereitstellung ihrer unpubliziert Dissertation (Universität Würzburg), sowie an Timo Seregély und an Sara Lüttich (beide Universität Bamberg) für die Datensätze der Fundstellen Königsfeld und Hohlen Stein, die Sara Lüttich im Rahmen ihrer laufenden Bachelorarbeit bearbeitet. Allen Unterstützern vor, während und nach der Grabung und Aufarbeitung von Eschlipp wird ebenfalls gedankt.

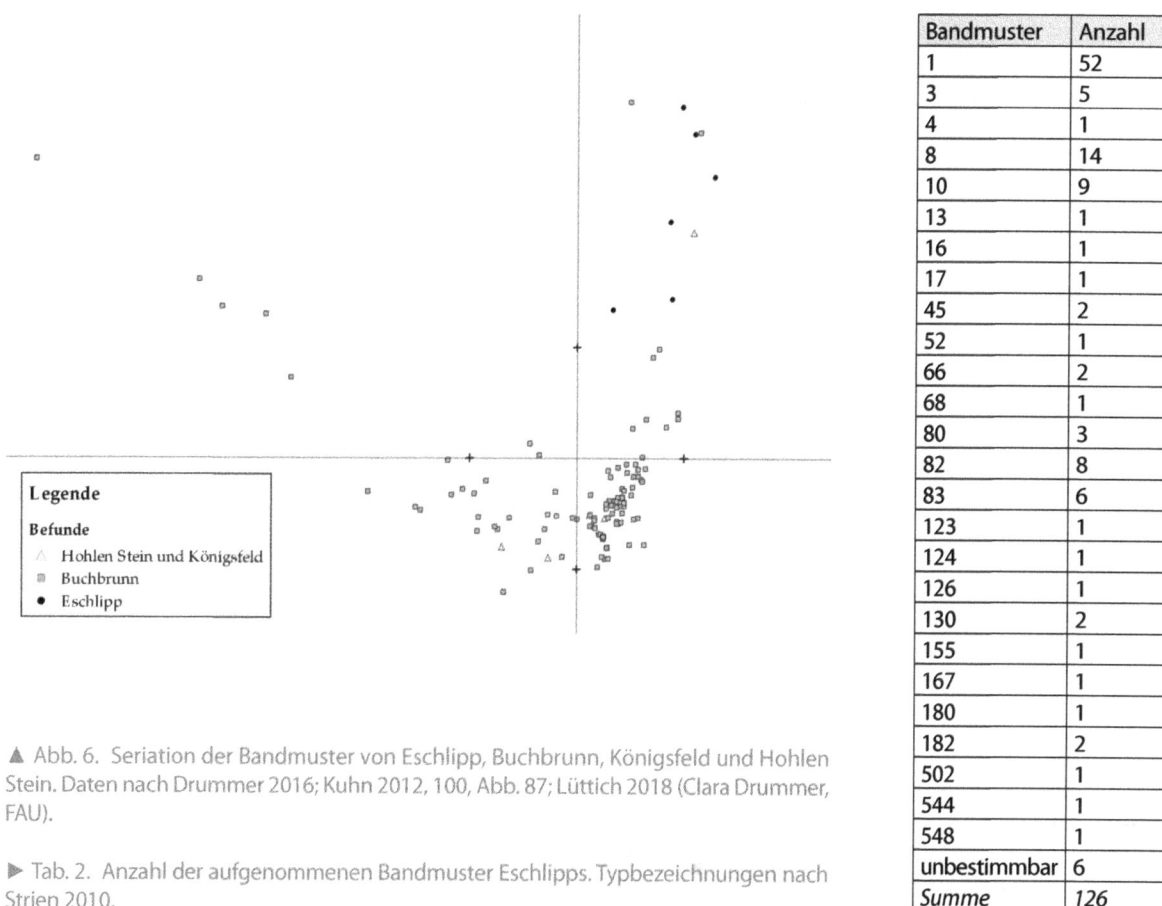

▲ Abb. 6. Seriation der Bandmuster von Eschlipp, Buchbrunn, Königsfeld und Hohlen Stein. Daten nach Drummer 2016; Kuhn 2012, 100, Abb. 87; Lüttich 2018 (Clara Drummer, FAU).

▶ Tab. 2. Anzahl der aufgenommenen Bandmuster Eschlipps. Typbezeichnungen nach Strien 2010.

Bandmuster	Anzahl
1	52
3	5
4	1
8	14
10	9
13	1
16	1
17	1
45	2
52	1
66	2
68	1
80	3
82	8
83	6
123	1
124	1
126	1
130	2
155	1
167	1
180	1
182	2
502	1
544	1
548	1
unbestimmbar	6
Summe	126

basiert (noch) zum großen Teil auf Lesefunden. Nachbarregionen sind seltener nach dem standardisierten Aufnahmesystem „SAP" aufgenommen. Die Erfassung der Keramik von Eschlipp geschah 2016 im Rahmen der Masterarbeit als Vorlage für aktuelle und zukünftige Arbeiten zu diesem Thema (Drummer 2016; Drummer 2018). Zur Verfügung standen nach der Restaurierung der Eschlipper Scherben insgesamt 303 Gefäßeinheiten (Drummer 2016, 72). Die Verzierung, insbesondere die Bandmuster, werden als zeitlich sich wandelnde Typen in der klassischen Modellvorstellung zur LBK angesehen (Zimmermann 2012, 11–16; Stehli 1994, 135, 182). Insgesamt wurden 161 verzierte Gefäße nach dem Bandkeramik Online Katalog aufgenommen und ausgewertet. Aufgrund der geringen Anzahl der Befunde, die mehr als ein Bandmuster enthalten (Tab. 2), wurde für die Seriation der Datenbestand um Buchbrunn (Kuhn 2012) sowie um die Bandmuster aus den Grabungen der Universität Bamberg erweitert (Lüttich 2018). Der Publikation von Alexa Dürr und deren Ergebnissen, sollte dabei nicht vorgegriffen werden, weshalb die Bandmuster dazu nicht verwendet wurden. Das Ergebnis der Korrespondenzanalyse zeigt eine parabelförmige Struktur (Abb. 6). Die einzelnen Bandmuster und ihre angenommene zeitliche Abfolge scheinen sich dort ebenfalls auf den ersten beiden Achsen abzuzeichnen. Dabei streuen die Befunde aus Eschlipp an einem Ende der Parabel, während die Daten aus Hohlen Stein und Königsfeld zwischen Eschlipp und Buchbrunn stehen und somit den Erwartungen der jeweiligen Bearbeiter entsprechen. Damit würde Eschlipp auf der Frankenalb zu den früheren Siedlungen gehören und Buchbrunn, wie die Untersuchungen Jessica Sillers (geb. Kuhn) zeigen, wäre zeitlich länger besiedelt gewesen als die meisten bandkeramischen Siedlungen auf der Frankenalb (Kuhn 2012, 183–188).

Für einen interregionalen Vergleich wurden ebenfalls Bandmuster aus den Regionen der Mosel (Schmidgen-Hager 1993, 83, Abb. 62) und des Untermains (Kuhn 2012, 185, Abb. 167) herangezogen, da diese nach der Typologie Meier-Arendts als ähnlich bezeichnet wurden. Jedoch besteht hier der Datensatz, wie in

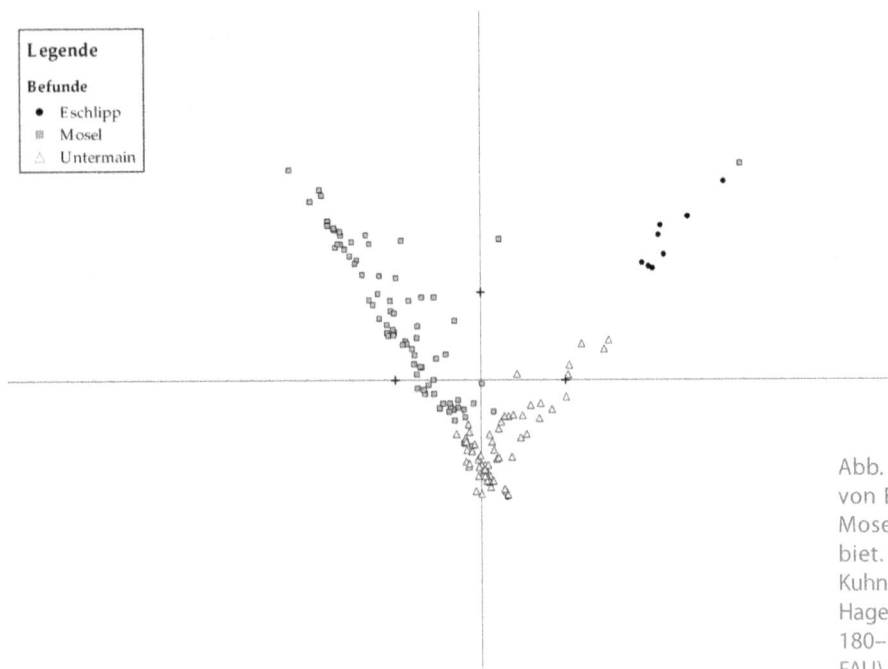

Legende

Befunde
- Eschlipp
- Mosel
- Untermain

Abb. 7. Seriation der Bandmuster von Eschlipp mit denen aus dem Mosel- und untermainischen Gebiet. Daten nach Drummer 2016; Kuhn 2012, 100, Abb. 87; Schmidgen-Hager 1993, 83, Abb. 62; Strien 2000, 180–181, Tab. 4.54 (Clara Drummer, FAU).

Meier-Arendt	Jungfernhöhle	Zilgendorf	Altenbanz	Unterlauter	Hohler Stein	Motzenstein	Scheßlitz	Merkendorf	Eschlipp
I		143		98				42	
II	39	143	133	98				42	113
III	39	143		98	137/138			42	113
IV	39			98	137/138	68/69	53	42	113
V	39			98	137/138	68/69	53	42	113
VI						68/69			

v. Chr.	Meier-Arendt 1966	nach Mischka 2004	Stilphasen Buchbrunn
			5
			4
5000	V	jüngste LBK	3
	IV	jüngere LBK	2
	III		1
5150		(mittlere LBK)	
5300	II	ältere LBK/Flomborn	
5600/5500	I	älteste LBK	

▲ Abb. 8. Chronologie Oberfranken: Siedlungsphasen nach Meier-Arendt; in grau: Schwerpunkt der Besiedlungsphasen. Fundplatznummern nach Tab. 3. Daten: Dürr 2015, 35–35, 61–64, 70, 206; Drummer 2016, Tab. 52 (Clara Drummer, FAU).

◀ Abb. 9. Terminologie und Chronologie der LBK nach Mischka u. a. 2015, 9, Tab. 1, modifiziert durch die Autorin (Clara Drummer, FAU).

Oberfranken, überwiegend aus Lesefundstellen. Eschlipp grenzt sich jedoch von diesen deutlich ab (Abb. 7). Dies widerspricht der eigentlichen Annahme, dass sich die oberfränkischen Fundstellen in die chronologische Abfolge des Untermaingebietes einreihen würden (Meier-Arendt 1966, 39; Meier-Arendt 1972, 93–108; Kuhn 2012, 172; Dürr 2015, 27). Eine Erklärung für diesen Umstand ist die geringe Anzahl an Längsgruben aus Eschlipp, welche chronologisch aussagekräftige Bandmuster enthalten (Tab. 2). Das chronologische Gerüst basiert dementsprechend für Eschlipp auf wenigen Befunden, mit einer größeren Anzahl an Bandmustern, die eine lange Laufzeit haben. Andere, nur singulär in den Befunden auftauchende Muster werden bei der Seriation nicht berücksichtigt.

Mehr Daten aus Eschlipp und aus weiteren Siedlungen der Fränkischen Alb sind nötig, um weitergehende Aussagen treffen zu können. An dieser Stelle bleibt nur ein Vergleich der Bandmuster auf Basis der Typologie Meier-Arendts. Die Übertragung der Bandmuster in die Typologie Meier-Arendts (Dürr 2015, 293–294), zeigt für Oberfranken eine frühe Besiedlungsphase in der Ältesten LBK (Abb. 9) mit den Fundplätzen Zilgendorf, Unterlauter und Merkendorf. In der Phase II, der älteren LBK (Flomborn), setzt nach jetzigem Forschungsstand die Mittelgebirgsbesiedlung ein. Dem Vorkommen von BM 182 nach zu schließen, beginnt in dieser Phase auch die Besiedlung Eschlipps, die bis Phase IV/V nach Meier-Arendt andauert, worauf das Vorhandensein von BM 17 hindeutet (Abb. 8). Eine weiterführende Anwendung des Wohnplatzmodelles oder der Synchronisierung in Hausgenerationen auf Basis der Seriationen mit chronologisch aussagekräftigen Bandmustern und stratigraphischen Überlagerungen von Befunden ist aufgrund des ungenügenden Datenbestands für Eschlipp nicht möglich. Mit einer Siedlungsausdehnung von 4,2 ha und 32 Häusern, die sich nur selten überlagern, sowie in Kombination mit den Ergebnissen aus Seriation und Typologie, ist Eschlipp ein mehrphasiger Weiler mit einigen gleichzeitigen Häusern.

Bei der Aufarbeitung des Fundplatzes fiel ein anderer Aspekt auf, der weiterverfolgt wurde. Die Keramik aus Eschlipp wies eine auffallend starke Heterogenität der Magerung auf, die weiter untersucht wurde. Zunächst wurden die Magerungsbestandteile der Gefäße makroskopisch anhand der häufigsten und zweithäufigsten Partikel aufgenommen und daraus 14 Warengruppen gebildet. Lediglich fünf Gefäße ließen sich keiner dieser Gruppen zuordnen, da keine Partikel erkennbar waren (Tab. 3). Weil die Bestimmung, um welche Partikel es sich bei den Bestandteilen handeln könnte, aufgrund rein makroskopischer Ansprache unsicher ist, wurden vier Dünnschliffe in Kooperation mit dem Geozentrum Nordbayern versuchsweise angefertigt. Die Auswahl fiel auf die Gruppen (A, B, I, M), die aufgrund ihrer Tonmatrix, Magerungsbestandteile und ihres Vorkommens in unterschiedlichen Befunden, lohnenswert erschienen. Die qualitative Auswertung der Dünnschliffe konnte die makroskopisch unterteilten Warengruppen petrographisch bestätigen. Jeder dieser vier Dünnschliffe zeigte unterschiedliche Materialien und Beschaffenheiten (Abb. 10). Dabei fielen Sandsteinfragmente in der Keramik auf, die auch lokal vor Ort als sogenannter Kallmünzer Sandstein vorkommen. Diese stammen ursprünglich aus den Michelsfelder Schichten der Kreidezeit (Meyer 1979, 75–76), deren Tone für die Keramikproduktion gut geeignet sind. Auf der Frankenalb sind diese Michelsfelder Schichten in den Alblehmen oder in Karsthohlformen nur noch reliktisch erhalten, sodass eine Verwendung lokalen Tons für Eschlipp wahrscheinlich ist. Die hohe Anzahl der Silices und Halbfabrikate von Felsgesteingeräten, sowie potentielle Rohmaterialquellen für Ton und Felsgestein werfen somit die These auf, dass die Standortfaktoren für Eschlipp trotz der Lage in der Mittelgebirgszone günstig waren. Auch die vorläufigen Ergebnisse der Makrorestanalysen deuten darauf hin, dass in der Siedlung Getreide zubereitet und konsumiert wurde. Sämtliche Aktivitäten, die in einer typischen bandkeramischen Siedlung zu erwarten sind, können also für

Hauptwaren-gruppen	Anzahl	in Prozent
A	12	4
B	5	2
C	7	2
D	6	2
E	13	4
F	7	2
G	44	15
H	14	5
I	7	2
J	6	2
K	23	8
L	3	1
M	13	4
N	137	45
ZZ	5	2
Summe	302	100

Tab. 3. Warengruppen aller Gefäße Eschlipps.

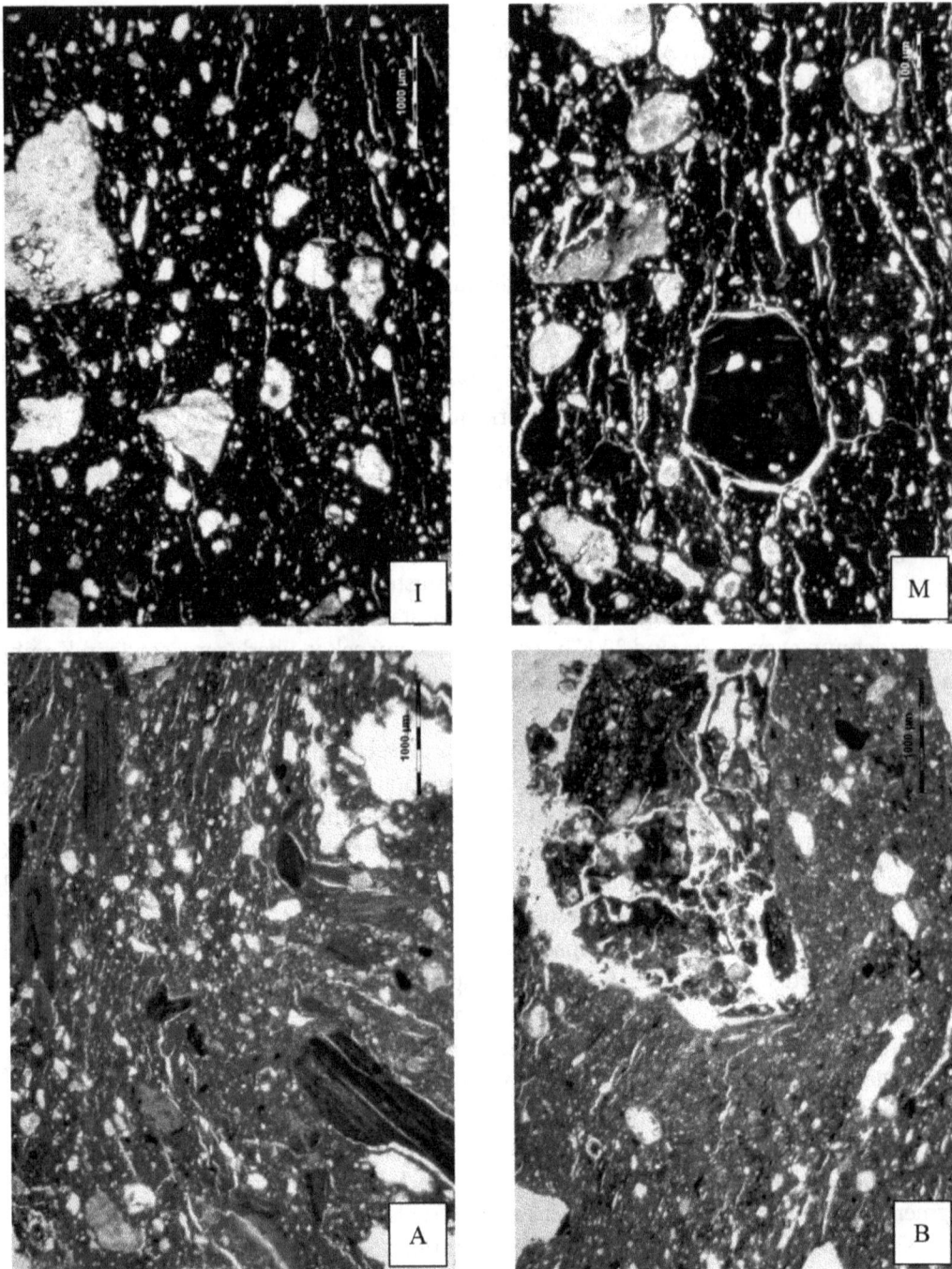

Abb. 10. Dünnschliffe der Warengruppen I, M, A und B. (Clara Drummer, FAU).

Eschlipp angenommen werden. Aus diesen Gründen ist eine längerfristige bandkeramische Besiedlung von Mittelgebirgszonen belegt (Mischka u. a. 2016, 138).

Im Kontext der Frankenalb und ihrer bandkeramischen Besiedlung ist die Stellung Eschlipps im Steinartefaktaustauschnetzwerk noch unklar, jedoch zeichnet sich ab, dass aufgrund der hohen Anzahl an Silices und einer guten Rohmaterialversorgung, Eschlipp als produzierende Siedlung einzustufen ist und damit eine wichtige Stellung im lokalen Austauschnetzwerk einnahm (Buchholz 2017, 26; 55 und dies. in diesem Band). Für einen weiteren Vergleich eignen sich die kommenden Ergebnisse der, momentan in Bearbeitung befindlichen Fundplätze der Universität Bamberg, darunter u. a. Königsfeld und Hohlen Stein (Lüttich 2018), sowie dem Fundplatz Stadel, der an der Universität München bearbeitet wird (O'Neill

2013). Die zunehmende Aufarbeitung der Fundplätze auf der Frankenalb erscheint hier vielversprechend, um die regionale Feinchronologie der Bandkeramik zu erarbeiten, die Besiedlung einer Mittelgebirgs-region besser abschätzen zu können und auch um die Rolle Eschlipps in diesem Siedlungsgefüge besser zu verstehen.

Literatur

BÖHNER 2012: U. Böhner, Silex-Rohmaterialien in Bayern. In: H. Floss (Hrsg.), Steinartfakte vom Altpaläolithikum bis in die Neuzeit (Tübingen 20121) 97–82.

BUCHHOLZ 2017: K. Buchholz, Die Silices der Grabung 2014 der linearbandkeramischen Siedlung von Eschlipp (unpubl. Bachelorarbeit Universität Erlangen).

CLADDERS U. A. 2012: M. Cladders/H. Stäuble/S. Wolfram/H. Tischendorf, Zur linien- und stichbandkeramischen Besiedlung von Eythra, Lkr. Leipzig. In: S. Wolfram/H. Stäuble (Hrsg.), Siedlungsstruktur und Kulturwandel in der Bandkeramik. Beiträge der internationalen Tagung „Neue Fragen zur Bandkeramik oder alles beim Alten?!". Leipzig, 23. bis 24. September 2010 (Dresden 2012) 146–159.

DRUMMER 2016: C. Drummer, Die Bandkeramik in Oberfranken – Befunde und Keramik der linearbandkeramischen Siedlung Ebermannstadt-Eschlipp: Gradiometerprospektion und Ausgrabungskampagne 2014 (unpubl. Masterarbeit Universität Erlangen).

DRUMMER 2018: C. Drummer, Die Verzierungsmuster der linearbandkeramischen Siedlung Eschlipp-Krügelsmelm, Lkr. Forchheim (2018). http://www.uf.uni-erlangen.de/prof-doris-mischka/. [Stand: 22.7.2018].

DÜRR 2015: A. Dürr, Die Linearbandkeramik in Oberfranken (unpubl. Disseration Universität Würzburg).

KUHN 2012: J. Kuhn, Buchbrunn: Eine Siedlung der Linearbandkeramik in Nordbayern. Berliner Arch. Forsch. 10 (Rahden/Westf. 2012).

LÜTTICH 2018: S. Lüttich, Die bandkeramische Siedlung von Königsfeld, Lkr. Bamberg, Grabung 2015 (unpubl. Bachelorarbeit Universität Bamberg).

MEIER-ARENDT 1966: W. Meier-Arendt, Die bandkeramische Kultur im Untermaingebiet (Bonn 1966).

MEIER-ARENDT 1972: W. Meier-Arendt, Zur Frage der jüngerlinienbandkeramischen Gruppenbildung: Omalien, „Plaidter", „Kölner", „Wetterauer" und „Wormser" Typ; Hinkelstein. In: H. Schwabedissen (Hrsg.), Die Anfänge des Neolithikums vom Orient bis Nordeuropa. Fundamenta A 3 (Köln 1972) 85–152.

MEYER 1979: R. K. F. Meyer, Geologische Karte von Bayern 1: 25.000. Erläuterungen zum Blatt Nr. 6132 Buttenheim (München 1979).

MISCHKA 2004: D. Mischka, Zentraler Ort oder Nebensiedlung? – Die Feinchronologie der Grundformspektren des bandkeramischen Fundplatzes Kückhoven im Vergleich. In: H. Koschik (Hrsg.), Der bandkeramische Siedlungsplatz von Erkelenz-Kückhoven I. Untersuchungen zum bandkeramischen Siedlungsplatz Erkelenz-Kückhoven, Kreis Heinsberg (Grabungs-kampagnen 1989–1994). Rhein. Ausgr. 54 (Mainz 2004) 534–594.

MISCHKA U. A. 2015: D. Mischka/W. Schirmer/B. Zach, Vorbericht zu den Feldforschungen in der linearbandkeramischen Siedlung von Ebermannstadt-Eschlipp, Lkr. Forchheim (Oberfranken). Bayer. Vorgeschbl. 80, 2015, 7–37.

MISCHKA U. A. 2016: C. Mischka/D. Mischka/R. Wetzel, Abseitige Bandkeramik? In: T. Kerig/K. Nowak/G. Roth (Hrsg.), Alles was zählt... Festschrift für Andreas Zimmermann. Universitätsforsch. Prähist. Arch. 285 (Bonn 2016) 129–142.

O'NEILL 2013: A. O'Neill, Zu den Anfängen der linienbandkeramischen Siedlung Stadel und ihrer Bedeutung für Oberfranken. Bayer. Vorgeschbl. 78, 2013, 5–16.

SCHMIDGEN-HAGER 1993: E. Schmidgen-Hager, Bandkeramik im Moseltal. Universitätsforsch. Prähist. Arch. 18 (Bonn 1993).

SIELMANN 1972: B. Sielmann, Die frühneolithische Besiedlung Mitteleuropas. In: H. Schwabedissen (Hrsg.), Die Anfänge des Neolithikums vom Orient bis Nordeuropa. Fundamenta A 3 Va Westliches Mitteleuropa (Köln, Wien 1972) 1–65.

STEHLI 1977: P. Stehli, Keramik. In: R. Kuper/H. Löhr/J. Lüning/P. Stehli/A. Zimmermann (Hrsg.), Der bandkeramische Siedlungsplatz Langweiler 9. Gemeinde Aldenhoven, Kreis Düren. Rhein. Ausgr. 18 (Bonn 1977) 107–130.

STEHLI 1994: P. Stehli, Chronologie der Bandkeramik im Merzbachtal. In: J. Lüning/P. Stehli (Hrsg.), Die Bandkeramik im Merz-bachtal auf der Aldenhovener Platte. Rhein. Ausgr. 36 (Bonn 1994) 79–192.

STRIEN 2000: H. C. Strien, Untersuchungen zur Bandkeramik in Württemberg. Universitätsforsch. Prähist. Arch. 69 (Bonn 2000).

STRIEN 2010: H. C. Strien, Bandkeramik Online: Merkmalskatalog zur Aufnahme verzierter Keramik (2010).
http://www.archaeologiestiftung.de/media/wissenschaft_1/gebrauchsanleitung_20100722_barrierefrei.pdf [Stand: 4.12.2015].

VALDE-NOWAK 2002: P. Valde-Nowak, Siedlungsarchäologische Untersuchungen zur neolithischen Nutzung der mitteleuropäischen Gebirgslandschaften. Int. Arch. Studia honoraria 69 (Rahden/Westf. 2002).

ZIMMERMANN 2012: A. Zimmermann, Das Hofplatzmodell – Entwicklung, Probleme, Perspektiven. In: S. Wolfram/H. Stäuble
(Hrsg.), Siedlungsstruktur und Kulturwandel in der Bandkeramik. Beiträge der internationalen Tagung „Neue Fragen zur
Bandkeramik oder alles beim Alten?!". Leipzig, 23. bis 24. September 2010 (Dresden 2012) 11–19.

ZÜCHNER 1986: C. Züchner, Die Steinzeit in Oberfranken. In: Oberfranken in vor- und frühgeschichtlicher Zeit (Bayreuth 1986)
23–68.

Clara Drummer
Friedrich-Alexander-Universität Erlangen–Nürnberg
Institut für Ur- und Frühgeschichte
Kochstr. 4/18
91054 Erlangen
info@archaeologie-drummer.de

L. Husty / T. Link / J. Pechtl (Hrsg.), Neue Materialien des Bayerischen Neolithikums 2 – Tagung im Kloster Windberg vom 18. bis 20. November 2016. Würzburger Studien zur Vor- und Frühgeschichtlichen Archäologie 3 (Würzburg 2018) 23–39.

Die Stellung der linearbandkeramischen Siedlung von Eschlipp „Krügelsmelm" (Lkr. Forchheim) anhand der Silexfunde der Grabung 2014

Katharina Buchholz

Zusammenfassung

Der linearbandkeramische Fundplatz Eschlipp (Lkr. Forchheim) liegt auf der fränkischen Alb und wurde seit über 30 Jahren durch Sammler begangen. Aufgrund der zahlreichen Funde und der exponierten Lage fand 2014 eine Lehrgrabung durch das Institut für Ur- und Frühgeschichte der Friedrich-Alexander-Universität Erlangen-Nürnberg statt. Im Vergleich zu anderen neolithischen Siedlungen der Region sticht Eschlipp vor allem durch seine zahlreichen Silexartefakte hervor. Durch eine Auswertung dieser Fundkategorie konnte ermittelt werden, dass hauptsächlich Jurahornstein verwendet wurde. Aufgrund der Grundformenzusammensetzung und des Rindenanteils befanden sich das oder die Vorkommen wohl in unmittelbarer Nähe zum Fundplatz. Das Rohmaterial gelangte als unpräparierte, etwa faustgroße Rohknollen in die Siedlung und wurde vor Ort zerlegt und bearbeitet. Aufgrund der Zusammensetzung des Inventars handelt es sich bei Eschlipp um eine gut versorgte Siedlung, die über den Eigenbedarf hinaus produzierte und wahrscheinlich Klingen und Kerne an andere Siedlungen weitergegeben hat. Ein Vergleich mit anderen Grabungsinventaren von Siedlungen in der Nähe auf der Alb wurde dadurch erschwert, dass bis jetzt nur wenige Grabungen durchgeführt wurden und die Silexinventare entweder wenig umfangreich sind oder noch nicht publiziert wurden.

Abstract

The Linear Pottery site of Eschlipp (Lkr. Forchheim) is located on the Franconian Alb and has been surveyed by private collectors for over 30 years. The occurrence of numerous artefacts in combination with the unusual location of the site raised several questions as to site function and reason for its peculiar geographic location. To address these questions, the Institute of Pre- and Protohistory of the Friedrich-Alexander-Universität Erlangen-Nürnberg conducted an excavation in 2014. Compared to other Neolithic settlements in that region, Eschlipp stands out for its large amount of lithic artefacts. Jurassic chert is the dominant raw material. The composition of blanks found at the site, as well as the number of cortical pieces speak in favour of a raw material source in the nearer surroundings. The raw material was brought to the settlement as fist-sized and unmodified nodules, which were further processed on-site. The composition of the lithic inventory indicates that Eschlipp was a well-supplied settlement, which probably produced more than the settlement required for itself. The produced surplus of blades and cores was likely passed on to neighbouring settlements. A comparison of the Eschlipp inventory with other settlements on the Franconian Alb is not yet possible, since only few other sites are known so far. For these sites, only test excavations – if any – with very few finds have been published.

1 Einleitung

Die neolithischen Siedlungen in Oberfranken – speziell auf der fränkischen Alb – sind bis jetzt kaum gegraben und meist beschränken sich die Auswertungen auf die Befunde und die Keramik, welche wichtig für die chronologische Einordnung sind. Steininventare wurden bisher nur selten publiziert, da meist auch nur wenige Silices vorliegen (Mischka u. a. 2015, 10–11). Im Vergleich zu den Siedlungen der Umgebung sticht Eschlipp diesbezüglich deutlich heraus. Auf 0,03 ha Grabungsfläche wurden 523 Silices geborgen. Darüber hinaus liegt die Siedlung auf einer Hochfläche der Fränkischen Alb in der Mittelgebirgszone (Drummer 2018 in diesem Band, Abb. 1). Dieser Standort ist für eine linearbandkeramische Siedlung ungewöhnlich (Drummer 2016, 19) und gerade diese peripheren Siedlungsareale rücken mittlerweile immer mehr in den Forschungsmittelpunkt (Mischka u. a. 2015, 7; Falkenstein 2012, 9). Im Sommer 2014 fand eine Lehrgrabung des Instituts für Ur- und Frühgeschichte der Universität Erlangen-Nürnberg statt. Das Silexinventar wurde im Rahmen einer Bachelorarbeit aufgearbeitet. Ziel der Arbeit war es, folgende Fragen zu beantworten:

     1. Welche Rohmaterialien wurden in der Siedlung verwendet?

     2. Kann man die Vorkommen lokalisieren?

     3. Wie war die Versorgungslage der Siedlung mit Silex?

     4. Welche Stellung hatte die Siedlung Eschlipp im Tauschnetzwerk für Silices inne?

Dafür wurden von den insgesamt 523 Artefakten 421 Stücke, welche größer als 1 cm waren, für eine Auswertung ausgewählt. Die zur Beantwortung der Fragestellung relevanten Merkmale wurden nach dem SAP-System (Zimmermann 1988, 569–787) aufgenommen, ausgewertet und mit den Inventaren anderer Siedlungen verglichen.

2 Auswahl der Vergleichssiedlungen

Eine Einordnung der Stellung Eschlipps anhand der Silices ist über Vergleiche mit Inventaren benachbarter Siedlungen möglich. Als Vergleichsfundplätze für Eschlipp wurden vorrangig Siedlungsfunde aus Grabungen gesucht, welche auf der Albhochfläche gelegen sind. Dies stellte sich jedoch als schwierig heraus, weil in dieser Region die Inventare entweder nicht aus Grabungen stammen oder noch nicht wissenschaftlich bearbeitet und publiziert sind. Die zum Vergleich herangezogenen Datensätze lassen sich wie folgt charakterisieren:

     Das Bamberger Institut für Vor- und Frühgeschichte hat unter der Leitung von T. Seregély auf der nördlichen Fränkischen Alb mehrere linearbandkeramische Siedlungen prospektiert und in Sondagegrabungen untersucht, darunter die Fundplätze Schwabthal, Hohler Stein (Hendel 2012, 22–34), Jungfernhöhle bei Tiefenellern (Seregély 2012, 64–73), Heiligenstadt-Teuchatz, Königsfeld und Motzenstein bei Wattendorf (Seregély 2016).

     In ihrer 2015 fertiggestellten Dissertation erarbeitete A. Dürr eine Zusammenfassung des Neolithikums in Oberfranken (Dürr 2015)[1]. 52 der 70 dort aufgeführten Fundplätze sind Lesefundstellen ohne Grabungen und bieten damit eine schlechtere Datenqualität, da eine Selektion der Funde durch die Sammler oder Vermischungen nicht auszuschließen sind. Aus den 18 Grabungen stammen keine oder nur geringe Anzahlen von Silices. Zur Auswertung des Eschlipper Inventars wurden daher zunächst nur die Durchschnittswerte für ganz Oberfranken herangezogen, um der Publikation der Dissertation von Dürr nicht vorzugreifen.

     Im nördlichen Albvorland, ca. 30 km von Eschlipp entfernt, liegt Bad Staffelstein-Stadel, Lkr. Lichtenfels. Beim Bau der ICE-Trasse wurde hier 2010 großflächig gegraben (O'Neill 2013, 5–16). Die Auswertung der Silices steht noch aus.

     Etwa 100 km westlich von Eschlipp befindet sich die neolithische Siedlung von Buchbrunn, Lkr. Kitzingen. Diese wurde zwischen 2011 und 2012 ausgegraben. Auf einer Fläche von 2 ha fanden sich lediglich 61 Silices (Kuhn 2012, 113–117).

---

1   Herzlichen Dank an A. Dürr für das Zurverfügungstellen ihrer unpublizierten Dissertation.

S. Scharl bearbeitete in ihrer Dissertation über die Silexversorgung im westlichen Franken in der Umgebung von Rothenburg neben 11 linearbandkeramischen Lesefundplätzen auch eine Grabung (Scharl 2010). Jedoch erbrachten die einzelnen neolithischen Siedlungen nur geringe Stückzahlen, sodass auch hier zum Vergleich mit Eschlipp nur auf zusammengefasste Durchschnittswerte von Grabungen und Lesefundstellen zurückgegriffen wurde, um eine ausreichende Stichprobengröße zu erhalten.

Die Silexinventare, der bei G. Roth vorgestellten neolithischen Siedlungen im Umfeld des Bergbaus in Arnhofen (Roth 2008), wurden in bestimmten Aspekten zum Vergleich mit dem Eschlipper Inventar herangezogen. Wichtig dabei war zu unterscheiden in welcher Form die Rohstücke vorlagen, da in Eschlipp hauptsächlich Knollen verarbeitet wurden. Die Vergleiche mit Fundplätzen aus dem rheinischen Braunkohlenrevier wurden durchgeführt, weil hier eine ausreichende Stichprobengröße gegeben ist und die Datensätze elektronisch zur Verfügung standen[2]. Hierbei handelt es sich um die Fundplätze Laurenzberg 7, Aldenhoven 3, Langweiler 2, Langweiler 8, Langweiler 9, Langweiler 16, Weisweiler 6, Weisweiler 17, Weisweiler 29, Lohn 3 und Lamersdorf 2 (je aus Krahn 2006), Frimmersdorf 53, Hambach 8 und Kückhoven (je aus Kegler-Graeiwski 2004) und Altdorf D (Mischka 2014).

Aufgrund der fehlenden Auswertungen, der zu geringen Fundmengen, des Lesefundcharakters einiger Inventare oder der Lage jenseits der nördlichen Fränkischen Alb, konnten die oben genannten Fundstellen nur für ausgewählte Aspekte als Vergleich zu Eschlipp herangezogen werden.

3 Das Silexrohmaterial

Das Silexinventar von Eschlipp wurde anhand makroskopischer Merkmale in neutralbenannte Rohmaterialgruppen unterteilt (A bis Q). So wurden 17 verschiedene Werkstückgruppen gebildet. Die gebildeten Gruppen wurden mit der Lithothek der Sammlung für Ur- und Frühgeschichte in Erlangen (http://www.uf.uni-erlangen.de/sammlung/lithothek/) verglichen. Es konnten zwei Gruppen sicher zugeordnet werden: Kreidefeuerstein und Kieselschiefer/Lydit. Für eine weitere Zuordnung wurden verschiedene Personen befragt, welche sich schon längere Zeit mit dem lokalen Material beschäftigen[3]. Anhand dieser Aussagen wurden neun Gruppen dem lokal anstehenden Jurahornstein zugewiesen. Die sechs verbleibenden Gruppen konnten anhand der Literatur nicht näher bestimmt werden und behalten deswegen eine neutrale Bezeichnung mit Buchstaben. Die definitiv als Jurahornstein identifizierten Gruppen wurden für die weitere Auswertung zusammengefasst. Im Gebiet der nördlichen Frankenalb sind leider bisher keine Rohmaterialaufschlüsse bekannt, was eine nähere Bestimmung erschwert.

3.1 Jurahornstein[4]

Jurahornstein tritt in der schwäbischen und fränkischen Alb zutage und kommt vor allem im Oberen oder Weißen Jura vor. In Eschlipp wurden verschiedene Varietäten von Jurahornstein gefunden (Abb. 1), in wie weit diese von unterschiedlichen Rohmaterialaufschlüssen stammen, konnte nicht geklärt werden. Da sie sich doch teilweise deutlich in ihrem makroskopischen Erscheinungsbild unterscheiden, werden sie zwar getrennt beschrieben, für die weitere Auswertung aber zusammengefasst.

Jurahornstein Varietät A: Der Jurahornstein ist überwiegend homogen und ohne erkennbare fossile Einschlüsse. Die Spaltflächen sind glatt und kaum von Klüften oder Drusen unterbrochen. Das Farbspektrum ist überwiegend grau bis graugelb, wobei einige Stücke eher weißlich sind. Die Rinde ist überwiegend sehr dünn (1–5 mm), glatt und fest. An manchen Stücken sind Reste von dickerer, rauerer Rinde erhalten. Unter der hellbraunen bis beigen Rinde befindet sich oftmals eine helle Bänderung, während das restliche Material zur Knollenmitte hin homogen ist. Oftmals sind Mangananlagerungen (schwarze Punkte) auf der Rinde, wahrscheinlich durch die Lagerung im Boden. Während der Grabung sind auf dem Feld einige

---

2   Herzlichen Dank an C. Mischka für die Bereitstellung der Daten.

3   An dieser Stelle danke ich J. Affolter, M. Kaiser, C. und D. Mischka, F. Sauer, S. Scharl und W. Schirmer für die Hilfe bei der Bestimmung der Rohmaterialien.

4   Wenn im Folgenden von „Jurahornstein" gesprochen wird, sind ausschließlich die hier in Kap. 3.1 beschriebenen Varietäten gemeint.

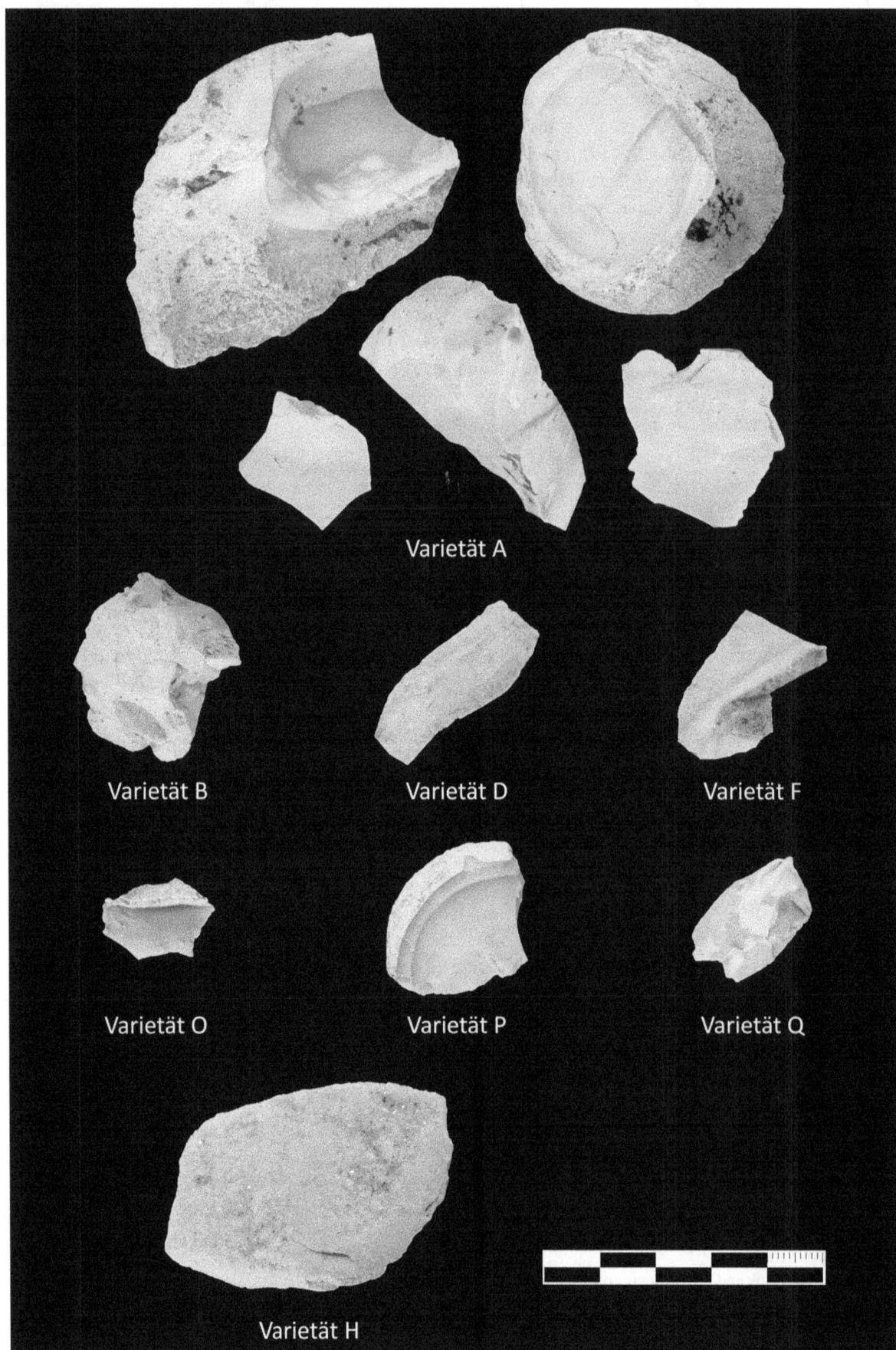

Abb. 1. Verschiedene, wohl regionale Jurahornstein-Varietäten aus dem Grabungsinventar von 2014 aus Eschlipp.

Rohmaterial K

Rohmaterial L

Rohmaterial M

Rohmaterial C

Kreidefeuerstein

Rohmaterial E

Kieselschiefer

Rohmaterial N

Abb. 2. Weitere Rohmaterialien aus dem Grabungsinventar von 2014 aus Eschlipp.

Rohknollen aufgefallen, die leider nicht eingesammelt wurden, die auf eine sekundäre oder Residuallagerstätte hinweisen könnten. Die größeren Stücke im Grabungsinventar haben die Form von kleineren, etwa faustgroßen Knollen und teilweise auch plattigen Charakter. Ein genauer Aufschluss ist leider nicht bekannt. Auch in den nahegelegenen Drügendorfer Schotterwerken waren keine anstehenden Silices zu finden[5]. Hornstein ist ein Karbonatauflösungsrest aus dem Mittleren Malm, der einerseits durch den Moenodanuvius eingespült wurde (Schirmer 2014, 110). Dieser Flusstransport zeigt sich an teilweise stark abgerollten Rinden. Andererseits kommt er weit verbreitet auf der Albhochfläche in den lehmigen Abdeckungen als Residuallagerstätten vor. Eingehende Untersuchungen der Jurahornsteinvarietäten beschränken sich aber nur auf die Aufschlüsse der südlichen und südöstlichen Frankenalb (Böhner 2012, 81–84).

Jurahornstein Varietät B: Heterogenes, gelb bis graugelbes, glattes Material. Größtenteils matt, nicht durchscheinend mit klareren Partien, welche mit dunklen und hellen Flecken gesprenkelt sind.

Jurahornstein Varietät D: Glattes, heterogenes hellgraues Material. Mit vielen weißen kleinen Punkten und kleinen dunklen Flecken. An einem Stück ist eine leichte Bänderung zu erkennen.

Jurahornstein Varietät F: Glattes, nicht durchscheinendes gelbes Material. Größtenteils homogen hellgelb von dunkelgelben, orangen Bändern (ca. 5 mm) getrennt.

Jurahornstein Varietät H: Raues, zementartiges Material. Homogen graue Farbe. Von kristallinen Quarzbändern durchzogen. Wahrscheinlich lokales Material, konnte auf mehreren Feldern in der Nähe der Fundstelle entdeckt werden.

Jurahornstein Varietät O: Glattes, grau bis graublaues, glasiges, an den Kanten durchscheinendes Material. Die Rinde ist 1 mm dünn, glatt und leicht porös, aber fest. Direkt unter der Rinde befindet sich ein braungelbes dünnes Band.

Jurahornstein Varietät P: Grau bis graugelbes, glattes Material. Von vielen helleren und dunkleren Bändern bzw. Wolken durchzogen. Die Bänderung ist direkt unter der Kortex sehr eng.

J und Q: J ist eine Sammelgruppe von unbestimmbaren Silices. Nach freundlicher Auskunft von W. Schirmer wurden diese allesamt dem Jurahornstein zugewiesen. Q ist eine Sammelgruppe singulärer Silices, die auch im Bereich der Varietät des Jurahornsteins liegen und diesem deswegen zugeordnet wurden.

3.2 Weitere Rohmaterialien (Abb. 2)

Rohmaterial C: Heterogener, grau bis graublauer Silex mit weißen Punkten. Die Spaltflächen sind überwiegend glatt, an zwei Stücken befinden sich zementartige, raue Partien. Manchmal mit leichter, unregelmäßiger Bänderung versehen. Die Rinde ist ca. 3 mm dick und wirkt kreideartig schmutzig weiß, lässt sich aber nicht ritzen. Darunter befindet sich ein 1 mm dünnes dunkelgraues Band.

Rohmaterial E: Das Material ist relativ homogen grau bis dunkelgrau und glatt. Die nur wenig erhaltene Rinde (ca. 1 mm dünn) wirkt porös, grau und ist fest. An manchen Stellen befinden sich dunkle oder hellgraue Wolken. Direkt unter der Rinde befinden sich ein weißes dünnes und ein fast schwarzes, etwas dickeres Band um ca. 2 mm – beide sind glänzend, während die restliche Matrix matt ist. Es sind keine Einschlüsse zu erkennen.

Kreidefeuerstein: Die Stücke dieser Gruppe wurden von Schirmer als Kreidefeuerstein angesprochen. Die Spaltflächen sind glasig, glatt und glänzend und an den Kanten durchscheinend. Die Farbe ist dunkelgrau bis bräunlich homogen, einige weisen helle Schlieren auf. Die Rinde ist sehr dünn und abgerollt. Das Material konnte keinem Vorkommen zugewiesen werden und stammt wahrscheinlich von nördlich der Feuersteinlinie/Vereisungsgrenze in Thüringen. Schönweiß erwähnt eine „Insel natürlich gelagerter bzw. verlagerter Kreidefeuersteine" bei Buttenheim (Schönweiß 1988, 52).

Kieselschiefer/Lydit: Die Stücke sind glasig, homogen dunkelblau, glatt und glänzend und von feinen Adern durchzogen. Sie weisen eine braune Geröllkortex auf und stammen wahrscheinlich aus den Schottern des Moenodanuvius (Böhner 2012, 81). Die nächsten Vorkommen sind im Thüringer Wald und im Frankenwald (Kuhn 2012, 113).

5　　Freundliche mündliche Mitteilung von W. Schirmer.

Rohmaterial K: Die Stücke der Gruppe K sind allesamt glatt und matt dunkelblau, manchmal durchzogen von helleren Schlieren mit weißen und dunklen Punkten. Hierbei könnte es sich um eine dunkle Ausprägung des Jurahornsteins handeln.

Rohmaterial L: Dieses glasige, glatte Material ist von hellgrauer bis hellblauer Farbe. Die Spaltflächen glänzen und sind an den Kanten leicht durchscheinend. Die Rinde ist grau und ca. 2 mm dünn.

Rohmaterial M: Die Farbgebung dieser Gruppe ist hellgrau, aber sehr heterogen von Schlieren und Wolken durchzogen. Die Spaltflächen sind glatt und matt. Die wenigen Rindenreste sind weiß, aber nicht kreidig, sondern fest. Direkt unter der Rinde befindet sich meist ein sehr dünnes dunkles Band.

Rohmaterial N: Hierbei handelt es sich um Stücke mit dünnen Bändern in grau bis hellgrau. Die Spaltflächen sind glatt und matt bis leicht glänzend. Die Kortex ist weiß und hart. Die starke, durchgehende Bänderung macht es wahrscheinlich, dass es sich dabei um Hornstein aus Abendsberg-Arnhofen handelt.

3.3 Rohmaterialanteile

Das Silexinventar von Eschlipp besteht mit 86,0 % zum größten Teil aus dem oben beschriebenen Jurahornstein (Tab. 1). Alle weiteren Rohmaterialgruppen sind mit zu geringen Stückzahlen besetzt, als das die Auswertung statistisch belastbare Aussagen zulassen würde. Da davon ausgegangen wird, dass mit zunehmender Entfernung zur Rohmaterialquelle die Anzahl der Artefakte sinkt (Zimmermann 1998, 147), ist es wahrscheinlich, dass die Aufschlüsse der Rohmaterialien C, E, K, L und M weiter von der Siedlung wegliegen müssten und diese Stücke wahrscheinlich Ferntransporte sind, die durch Tausch in die Siedlung gelangten. Da der angesprochene Jurahornstein in so großer Zahl vertreten ist, besteht die Wahrscheinlichkeit, dass sich der oder die Aufschlüsse in unmittelbarer Nähe zur Siedlung befunden haben.

Rohmaterial	n	%
Jurahornstein	362	86,0
C	11	2,6
E	6	1,4
Kreidefeuerstein	5	1,2
Kieselschiefer/Lydit	3	0,7
K	11	2,6
L	7	1,7
M	12	2,9
N	4	1,0
Summe:	421	100,0

Tab. 1. Eschlipp. Anzahl der Silexartefakte pro Rohmaterial.

4 Grundformen

4.1 Grundformhäufigkeiten[6]

Um Aussagen über die Qualität der Silexversorgung einer Siedlung zu treffen, betrachtet man die relative Verteilung der Grundformen auf Abschläge und Klingen – bei guter Versorgung erwartet man einen höheren Anteil an Abschlägen und einen niedrigeren Anteil an Klingen am Gesamtinventar. Der Anteil an modifizierten Stücken und besonders an modifizierten Klingen sollte steigen, je knapper das Rohmaterial ist (Scharl 2010, 69; Kegler-Graeiwski 2004, 382).

Für eine Produktion vor Ort werden neben vielen Stücken mit Rinde, viele natürliche Trümmer und Gerölle, zahlreiche Produktionsabfälle, ein hoher Anteil von unmodifizierten Abschlägen und viele Absplisse erwartet, die größtenteils erst bei der Bearbeitung von unbearbeiteten Rohknollen anfallen. Gelangten schon vorpräparierte Kerne in die Siedlung, sollten Produktionsabfälle weitestgehend fehlen. Für die Versorgung mit Fertig- und Halbfertigprodukten durch eine andere Siedlung würde ein hoher Klingenanteil, mit vielen regelmäßigen Klingen sprechen. Wohingegen ein hoher Anteil unmodifizierter Kerne und ein niedriger Klingenanteil ein Anzeichen dafür wären, dass Eschlipp als Verteilersiedlung eine andere Siedlung mit Silexartefakten versorgt hätte – was indirekt eine unentdeckte Nachbarsiedlung erfassen würde[7].

---

6   In der Datenaufnahme wurden Abschläge, Klingen, Kerne, artifizielle Trümmer, Kerne aus Abschlägen und Kerntrümmer unterschieden. Für die Vergleichbarkeit mit anderen linearbandkeramischen Siedlungen wurden für die hier vorliegende Auswertungen folgende Änderungen vorgenommen: unter „Kerne" zählen Kerne, Kerne aus Abschlägen und Kerntrümmer.

7   Mischka 2014, 242; Kegler-Graeiwski 2004, 382; Scharl 2010, 69; Claßen 2011, 207, 222; Krahn 2006, 398; Strien 2000, 15; Zimmermann 1998, 155; Roth 2008, 377–378; Zimmermann 1988, 640.

Das Silexinventar von Eschlipp besteht zum größten Teil aus Abschlägen (69,6 %) und Klingen (22,8 %), während die anderen Grundformen nur im einstelligen Prozentbereich vertreten sind (Tab. 2).

Der hohe Anteil an Abschlägen deutet insgesamt auf eine gute Rohmaterialversorgung von Eschlipp hin. Schon hier zeigt sich ein Unterschied zu dem Durchschnittswert von Oberfranken – dort beträgt der Grundformanteil von Abschlägen nur 56,4 % (Dürr 2015, 328). Im Zusammenhang mit dem hohen Anteil an Abschlägen steht in Eschlipp ein geringer Anteil an Klingen von 22,8 %. Dagegen weisen die Anteile der neolithischen Siedlungen im westlichen Franken (Abschlaganteile 12,5–40,6 %, Klingen-anteile 32,9–70,8 %) eine entgegengesetzte Verteilung auf (Scharl 2010, 71). Dort wird eine schlechte Rohmaterialversorgung an-genommen. Außerdem ist eine Selektion durch die Sammler nicht gänzlich auszuschließen. Auch im westlichen Franken do-minierte Jurahornstein viele Inventare. Sollten die Datensätze repräsentativ sein, bestätigt sich in den Grundformenanteilen die gute Rohmaterialversorgung Eschlipps.

Betrachtet man ganz Oberfranken, fallen besonders bei Sied-lungen auf den Albhochflächen die hohen Anteile an Präpara-tionsabschlägen auf (Dürr 2015, 344). In Eschlipp beträgt der Anteil der unmodifizierten Abschläge 56,8 % (Tab. 3). Allein betrachtet ist dieser Wert eher niedrig. Zusammen mit einer re-lativ hohen Modifikationsrate an Klingen (41,7 %) und einem Trümmeranteil von 4,0 %, deuten diese Werte auf einen Export von Klingen hin (Krahn 2006, 398; Gaffrey 1994, 421–422, 428). Der Kernanteil beträgt 3,6 % und spricht damit auch für eine starke Eigenproduktion. Eschlipp war wahrscheinlich eine Versorgersiedlung, die über den eigenen Bedarf hinaus produziert hat (Mischka u. a. 2015, 27).

Grundformen	n	%
Abschläge	293	69,6
Klingen	96	22,8
Kerne	15	3,6
Art. Trümmer	17	4,0
Summe:	*421*	*100,0*

Tab. 2. Eschlipp. Anteile der Grundformen am Gesamtinventar.

Grundform	n	%
Abschlag, unmodifiziert	239	56,8
Abschlag, modifiziert	54	12,8
Klinge, unmodifiziert	54	12,8
Klinge, modifiziert	42	10,0
Kern, unmodifiziert	9	2,1
Kern, modifiziert	6	1,4
Trümmer, unmodifiziert	16	3,8
Trümmer, modifiziert	1	0,2
Summe:	*421*	*100,0*

Tab. 3. Eschlipp. Grundformenverteilung des Gesamtinventars.

4.2 Häufigkeiten der Grundformteile

Über die Häufigkeit der einzelnen Grundformteile lassen sich Aussagen darüber treffen, welche Stellung eine Siedlung im Netzwerk aus Produzenten- und Abnehmersiedlungen hatte. Es gilt die Annahme, dass die Me-dialteile von Klingen in der Grundformproduktion angestrebt wurden, da sie sich durch ihre gleichmäßigen Maße besonders gut zur Geräteproduktion eignen. In Produzentensiedlungen sollten nur wenige Medial-klingenteile zu finden sein, da die Produktion höher war als der Eigenbedarf und sie somit weitergegeben werden konnten. Dadurch wird man dort auch einen im Vergleich höheren Proximalteilanteil vorfinden. Im Gegensatz dazu werden in Abnehmersiedlungen hohe Medialklingenanteile erwartet (Claßen 2011, 227).

Erwartungsgemäß gibt es im Eschlipper Inventar weniger vollständige modifizierte als vollständige unmodifizierte Grundformen (Tab. 4), da die am häufigsten auftretenden Modifikationen quer zur Schlag-richtung angebracht wurden und somit die Grundform nicht mehr vollständig war. Bei den unmodifi-zierten Abschlägen ist der größte Teil vollständig erhalten (40,6 %), da in diese Kategorie vor allem viele kleine Stücke der Präparation fallen und je kleiner ein Stück, desto weniger bruchanfällig ist es. Daher ist auch insgesamt der Anteil an vollständigen Abschlägen hoch (35,5 %), da es erst ab einer bestimmten Länge (oder Form) sinnvoll war, Abschläge für eine Modifikation zu zerteilen (Scharl 2010, 93). Klingen sind insgesamt selten vollständig erhalten. Gründe dafür sind, dass Klingen wegen ihrer Form (länger als breit) bruchanfällig sind und sie intentionell zerlegt wurden, um Geräte herzustellen.

Außer bei den unmodifizierten Abschlägen überwiegen die Proximalteile im Eschlipper Inventar. Bei den modifizierten Abschlägen ist dies zu erwarten, da der Proximalteil der stabilste Part eines Abschlags ist und er sich für die Herstellung bestimmter Geräte besser eignet als Klingen (Mischka 2004, 445).

Ungewöhnlich ist der hohe Anteil an modifizierten proximalen Klingenteilen in Eschlipp, der mit 59,5 % fast dreimal so hoch ist, wie bei den modifizierten medialen Klingenteilen (19,0 %). Normalerweise hätte man mehr modifizierte Medialklingenteile erwartet, da diese Teile aufgrund ihrer Gleichmäßigkeit und des günstigen Längen-Breitenverhältnisses bevorzugt worden sind. In Eschlipp könnte dieser hohe Anteil an modifizierten Proximalklingenteilen von der Rohmaterialgröße und damit von der Grundformengröße abhängig gewesen sein. Eine Bevorzugung von medialen Klingenfragmenten für die Modifikation, wie sie bei anderen Fundplätzen beobachtet werden kann, ist hier nicht der Fall (Gaffrey 1994, 427).

Der Anteil von medialen Klingenteilen in Eschlipp ist insgesamt sehr niedrig (20,8 %). Im Vergleich zu den Proximal-

Grundformen		unmod.		mod.		gesamt	
		n	%	n	%	n	%
Abschläge	vollst.	97	40,6	7	13,0	104	35,5
	proximal	70	29,3	26	48,1	96	32,8
	medial	35	14,6	15	27,8	50	17,1
	distal	36	15,1	5	9,3	41	14,0
	keine Aussage	1	0,4	1	1,9	2	0,7
	Summe:	*239*	*100,0*	*54*	*100,0*	*293*	*100,0*
Klingen	vollst.	8	14,8	3	7,1	11	11,5
	proximal	27	50,0	25	59,5	52	54,2
	medial	12	22,2	8	19,0	20	20,8
	distal	7	13,0	6	14,3	13	13,5
	keine Aussage	0	0,0	0	0,0	0	0,0
	Summe:	*54*	*100,0*	*42*	*100,0*	*96*	*100,0*

Tab. 4. Eschlipp. Häufigkeiten der Grundformteile bei Abschlägen und Klingen.

teilen bei Abschlägen und Klingen, gibt es erwartungsgemäß zu wenig Distalteile. Die Gründe dafür können in der Abbautechnik liegen, da Distalenden oftmals am Kern stecken blieben. Dazu kommt noch, dass die meisten Modifikationen an den Distalenden angebracht wurden und somit ein ehemaliges Distalstück dann als Medialteil angesprochen wird (Krahn 2006, 410).

Betrachtet man die Verteilung der Grundformteilhäufigkeiten insgesamt, bestätigt sich die Annahme für Eschlipp, dass man in Produzentensiedlungen weniger Medialklingenteile vorfindet, da die Produktion den Eigenbedarf überstieg und gerade diese Teile (und Klingen als Grundform) weitergegeben wurden, wodurch sich gleichzeitig der höhere Anteil an proximalen Klingenteilen erklärt. Auch der hohe Anteil an proximalen Grundformteilen spricht für eine Verarbeitung vor Ort. Dass diese Überrepräsentation auch mit den geringen Maßen des Rohmaterials zusammenhängt, wird sich im Folgenden noch ergeben.

4.3 Rinde

Über den Rindenanteil der Artefakte kann man Aussagen darüber treffen, wie das Rohmaterial in die Siedlung gelangte, wie gut die Versorgungslage war und welchen Status die Siedlung innerhalb des Austauschnetzwerkes innehatte. Viele Stücke mit Rinde zeigen an, dass die Verarbeitung des Materials vor Ort stattgefunden hat und die Kerne un- oder nur vorpräpariert in die Siedlung gelangten. Je mehr Stücke mit Rinde, desto besser war die Rohmaterialversorgung und desto näher der Aufschluss, da man für einen weiten Transport das Gewicht verringerte, indem man die Kerne vorpräparierte oder man produzierte noch vor Ort Halb- bzw. Fertigprodukte und transportierte diese. Tragen vermehrt modifizierte Grundformen Rinde, würde das für eine intensive Nutzung des Rohmaterials sprechen und somit eine schlechte Versorgung bedeuten (Kegler-Graiewski 2004, 385; Claßen 2011, 224–225).

Für das Gesamtinventar von Eschlipp liegt der Rindenanteil bei 37,5 % und damit noch über dem von Langweiler 8 mit 35,9 % (Mischka 2014, 249 Abb. 91). Ein solch hoher Wert bestätigt die These, dass in Eschlipp eine Zerlegung des Materials vor Ort stattgefunden hat und die Kerne weitestgehend unpräpariert in die Siedlung verbracht wurden. Gleichzeitig bedeutet dies eine gute Rohmaterialversorgung. An fast allen Kernen gibt es noch Rindenteile (Tab 5). Dass an Kernen generell häufiger Rinde vorkommt als an anderen Grundformen, liegt zum einen an ihren großen Oberflächen und zum anderen an der Abbautechnik der Linearbandkeramiker (Kegler-Graiewski 2004, 386). Die Kerne wurden am Anfang des Abbauprozesses nicht komplett entrindet, es erfolgt erst die Anlage einer Schlag- und Abbaufläche, welche dann weiter zurückgesetzt wurde, womit lange Zeit Rindenteile am Kern verbleiben (Zimmermann 1995, 77). Auch bei den anderen Grundformen zeigt sich das typische Verteilungsbild. Abschläge findet man häufiger mit Rinde als Klingen, da sie schon am Anfang der Produktion anfallen (Roth 2008, 432). Auch an Trümmern findet sich oft Rinde, da sie beim Schlagen meist unkontrolliert an natürlichen Klüften oder Rissen im Material brachen, was meist früh im Abbauprozess geschah, wenn noch viel Rinde am Kern war (Krahn 2006, 403).

Betrachtet man den Anteil der Klingen mit Rinde, lässt sich die These

Grundform	gesamt	mit Rinde		mit thermischer Einwirkung	
	n	n	%	n	%
Abschlag, unmodifiziert	239	94	39,3	20	8,4
Abschlag, modifiziert	54	17	31,5	7	13,0
Klinge, unmodifiziert	54	13	24,1	9	16,7
Klinge, modifiziert	42	11	26,2	5	11,9
Kern, unmodifiziert	9	7	77,8	1	11,1
Kern, modifiziert	6	4	66,7	0	0,0
Trümmer, unmodifiziert	16	12	75,0	3	18,8
Trümmer, modifiziert	1	0	0,0	0	0,0
Gesamt:	421	158	37,5	45	10,7

Tab. 5. Eschlipp. Grundformanteile mit Rinde und thermischer Einwirkung.

bekräftigen, dass Eschlipp keine Stücke importiert hat. Hier liegt der Wert für Klingen mit Rinde bei 25,0 % und ist damit genauso hoch, wie etwa bei rheinischen Siedlungen, in denen vor Ort produziert wurde. Für Eschlipp weist dieser Wert daraufhin, dass es Kerne mit Rinde in der Siedlung gegeben hat und dass diese vor dem Abbau der Klingen nicht vollständig entrindet wurden.

4.4 Feuereinwirkung

Der Anteil an Silices, an denen man Hitzeeinwirkungen feststellen kann, ist ein Anzeiger dafür, wie die Versorgungslage mit Rohmaterialien in einer Siedlung war. Die Gründe für das Vorkommen von verbrannten Stücken sind zum einen technische Eigenarten, aber vor allem die Lage der Feuerstellen im Verhältnis zur Aktivitätszone der Artefaktherstellung (Scharl 2010, 86). Für den Anteil verbrannter Stücke an einem Inventar gibt es gegensätzliche Interpretationsmöglichkeiten. Zimmermann postuliert, dass Geräte aus seltenem Rohmaterial länger in Gebrauch sind und damit die Wahrscheinlichkeit, dass sie ins Feuer gelangen steigt (Zimmermann 1988, 638–639; Strien 2000, 16). Entgegengesetzt dazu ist die Annahme von Hohmeyer – schlechter verfügbares Material ist wertvoll und wird vorsichtiger behandelt, kommt also seltener ins Feuer (Hohmeyer 1997, 253). Insgesamt belegen viele erhobene Daten, dass unmodifizierte Stücke häufiger verbrannt sind, als modifizierte. Bei unmodifizierten Stücken sinkt die Verbrennungswahrscheinlichkeit je schlechter das Rohmaterial zu beschaffen war – bei Geräten verhält es sich genau andersherum, da diese dann länger in Gebrauch waren (Roth 2008, 419).

In Eschlipp liegt der Anteil verbrannter Stücke am Gesamtinventar bei 10,7 % und ist damit vergleichsweise hoch (Tab. 5). Betrachtet man aber die Befunde, aus denen die verbrannten Stücke stammen, fällt auf, dass mehr als die Hälfte der Stücke aus nur zwei Befunden stammen. 40,0 % stammen aus Bef. 54 und 11,1 % aus Bef. 27 – beides größere Grubenkomplexe. Hier wurden also zwei Ereignisse erfasst, wo Feuerstellen entsorgt wurden. Dies führt bei einem Inventar von geringer Stückzahl zu einer Verzerrung, die im Weiteren berücksichtigt werden muss (Zimmermann 1988, 637; Deutmann 1997, 92).

Auffällig ist in Eschlipp, dass hier mehr Klingen (14,6 %) als Abschläge (9,2 %) verbrannt sind – von den Vergleichssiedlungen ausgehend, hätte man es genau andersrum erwartet. Eschlipp erreicht auch den höchsten Anteil an verbrannten unmodifizierten Klingen (16,7 %) im Vergleich. Dies könnte einerseits auf einen achtlosen Umgang oder einen Export dieser Grundform hindeuten. Auch innerhalb der Abschläge entsprechen die verbrannten Anteile in Eschlipp nicht denen, der Vergleichssiedlungen. Hier sind 8,4 % unmodifizierte und 13,0 % modifizierte Artefakte verbrannt, was auch auf einen sorglosen Umgang und damit auf eine gute Versorgungslage hindeutet.

Insgesamt muss man beim Eschlipper Inventar die geringe Stückzahl berücksichtigen und, dass das Inventar von Jurahornstein dominiert wird. Daran lassen sich thermische Einwirkungen leichter erkennen, als z. B. an Maasschottern oder Rijckholt (Scharl 2010, 88–89).

Längen unmodifizierte Abschläge

	n	Min.	Max.	Mittel	Median	Std. Abw.	Wölbung	Schiefe	1. Quartil	3. Quartil	VK
alle	239	10	74	22,8	20,0	10,3	3,4	1,5	15,0	28,0	0,5
vollständig	89	10	66	25,6	23,0	11,4	1,0	1,0	16,0	32,0	0,4
proximal	70	10	46	22,6	21,0	7,9	-0,2	0,6	17,0	29,3	0,3
medial	43	10	74	21,1	17,0	11,8	9,2	2,7	14,5	24,0	0,6
distal	36	10	37	18,2	16,0	7,1	-0,1	0,8	12,8	23,5	0,4
keine Aussage	1	18	18	18,0	18,0	0,0	-	-	18,0	18,0	0,0

Längen modifizierte Abschläge

	n	Min.	Max.	Mittel	Median	Std. Abw.	Wölbung	Schiefe	1. Quartil	3. Quartil	VK
alle	54	11	65	26,4	22,5	11,9	1,6	1,4	20,0	29,8	0,4
vollständig	7	11	65	35,1	37,0	19,2	-1,4	0,4	18,5	48,0	0,5
proximal	26	12	50	26,8	23,0	9,8	0,8	1,2	21,0	29,8	0,4
medial	15	11	42	21,3	20,0	8,2	1,5	1,2	15,5	22,5	0,4
distal	5	23	49	29,6	26,0	9,8	4,5	2,1	23,0	27,0	0,3
keine Aussage	1	19	19	19,0	19,0	0,0	-	-	19,0	19,0	0,0

Längen unmodifizierte Klingen

	n	Min.	Max.	Mittel	Median	Std. Abw.	Wölbung	Schiefe	1. Quartil	3. Quartil	VK
alle	54	11	59	24,2	22,0	9,6	3,0	1,4	17,0	29,5	0,4
vollständig	8	16	54	28,8	25,5	11,9	1,3	1,2	20,0	34,3	0,4
proximal	27	11	59	26,1	26,0	9,6	3,9	1,4	21,5	30,0	0,4
medial	12	11	32	19,5	19,5	6,0	-0,2	0,7	14,8	22,0	0,3
distal	7	14	35	19,9	18,0	6,5	4,9	2,1	16,0	20,0	0,3

Längen modifizierte Klingen

	n	Min.	Max.	Mittel	Median	Std. Abw.	Wölbung	Schiefe	1. Quartil	3. Quartil	VK
alle	42	15	45	29,7	30,0	8,0	-0,8	0,1	24,0	36,0	0,3
vollständig	3	22	34	26,7	24,0	5,2	-	1,5	23,0	29,0	0,2
proximal	25	15	45	32,7	33,0	7,7	-0,6	-0,2	25,0	39,0	0,2
medial	8	16	37	27,5	29,0	6,6	-0,8	-0,4	22,5	32,3	0,2
distal	6	16	29	22,0	22,0	4,6	-1,4	0,2	18,0	25,3	0,2

Tab. 6. Eschlipp. Längen der Abschläge und Klingen in mm.

4.5 Die Maße der Grundformen und Grundformteile (Tab. 6–9)

In Eschlipp sind die unmodifizierten Abschläge im Durchschnitt 22,8 ± 10,3 mm lang und 15,5 ± 7,0 mm breit. Sie sind damit etwas kleiner als die modifizierten Abschläge, welche durchschnittlich eine Länge von 26,4 ± 12,1 mm und eine Breite von 19,0 ± 6,6 mm erreichen. Dies liegt leicht über der durchschnittlichen Länge von 25,3 mm, die für Oberfranken errechnet wurde (Dürr 2015, 344).

Die unmodifizierten Klingen sind durchschnittlich 24,5 ± 9,6 mm lang und 13,6 ± 4,0 mm breit, wogegen die modifizierten Klingen mit einer durchschnittlichen Länge von 29,7 ± 8,0 mm und einer Breite von 15,1 ± 2,9 mm etwas größer ausfallen. Auch dieser Wert liegt leicht über dem Durschnitt für Oberfranken mit 28,7 mm (ebd.). Dies ist ein typisches Verteilungsbild. Die unmodifizierten Stücke sind immer kleiner als die modifizierten, da Stücke, welche durch Modifikationen zu Geräten umgearbeitet

Breiten unmodifizierte Abschläge

	n	Min.	Max.	Mittel	Median	Std. Abw.	Wölbung	Schiefe	1. Quartil	3. Quartil	VK
alle	239	3	48	15,4	14,0	7,0	2,9	1,4	10,5	18,0	0,5
vollständig	89	3	48	17,2	15,0	8,1	1,6	1,2	12,0	21,0	0,5
proximal	70	6	31	15,5	14,5	4,9	0,8	0,7	12,0	18,8	0,3
medial	43	5	44	13,9	13,0	7,4	5,5	1,9	9,0	17,5	0,5
distal	36	6	31	12,8	12,0	5,6	2,3	1,4	9,0	15,3	0,4
keine Aussage	1	7	7	7,0	7,0	0,0	-	-	7,0	7,0	0,0

Breiten modifizierte Abschläge

	n	Min.	Max.	Mittel	Median	Std. Abw.	Wölbung	Schiefe	1. Quartil	3. Quartil	VK
alle	54	6	39	19,1	18,5	6,6	1,2	0,7	15,3	22,0	0,3
vollständig	7	10	36	23,3	23,0	7,9	0,0	0,0	19,5	27,5	0,3
proximal	26	10	39	20,1	19,0	6,0	3,0	1,4	17,0	21,8	0,3
medial	15	6	22	15,2	17,0	5,0	-0,7	-0,7	12,5	18,5	0,3
distal	5	13	28	20,8	21,0	6,1	-2,7	-0,1	15,0	27,0	0,3
keine Aussage	1	14	14	14,0	14,0	0,0	-	-	14,0	14,0	0,0

Breiten unmodifizierte Klingen

	n	Min.	Max.	Mittel	Median	Std. Abw.	Wölbung	Schiefe	1. Quartil	3. Quartil	VK
alle	54	6	26	13,7	14,0	4,1	0,9	0,7	11,0	15,8	0,3
vollständig	8	6	23	11,9	11,0	5,1	1,7	1,3	8,5	13,0	0,4
proximal	27	7	26	14,5	14,0	3,9	1,6	0,9	12,0	16,5	0,3
medial	12	8	23	13,2	12,5	4,1	1,3	1,1	10,5	14,8	0,3
distal	7	11	16	13,6	14,0	1,8	-0,9	-0,6	12,5	14,5	0,1

Breiten modifizierte Klingen

	n	Min.	Max.	Mittel	Median	Std. Abw.	Wölbung	Schiefe	1. Quartil	3. Quartil	VK
alle	42	10	20	15,0	14,5	2,9	-0,9	0,3	13,0	17,0	0,2
vollständig	3	10	16	12,7	12,0	2,5	-	0,9	11,0	14,0	0,2
proximal	25	10	20	15,2	15,0	2,8	-0,8	0,1	13,0	17,0	0,2
medial	8	12	20	15,8	15,5	2,9	-1,3	0,4	13,0	17,8	0,2
distal	6	11	20	14,2	13,5	2,9	2,4	1,4	12,3	14,8	0,2

Tab. 7. Eschlipp. Breiten der Abschläge und Klingen in mm.

wurden, bestimmte Voraussetzungen in Größe und Handhabbarkeit erfüllen mussten. Unter den unmodifizierten Stücken sind viele Präparationsabfälle (Roth 2008, 489–490).

    An der Standardabweichung der Länge der unmodifizierten Abschläge kann man das Ausmaß der Produktion vor Ort ablesen. Bei den Längen der vollständigen unmodifizierten Abschläge in Eschlipp beträgt sie 11,4 mm. Zusammen mit dem Minimal- und Maximalwert (10–66 mm) und den beim Schlämmen gefundenen zahlreichen Absplissen zeigt sich, dass in Eschlipp eine Produktion vor Ort stattgefunden hat. Die Maße der Artefakte in Eschlipp sind durch das dominierende Rohmaterial Jurahornstein bestimmt. Die verwendeten Knollen sind meist nur faustgroß, dementsprechend lassen sich die Werte z. B. nicht mit den rheinischen Siedlungen vergleichen. Betrachtet man die Siedlungen des westlichen Frankens und Oberfrankens, zeigt sich, dass Eschlipp mit seinen Durchschnittswerten beide anderen übertrifft. Es handelt sich also aufgrund der geringen Grundformgrößen nicht um eine

Dicken unmodifizierte Abschläge											
	n	Min.	Max.	Mittel	Median	Std. Abw.	Wölbung	Schiefe	1. Quartil	3. Quartil	VK
alle	239	1	17	4,5	4,0	2,8	4,0	1,7	3,0	6,0	0,6
vollständig	89	1	17	5,6	5,0	3,4	2,3	1,4	3,0	7,0	0,6
proximal	70	1	10	3,9	3,0	1,8	2,6	1,5	3,0	5,0	0,5
medial	43	1	15	4,0	3,0	2,7	5,1	1,9	2,0	5,0	0,7
distal	36	1	12	3,6	3,0	2,5	4,4	2,0	2,0	4,0	0,7
keine Aussage	1	4	4	4,0	4,0	0,0	-	-	4,0	4,0	0,0

Dicken modifizierte Abschläge											
	n	Min.	Max.	Mittel	Median	Std. Abw.	Wölbung	Schiefe	1. Quartil	3. Quartil	VK
alle	54	1	21	5,8	5,0	3,3	8,1	2,4	4,0	6,0	0,6
vollständig	7	4	21	7,7	6,0	5,5	6,2	2,4	5,0	6,5	0,7
proximal	26	1	11	5,2	5,0	2,4	1,3	1,1	4,0	6,0	0,5
medial	15	2	11	5,3	5,0	2,5	0,3	1,0	3,0	6,0	0,5
distal	5	4	15	7,0	5,0	4,1	3,6	1,9	4,0	7,0	0,6
keine Aussage	1	6	6	6,0	6,0	0,0	-	-	6,0	6,0	0,0

Dicken unmodifizierte Klingen											
	n	Min.	Max.	Mittel	Median	Std. Abw.	Wölbung	Schiefe	1. Quartil	3. Quartil	VK
alle	54	1	8	3,6	3,0	1,6	1,6	1,2	3,0	4,0	0,4
vollständig	8	1	8	3,6	3,5	2,1	1,4	1,1	2,0	4,3	0,6
proximal	27	2	8	4,1	4,0	1,6	0,9	1,1	3,0	5,0	0,4
medial	12	2	4	2,8	3,0	0,8	-1,4	0,4	2,0	3,3	0,3
distal	7	2	5	3,1	3,0	1,0	0,3	0,8	2,5	3,5	0,3

Dicken modifizierte Klingen											
	n	Min.	Max.	Mittel	Median	Std. Abw.	Wölbung	Schiefe	1. Quartil	3. Quartil	VK
alle	42	2	8	4,4	4,0	1,5	0,6	0,8	3,0	5,0	0,3
vollständig	3	2	5	4,0	5,0	1,4	-	-1,7	3,5	5,0	0,4
proximal	25	2	8	4,8	5,0	1,4	0,9	0,7	4,0	5,0	0,3
medial	8	2	5	3,5	3,0	1,0	-0,8	0,5	3,0	4,3	0,3
distal	6	3	8	4,0	3,0	1,8	5,1	2,3	3,0	3,8	0,5

Tab. 8. Eschlipp. Dicken der Abschläge und Klingen in mm.

schlecht versorgte Siedlung, sondern die Größen werden durch das Rohmaterial bestimmt (Scharl 2010, 101; Strien 2000, 139).

Der Median der Länge der unmodifizierten Klingenmedialteile beträgt für Eschlipp 19,5 mm. Dieser Wert zeigt an, ab wann ein Klingenmedialteil zur Modifikation verwendet wurde (Roth 2008, 499). Daher sind die modifizierten Klingenmedialteile erwartungsgemäß länger, breiter und schwerer als die unmodifizierten.

Wie oben schon erwähnt, sieht es so aus, als wären in Eschlipp die Proximalklingenteile bevorzugt zur Modifikation genutzt worden sind. Betrachtet man die Längen der modifizierten Klingenteile, fällt auf, dass der höchste Median mit 33,0 mm bei den Proximalteilen zu finden ist. Bei denen handelt es sich mehrheitlich nicht um Reste einer Mehrfachzerlegung einer Klinge, sondern um vollständige Klingen, bei denen am Distalende eine Modifikation angebracht wurde. Dadurch zeigt sich, dass die Überrepräsentation von Proximalteilen und die Unterrepräsentation von Medialteilen auf die geringe Rohmaterialgröße zurück zu führen ist.

Längen Kerne											
	n	Min.	Max.	Mittel	Median	Std. Abw.	Wölbung	Schiefe	1. Quartil	3. Quartil	VK
alle	15	23	81	42,7	41,0	14,7	1,9	1,3	35,0	44,0	0,3
unmodifiziert	9	23	81	42,7	39,0	18,3	0,6	1,1	28,0	44,0	0,4
modifiziert	6	36	56	42,7	41,0	6,3	3,9	1,8	39,5	42,5	0,1

Breiten Kerne											
	n	Min.	Max.	Mittel	Median	Std. Abw.	Wölbung	Schiefe	1. Quartil	3. Quartil	VK
alle	15	12	59	33,7	34,0	9,9	2,7	0,4	30,0	37,0	0,3
unmodifiziert	9	12	59	32,2	31,0	12,3	1,8	0,8	24,0	38,0	0,4
modifiziert	6	33	43	35,8	34,5	3,3	4,4	2,0	34,0	35,8	0,1

Dicken Kerne											
	n	Min.	Max.	Mittel	Median	Std. Abw.	Wölbung	Schiefe	1. Quartil	3. Quartil	VK
alle	15	10	36	22,6	24,0	6,8	-0,3	-0,1	17,5	26,5	0,3
unmodifiziert	9	10	27	20,3	23,0	5,8	-1,1	-0,7	14,0	24,0	0,3
modifiziert	6	16	36	26,0	27,0	6,8	-1,0	-0,2	20,8	30,3	0,3

Tab. 9. Eschlipp. Längen, Breiten und Dicken der Kerne in mm.

4.6 Gewichte der Grundformen und Grundformenteile

Da Länge, Breite und Dicke das Gewicht beeinflussen, zeigen sich in diesen Werten alle Auswirkungen, die sich auch in den anderen Maßen zeigen (Roth 2008, 463). Betrachtet man zuerst die Gewichtsverteilung der unmodifizierten Abschläge (Tab. 10), bestätigt sich die Annahme, dass unpräparierte Kerne nach Eschlipp gelangten und die Produktion vor Ort stattfand, da sich unter den Abschlägen sehr viele leichte Präparationsabschläge befinden. Der Median der unmodifizierten Abschläge beträgt 0,9 g. Gleichzeitig fällt der Maximalwert bei den Abschlägen mit 53,5 g sehr gering aus. Dies könnte darauf hindeuten, dass innerhalb des lokalen Variationsspektrums einige größere Stücke fehlen, die wahrscheinlich weitergegeben wurden (Roth 2008, 469). Bei den Gewichten der Klingen zeigt sich das gleiche Bild wie bei den anderen Maßen. Die modifizierten Stücke sind schwerer – bei einem gleichzeitigen geringeren Variationsspektrum – als die unmodifizierten.

Am besten sieht man auch die geringe Größe des Rohmaterials an den Gewichten der Kerne (Tab 11). Im Schnitt sind die Kerne in Eschlipp 45,9 ± 40,5 g schwer. Der schwerste Kern wiegt lediglich 171,5 g. Dies deutet darauf hin, dass trotz guter Rohmaterialversorgung, die Kerne, die in der Siedlung verblieben, sehr weit ausgenutzt und abgearbeitet wurden. Größere Kerne, die nicht so weit abgearbeitet wurden, wurden wahrscheinlich weitergegeben.

5 Werkzeuge

Als Geräte oder Werkzeuge sind Stücke definiert, die durch eine Veränderung (Modifikation) eine eindeutige Funktion erhielten. Eine Ausnahme davon bilden Stücke mit Sichelglanz. Dieser gilt als sekundäre Gebrauchsspur. Diese Stücke werden trotzdem als Werkzeug gezählt (Gehlen 2012, 721). Ein hoher Anteil an Werkzeugen in einem Inventar zeigt eine größere Entfernung zur Rohmaterialquelle und damit auch eine untergeordnete Stellung in der Siedlungshierarchie an. Da dort die hauptsiedlungstypische Grundformproduktion nicht so stark ausgeprägt ist und viele Präparationsabfälle fehlen. Anders herum senkt eine starke Grundformproduktion den Werkzeuganteil (Claßen 2011, 242). Der Geräteanteil am Eschlipper Inventar beträgt 24,5 % und ist damit relativ hoch. Dies könnte bedeuten, dass die Rohmaterialquelle weiter weg liegen würde und die Siedlung eine untergeordnete Stellung im Siedlungsnetz innehätte. Dies

Gewichte unmodifizierte Abschläge

	n	Min.	Max.	Mittel	Median	Std. Abw.	Wölbung	Schiefe	1. Quartil	3. Quartil	VK
alle	239	0,1	53,5	2,6	0,9	5,9	43,4	6,0	0,5	2,2	2,2
vollständig	89	0,1	53,5	4,1	1,5	7,8	24,1	4,5	0,7	4,5	1,9
proximal	70	0,1	14,0	1,7	1,1	2,1	17,9	3,8	0,6	1,9	1,2
medial	43	0,1	44,5	2,3	0,6	6,8	36,1	5,8	0,3	1,6	2,9
distal	36	0,1	10,6	1,2	0,6	2,0	13,0	3,4	0,2	1,2	1,6
keine Aussage	1	0,4	0,4	0,4	0,4	0,0	-	-	0,4	0,4	0,0

Gewichte modifizierte Abschläge

	n	Min.	Max.	Mittel	Median	Std. Abw.	Wölbung	Schiefe	1. Quartil	3. Quartil	VK
alle	54	0,1	35,0	4,2	2,3	5,9	15,0	3,6	1,5	4,4	1,4
vollständig	7	0,9	35,0	8,6	4,6	11,1	5,8	2,4	2,1	7,7	1,3
proximal	26	0,2	23,2	3,9	2,5	4,9	8,8	2,9	1,6	3,8	1,3
medial	15	0,1	6,9	2,3	1,9	1,8	1,6	1,1	1,1	3,0	0,8
distal	5	1,2	11,3	5,4	2,6	4,6	-3,2	0,6	1,3	10,7	0,8
keine Aussage	1	1,5	1,5	1,5	1,5	0,0	-	-	1,5	1,5	0,0

Gewichte unmodifizierte Klingen

	n	Min.	Max.	Mittel	Median	Std. Abw.	Wölbung	Schiefe	1. Quartil	3. Quartil	VK
alle	54	0,1	9,0	1,6	1,0	1,6	8,5	2,5	0,7	2,4	1,0
vollständig	8	0,1	9,0	1,9	0,8	2,8	6,6	2,5	0,5	1,8	1,5
proximal	27	0,1	6,2	1,9	1,7	1,3	2,4	1,2	0,8	2,8	0,7
medial	12	0,2	3,3	1,1	0,7	0,9	2,1	1,8	0,6	1,0	0,9
distal	7	0,3	3,4	1,1	0,8	1,0	5,5	2,3	0,6	1,1	0,9

Gewichte modifizierte Klingen

	n	Min.	Max.	Mittel	Median	Std. Abw.	Wölbung	Schiefe	1. Quartil	3. Quartil	VK
alle	42	0,7	6,4	2,4	2,2	1,3	0,9	1,1	1,5	3,0	0,6
vollständig	3	1,1	2,3	1,6	1,3	0,5	-	1,5	1,2	1,8	0,3
proximal	25	0,9	6,4	2,9	2,4	1,4	0,4	1,0	1,8	3,6	0,5
medial	8	0,7	3,7	1,8	1,6	1,0	-0,5	0,9	0,9	2,3	0,6
distal	6	0,9	2,9	1,6	1,1	0,8	-1,4	1,0	0,9	2,2	0,5

Tab. 10. Eschlipp. Gewichte der Abschläge und Klingen in g.

Gewichte Kerne

	n	Min.	Max.	Mittel	Median	Std. Abw.	Wölbung	Schiefe	1. Quartil	3. Quartil	VK
alle	15	3,3	171,5	45,9	34,8	40,5	5,5	2,1	23,3	54,9	0,9
unmodifiziert	9	3,3	171,5	44,7	33,2	48,4	5,7	2,2	10,8	44,3	1,1
modifiziert	6	22,5	92,6	47,6	41,4	24,4	0,4	1,0	27,1	59,1	0,5

Gewichte Trümmer

	n	Min.	Max.	Mittel	Median	Std. Abw.	Wölbung	Schiefe	1. Quartil	3. Quartil	VK
alle	17	0,2	100,2	19,9	6,5	28,3	2,4	1,8	1,8	17,9	1,4

Tab. 11: Eschlipp. Gewichte der Kerne und Trümmer in g.

Rohmaterial	n	%
Jurahornstein	80	77,7
C	6	5,8
E	2	1,9
Kreidefeuer-stein	3	2,9
Kiselschiefer/ Lydit	0	0,0
K	1	1,0
L	3	2,9
M	6	5,8
N	2	1,9
Summe:	*103*	*100,0*

▲ Tab. 12. Eschlipp. Modifi-kationsrate nach Rohmaterial.

▶ Tab. 13. Eschlipp. Grund-formen der Geräte.

Modifikations-arten	Summe		Abschlag		Klinge		Kern		Trümmer	
	n	%	n	%	n	%	n	%	n	%
Bohrer	3	2,9	2	66,7	1	33,3	0	0,0	0	0,0
Kratzer	30	29,1	18	60,0	12	40,0	0	0,0	0	0,0
Endretusche	9	8,7	6	66,7	3	33,3	0	0,0	0	0,0
Lateralretusche	13	12,6	10	76,9	3	23,1	0	0,0	0	0,0
Stichel	2	1,9	1	50,0	1	50,0	0	0,0	0	0,0
Aussplitterung	2	1,9	1	50,0	0	0,0	1	50,0	0	0,0
Sichelglanz kantenparallel	2	1,9	0	0,0	2	100,0	0	0,0	0	0,0
Sichelglanz nicht kantenparallel	7	6,8	0	0,0	7	100,0	0	0,0	0	0,0
sonstige Retusche	24	23,3	11	45,8	13	54,2	0	0,0	0	0,0
Kerbbruch	2	1,9	2	100,0	0	0,0	0	0,0	0	0,0
Schlagnarbenfeld	1	1,0	1	100,0	0	0,0	0	0,0	0	0,0
Zähnung bei Sichelglanz	2	1,9	2	100,0	0	0,0	0	0,0	0	0,0
Klopfer	6	5,8	0	0,0	0	0,0	5	83,3	1	16,7
Summe:	*103*	*100,0*	*54*	*52,4*	*42*	*40,8*	*6*	*5,8*	*1*	*1,0*

sollte aber nicht überbewertet werden, da eine isolierte Betrachtung des Geräteanteils das Bild der Roh-materialversorgung verzerren kann (Mischka 2004, 451–452).

Erwartungsgemäß wurden die meisten Werkzeuge (77,7 %) aus Jurahornstein hergestellt (Tab. 12). Auffällig sind die Geräteanteile der Rohmaterialien C, Kreide, M und N – dort sind jeweils mehr als die Hälfte der Artefakte modifiziert. Es handelt sich dabei um Rohmaterialien, deren Aufschlüsse damit wahrscheinlich weiter weg lagen und die durch Tauschhandel vorwiegend als Halb- beziehungsweise Fertigprodukte in die Siedlung kamen.

Die Grundformverteilung der modifizierten Stücke entspricht der Verteilung der unmodifizierten Stücke (Tab. 13). Es treten am häufigsten modifizierte Abschläge auf, etwas seltener modifizierte Klingen und einige modifizierte Kerne. Es zeigt sich somit, dass sich das Grundformenspektrum des Gesamtin-ventars in dem Geräteinventar einer Siedlung spiegelt (Mischka 2004, 453). Der höhere Anteil an Ab-schlagsgeräten in Eschlipp (52,4 %) ist vergleichbar mit dem rheinischer Hauptsiedlungen.

Von den 103 modifizierten Stücken im Eschlipper Silexinventar weisen 31,1 % Rinde auf, was darauf hindeutet, dass die Rohmaterialquelle nah an der Siedlung lag (Claßen 2011, 246). 11,7 % der modifizierten Stücke zeigen Spuren von Hitzeeinwirkungen. Dieser erhöhte Wert deutet hin auf die höhere Verbren-nungswahrscheinlichkeit von Geräten und die geringe Wertschätzung des Rohmaterials aufgrund der guten Versorgungslage (Mischka 2014, 246).

Die Werkzeuge sind im Schnitt 28,9 ± 10,9 mm lang und 18,5 ± 7,2 mm breit und damit größer als die unmodifizierten Stücke, da dort auch viele kleine Herstellungsabfälle den Durchschnitt senken. Somit zeigt auch dieser Wert Eschlipp als eine selbstverarbeitende, gut versorgte Siedlung.

Das Gerätespektrum des Silexinventars entspricht denen anderer linearbandkeramischer Siedlungen. Das Fehlen von Pfeilspitzen bedeutet hier nicht zwangsläufig, dass es keine Jagdtätigkeit gab. Diese fand außerhalb statt, und damit wurde auch diese Werkzeugklasse potentiell aus der Siedlung herausgenom-men. Aufgrund der guten Versorgungslage mit Rohmaterial kann dies auch wieder den achtlosen Umgang aufzeigen.

Kratzer machen mit 29,1 % ein gutes Drittel des Geräteinventars in Eschlipp aus. Diese wurden zu 60,0 % aus Abschlägen hergestellt – im Unterschied zu den westfränkischen Siedlungen, wo Kratzer zu 67,5 % aus Klingen hergestellt wurden (Scharl 2010, 143). Dieser Unterschied kann, wird die Selektion durch Sammler ausgeschlossen, zwei Gründe haben. Zum einen spiegeln die Gerätegrundformen die Grundformhäufig des Gesamtinventars wider (Mischka 2004, 485). Zum anderen würden viele Klingen-kratzer auf einen Import schließen lassen (Krahn 2006, 464).

Lateralretuschen machen 12,6 % des Geräteinventars aus. Bei ihnen zeigen sich die gleichen Besonderheiten in der Grundformnutzung im Vergleich zu anderen Siedlungen, wie bei den Kratzern.

Geräte mit Sichelglanz, welche als Sicheleinsätze dienten, kommen mit 10,7 % nur wenige vor. Im westlichen Franken liegt der Wert mit 34,1 % viel höher (Scharl 2010, 140). Wohingegen der Wert für Oberfranken ähnlich niedrig ist mit 11,3 % (Dürr 2015, 318).

6 Fazit

Das Steininventar von Eschlipp besteht zu 86,0 % aus Jurahornstein, der, aufgrund der Anzahl und Grundformenzusammensetzung von einem oder mehreren nahe gelegenen, unbekannten Aufschlüssen stammt. Die restlichen Rohmaterialien konnten nicht näher bestimmt werden, aber aufgrund ihrer Grundformzusammensetzung und der jeweils sehr geringen Anzahl, werden sie als Ferntransporte interpretiert, welche durch Tausch in die Siedlung gelangten. Die Siedlung war sehr gut mit Rohmaterial versorgt und produzierte vor Ort über den Eigenbedarf hinaus. Es ist möglich, dass Klingen und Kerne an andere Siedlungen weitergegeben wurden. Insgesamt zeigt sich in Eschlipp eine auf Steinverarbeitung spezialisierte Siedlung.

Für weitere Untersuchungen der Siedlung und der näheren Umgebung wäre es wichtig, die Rohmaterialaufschlüsse zu suchen, soweit sie noch vorhanden sind. Darüber könnte man sich dem Tauschnetzwerk der Umgebung nähern und Vergleiche zu anderen Siedlungsgebieten ziehen und die Stellung Eschlipps in diesem System noch besser feststellen. Für das fränkische Austauschnetzwerk konnte somit gezeigt werden, dass Eschlipp eine Siedlung sein könnte, die eine wichtige Funktion in der Versorgung von benachbarten Siedlungen innehatte.

Literatur

BÖHNER 2012: U. Böhner, Silex-Rohmaterialien in Bayern. In: H. Floss (Hrsg.), Steinartefakte vom Altpaläolithikum bis in die Neuzeit (Tübingen 2012) 79–82.

CLASSEN 2011: E. Claßen, Siedlungen der Bandkeramik bei Königshoven. Rhein. Ausgr. 64 (Darmstadt 2011).

DEUTMANN 1997: K.-H. Deutmann, Feuersteinmaterial. In: J. Lüning (Hrsg.), Studien zur neolithischen Besiedlung der Aldenhovener Platte und ihrer Umgebung. Rhein. Ausgr. 43 (Köln 1997) 83–127.

DRUMMER 2016: C. Drummer, Die Bandkeramik in Oberfranken – Befunde und Keramik der linearbandkeramischen Siedlung Ebermannstadt-Eschlipp: Gradiometerprospektion und Ausgrabungskampagne 2014 (unpubl. Masterarbeit Erlangen 2016).

DRUMMER 2018: C. Drummer, Die Bandkeramik in Oberfranken – Gradiometerprospektion und Auswertung der Befunde und Keramikfunde aus der Ausgrabungskampagne 2014 in der linearbandkeramischen Siedlung Ebermannstadt-Eschlipp (in diesem Band).

DÜRR 2015: A. Dürr, Die Linearbandkeramik in Oberfranken (unpubl. Diss. Würzburg 2015).

FALKENSTEIN 2012: F. Falkenstein, Felstürme und Schachthöhlen. Zur kultischen Nutzung ‚naturheiliger' Plätze auf der Fränkischen Alb. In: F. Falkenstein (Hrsg.), Hohler Stein, Rothensteine und Jungfernhöhle. Archäologische Forschungen zur prähistorischen Nutzung naturheiliger Plätze auf der Nördlichen Frankenalb (Würzburg 2012) 2–21.

GAFFREY 1994: J. Gaffrey, Die Steininventare der bandkeramischen Siedlungsplätze Laurenzberg 7, Langweiler 16 und Laurenzberg 8. In: J. Lüning/P. Stehli (Hrsg.), Die Bandkeramik im Merzbachtal auf der Aldenhovener Platte. Beiträge zur neolithischen Besiedlung der Aldenhovener Platte. Rhein. Ausgr. 36 (Bonn 1994) 395–531.

GEHLEN 2012: B. Gehlen, Die Silexgeräte der Linearbandkeramik, des frühen Mittelneolithikums und der Rössener Kultur. In: H. Floss (Hrsg.), Steinartefakte vom Altpaläolithikum bis in die Neuzeit (Tübingen 2012) 717–764.

HENDEL 2012: L. Hendel, Archäologische Forschungen am Hohlen Stein bei Schwabthal. In: F. Falkenstein (Hrsg.), Hohler Stein, Rothensteine und Jungfernhöhle. Archäologische Forschungen zur prähistorischen Nutzung naturheiliger Plätze auf der Nördlichen Frankenalb (Würzburg 2012) 22–35.

HOHMEYER 1997: M. Hohmeyer, Ausgewählte lithische Inventare des bandkeramischen Siedlungsplatzes Hambach 8, Gem. Jülich, Kr. Düren. In: J. Lüning (Hrsg.), Studien zur neolithischen Besiedlung der Aldenhovener Platte und ihrer Umgebung. Beiträge zur neolithischen Besiedlung der Aldenhovener Platte. Rhein. Ausgr. 43 (Köln 1997) 229–318.

KEGLER-GRAIEWSKI 2004: N. Kegler-Graiewski, Das Steininventar der bandkeramischen Siedlung Erkelenz-Kückhoven – Rohmaterialien und Grundformen. In: H. Koschik (Hrsg.), Der bandkeramische Siedlungsplatz von Erkelenz-Kückhoven. Teil 1: Archäologie. Untersuchungen zum bandkeramischen Siedlungsplatz Erkelenz-Kückhoven, Kreis Heinsberg (Grabungskampagne 1989–1994). Rhein. Ausgr. 54 (Mainz 2004) 365–440.

KRAHN 2006: C. Krahn, Die bandkeramischen Siedlungen im oberen Schlangengrabental. Studien zur bandkeramischen Besiedlung der Aldenhovener Platte. Rhein. Ausgr. 57 (Mainz 2006).

KUHN 2012: J. Kuhn, Buchbrunn – eine Siedlung der Linearbandkeramik in Nordbayern (Rahden/Westf. 2012).

MISCHKA 2004: C. Mischka, Das Steininventar der bandkeramischen Siedlung Erkelenz-Kückhoven – Morphologie und Funktion der Steingeräte. In: H. Koschik (Hrsg.), Der bandkeramische Siedlungsplatz von Erkelenz-Kückhoven I. Untersuchungen zum bandkeramischen Siedlungsplatz Erkelenz-Kückhoven, Kreis Heinsberg (Grabungskampagne 1989–1994). Rhein. Ausgr. 54 (Mainz 2004) 441–536.

MISCHKA 2014: C. Mischka, Der bandkeramische Fundplatz Inden-Altdorf D. In: J. Kunow (Hrsg.), Die Bandkeramik im Altdorfer Tälchen bei Inden. Rhein. Ausgr. 69 (Darmstadt 2014) 175–336.

MISCHKA U. A. 2015: D. Mischka/W. Schirmer/B. Zach, Vorbericht zu den Feldforschungen in der linearbandkeramischen Siedlung von Ebermannstadt-Eschlipp, Lkr. Forchheim (Oberfranken). Bayer. Vorgeschbl. 80, 2015, 7–37.

O'NEILL 2013: A. O'Neill, Zu den Anfängen der linienbandkeramischen Siedlung Stadel und ihrer Bedeutung für Oberfranken. Bayer. Vorgeschbl. 78, 2013, 5–16.

ROTH 2008: G. Roth, Geben und Nehmen – Eine wirtschaftshistorische Studie zum neolithischen Hornsteinbergbau von Abendsberg-Arnhofen, Kr. Kelheim (Niederbayern). Dissertation Köln 2008. http://kups.ub.uni-koeln.de/4176/.

SCHARL 2010: S. Scharl, Versorgungsstrategien und Tauschnetzwerke im Alt- und Mittelneolithikum – Die Silexversorgung im westlichen Franken. Berliner Arch. Forsch. 7 (Rahden/Westf. 2010).

SCHIRMER 2014: W. Schirmer, Moenodanuvius – Flussweg quer durch Franken. Natur und Mensch 2013 (Nürnberg 2014) 89–146.

SCHÖNWEISS 1988: W. Schönweiß, Die Ausgrabungen von Sarching-Friesheim im Rahmen des nordbayerischen Mesolithikums. In: Mesolithische Fundplätze in Nordbayern (Fürth 1988) 11–99.

SEREGÉLY 2012: T. Seregély, Neolithische Siedlungen und vergessene Funde. Neues zur Jungfernhöhle bei Tiefenellern. In: F. Falkenstein (Hrsg.), Hohler Stein, Rothensteine und Jungfernhöhle. Archäologische Forschungen zur prähistorischen Nutzung naturheiliger Plätze auf der Nördlichen Frankenalb (Würzburg 2012) 64–73.

SEREGÉLY 2016: T. Seregély, Erdwerke und Siedlungsplätze der späten Bandkeramik (um 5000 v. Chr.) in Oberfranken. https://www.uni-bamberg.de/ufga/forschung/laufende-forschungsprojekte/forschungsprojekte-dr-timo-seregely/projekt-bandkeramik-in-oberfranken/ (eingesehen 28.12.2017).

STRIEN 2000: H.-Ch. Strien, Untersuchungen zur Bandkeramik in Württemberg. Universitätsforsch. Prähist. Arch. 69 (Bonn 2000).

ZIMMERMANN 1988: A. Zimmermann, Steine. In: U. Boelicke/D. v. Brandt/J. Lüning/P. Stehli/A. Zimmermann, Der bandkeramische Siedlungsplatz Langweiler 8, Gemeinde Aldenhoven, Kreis Düren. Rhein. Ausgr. 28 (Köln 1988) 569–787.

ZIMMERMANN 1995: A. Zimmermann, Austauschsysteme von Silexartefakten in der Bandkeramik Mitteleuropas. Universitätsforsch. Prähist. Arch. 26 (Bonn 1995).

ZIMMERMANN 1998: A. Zimmermann, Neolithische Steinartefakte – ihre Merkmale und Aussagemöglichkeiten. In: J. Preuß, Das Neolithikum in Mitteleuropa. Kulturen –Wirtschaft – Umwelt vom 6. bis 3. Jahrtausend. Übersichten zum Stand der Forschung. Band 1/1 A (Weissbach 1998) 137–157.

Katharina Buchholz
Friedrich-Alexander-Universität Erlangen-Nürnberg
Institut für Ur- und Frühgeschichte
Kochstr. 4/18
91054 Erlangen
katharina.buchholz1@gmail.com

L. Husty / T. Link / J. Pechtl (Hrsg.), Neue Materialien des Bayerischen Neolithikums 2 – Tagung im Kloster Windberg vom 18. bis 20. November 2016. Würzburger Studien zur Vor- und Frühgeschichtlichen Archäologie 3 (Würzburg 2018) 41–124.

Die absolute Datierung des Südostbayerischen Mittelneolithikums, des Mittelneolithikums westdeutscher Prägung, der Stichbandkeramik und der frühen Lengyel-Keramik Mährens und Ostösterreichs

Karin Riedhammer

Zusammenfassung

Der vorliegende Aufsatz stellt einen Versuch dar, die keramische Entwicklung der ersten Hälfte des 5. Jahrtausends in Mitteleuropa mit den Stilregionen[1] des Mittelneolithikums westdeutscher Prägung, des Südostbayerischen Mittelneolithikum (SOB), der Stichbandkeramik böhmischer Prägung und der Mährisch Bemalten Keramik in Ostösterreich und Mähren (Abb. 1) absolutchronologisch zu fixieren.

Für die absolute Datierung der Entwicklung im Elsass und in Westdeutschland liegen umfangreiche Forschungen von A. Denaire (2009b; 2011) vor[2]. Zu Ostösterreich haben P. Stadler u. a. (2006) Daten ermitteln lassen und ausgewertet. Die ^{14}C-Daten aus Österreich und dem Elsass sind unter der Verwendung der Bayesschen Statistik kalibriert worden. Dieses Vorgehen erfährt von anderen Forschern auch Kritik (Weninger/Easton 2014, 165; Steier/Rom 2000).

In der hier vorgelegten Studie wurden 600 mitteleuropäische ^{14}C-Daten zur ersten Hälfte des 5. Jahrtausends vom Elsass bis nach Mähren erfasst und ausgewertet. Dies erfolgte mit dem Ziel, die neuen chronologischen Ergebnisse für das Südostbayerische Mittelneolithikum (Riedhammer 2017) mit der zeitgleichen überregionalen Entwicklung Mitteleuropas zu verknüpfen. Ebenfalls Berücksichtigung fanden Daten der Jüngsten LBK und des frühen Jungneolithikums, um Anfang und Ende des Mittelneolithikums zeitlich einschätzen zu können. Dabei wurden die Fundzusammenhänge sowie taphonomische und bodenkundliche Prozesse der gemessenen Proben kritisch beurteilt: Es gibt zahlreiche Hinweise dafür, dass organische Materialien in Siedlungszusammenhang größeren Verschleppungsmechanismen ausgesetzt sind, als Keramikscherben. Die Mehrzahl von „Ausreißern" von in der Vorgeschichte immer wieder genutzten Fundplätzen lässt sich so erklären. Daher ist dafür zu plädieren, eine Serie von Daten immer mit der gesamten Laufzeit einer archäologischen Fundstelle in Beziehung zu setzen. Somit ergibt sich eine andere Herangehensweise als bei der Verwendung der Bayesschen Statistik, bei der ein ^{14}C-Datum mit der Datierung des engeren Fundkomplexes, aus dem die Probe stammt, gleichgesetzt wird. Durch den Vergleich von gruppenkalibrierten Datenserien aus den unterschiedlichen Stilregionen sowohl aus Siedlungs- als auch aus Grabzusammenhang wurden Ergebnisse erzielt, die das Tempo der regionalen stilistischen Entwicklungen in absoluten Zeiträumen messen lassen (Abb. 58).

Die Gegenüberstellung dieser Ergebnisse mit den Ergebnissen der regionalen relativen Typochronologien (Abb. 2) zeigt erstaunliche Ergebnisse auf. So dürfte die Datierungslücke zwischen Alt- und Mittelneolithikum, auf die auch kürzlich für das Elsass hingewiesen wurde (Denaire u. a. 2017), überregional vorhanden sein. Die Frage ist hier, ob es sich um eine überlieferungsbedingte Lücke oder um eine längere

---

1 Auf die Begriffe „neolithische Kultur" und „Gruppe" wird hier weitgehend verzichtet, da sich die nachzuzeichnenden Entwicklungen und geographischen Verbreitungsräume – welche sich mit der Zeit auch verändern und nicht immer klar abgrenzen lassen – in erster Linie auf Keramik beziehen (vgl. Lüning 1972). Es handelt sich daher im engeren Sinne um Chronologiesysteme, die auf Keramikentwicklungen basieren und sich nicht mit allen archäologisch nachweisbaren Quellen in Einklang bringen lassen. Darüber hinaus fehlen erhaltungsbedingt viele materielle und immaterielle Kulturerscheinungen, um nach heutigem kritischen Ermessen „Kultur" definieren zu können (Riedhammer 2017, 394–398).

2 Die neuen Daten aus dem Elsass und zum Teil aus Westdeutschland (Denaire u. a. 2017) konnten hier nicht mehr berücksichtigt werden.

Unterbrechung der Besiedlung größerer Räume handeln kann. Die bedeutende zweite Erkenntnis ist, dass der mittlere Abschnitt aller keramischen Regionalentwicklungen, die in jeder Region in vier bis fünf feinchronologische stilistische Stufen untergliederbar sind, in einem rasanten Tempo von wahrscheinlich nicht mehr als 100 bis maximal 150 Jahren vonstatten ging. Außerdem werden Diskrepanzen in der absoluten Datierung dieser mitteleuropäischen Stilregionen der ersten Hälfte des 5. Jahrtausends offen gelegt, die es durch die zukünftige Forschung anzugehen gilt.

Abstract

This essay presents an attempt to fix the development of ceramics in Central Europe during the first half of the 5th millennium with absolute dates. This relates to different regional pottery styles: the West German Middle Neolithic Style, the Southeast Bavarian Middle Neolithic (SOB), the Bohemian Stroke Ornamented Pottery, and the Moravian Painted Pottery in Eastern Austria and Moravia (Fig. 1).

For the absolute dating of the development in Alsace and in Western Germany, extensive research was undertaken by A. Denaire (2009b; 2011). P. Stadler and others (2006) have provided and evaluated data for Eastern Austria. The ^{14}C data from Austria and Alsace have been calibrated using Bayesian statistics. This approach is criticized by other researchers (Weninger/Easton 2014, 165; Steier/Rom 2000).

In the study presented here, 600 Central European ^{14}C data were collected and analyzed from Alsace to Moravia. This was done with the aim to combine the new chronological results for the Southeast Bavarian Middle Neolithic (Riedhammer 2017) with the simultaneous regional development of Central Europe. Also data from the youngest LBK and the Late Neolithic Period are taken into account, in order to estimate the beginning and end of the Middle Neolithic. The find circumstances as well as the taphonomic and pedological processes around the measured samples were critically assessed. There are numerous indications that organic materials in settlement context are subject to greater carryover mechanisms than pottery shards. The majority of ^{14}C 'outliers' from repeatedly used sites can thus be explained. Therefore, one should plead that a series of data should always be related to the entire time span of an archaeological site. Thus, there is a different approach to using Bayesian statistics, were a ^{14}C date always is related only to the narrower find complex from which the sample originates. By comparing group-calibrated data series from the different style regions from both settlement and grave contexts, results have been obtained that measure the pace of regional stylistic developments in absolute time scales (Fig. 58). The juxtaposition of these results with the results of regional relative typochronology (Fig. 2) reveals astonishing results. For example, the dating gap between Ancient and Middle Neolithic Period, which was recently pointed out for Alsace (Denaire et al. 2017), is likely to be supraregional. The question is, does the reason for that gap lie in difficult find circumstances or is there a longer interruption of the settlement activities over larger landscapes. The important second finding is that the middle section of all regional ceramic developments, which are subdividable into four to five fine-grained stylistic stages in each region, was at a rapid pace of probably no more than 100 to a maximum of 150 years. In addition, discrepancies in the absolute dating of these Central European style regions of the first half of the 5th millennium are revealed, which must be tackled by future research.

Ausgangslage und Entstehungsgeschichte dieser Studie

Während für die relative Keramikentwicklung der einzelnen mitteleuropäischen Regionen der ersten Hälfte des 5. Jahrtausends unter anderem auf Arbeiten von H. Spatz (1996), A. Denaire (2009a), M. Zápotocká (zuletzt mit anderen 2015); E. Kazdová (z. B. mit anderen 1994); Doneus (2001) und Pavúk (2007) zurückgegriffen werden konnte, lag für Südbayern bisher keine detaillierte Untergliederung der keramischen Entwicklung vor (vgl. Nadler u. a. 1994). Diese Forschungslücke wurde kürzlich geschlossen (Riedhammer 2017)[3]. Über bekannte und neue Kontaktfunde wurde es möglich, die regionalen Chronologiesysteme

---

3   Mit ähnlichen Ergebnissen zur typologischen Entwicklung: Eibl 2016.

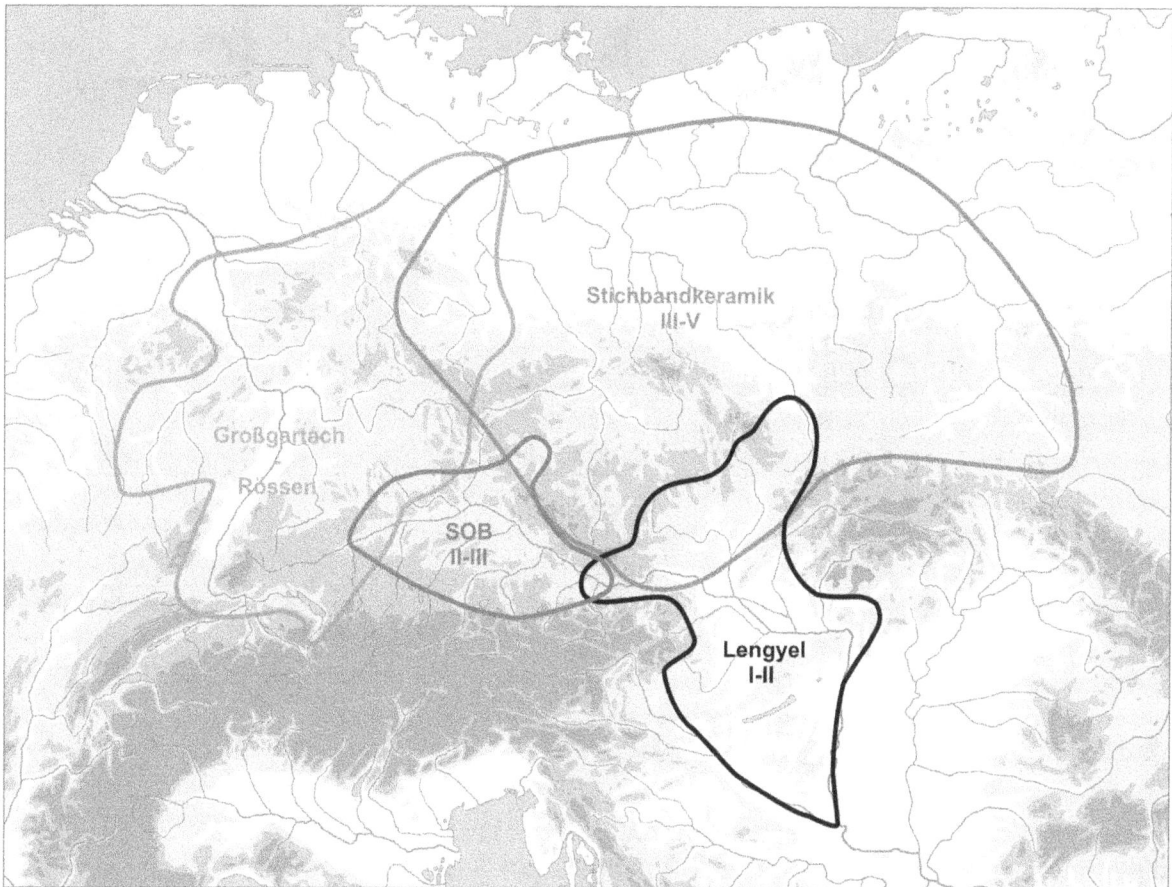

Abb. 1. Verbreitung der mittelneolithischen Kulturkomplexe in Bayern und den benachbarten Gebieten um ca. 4800–4500/4400 v. Chr. Planvorlage: RGK.

der ersten Hälfte des fünften Jahrtausends vor Christus vom Elsass bis nach Mähren (Abb. 2) und in die Slowakische Republik (Abb. 3) in Beziehung zu setzen.

Ziel der Forschung zum Südostbayerischen Mittelneolithikum (Riedhammer 2017) war, über die Erarbeitung der relativchronologischen Entwicklung hinaus (Abb. 2), auch eine Vorstellung darüber zu gewinnen, welche absoluten Zeiträume diese eingenommen hat und so der relativen Chronologietabelle der Vergleichsregionen eine durch absolute Daten geeichte Chronologietabelle (Abb. 58) gegenüberstellen zu können.

Zu diesem Zweck wurden mehr als 600 Radiokarbondaten vom Elsass bis nach Mähren gesammelt[4], um die verschiedenen regionalen Stufen des westdeutschen Mittelneolithikums, des Südostbayerischen Mittelneolithikums, der Böhmischen Stichbandkeramik und des älteren Lengyel-Komplexes absolutchronologisch zu fixieren. Ebenfalls Berücksichtigung fanden Daten der Jüngsten LBK und des frühen Jungneolithikums, um Anfang und Ende des Mittelneolithikums zeitlich einschätzen zu können. Im Mittelpunkt dieses Aufsatzes stehen die erzielten Ergebnisse zur absoluten Datierung. An anderer Stelle (Riedhammer im Druck) werden die methodischen Erkenntnisse publiziert, die sich durch die Sammlung und Auswertung einer so großen Anzahl von Daten ergaben, und welche über die mittelneolithische Forschung hinaus von Interesse sind. Hierauf sei verwiesen, um mehr über Eigenschaften und innewohnenden Problematiken von unterschiedlichen Messmethoden, unterschiedlichen Probenmaterialien, typischen Verunreinigungen und verschiedenen Methoden der Probenvorbehandlung zur Radiokarbonmessung

---

4   Die Datenaufnahme wurde im Frühjahr 2015 abgeschlossen. Die Datentabelle wird online zur Verfügung gestellt (https://nbn-resolving.org/urn:nbn:de:bvb:20-opus-168688). Auf diese Tabelle wird im Folgenden mit „¹⁴C-Datenliste online" verwiesen.

West-Deutschland und Elsass	Niederbayern	Böhmen	Zentral- Süd-Mähren	Ober- Nieder-Österreich
RÖ	Münchshöfen früh	SBK V	MBK IIa	MH MOG IIa
	SOB III			SOB III
fRÖ	SOB IIe	SBK IVb2	MBK Ib	SOB IIe MOG Ib
P-F	SOB IId	SBK IVb1	MBK Ia2	MOG Ia2
sGG ⊚ mGG B mGG A	⊚ SOB IIc2 SOB IIc1 SOB IIb	⊚ SBK IVa2 SBK IVa1	SBK IVa MBK Ia1 ⊚	MOG Ia1 MOG Ia0
fGG	SOB IIa	SBK III	SBK III	SBK II / III
HST II	SOB Ib - Ic	SBK IIb - III		
HST I	SOB Ia	SBK IIa		
		LBK IVc / SBK I		
Jüngste LBK	LBK IVb	LBK IVb	Jüngste LBK	Jüngste LBK

Abb. 2. Parallelisierung der relativchronologischen Stufen des Mittelneolithikums westdeutscher Prägung, des Südostbayerischen Mittelneolithikums, der Stichbandkeramik böhmischer Prägung und der Mährischen und Ostösterreichischen Gruppe der Bemaltkeramik anhand der Kontaktfunde. Mit Symbolen kenntlich gemacht ist der Horizont mit Kreisgrabenanlagen.

sowie deren Forschungsgeschichte zu erfahren. Auch auf die jüngsten Forschungserkenntnisse zu notwendigen Datenkorrekturen wird dort ausführlich eingegangen. So ist – je nach Siedlungsweise – mit unterschiedlich großen Altholzeffekten zu rechnen: In der Ältesten LBK und in Rössen sind die Altholzeffekte im Vergleich größer als in der Jüngeren und Jüngsten LBK, im sonstigen Mittelneolithikum und im Jungneolithikum. Dies dürfte auf unterschiedliche zur Verfügung stehende Ressourcen bei der Holznutzung und auf die Auswahl von unterschiedlich mächtigen Baumstämmen für den Hausbau zurückzuführen sein (Riedhammer im Druck). Bisher wenig bekannt ist der Altkollageneffekt: Mit zunehmendem Alter verlangsamt sich der Kollagenaustausch in den Knochen, was zu Datierungsdiskrepanzen von bis zu 50 Jahren führen kann (Geyh 2001; Ubelaker u. a. 2006; Hodgins 2009). In dieser Studie wurden daher pauschale Korrekturwerte für Holzkohlen um 50 Jahre (Jüngere und Jüngste LBK und Mittelneolithikum) bzw. 100 Jahre (Rössen) und 20 Jahre Altkollagon-Korrektur für Menschenknochen verwendet, sofern für letztere keine anthropologisch ermittelten Sterbealter vorliegen und exaktere Korrekturen vorgenommen werden können (Riedhammer im Druck; Hodgins 2009). An dieser Stelle werden nochmals die taphonomischen Voraussetzungen der Gewinnung von ^{14}C-Proben aus dem Mittelneolithikum Mitteleuropas und die unterschiedlichen Kalibrationsmethoden erörtert (vgl. Riedhammer im Druck), um das gewählte methodische Vorgehen bei der Beurteilung der ^{14}C-Daten zu erläutern.

Die Datierung von Zeiträumen mit Einzelereignissen: Die Radiokarbondatierung in Bezug auf den archäologischen Fundzusammenhang

Die bisherigen Forschungen fixieren das westdeutsche und Südostbayerische Mittelneolithikum absolutchronologisch auf die erste Hälfte des fünften Jahrtausends (z. B. Gleser 2012, 83). Ein einzelnes ^{14}C-Datum repräsentiert innerhalb dieses Zeitraumes im besten Fall ein Ereignis, das nur eine sehr kurze Zeitspanne andauerte[5], das aber in der Regel mit einer Reihe von Ereignissen in Zusammenhang steht. Stammt das

---

5   Bestenfalls werden bei kurzlebigen Materialien wie Getreidekörnern Wachstumsphasen von wenigen Monaten datiert. Im schlechtesten Fall, also bei Holzkohlen, die aus mehreren Jahrringen bestehen, oder bei Knochen älterer Individuen, werden jeweils mehrjährige Wachstumsphasen datiert.

Čechy	nalezište	Jižní Morava	nalezište	Dolní Rakousko	nalezište	JZ Slovensko	nalezište
Böhmen	Fundorte	Südmähren	Fundorte	Niederösterreich	Fundorte	SW Slowakei	Fundorte
MMK III/IVa	Praha-Střešovice	MMK III/IVa	Troubelice Džbánice	MOG IIb	Wolfsbach	LgK IV1	Nitra
MMK IIb/III	Horní Cetno	MMK IIb/III	Pavlov Ctidružice	MOG IIb	Oberbergern	LgK III	Brodzany
StK Va-b	Bylany 1	MMK IIa	Kostelec n. H.	MOG IIa	Oberbergern Michelstetten	LgK III	Moravany
StK IVb2	Praha-Sedlec Žalany 2	MMK Ib1-2	Brno-Holásky Hluboké Mašůvky	MOG Ib1	Wetzleinsdorf	LgK II	Pečenady
StK IVb1	Loděnice 8	MMK Ia2	Těšetice-Kyjovice rondel	MOG Ia2	Falkenstein - Schanzboden	LgK II	Santovka
StK IVa2	Bylany 4 - rondel Miskovice žh	MMK Ia1	Těšetice-Kyjovice rondel	MOG Ia1	Kammeg 1 Friebritz rondel	LgK IB	Svodín 2 rondel Nitriansky Hrádok
StK IVa1	Bylany 4 - sídlište	MMK Ia0 ?	Těšetice-Kyjovice (stopy ?)	MOG Ia0	Friebritz - hroby	LgK IA	Svodín 1 - hroby + sídlište
	Miskovice kh	StK IVa	Střelice				
	Horní Počaply				Unterwölbling		
StK III/IVa	Praha-Dejvice	StK III/IVa?	Těšetice-Kyjovice hroby	Protolengyel ? StK III/IVa	?? Wilhelmsdorf	Protolengyel	Lužianky
StK III	Mšeno	StK II/III	Velatice	StK II/III	Frauenhofen	Prelengyel	Bína - Bicske
StK II	Praha-Bubeneč	?	?	?	?		
StK I	Chabařovice - Hrbovice	LnK-Šárka	Nová Ves	Šárka-Typus Szelizer Gruppe	Poigen Drassburg	Železovce III	Bajč

Abb. 3. Relativchronologische Beziehungen zwischen Böhmen, Mähren, Niederösterreich und der Slowakei im Horizont mit Stichband- und Lengyel-Keramik mit Betonung des Anfangshorizontes Svodín–Friebritz–Zengővárkony. Aus Zápotocká u. a. 2015, 138 Tab. 5.

Datum aus einer Siedlung, kann diese mehrere Jahre, oft über mehrere ermittelte keramische Stufen hinweg, bestanden haben. Auch mit Unterbrechungen der Siedlungstätigkeit muss gerechnet werden. Höhlen wurden für eine Saison oder über mehrere Jahre hinweg, vielleicht auch mit Unterbrechungen genutzt. Stammt ein Radiokarbondatum aus einem Grab, repräsentiert es – wenn von einem Menschenknochen ermittelt – den ungefähren Zeitpunkt, zu dem dieser Mensch gelebt hat und gibt einen Hinweis, wann in etwa die zugehörigen Beigaben gefertigt wurden. Allerdings wurden solche Gegenstände möglicherweise nicht nur in einer sehr kurzen Zeitspanne, sondern in dieser Art über mehrere Jahre hinweg hergestellt. Die Dauer und Kontinuität von menschlichen Aktivitäten können aus dem archäologischen Fundzusammenhang heraus für das Mittelneolithikum nur geschätzt werden, da jahrgenaue Datierungsmethoden wie die Dendrochronologie fehlen. Wir datieren also einzelne Ereignisse mit einer gegebenen statistischen Schwankungsbreite, die wir mit Zeiträumen – der Laufzeit eines Typs oder der Dauer einer keramischen Stufe – zunächst unbekannter absoluter Länge in Bezug setzen. Einzeldaten helfen uns daher bei der Ermittlung dieser Zeiträume nicht weiter, wir benötigen mehrere datierte Einzelereignisse – also Datenserien – um einen Zeitraum, in dem Ähnliches geschehen ist, chronologisch zu fixieren. Bei einem Einzeldatum ergibt sich zudem das Problem, dass man seine Zuverlässigkeit aus Mangel an weiteren Daten aus dem vergleichbaren Zusammenhang nicht überprüfen kann. Daher sollte auf die Bewertung von Einzeldaten weitgehend verzichtet werden.

Es ist heute üblich, für einen einzelnen Fundplatz eine Serie von mehreren Daten messen zu lassen. Es gilt die Regel: Je mehr Daten zur Verfügung stehen, umso besser. Durch die Wiederholung des

Experimentes[6] sollte sich innerhalb einer Normalverteilung der Bereich mit einer größeren Wahrscheinlichkeit für die Datierung herauskristallisieren. Allerdings werden bei einer Datenserie nicht ein Ereignis, sondern eben mehrere Ereignisse datiert. Es wird versucht, einen tatsächlichen Zeitraum, innerhalb dessen anthropogen verursachte Ereignisse stattfanden, durch mehrere ^{14}C-Messungen wahrscheinlich zu bestimmen. Es gilt Proben auszuwählen, die den gesamten zu bestimmenden Zeitraum repräsentieren.

Die gemessenen Materialien datieren zunächst einmal sich selbst und nur indirekt den Fundzusammenhang. Die Qualität des Fundes, aus dem die Probe geborgen wird, kann in Bezug auf seine Geschlossenheit sehr unterschiedlich ausfallen (vgl. Bayliss u. a. 2016). Bei einem Gräberfeld mit erhaltenen Skeletten fällt die Auswahl zu datierender Knochenproben über die typologische Einordnung der verzierten Gefäße – sofern solche in einzelnen Gräbern beigegeben wurden – leicht. Allerdings hat sich die Hoffnung, anhand mittelneolithischer Gräber einzelne keramische Stufen zu datieren, bisher nicht erfüllt. Enttäuschend sind die Ergebnisse der Gräberfelder von Trebur (Kromer 1999; Spatz 2003) und Jechtingen (Dornheim 2011; Denaire 2011), bei denen sich die Datierungsspannen von Hinkelstein und Großgartach einerseits und Großgartach und Rössen andererseits zu stark überlappen. Im Vergleich mit anderen Serien der entsprechenden typologischen Stufen fällt die Serie von Trebur insgesamt zu breit und zu jung aus (Abb. 22) (Spatz 1999, 215 Abb. 117), während die Daten von Jechtingen zum Teil zu alt ausfallen (Abb. 28–30). Offenbar war es nicht gelungen, vorhandene Kontaminationen ausreichend zu entfernen.

Bei Siedlungsbefunden unterliegt die Probenauswahl anderen Kriterien: Siedlungsgruben mit typologisch gut einzuordnenden keramischen Fundkomplexen liefern nicht immer auch gutes organisches Material für die ^{14}C-Datierung. Es muss beprobt werden, was sich an datierbarem Material anbietet, und dies sind in den meisten Fällen Holzkohlen und Tierknochen. Leider ist es bei Notgrabungen nicht Standard, aus allen Befunden Bodenproben zu entnehmen, um botanische Großreste auszuschlämmen. Silogruben mit Massenfunden von verkohlten Getreidekörnern sind selten und müssen nicht unbedingt auch Keramik liefern. Immer wieder fallen Beispiele von ^{14}C-Daten auf, die nicht mit dem keramischen Fundkomplex, aus dem sie geborgen wurden, in Einklang stehen, aber sehr wohl mit anderen am Fundplatz vorhandenen archäologischen Zeitstufen. Nicht selten findet man sogar „zu junge" Knochen in – nach keramischen Funden – älter datierenden Befunden. So konnte H. Stäuble bei seinen Bemühungen, die Älteste LBK zu datieren, fast alle Ausreißer mit der Anwesenheit von archäologischen Relikten aus nachältestbandkeramischen Zeiten erklären (Stäuble 1995, 229–232; Stäuble 2005, 243). Auch der Fundplatz Hienheim, Lkr. Kelheim liefert gute Beispiele dafür, dass keramische Fundkomplexe und die in denselben Befunden geborgenen organischen Proben – in dem Fall sind es Holzkohlen – nicht unbedingt als geschlossene Fundkomplexe anzusehen sind (Abb. 7): Zwei der Holzkohlendaten, die der Keramik nach aus linearbandkeramischen Befunden stammen (GrN-4830 und GrN-8690), passen besser zur mittelneolithischen Siedlungsphase des Fundortes (Modderman 1986, 76–77; Riedhammer 2012, 72). Typisch sind auch die Ergebnisse von vier Knochendaten aus der Siedlung von Bad Friedrichshall-Kochendorf. S. Friederich (2011, 219) hatte sich bemüht, anhand der Keramik gut einzuordnende Fundkomplexe absolut zu datieren: Die beiden älteren Daten stammen jeweils aus einer Grube mit Planig-Friedberg-zeitlichen Funden und einer spätrössener Grube, die beiden jüngeren Daten ebenso aus einem Planig-Friedberg-zeitlichen und einem spätrössener Befund. Man muss also damit rechnen, dass die taphonomischen Verschleppungsprozesse innerhalb einer neolithischen Siedlung Knochen und Holzkohlen in einem weit größeren Maße betreffen, als Keramikscherben. An neolithischen Mineralbodenstandorten ist dies nicht immer so leicht nachzuvollziehen, deutlicher werden die Prozesse bei jungneolithischen Seeuferstandorten: So zeigt das Beispiel der Siedlung Arbon Bleiche (3384–3370 v. Chr.), dass schon innerhalb der kurzen Zeitspanne von nur 14 Jahren Siedlungsdauer Knochenfragmente deutlich weiter verschleppt worden waren als Keramikscherben (Leuzinger 2012, 309; 313–316).

---

6   Wirklich wiederholt werden kann das Experiment nicht, da, selbst wenn mehrere Daten von ein und derselben Probe ermittelt werden, durch das natürliche Wachstum des beprobten Organismus nicht gewährleistet ist, dass an jeder Stelle der Probe immer gleich viel ^{14}C eingelagert worden ist.

Verschiedene Aspekte können hier eine Rolle spielen: Bei Holzkohlen dürften, wie bereits erwähnt, die geringe Größe und das geringe Gewicht ausschlaggebend dafür sein, dass sie verschleppt wurden und intrusiv – zum Beispiel durch Bioturbation – in Befunde anderer Phasen gelangten. Knochen und Knochenfragmente sind weit mehr als Keramikscherben dazu geeignet, als Rohstoff für neue Artefakte zu dienen. Sie werden daher häufiger aufgehoben, an einen anderen Ort weitergegeben und umgeformt worden sein. Herstellungsabfälle gelangten, wenn überhaupt, zu einem anderen Zeitpunkt und an einer anderen Stelle in den Boden als Geräte. Speiseabfälle dürften nicht selten von Hunden und Schweinen fortgetragen und verwühlt worden sein.

Die Beispiele von Datierungsdiskrepanzen zeigen, dass Verfüllungsprozesse an Mineralbodenstandorten sehr langfristig vonstattengegangen sein können. In mehreren südbayerischen großen mittelneolithischen Befunden lagen etwa in den oberen Verfüllungsschichten altheimzeitliche Scherben (z. B. Riedhammer u. a. 1999, 41–43). Werden Gruben oder Gräben komplett sich selbst überlassen oder nur teilweise intentionell verfüllt, so tritt nach einer raschen natürlichen Verfüllung der unteren Befundbereiche eine Stabilisierung der Befundwände ein. Die zurückbleibenden Senken im Gelände können noch nach Jahrhunderten als Sediment- und Artefaktfallen wirken. Auch müssen wir mit weit mehr nachträglichen störenden Bodeneingriffen – durch menschliche Aktivität oder durch Bioturbation – rechnen, als während einer Ausgrabung zu erkennen sind (vgl. Pavlů 1986, 310–314; Petrasch/Stäuble 2016). Für Keramikensembles, die aus Siedlungsbefunden von Mineralbodensiedlungen geborgen werden, kann der Charakter eines „geschlossenen Fundes" daher diskutiert werden. Man argumentiert heute mit einem „statistischen Schwerpunkt" der Datierung solcher keramischen Fundkomplexe, da durch die statistischen Auswertungsverfahren den wenigen „frühen" und „späten", womöglich intrusiv hineingelangten Funden weniger Gewicht zukommt, als der Masse der „mittleren" Funde (Kerig 2005, 126). Wird aus so einem Befund eine einzige organische Probe gemessen, muss sie aber nicht mit dem keramischen Datierungsschwerpunkt korrelieren. Man sollte also bei ^{14}C-Daten aus Siedlungsbefunden mit einem größeren Datierungsspielraum rechnen. Bewertet man die Zusammengehörigkeit von Radiokarbondatum und Keramikkomplex aus Siedlungszusammenhängen zu optimistisch, kommen zu große Überlappungsbereiche von Siedlungsphasen oder keramischen Stilstufen zustande. Die gesamte Siedlungsgeschichte der beprobten Fundplätze und die einhergehenden taphonomischen Prozesse werden nicht immer ausreichend diskutiert (Bayliss 2009, 126). So geben z. B. Stadler u. a. (2006; bes. Stadler/Ruttkay 2006) vorbildlich die Befund- und Fundzusammenhänge der von ihnen initiierten ^{14}C-Daten der Mährisch-Ostösterreichischen Gruppe der Bemaltkeramik (MOG) an und ordnen die Daten nach den in den beprobten Befunden nachgewiesenen Keramikstufen. Leider fehlen aber Angaben darüber, ob in Siedlungen noch Funde anderer Stufen präsent waren, als die der beprobten Befunde. Auch in den meisten Datenbanken und Listen zu neolithischen ^{14}C-Daten fehlen Angaben zur allgemeinen Siedlungsgeschichte der beprobten Plätze, die eine Beurteilung möglicher Fundvermischungen erleichtern würden (z. B. in der online zugängliche Datenbank http://radon.ufg.uni-kiel.de/Radon: Hinz u. a. 2012; ausführlichere Angaben finden sich in der slowakischen Datenbank http://www.c14.sk der Comenius Universität, Bratislava). Besonders unkritisch gestaltet sich der Umgang mit ^{14}C-Daten, wenn man wie E. Biermann (1997, 45–46) ohne Berücksichtigung der gesamten Siedlungsgeschichte der Fundplätze ausschließlich die jüngsten Daten aus linearbandkeramischem Zusammenhang sammelt, um die jüngste Stufe der LBK absolutchronologisch zu fixieren. So erhalten ausgerechnet die jüngsten Ausreißer – oder besser: Daten von intrusiven Proben nachbandkeramischer Besiedlungsphasen – eine nicht angemessene Bedeutung, die zu einer scheinbar großen Überlappung von LBK und Mittelneolithikum führt.

Aus diesen Beobachtungen und Erkenntnissen ergibt sich die hier empfohlene Art des Umgangs mit ^{14}C-Daten: Die gewonnenen Datenserien sollten nicht mit einzelnen Befunden, sondern mit der gesamten Laufzeit des jeweiligen Fundplatzes in Bezug gesetzt werden. Bei allen Fundplätzen sind Informationen zu berücksichtigen, ob neben den zu datierenden auch Relikte anderer Zeitstufen am Platz nachgewiesen sind. Bei Serien lassen sich so Ausreißer, die auf Fundverschleppungen zurückzuführen sind, leicht erkennen. Auch die Breite der Streuung der einzelnen Daten einer Serie zeigt im Bezug zum vorhandenen archäologischen Fundmaterial, ob die Serie als zuverlässig eingeschätzt werden kann oder ob Probleme vorhanden sind, die möglicherweise auf Kontaminationen zurückzuführen sind (z. B. Abb. 15). Für diese

Beurteilung ist auch der Vergleich unterschiedlicher Serien aus vergleichbaren archäologischen Zusammenhängen notwendig. All diese Aspekte lassen sich bereits an den unkalibrierten Rohdaten abklären. Um absolute Werte zu erhalten, ist die Kalibration unerlässlich.

Die Kalibrationskurve und die verschiedenen Methoden der Gruppenkalibration

Zwischen 5000 und 4500 v. Chr. bieten sich für die ^{14}C-Datierung beste Voraussetzungen, da die Kalibrationskurve in diesem Zeitraum vergleichsweise ruhig ohne allzu starke Wiggles und Plateaus verläuft (vgl. Abb. 7)[7]. Im Datierungszeitraum der LBK liegen zwei längere Plateaus (vgl. Abb. 4), die es unmöglich machen, einzelne linearbandkeramische Stilstufen absolutchronologisch zu fixieren (vgl. z. B. Cladders/ Stäuble 2003, 497). Lediglich die Dauer der Ältesten, der Mittleren und der Jüngeren LBK lassen sich genauer bestimmen. Über die Ergebnisse von J. Pechtl (2009b) für Bayern und Westdeutschland, E. Lenneis und P. Stadler (2002, 200) für Niederösterreich sowie W. E. Stöckli (2002, 118) für Westdeutschland wird man auch in Zukunft nicht hinauskommen, auch nicht mit allerbesten Daten von kurzlebigen Materialien, wie die Bemühungen von F. Damblon und A. Hauzeur (2009, 78–84) mit den Daten von Remerschen-Schengerwis (Abb. 5) gezeigt haben. Nach 4500 cal BC ist der Verlauf der Kalibrationskurve unruhig, bietet jedoch einige Möglichkeiten, die Entwicklung des frühen Jungneolithikums absolut zu datieren.

Da wir mit den ^{14}C-Daten versuchen, nicht einzelne Ereignisse, sondern Zeiträume – die Dauer keramischer Stilstufen oder die Dauer einer Siedlung – zu datieren, müssen die Daten einer entsprechenden Serie miteinander in Bezug gesetzt werden. Dies geschieht, indem man die Daten gemeinsam kalibriert. Vergleicht man einen Zeitraum, dessen Dauer in Kalenderjahren bekannt ist – zum Beispiel durch historische Überlieferung wie die Dauer ägyptischer Dynastien (Ottaway 1973; Weninger 1997, 101; Hassan/Robinson 1987) oder durch dendrochronologische Datierung (Ruoff/Gross 1991, 414 Abb. 9) – mit zugehörigen ^{14}C-Daten, so zeigt sich, dass die ^{14}C-Daten den wahren Zeitraum zwar im Kern erfassen, aber eine größere Zeitspanne als die tatsächlich zutreffende beschreiben. Auch die verbesserten AMS-Messungen der letzten Jahre haben daran nichts geändert, da selbst bei einem einzelnen gemessenen Ereignis beziehungsweise bei kurzlebigem Probenmaterial eine messtechnisch gegebene Unsicherheit von ca. ± 30 Jahren bleibt (Hajdas 2008, 8), unabhängig von anderen möglichen Gründen für Ungenauigkeiten (Riedhammer im Druck). Diese Unsicherheit der Einzeldaten überträgt sich bei der Gruppenkalibration auf das Gesamtergebnis, die Spanne des Datierungsergebnisses ist zu groß. Es gibt verschiedene Methoden – verschiedene Möglichkeiten der Gruppenkalibration – um diese zu breite Spanne in den Griff zu bekommen:

Ist der zeitliche Abstand der gemessenen Ereignisse bekannt – wenn etwa unterschiedliche Jahrringabschnitte eines Holzes beprobt werden – dann bietet sich das archäologische Wiggle Matching an. Hier wird insgesamt die beste Passung der Daten mit bekanntem Abstand zueinander mit der Kalibrationskurve gesucht (z. B. Seifert u. a. 2013). Aus Mangel an einzelnen erhaltenen Hölzern fällt die exakte Anwendung dieser Methode für das Alt- und Mittelneolithikum aus. Man kann das Wiggle Matching trotzdem anwenden, indem man mit verschiedenen möglichen Abständen zwischen den Daten oder Datengruppen verschiedener archäologischen Stufen experimentiert und so die am besten passende Übereinstimmung der Daten mit der Kalibrationskurve austestet. P. Stehli (1989) hat so mittels Wiggle Matching versucht, die absolute Dauer der linearbandkeramischen Phasen im Merzbachtal, Nordrhein-Westfalen, auszuloten. Seine Ergebnisse werden zum Teil noch heute für die Datierung der LBK herangezogen. Aus aktueller Sicht war die Datenbasis hierfür allerdings zu gering beziehungsweise wegen vieler großer Standardabweichungen der Einzeldaten zu schlecht, zumal die Probleme mit den beschriebenen Plateaus in der Kalibrationskurve hier genauere Ergebnisse verhindern. Mit besserer Datenbasis und kritischem Umgang mit der Probenquelle Holzkohle ermittelten B. Weninger und D. Easton (2014) mit dem weiterentwickelten „Gaussian Monte Carlo Wiggle Matching" die möglicherweise bisher beste absolute Datierung der Phasen I–III von Troja. Durchgeführt wird dieses Verfahren mit dem von B. Weninger, O. Jöris und U. Danzeglocke entwickelten Kalibrationsprogramm CalPal (Aktuelle Version: Weninger u. a., CalPal-2018).

---

7   Grundlage für die durchgeführten Kalibrationen ist der Datensatz IntCal13 (Reimer u. a. 2013).

Das Kalibrationsprogramm OxCal – die derzeitige Version (2018) des von Ch. Bronk Ramsey entwickelten Programmes ist 4.3 – hingegen bietet die Möglichkeit einer Phasen- oder Sequenzdatierung, wobei die Kalibration unter Anwendung der Bayesschen Statistik durchgeführt wird (Bronk Ramsey 2009; Bayliss 2009). Hierzu werden archäologische Informationen über ein zeitlich wahrscheinliches Nacheinander von Proben, zum Beispiel aus einer Stratigraphie oder aufgrund der Zugehörigkeit zu unterschiedlichen typologischen Stufen, in die Berechnungen mit einbezogen. Es gibt Kritiken, die besagen, dass die Bayessche Statistik nicht dazu geeignet ist, mit den für die Kalibration notwendigen statistischen Berechnungen kombiniert zu werden, obwohl die Ergebnisse meist den vorangegangenen Erwartungen entsprechen (z. B. Roberts u. a. 2017, 12). Einfach ausgedrückt verändert die Anwendung der Bayesschen Statistik korrekte ^{14}C Daten in plausible archäologische Daten (Weninger/Easton 2014, 165; Steier/Rom 2000). Auch außerhalb der Ur- und Frühgeschichte werden Zuverlässigkeit und Zulässigkeit der Bayesschen Statistik diskutiert (Efron 1986 mit Kommentaren anderer Wissenschaftler). Für das Mittelneolithikum ist von Interesse, dass P. Stadler (u. a. 2006) die absolute Dauer der Stufen der Mährisch-Ostösterreichische Gruppe der Bemaltkeramik (MOG) durch das „Sequenzing", also durch die Phasenkalibration des Programmes OxCal ermittelt hat. Wie zu erwarten, datiert die Stufe MOG Ia bei Stadler vor der Stufe MOG Ib. Die Ergebnisse der hier zugrunde liegenden Studie (Riedhammer 2017) unter Verwendung derselben Daten[8] sprechen jedoch dafür, dass kein Unterschied in der absoluten Datierung dieser beiden Stufen herauszuarbeiten ist (Abb. 54). Die Bayessche Statistik hat in diesem Fall einfach nur dazu geführt, dass die Zeitspanne, in die beide Stufen nach absoluten Daten fallen (Abb. 50), auf die beiden einzelnen Stufen aufgeteilt wurde, ohne dass dafür ein erkennbarer Grund, zum Beispiel eine besondere Form der Kalibrationskurve, als Ursache habhaft gemacht werden könnte[9]. Wie man in Abb. 54 bei der Gegenüberstellung der Ergebnisse der Berechnungen mit und ohne Bayessche Statistik erkennen kann, hat das „Sequenzing" von Oxcal auch mögliche Überlappungen der ^{14}C-Daten und Lücken durch vorherige Modellierung herausgerechnet, da sie als nicht wahrscheinlich erachtet wurden. Dabei wird jedoch verschleiert, dass größere Überlappungen von ^{14}C-Datenserien unterschiedlicher keramischer Stilstufen auch ein Kennzeichen für eine nicht ausreichende Qualität der ^{14}C-Daten sein können. Das Einbeziehen von unterschiedlichen archäologischen Beobachtungen in die Beurteilung der Ergebnisse von ^{14}C-Daten soll an dieser Stelle nicht kritisiert werden. Zu kritisieren ist aber, dass durch die Anwendung der Bayesschen Statistik bei der Berechnung von Datierungszeiträumen ein pseudonaturwissenschaftliches Modell erzeugt wird, das in Wirklichkeit zu einem Teil auf geisteswissenschaftliche Beobachtungen und Überlegungen zurückgeht, die es nach wie vor zu diskutieren gilt.

Eine statistisch einfache Methode hat W. E. Stöckli entwickelt, um verschiedene Serien miteinander zu vergleichen. Er spricht dem Datierungsschwerpunkt einer Serie eine besondere Bedeutung zu. Daher überprüft er zunächst die unkalibrierten Rohdaten nach vorhandenen Ausreißern, entfernt diese und mittelt dann die verbleibenden Rohdaten. Erst dieses Mittel kalibriert er, als handele es sich um ein Einzeldatum. Das Ergebnis gibt er auf zehn Jahre gerundet an. Er vergleicht also hauptsächlich, in wie weit sich Serien in ihrem Schwerpunkt der Datierung unterscheiden und spricht sich nicht über die mögliche Länge der Besiedlung oder Nutzung einzelner Fundplätze aus[10]. Er möchte damit wörtlich „ein System" anwenden, „das mit einfachsten Mitteln und einfachen Statistikkenntnissen nachvollzogen werden kann" (Stöckli 2002, 10–13).

---

8   In beiden Berechnungen wurde die Serie von Glaubendorf zunächst nicht berücksichtigt. Für die Stufe MOG Ia0 bezieht Stadler (u. a. 2006) zusätzlich Daten aus Ungarn ein.

9   Derselbe Effekt ist bei der Datierung der keramischen Stilstufen der Mittleren und Jüngeren LBK des Elsass zu beobachten (Denaire u. a. 2017). Das zeitliche Nacheinander ist hier nur ein plausibles Ergebnis, dass sich aus der typologischen Ordnung des Fundmateriales mittels Korrespondenzanalyse ergibt. Ein auf naturwissenschaftlich exakte Messung und Berechnung der ^{14}C-Daten erzieltes Ergebnis ist es nicht. Die mit Standardabweichungen angegebenen exakten Zahlen bzw. Zeiträume täuschen darüber hinweg.

10   W. E. Stöckli beschäftigt sich in seiner Studie zum Westdeutschen Alt- und Mittelneolithikum nicht mit der möglichen absoluten Nutzungsdauer von Siedlungen und Gräberfeldern, da er davon ausgeht, dass sich Kulturstufen nicht überlappen (z. B. Stöckli 2002, 9) und Siedlungsstandorte auf Mineralböden wahrscheinlich ähnlich kurz genutzt wurden wie Seeuferlagen: Freundliche Mitteilung W. E. Stöckli.

Das in der hier zugrunde liegenden Studie gewählte Vorgehen bedient sich der „Multigroup Calibration" und des „Multigroup Composers" des schon erwähnten Programms CalPal[11]. Mit diesen Programmfunktionen können ^{14}C-Serien nach von den Programmentwicklern erarbeiteten Berechnungen (Weninger 1986, 27–33) kalibriert und Gruppenkalibrationen in einer Graphik miteinander verglichen werden. Dabei kann man sich die einzelnen Gruppenkalibrationen nach ihrem Mittelwert anordnen lassen (z. B. Abb. 3). Die graphische Umsetzung der Gruppenkalibrationen bildet jeweils 100 % des ermittelten Wahrscheinlichkeitsbereiches in Form einer Kurve ab. Das Programm berechnet zusätzlich für jede Gruppenkalibration den 2σ-Bereich (95,4 %), den 1σ-Bereich (68,3 %) und – nicht üblich in anderen Programmen – den 50 %-Wahrscheinlichkeitsbereich. Ähnlich wie bei W. E. Stöckli wird von mir der Mittelwert einer Gruppenkalibration als entscheidend dafür angesehen, das zeitliche Nacheinander von Fundplätzen zu bestimmen. Bei der weiteren Beurteilung der Daten muss berücksichtigt werden, ob langfristige oder kurzzeitige menschliche Aktivitäten vorliegen: Ein immer wieder aufgesuchter Siedlungsplatz, ein Gräberfeld mit gut definierten keramischen Stilstufen und Horizontalstratigraphie oder ein kurzzeitiges Ereignis wie das Massaker an einer linearbandkeramischen Menschengruppe. Der 50 %-Wahrscheinlichkeitsbereich jeder Gruppenkalibration ist eine Entscheidungshilfe, um die maximal längste Datierungsspanne von Siedlungen oder Gräberfeldern abzuschätzen. Daher ist in vielen Abbildungen (z. B. Abb. 4) neben den 100 %-Kurven jeweils der errechnete 50 %-Bereich in Zahlen angegeben. Die Idee geht auf einen Vorschlag von B. Ottaway (1973) zurück, den B. Weninger (1986, 37–38; 1997, 101) weiterentwickelt hat. Danach stimmen die 50 % Bereiche der Gruppenkalibrationen von Daten kurzlebiger Materialien am besten mit der historisch verbürgten Dauer entsprechender Phasen überein. Eigene Versuche mit den ^{14}C-Daten niederbayerischer mittelneolithischer Fundplätze haben gezeigt, dass sich so die errechneten Laufzeiten der einzelnen Siedlungen gut mit den Ergebnissen der typologischen Entwicklung der Keramik auf diesen Fundplätzen in Einklang bringen lassen (Riedhammer 2012). Allerdings handelt es sich auch bei diesem Vorgehen nur um eine Annäherung an die ehemalige Wirklichkeit. Die so errechneten Spannen dürften zumeist immer noch zu lang sein und mögliche kurzzeitige Nutzungsunterbrechungen von einigen Jahren, wie sie von neolithischen Feuchtbodensiedlungen bekannt sind, lassen sich auch weiterhin durch die Radiokarbondatierung nicht bestimmen. Durch die Spiegelung an der unregelmäßig verlaufenden Kalibrationskurve treten Stauchungen oder Dehnungen der statistischen Streuung der kalibrierten Daten auf (Weninger 1986, 27–30). Dies ist der Grund dafür, dass die Qualität von Serien, wie etwa bei Talheim (Abb. 15) und mögliche Siedlungsunterbrechungen wie zum Beispiel bei Hienheim (Abb. 7) zum Teil besser vor der Gruppenkalibration abzuschätzen sind.

Noch verfügen wir nicht über eine so große Anzahl von ^{14}C-Daten für das Neolithikum in Mitteleuropa, dass wir Ausreißer – egal, ob sie nun aufgrund von Kontaminationen oder aufgrund von Fundverschleppungen zustande gekommen sind – statistisch verlässlich heraus rechnen können. Daher sollte jede einzelne Serie quellenkritisch dahingehend hinterfragt werden, welche Gründe für die Zuverlässigkeit von Daten, für Ausreißer oder unzuverlässige Serien vorliegen könnten. Bessere Möglichkeiten bieten sich bei großen Datenerhebungen: Im Projekt „Gathering Time" wurden insgesamt 2350 Daten von neolithischen Fundstätten im Süden Britanniens und in Irland miteinander verglichen (Whittle u. a. 2011, 17). Auch im Nachfolgeprojekt „The Times of Their Lives" der Forschergruppe rund um A. Whittle wurden von verschiedenen europäischen Fundplätzen große Datenserien gemessen (z. B. Bayliss u. a. 2016; Denaire u. a. 2017). Die Forschung in Deutschland hinkt hier leider noch deutlich hinterher.

Das Ende der Linearbandkeramik (LBK) in Bayern und in den benachbarten Gebieten (Abb. 4–16)

Aus Südbayern liegen bisher nur zwei Serien von linearbandkeramischen Siedlungen vor. Ich gehe aus typologischen Gesichtspunkten davon aus (Riedhammer 2017, 35–44), dass die LBK mit Ausnahme ihrer westlichsten Verbreitungsgebiete im Pariser Becken und in Belgien überall ungefähr gleichzeitig endet. Daher versuche ich, das Ende der LBK mit Hilfe von weiteren Serien ausgewählter Fundplätze außerhalb Südbayerns zu bestimmen. Es handelt sich um Serien von Fundplätzen, die nach ihren Funden in die

---

11 Verwendete Version: Weninger u. a, CalPal-2013. Cologne Radiocarbon Calibration & Palaeoclimate Research Package. Download und Installation mit Kalibrationsdaten IntCal 13: Dezember 2013.

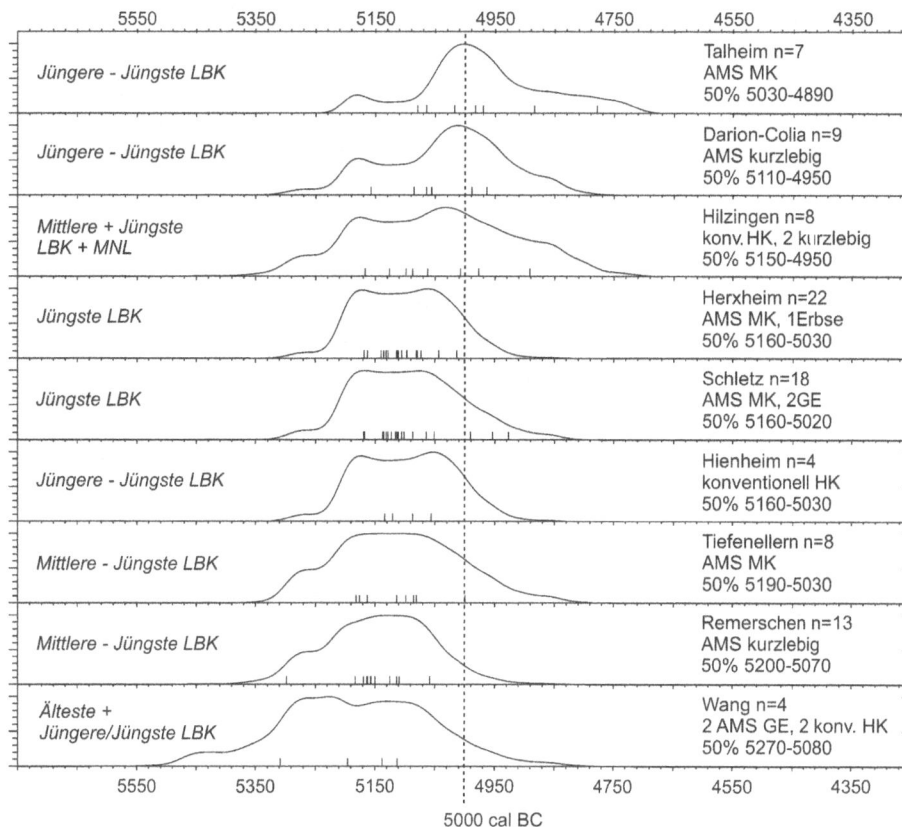

Abb. 4. ^{14}C-Serien der bayerischen LBK und ausgewählte Serien der Jüngsten LBK benachbarter Regionen. Unbereinigter Vergleich der Gruppenkalibrationen, sortiert nach 50 %-Wahrscheinlichkeitsbereichen. Holzkohlenkorrektur: 50 Jahre; Altkollagenkorrektur: 20 Jahre, mit Ausnahme von Herxheim, dort 10 Jahre. Breite cal BC-Achse: 1500 Jahre.

Jüngste LBK einzuordnen sind. In den letzten Jahren haben einige dieser Fundplätze bei der Diskussion um ein Ende der LBK im Zusammenhang mit gewalttätigen Ereignissen eine besondere Rolle gespielt (z. B. Zeeb-Lanz 2009b). Gerade von ihnen wurden viele ^{14}C-Daten erhoben.

In Abb. 4 werden die linearbandkeramischen Serien miteinander verglichen. Altholzdaten wurden mit 50 Jahren, Menschenknochen mit 20 Jahren korrigiert. Für die Messungen von Herxheim wurde nur eine Korrektur von zehn Jahren vorgenommen, da die bisher bekannten Ergebnisse zeigen, dass im anthropologischen Material von Herxheim jungadulte gegenüber spätadulten Individuen deutlich überwiegen (Zeeb-Lanz u. a. 2013, 35–36). Ausreißer sind bereits entfernt und Daten mit langer Standardabweichung wurden nicht verwendet. Die Gruppenkalibrationen sind nach ihrem Mittelwert geordnet.

Die Serie von Wang-Ziegelberg, Lkr. Freising, Oberbayern (in Abb. 4 ganz unten), enthält nur Daten mit einer Standardabweichung von 100 oder weniger Jahren. Drei weitere Daten mit einer höheren Standardabweichung wurden nicht berücksichtigt (vgl. Stäuble 2005, 241 Abb. 168). Diese heterogene Serie mit vier Daten aus drei Laboren, davon zwei AMS-Messungen von Getreidekörnern und zwei konventionelle Holzkohlenmessungen, repräsentiert hier in etwa die gesamte Laufzeit der LBK: Wang war sowohl in der Ältesten als auch in der Jüngeren LBK besiedelt. Hillemeyer (2003) beschreibt die Problematik, die Keramik der Ältesten und Jüngeren LBK in den vermischten Befunden auseinanderzuhalten. Es verwundert daher nicht, dass die Daten dieser Serie breit streuen.

Die Serie von Remerschen „Schengerwis" in Luxemburg (Damblon/Hauzeur 2009) kann in Bezug auf die Probenauswahl als die beste ^{14}C-Serie bezeichnet werden, die für die LBK bislang vorliegt. In Groningen und Oxford wurden 14 sich gegenseitig bestätigende AMS-Messungen an kurzlebigen pflanzlichen Materialien vorgenommen. Die Palette reicht von Getreidekörnern und Haselnussschalen über Zweige und Äste bis hin zu Waldkanten und Rinden von Holzkohlen. Zwei zusätzliche Messungen von

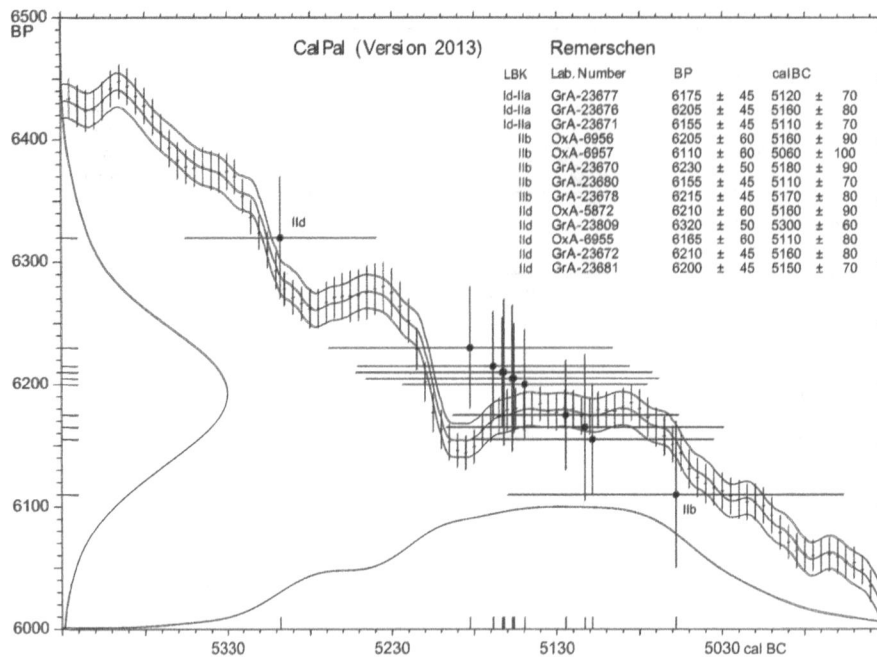

Abb. 5. Remerschen „Schengerwis", Luxemburg. LBK Id bis IId nach niederrheinisch-niederländischer Chronologie. Kurzlebige Probenmaterialien. Gruppenkalibration mit Kalibrationskurve. Breite cal BC-Achse: 500 Jahre.

Buchenholzkohlen erbrachten Ausreißer, die vorhandenen Funden der Hunsrück-Eifel-Kultur zuzuordnen sind. Ein Haselnusszweig ergab einen Ausreißer, der selbst für die Älteste LBK zu alt ausfällt. Die übrigen 13 Daten repräsentieren in kompakter Lage um 5130 cal BC die Zeitspanne der fünf keramischen Stilstufen Id–IId der niederrheinisch-niederländischen Untergliederung, also Jüngere bis Jüngste LBK. Dass es trotz bester Probenvoraussetzungen nicht gelungen ist, die einzelnen Stilstufen genauer zu datieren (Damblon/Hauzeur 2009), liegt – wie bereits erwähnt – an der ungünstigen Plateauform der Kalibrationskurve zwischen ca. 5180 und 5060 cal BC (Abb. 5). Allerdings spricht der 50 %-Wahrscheinlichkeitsbereich der Serie (Abb. 4) für ein Ende der Besiedelung spätestens um 5070 cal BC, das Ende der linearbandkeramischen Entwicklung scheint am Platz im Vergleich zu anderen hier besprochenen Fundorten somit nicht erreicht worden zu sein.

Auch aus der Jungfernhöhle bei Tiefenellern, Gemeinde Litzendorf, Lkr. Bamberg, Oberfranken, liegt eine gute Serie vor. J. Orschiedt (2002, 96–97) verdanken wir AMS-Daten von zehn menschlichen linken Wadenbeinknochen, die in Zürich gemessen wurden. Zwei junge Daten (^{14}C-Datenliste online) spiegeln die michelsbergzeitliche Bestattungsphase in der Höhle wider. Die restlichen Daten bilden das schon beschriebene Plateau ab, nur das jüngste Datum der Messung ETH-14985 scheint über dieses Plateau hinauszureichen (Abb. 6). Der 50 %-Wahrscheinlichkeitsbereich der Gruppenkalibration spricht daher für ein Ende der Nutzung der Höhle um 5030 cal BC. Ein älteres konventionelles Knochendatum[12] aus Köln (KN-2202) wird von den neueren AMS-Daten bestätigt. Dies ist bemerkenswert, da bei älteren konventionellen Knochenmessungen das Problem der Kontamination von Knochen noch nicht gelöst war, diese Daten daher oft zu jung ausfallen und aus heutiger Sicht verworfen werden müssen[13]. Warum passt diese frühe Messung? Weil in der Höhle – aus Mangel an Humusbildung – wohl keine Verunreinigung durch

---

12 Es ist nicht publiziert, ob es sich um einen Menschen- oder Tierknochen handelt. In die Sammlung ging das Datum allgemein als Knochen ein. Auf eine Menschenknochenkorrektur wurde in diesem Fall verzichtet, sie hätte innerhalb der Serie zu keiner deutlichen Veränderung geführt.

13 Z. B. die frühen Kölner Knochenmessungen der südbayerischen mittelneolithischen Bestattungen von Landshut-Hascherkeller (ehem. Gem. Ergolding), Straßkirchen-Irlbach, Lkr. Straubing-Bogen und Regensburg-Harting. Vgl. ^{14}C-Datenliste online, Nr. 266–269.

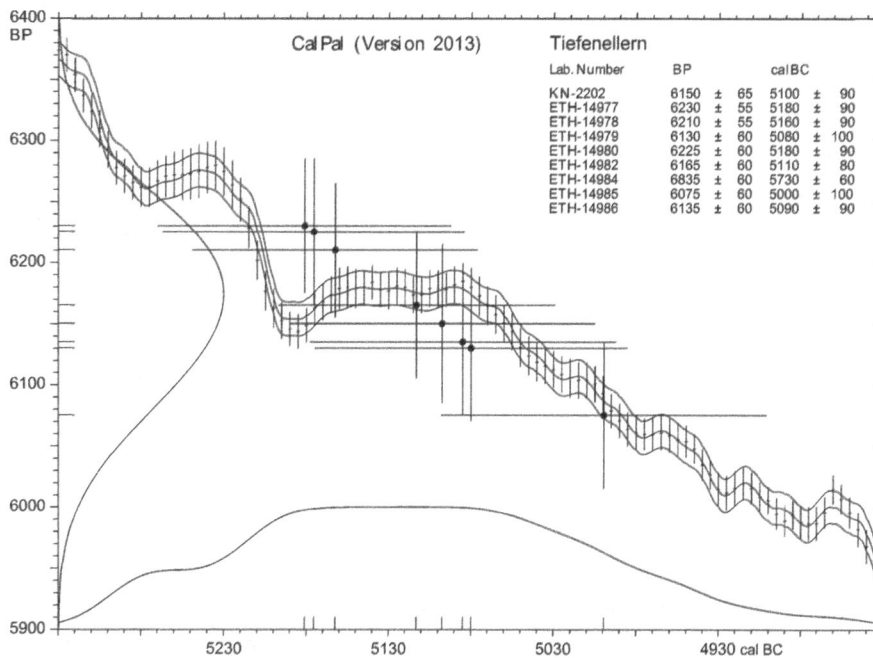

Abb. 6. Jungfernhöhle bei Tiefenellern, Gemeinde Litzendorf, Lkr. Bamberg, Oberfranken. Mittlere und Jüngste LBK. Gruppenkalibration mit Kalibrationskurve. Menschenknochen; Altkollagenkorrektur: 20 Jahre. Breite cal BC-Achse: 500 Jahre.

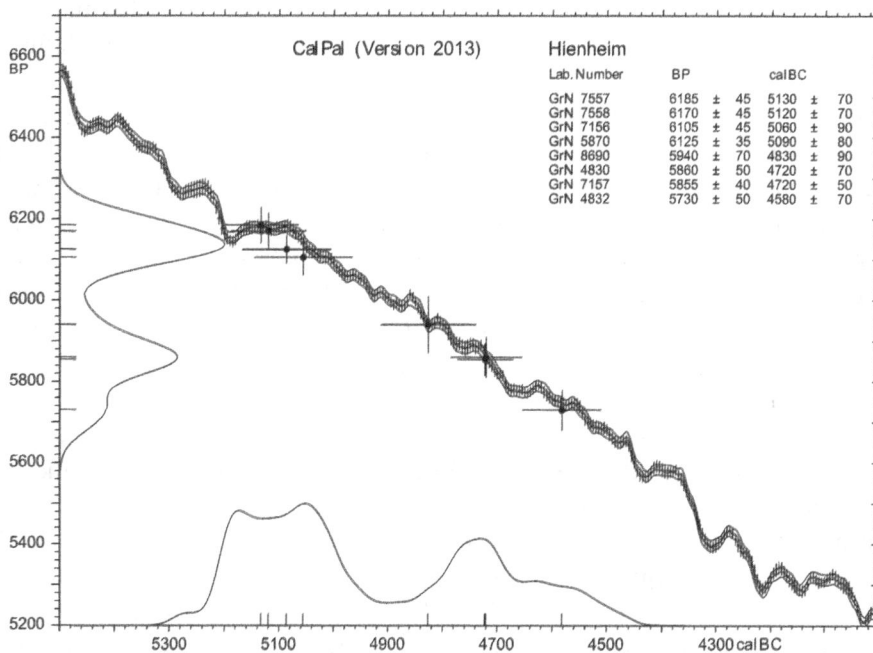

Abb. 7. Hienheim, Lkr. Kelheim, Niederbayern. LBK und SOB. Gruppenkalibration mit Kalibrationskurve. Holzkohlen und eine Erbsenprobe; Holzkohlenkorrektur: 50 Jahre. Breite cal BC-Achse: 1500 Jahre.

Huminsäuren erfolgte und man trotz Karstbedingungen auch das Glück hatte, dass keine Verunreinigung durch Karbonate vorliegt oder diese vollständig entfernt werden konnte. In der Höhle fanden sich neben anderen prähistorischen Funden Gefäße der Mittleren bis allerjüngsten LBK (Kunkel 1955). Auch hier verhindert es das Plateau der Kalibrationskurve, unterschiedliche Nutzungs- oder Bestattungsphasen genauer zu erfassen.

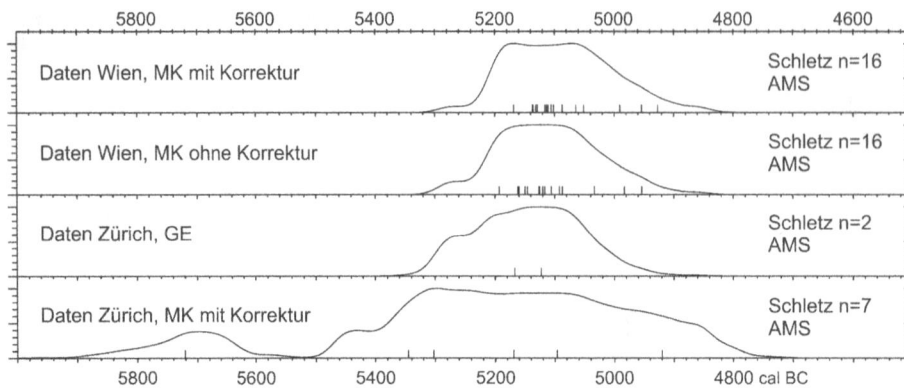

Abb. 8. Asparn a. d. Zaya-Schletz, Niederösterreich. Jüngste LBK. Vergleich der Gruppenkalibrationen der in Zürich und Wien gemessenen Serien, mit und ohne Altkollagen-Korrektur. Breite cal BC-Achse: 1500 Jahre.

Hienheim, Lkr. Kelheim, Niederbayern[14], ist der zweite linearbandkeramische Fundort aus dem engeren Bearbeitungsgebiet, von dem eine ^{14}C-Serie vorliegt. Vier der konventionell gemessenen Daten (drei Holzkohlen- und ein Erbsendatum) sind den Funden der Mittleren bis Jüngsten LBK[15], weitere vier Holzkohlendaten sind der mittelneolithischen und die jüngsten Daten der chamzeitlichen Besiedlung zuzuordnen (Riedhammer 2012, 72). Sowohl die unkalibrierten als auch die kalibrierten Daten zeigen deutlich, was auch die Keramikanalyse ergeben hat: Zwischen der alt- und mittelneolithischen Siedlung ist ein Hiatus festzustellen, eine Besiedlung der frühen Stichbandkeramik (SOB I) um 4900 cal BC fehlt (Abb. 7). Betrachtet man die linearbandkeramischen Daten im Vergleich mit den anderen guten LBK-Serien (Abb. 16), so spricht auch in Hienheim der 50 %-Wahrscheinlichkeitsbereich für ein Ende der Nutzung um spätestens 5030 cal BC.

Der niederösterreichische Fundort Asparn a. d. Zaya-Schletz, hat einige Berühmtheit erlangt, da in den Gräben einer großen linearbandkeramischen Siedlung zahlreiche Überreste menschlicher Individuen geboren wurden, die nachweislich durch Gewalteinwirkungen zu Tode gekommen sind[16]. Leider ist bisher wenig über die Keramik des Fundplatzes bekannt, man kann wohl von einer Besiedlung von Älterer LBK bis in die Jüngste LBK ausgehen (Windl 1996, 16–22 mit Abb. 3–9). Es liegt nahe, die Skelettreste mit dem Ende der Siedlung in Verbindung zu bringen, da die Leichen offenbar nicht sofort bestattet wurden, und Verbiss von Wildtieren bezeugt, dass sie eine Zeit lang in den offenen Gräben lagen. Aus Schletz (Abb. 8) liegen insgesamt 25 AMS-Daten vor. Es wurden 23 menschliche Knochen beprobt, zwei Daten gehen auf Getreidemessungen zurück. Die zwei Getreidedaten und sieben der Knochendaten wurden zwischen 1995 und 2003, wahrscheinlich 1995/1996[17] in Zürich gemessen, 16 weitere Messungen stammen aus dem AMS-Labor in Wien und entstanden zwischen 1996 und 2004. Während die Züricher Getreidemessungen, die die Nutzungszeit der Siedlung repräsentieren, und die Knochendaten aus Wien, die für das Ende der Siedlung stehen, sich gegenseitig bestätigen, streuen die Knochendaten aus Zürich viel zu breit über 4000 Kalenderjahre. Ein Teil der Verteilungskurve liegt außerhalb des Abbildungsbereiches (Abb. 8 unten). Diese Serie muss im Vergleich zu den kompakt liegenden Daten von Wien als misslungen verworfen werden. Vergleicht man die Knochendaten aus Wien mit und ohne Altkollagenkorrektur (Abb. 8 oben), so zeigt sich, dass die Mehrzahl

---

14   Modderman 1967; Modderman 1971; Modderman 1977; Modderman 1986 bes. 76.

15   Nach Pechtl (2009a, 753 Abb. 3) liegen in Hienheim die Stufen IIIb bis IVb seiner südbayerischen Chronologie vor.

16   Windl 1994; Windl 1996; Windl 1997; Teschler-Nicola u. a. 1996a; Teschler-Nicola u. a. 1996b; Teschler-Nicola u. a. 2006.

17   Da Archäologen und Physiker selten den genauen Zeitpunkt der Messung von ^{14}C-Daten publizieren und Nachfragen bei allen Laboren zu aufwendig waren, wurden verschiedene Hinweise verwendet, um diese Zeiträume genauer eingrenzen zu können. Hilfreich waren dabei Publikationsdaten, Gründungsdaten von Laboren und die Labornummern. Wichtig sind diese Angaben, um die zur Zeit der Messung übliche Probenaufbereitung und deren mögliche Problematik einschätzen zu können (Riedhammer im Druck).

Cal Pal (Version 2013)

Lab Number	BP			calBC		
VERA-2007	6155	±	35	5110	±	70
VERA-2008	6125	±	35	5090	±	80
VERA-2009	6035	±	35	4930	±	60

Schletz Daten Wien, Zürich nur GE

Lab Number	BP			calBC		
VERA-2010	6110	±	35	5060	±	80
VERA-2011	6080	±	35	4990	±	50
VERA-2012	6055	±	35	4950	±	50
VERA-2737	6155	±	30	5120	±	60
VERA-2014	6105	±	35	5050	±	80
VERA-2015	6140	±	35	5100	±	80
VERA-2016	6190	±	40	5140	±	70
VERA-2017	6180	±	35	5130	±	60
VERA-2019	6155	±	40	5110	±	70
VERA-2020	6215	±	40	5170	±	80
VERA-2738	6185	±	30	5130	±	60
VERA-2198	6190	±	35	5140	±	60
VERA-2441	6145	±	35	5110	±	70
ETH-13289	6175	±	65	5120	±	90
ETH-13290	6215	±	60	5170	±	90

(y-axis: 6400 BP, 6300, 6200, 6100, 6000, 5900; x-axis: 5230, 5130, 5030, 4930 cal BC)

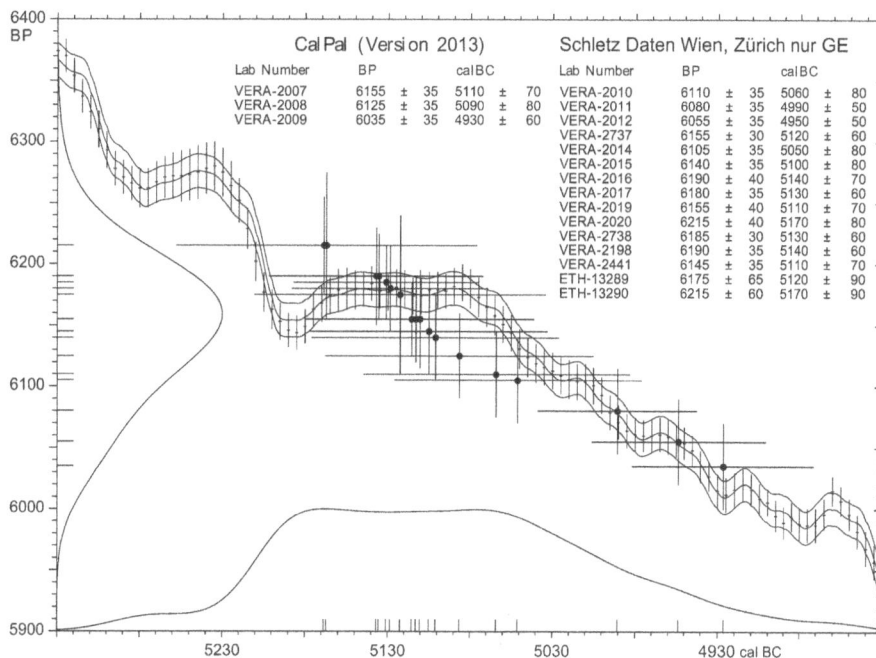

Abb. 9. Asparn a. d. Zaya-Schletz, Niederösterreich. Jüngste LBK. Gruppenkalibration aller als zuverlässig eingeschätzten Daten mit Kalibrationskurve. Menschenknochen und zwei Getreideproben. Altkollagenkorrektur: 20 Jahre. Breite cal BC-Achse: 500 Jahre.

der Daten das linearbandkeramische Plateau abbilden aber auch in beiden Fällen drei der Daten mit ihrem Mittelwert jünger als das Plateau liegen. Dies spricht für ein Ende der Siedlung von Schletz zu einem für die LBK relativ späten Zeitpunkt, wohl zwischen dem Plateaubereich und dem Ende des 50 %-Wahrscheinlichkeitsbereiches um 5020 cal BC, vielleicht um ca. 5040 cal BC. In Abb. 4 gingen nur die Wiener Knochendaten und die zwei Getreidedaten aus Zürich ein, sie zeigen ein sehr ähnliches Verteilungsbild, wie das der Daten von Herxheim bei Landau in der Pfalz, Lkr. Südliche Weinstraße, Rheinland-Pfalz (vgl. Abb. 9–10).

Herxheim nimmt, mit seinen für die LBK exzeptionellen Deponierungen menschlicher Überreste in einem Grabenwerk und mit jüngsten Keramikimporten aus verschiedenen linearbandkeramischen Stilregionen, eine besondere Stellung in der Diskussion um das Ende der LBK ein[18]. Während bei Schletz von einem relativ kurzzeitigen Ereignis, einem Massaker an einer Dorfbevölkerung, ausgegangen werden kann, ist die Situation in Herxheim komplexer. Man geht inzwischen von mehr als 500 Individuen aus (Zeeb-Lanz u. a. 2013, 20), deren unvollständige und manipulierte Überreste in einer Vielzahl von unterschiedlichen Konzentrationen gemeinsam mit zerstörter Keramik niedergelegt wurden. Die Bearbeiter sprechen von der Deponierung von Ritualabfällen. Alleine diese große Anzahl an menschlichen Überresten lässt darauf schließen, dass sich ihre Ansammlung über einen gewissen Zeitraum hinzog[19]. Doch die keramischen Funde zeigen an, dass alle diese Konzentrationen in die jüngste Stufe der LBK einzuordnen sind (Zeeb-Lanz u. a. 2007). Die ausführliche Auswertung von exemplarisch besonders sorgfältig gegrabenen Befunden hat ergeben, dass für die Deponierungen wohl maximal 50 Jahre zu veranschlagen sind, wahrscheinlich sogar erheblich weniger (Zeeb-Lanz u. a. 2013, 36). Für Herxheim liegen 22 Daten aus Miami, Wien und Zürich vor (Abb. 11). Trotz kalkreicher Bodenverhältnisse und einer Kalksinterschicht, die viele der Knochen überzog (Zeeb-Lanz u. a. 2013, 30), gab es offenbar in keinem Labor Probleme mit Verunreinigungen durch Karbonate beziehungsweise Dolomit. Nur die um 1996 in Miami gemessenen

---

18   Häußer 1998; Zeeb-Lanz u. a. 2006; Zeeb-Lanz u. a. 2007; Zeeb-Lanz u. a. 2009; Zeeb-Lanz 2009a; Zeeb-Lanz 2009b; Zeeb-Lanz u. a. 2013.

19   J. Orschiedt und M. Haidle (2012) haben Überlegungen angestellt, dass zumindest ein Teil der menschlichen Überreste schon in manipuliertem Zustand nach Herxheim gebracht worden sein könnte.

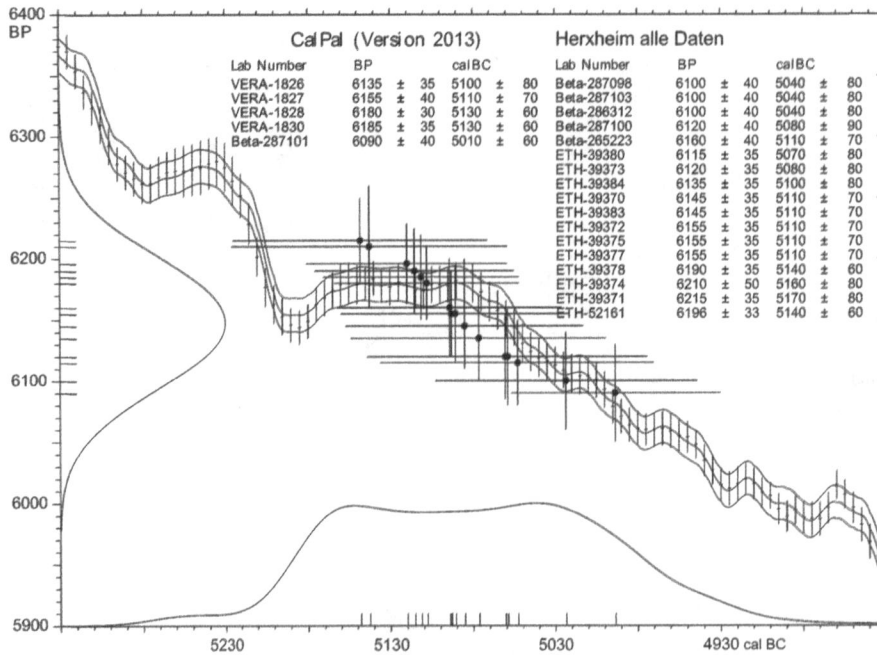

Abb. 10. Herxheim bei Landau in der Pfalz, Lkr. Südliche Weinstraße, Rheinland-Pfalz. Jüngste LBK. Gruppenkalibration aller vorhandenen Daten mit Kalibrationskurve. Menschenknochen und eine Erbsenprobe; Altkollagenkorrektur: 10 Jahre. Breite cal BC-Achse: 500 Jahre.

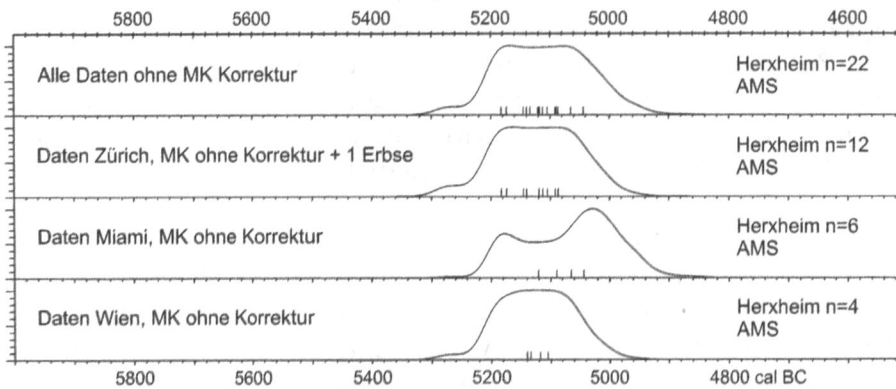

Abb. 11. Herxheim bei Landau in der Pfalz, Lkr. Südliche Weinstraße, Rheinland-Pfalz. Jüngste LBK. Vergleich der Gruppen-kalibrationen der in Zürich, Miami und Wien gemessenen Serien ohne Altkollagen-Korrektur. Breite cal BC-Achse: 1500 Jahre.

sechs Knochendaten liegen in ihrem Schwerpunkt etwas jünger als die anderen beiden Serien, wobei auffällt, dass drei der Daten ein zu 100 % übereinstimmendes Ergebnis von 6110 ± 40 Jahren BP erbracht haben. Die zwischen 1996 und 2004 in Wien gemessenen vier Knochendaten und die zwölf Daten aus Zürich (elf Knochen- und eine Erbsen-Probe) bestätigen sich gegenseitig hervorragend. Dabei hatte man in Zürich zunächst Probleme mit einer ersten Probenserie, die ca. 2011 gemessen wurde: Sie streute für die Erwartungen der Archäologen viel zu breit. Nach Reklamation verzichtete man in Zürich bei der zweiten, hier vorliegenden Serie, auf die Ultrafiltration der aufbereiteten Gelatineproben. Das Ergebnis ist in Abb. 11 dargestellt. Noch immer war man im Projektteam[20] Herxheim enttäuscht, da die Daten nicht

20   Für die Überlassung der wichtigen und bisher unpublizierten Daten bedanke ich mich herzlichst bei der Projektleiterin Andrea Zeeb-Lanz und bei Fabian Haack. Herr Haack gab mir freundlicherweise ausführlich Auskunft über die Historie

CalPal (Version 2013)

Lab Number	BP	±		calBC	±	
VERA-1826	6145	±	35	5110	±	70
VERA-1827	6165	±	40	5120	±	70
VERA-1828	6190	±	30	5130	±	60
VERA-1830	6195	±	35	5140	±	60
Beta-287101	6100	±	40	5040	±	80

Herxheim alle Daten

Lab Number	BP	±		calBC	±	
Beta-287098	6110	±	40	5070	±	90
Beta-287103	6110	±	40	5070	±	90
Beta-286312	6110	±	40	5070	±	90
Beta-287100	6130	±	40	5090	±	80
Beta-265223	6170	±	40	5120	±	70
ETH-39380	6125	±	35	5090	±	80
ETH-39373	6130	±	35	5090	±	80
ETH-39384	6145	±	35	5110	±	70
ETH-39370	6155	±	35	5110	±	70
ETH-39383	6155	±	35	5110	±	70
ETH-39372	6165	±	35	5120	±	60
ETH-39375	6165	±	35	5120	±	60
ETH-39377	6165	±	35	5120	±	60
ETH-39378	6200	±	35	5150	±	60
ETH-39374	6220	±	50	5170	±	90
ETH-39371	6225	±	35	5180	±	80
ETH-52161	6196	±	33	5140	±	60

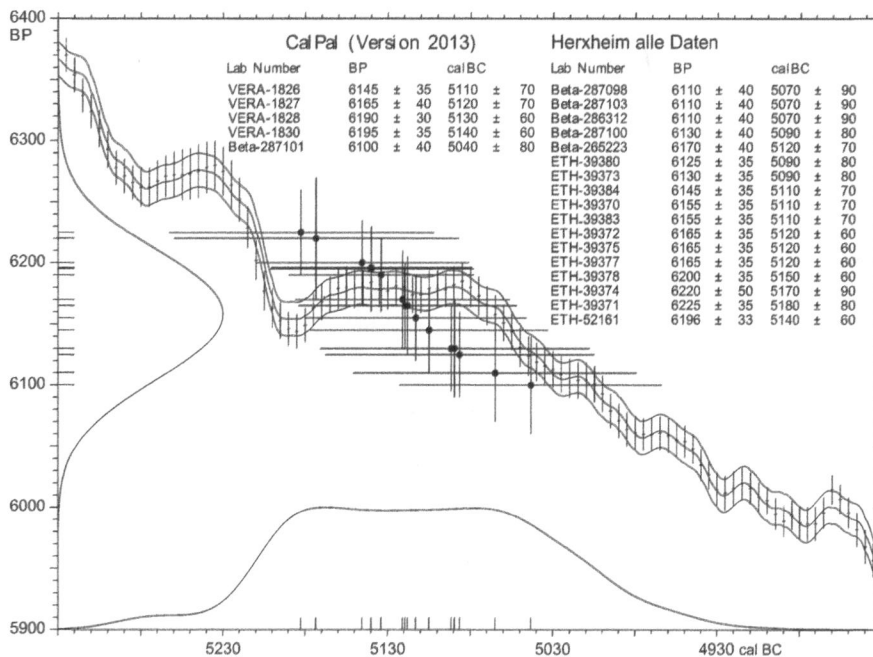

Abb. 12. Herxheim bei Landau in der Pfalz, Lkr. Südliche Weinstraße, Rheinland-Pfalz. Jüngste LBK. Gruppenkalibration aller vorhandenen Daten mit Kalibrationskurve. Menschenknochen und eine Erbsenprobe; ohne Altkollagenkorrektur. Breite cal BC-Achse: 500 Jahre.

anders als andere LBK-Daten ausfielen und eine Datierung des Endes der LBK um 4975/4950 cal BC, wie es gemeinhin angenommen wird[21], nicht bestätigen. Vergleicht man alle Daten aus Herxheim ohne (Abb. 12) und mit zehn Jahren Altkollagenkorrektur (Abb. 10), so fällt bei beiden Gruppenkalibrationen auf, dass die Serie durch die Spiegelung an der Kalibrationskurve stark gedehnt wird, jedoch beide Male über den LBK-Plateaubereich hinaus streut. Ein Ende der Nutzung von Herxheim nach dem Plateauende ist daher wahrscheinlich. Betrachten wir die Verteilung der Daten mit Altkollagenkorrektur (Abb. 10) und gehen wir davon aus, dass die Deponierung der menschlichen Überreste von Herxheim alle in die jüngste Phase der LBK gehören und innerhalb eines relativ kurzen Zeitraumes erfolgten, so sollte für eine wahrscheinliche Datierung dieser Aktivitäten der Mittelwert der unkalibrierten Serie nicht an der ersten Möglichkeit vor dem LBK-Plateau an der Kalibrationskurve gespiegelt werden, sondern erst an der zweiten Möglichkeit, nach dem LBK-Plateau. Dies ergibt eine Datierung der jüngstbandkeramischen Aktivitäten um 5060/5050 cal BC kurz nach dem Ende des Plateaus. Daran ändert sich auch nichts, wenn man die relativ jungen Daten aus Miami weglässt. In den Vergleich von Abb. 4 gingen die Daten aller drei Labore ein, da sie durch ihre kompakte Lage alle als zuverlässig eingestuft werden. Sollten die Deponierungen von Herxheim doch über einen längeren Zeitraum erfolgt sein, so spricht der 50 %-Wahrscheinlichkeitsbereich der Gruppenkalibration für ein Ende der Nutzungszeit um 5030 cal BC. Allerdings sind hierfür die jüngsten Daten der Miami-Serie verantwortlich. Unter Berücksichtigung der neusten Daten von Zürich schätze ich ein Ende von Herxheim um 5050 cal BC als realistischer ein.

Weitaus breiter und in einen weitaus jüngeren Bereich streuen die Daten der Fundplätze Hilzingen (Fritsch 1998), Lkr. Konstanz in Baden-Württemberg, Darion-Colia (Bosquet/Golitko 2012), Gemeinde Geer, Provinz Lüttich in Belgien und Talheim (König/Wahl 1987; Biel 1987), Lkr. Heilbronn in Baden-Württemberg (Abb. 4 oben).

---

der ETH-Daten, Frau Zeeb-Lanz verdanke ich darüber hinaus wertvolle Hinweise und eine anregende Diskussion zur Interpretation der Fundstelle.

21   Ausgehend von Stehli 1989 z. B. Lüning 2005, 67–72; Zimmermann u. a. 2006, 162 u. 176–179; Jeunesse/Strien 2009, 243.

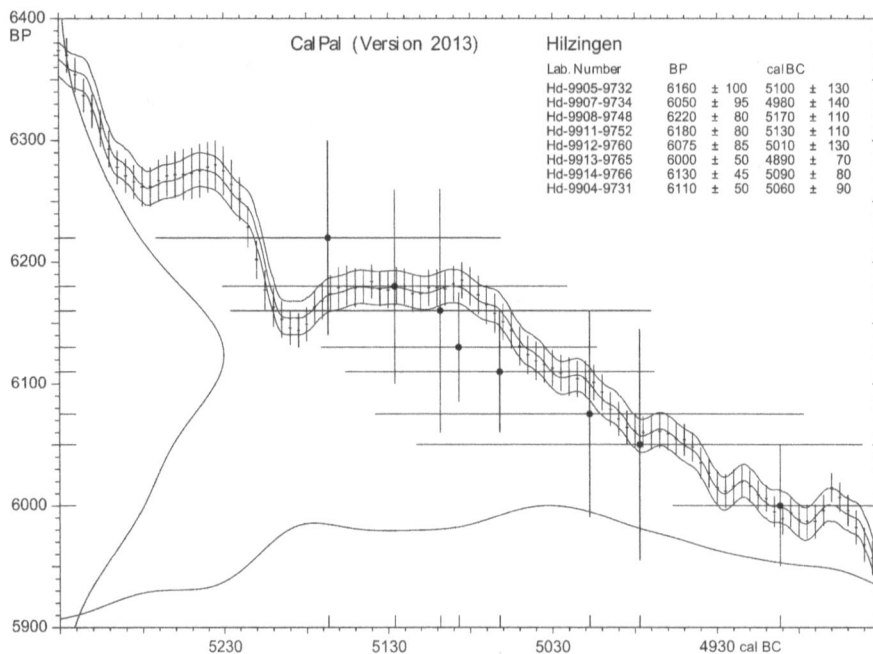

Abb. 13. Hilzingen, Lkr. Konstanz, Baden-Württemberg. Mittlere und Jüngste LBK und mittelneolithische Streuscherben. Konventionelle Hochpräzisionsmessungen von Holzkohlen und zwei kurzlebigen Probenmaterialien; Altholzkorrektur: 50 Jahre. Gruppenkalibration aller Daten mit geringer Standardabweichung. Breite cal BC-Achse: 500 Jahre.

Die Jüngste LBK von Hilzingen halte ich für die typologisch am weitesten entwickelte LBK auf westdeutschem Gebiet (Riedhammer 2017, 41–43). Darüber hinaus gibt es einzelne mittelneolithische Streuscherben. Leider ist die ^{14}C-Serie der Siedlung wenig hilfreich. Es liegen elf Daten vor. Neun der Daten wurden an Holzkohlen und jeweils ein Datum wurde an Getreide und Erbsen ermittelt. Es handelt sich um konventionelle Hochpräzisionsmessungen, die vor 1998 in Heidelberg durchgeführt wurden. Bei acht Daten liegen die Standardabweichungen der Rohdaten zwischen 80 und 180 Jahren (vgl. ^{14}C-Datenliste online). Dies zeigt an, dass die Proben für konventionelle Messungen von geringer Qualität waren und die Serie nicht für feinchronologische Aussagen geeignet ist. Auch ohne die Daten mit mehr als 100 Jahren Standardabweichung streut sie sehr breit (Abb. 13), lässt aber keine Konzentrationen erkennen, die sich mit den verschiedenen Besiedlungsphasen der Mittleren LBK, der Jüngsten LBK oder dem Mittelneolithikum verbinden lassen. Bei diesem immer wieder genutzten Siedlungsplatz bringen auch die beiden Daten von kurzlebigen Probenmaterialien mit kleinen Standardabweichungen (Hd-9913-9765: 6000 ± 50 BP; Hd-9914-9766: 6130 ± 45 BP) keinen weiteren Erkenntnisgewinn.

Für die wallonische Siedlung Darion-Colia wurden zwölf kurzlebige pflanzliche Materialien und eine Holzkohle in Lüttich und Oxford gemessen. Dabei streuen die drei konventionell gemessenen Daten aus Lüttich etwas breiter als die AMS-Daten aus Oxford. Berücksichtigt man nur die AMS-Daten, welche vor 2003 gemessen wurden (Abb. 14), so gibt es zwei Möglichkeiten der Interpretation: Die Serie bildet für die Jüngste LBK (Phasen IIc bis IId) im Vergleich zu den Daten von Remerschen „Schengerwis" aus Luxemburg (s. o.) kalibriert einen zu großen Datierungsbereich ab (vgl. Abb. 5 und Abb. 14), oder die Siedlung datiert, wie weitere linearbandkeramische Siedlungen in Belgien und Frankreich, in einen jüngeren Zeitabschnitt, als alle LBK-Siedlungen auf westdeutschem und niederländischem Gebiet (Hauzeur/van Berg 2005, 170; 172 Abb. 24; Bosquet/Golitko 2012). Der kalibrierte Mittelwert der Daten von Darion-Colia spricht für eine Besiedlung um 5000 cal BC. Die trapezförmigen Hausgrundrisse[22] passen zu dieser Datierung. Die Keramik (Stufe IId) kommt zwar so auch in der Niederrheinischen Bucht, in den

---

22   Zur Verbreitung der trapezförmigen LBK-Häuser siehe Hauzeur/Jadin 2012, 26 Abb. 10.

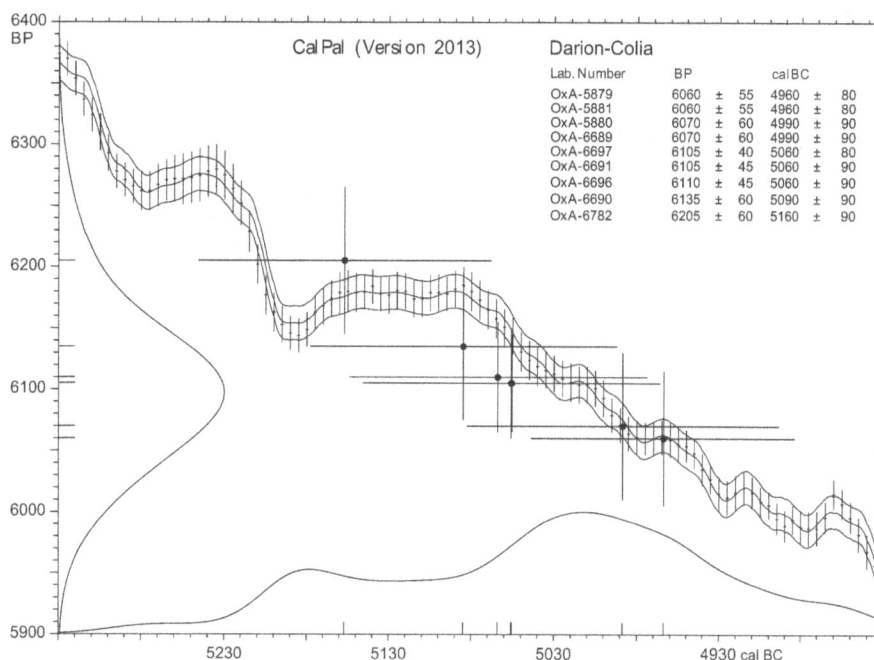

Abb. 14. Darion-Colia, Gemeinde Geer, Provinz Lüttich, Belgien. LBK IIc bis IId nach niederrheinisch-niederländischer Chronologie. Kurzlebige Probenmaterialien und eine Holzkohle; Altholzkorrektur: 50 Jahre. Gruppenkalibration mit Kalibrationskurve. Breite cal BC-Achse: 500 Jahre.

Niederlanden und in Luxemburg vor, allerdings hat schon P. J. R. Modderman darauf hingewiesen, dass Keramik der Stufe IId in Belgien weit zahlreicher vertreten ist, als in östlicher gelegenen Verbreitungsgebieten. Er vermutet daher, dass die LBK in Belgien länger andauere (Modderman 1970, 193–194), was ich nach Beurteilung aller Aspekte für wahrscheinlich erachte.

Die ^{14}C-Serie von Talheim, Lkr. Heilbronn, Baden-Württemberg, wird anhand ihres Mittelwertes an jüngster Stelle in Abb. 4 ganz oben eingeordnet. Das berühmte Massengrab von Talheim erbrachte wenige, kleinteilige verzierte LBK-Scherben, die daher schwierig typologisch einzuordnen sind (Biel 1987). H.-Ch. Strien (2000, 55) ordnet die Keramik in seine Stufe 7 oder 8 ein. Eine Abbildung bei D. Gronenborn (2012, 245 Abb. 4) weist darauf hin, dass Strien – mit dem Gronenborn für diese Abbildung zusammengearbeitet hat – die Keramik nicht an das absolute Ende der LBK stellt. In der ehemaligen Siedlungsgrube waren 34 erschlagene Menschen, 18 Erwachsene und 16 Kinder, bestattet worden. Das Massaker an womöglich der ganzen Bevölkerung einer Siedlung wurde, gemeinsam mit anderen Beispielen von Gewalt, zu einem Beleg für eine Krise mit soziale Unruhen am Ende der LBK erklärt (z. B. Farruggia 2002), obwohl die archäologische Datierung hier nicht ganz eindeutig ist. Die ^{14}C-Serie von Talheim (Wild u. a. 2004) wurde an Menschenknochen gemessen, nur für zwei der Proben wurden bisher anthropologische Bestimmungen vorgelegt[23]. Es handelt sich um zwei konventionelle Hochpräzisionsmessungen aus Heidelberg und sieben AMS-Daten aus Wien. Die konventionellen Daten entsprechen dem jüngeren Bereich der AMS-Daten. Betrachtet man nur die in der Regel zuverlässigeren AMS-Daten, so fällt ihre große Spannweite auf: Für die Darstellung musste die Skalierung der Graphik (Abb. 15) von den sonst verwendeten 500 auf 750 Jahre Breite cal BC erweitert werden. Außerdem ist die Verteilung der Rohdaten asymmetrisch (Abb. 15, BP-Achse). Da es sich bei Talheim um ein sehr kurzes Ereignis handelt, muss hier der Mittelwert

---

23   Der anthropologischen Publikation lässt sich entnehmen, dass unter anderem Knochen von zwei Kindern gemessen wurden (König/Wahl 1987, 85 Tab. 6), für die anderen Proben liegen keine Angaben vor. Es wurde eine pauschale Altkollagenkorrektur von 20 Jahren für alle Datierungen von Talheim vorgenommen. Bei der großen Datierungsspanne, die das Ergebnis der Gruppenkalibration abbildet, erzielt diese aber keine Auswirkung.

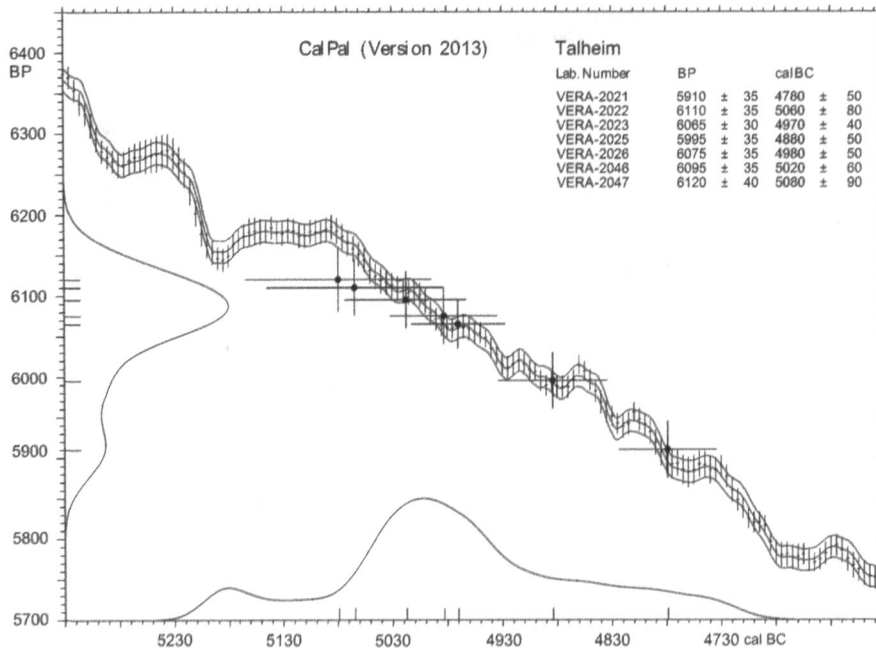

Abb. 15. Talheim, Lkr. Heilbronn, Baden-Württemberg. LBK. Menschenknochen; Altkollagenkorrektur: 20 Jahre. Gruppenkalibration mit Kalibrationskurve. Breite cal BC-Achse: 750 Jahre.

der Serie und nicht der 50 %-Wahrscheinlichkeitsbereich zur Datierung herangezogen werden. Kalibriert man den Modalwert der Serie, also den Bereich mit den meisten Daten, so kommt man auf eine Datierung um 5000 cal BC. Der Mittelwert der kalibrierten Kurve liegt sogar bei ca. 4950 cal BC. Dies würde für eine wirklich späte Datierung des Gewaltereignisses sprechen. Ich halte diese junge Datierung allerdings nicht für zuverlässig. Bei einem so kurzen Ereignis sollten die Daten der Serie nicht so breit streuen. Die unkalibrierten Daten streuen über 400 Jahre, obwohl sie sich kaum im Einflussbereich des LBK-Plateaus befinden. Kalibriert streuen die Daten sogar über 550 Jahre. Die asymmetrische Verteilung der Rohdaten gibt einen Hinweis auf die Ursache: Sie spricht für eine Kontamination der Knochen, die nicht bei allen Proben gleich stark vorhanden gewesen sein dürfte[24] und wahrscheinlich nicht überall erfolgreich entfernt werden konnte, auch wenn im Labor von Wien von Anfang an eine Säure-Base-Säure Behandlung bei der Vorbereitung von Kollagenproben Standard war (Wild u. a. 1998). Alle Knochen können – wenn auch in unterschiedlichem Maße – betroffen sein. Daher dürfte auch der Mittelwert der kalibrierten Serie insgesamt zu jung ausfallen. Aus diesen Gründen halte ich die Serie von Talheim nicht für geeignet, das Ende der LBK genauer zu datieren.

In Abb. 16 sind noch einmal die als zuverlässig eingeschätzten Serien abgebildet, die für die Bestimmung des Endes der LBK hilfreich sind. In der luxemburgischen Siedlung Remerschen „Schengerwies" scheint das Ende der linearbandkeramischen Entwicklung im Vergleich zu anderen hier besprochenen Fundorten nicht erreicht worden zu sein, die Besiedlung dürfte nach absoluten Daten spätestens um 5070 cal BC geendet haben. Die linearbandkeramische Besiedlung von Hienheim, Niederbayern, und die Nutzung der Höhle von Tiefenellern, Oberfranken, als Bestattungsplatz, dürften jeweils spätestens um 5030 zu Ende gewesen sein. Der Tod der menschlichen Individuen von Herxheim, Rheinland-Pfalz, und Schletz, Niederösterreich, dürfte um ca. 5050 bzw. 5040 cal BC eingetreten sein. Diese Daten und die typologische Entwicklung der LBK sprechen für ein Ende der LBK um ca. 5030 cal BC in Österreich, Deutschland, den angrenzenden Niederlanden und Luxemburg. Die Serie aus Darion-Colia verdeutlicht

---

24   Es gibt Hinweise darauf, dass die unterschiedlichen Knochenbereiche Spongiosa und Kompakta unterschiedlich viel Kontamination aufnehmen (Spatz 2003, 283).

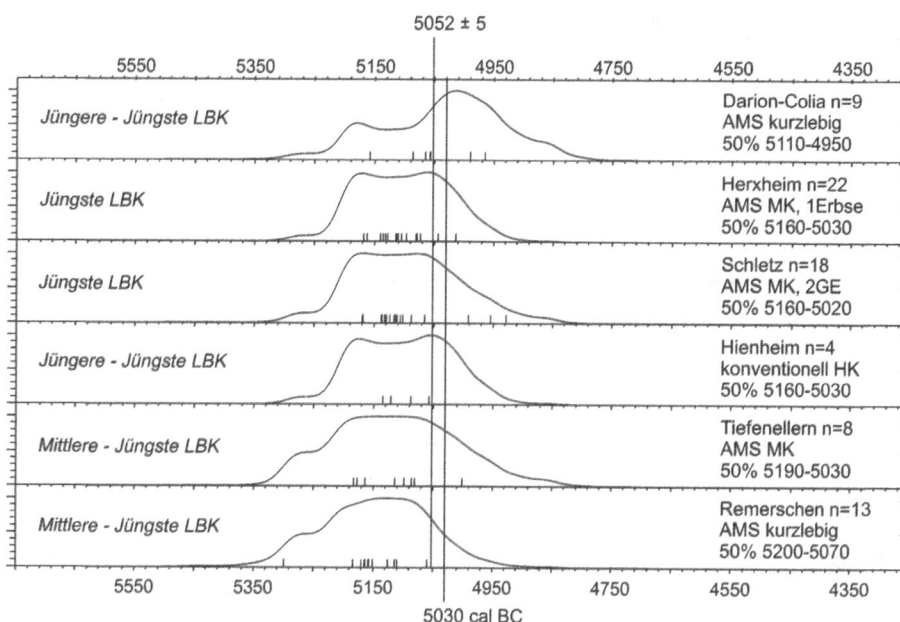

Abb. 16. ¹⁴C-Serien der bayerischen LBK und ausgewählte Serien der Jüngsten LBK benachbarter Regionen. Bereinigter Vergleich der Gruppenkalibrationen, sortiert nach 50 %- Wahrscheinlichkeitsbereichen. Holzkohlenkorrektur: 50 Jahre; Altkollagen-korrektur: 20 Jahre, mit Ausnahme von Herxheim, dort 10 Jahre. Breite cal BC-Achse: 1500 Jahre.

mit anderen Daten (Hauzeur/van Berg 2005; Hauzeur/Jadin 2012), dass im wallonischen Teil Belgiens und im Pariser Becken die linearbandkeramische Entwicklung über 5000 hinaus ging und spätestens um ca. 4950 cal BC geendet haben dürfte. Die Fälldaten der Hölzer der bisher jüngsten bekannten linear-bandkeramischen Brunnen von Erkelenz-Kückhoven, Kr. Heinsberg, Nordrhein-Westfalen, um 5057 ± 5 v. Chr. (Weiner 2012, 84 mit Anm. 17; Schmidt u. a. 1998, 287) und Merzenich-Morschenich, Kr. Düren, Nordrhein-Westfalen, um 5052 ± 5 v. Chr. (Gaitzsch u. a. 2012, 64.) widersprechen den hier gewonnenen absolutchronologischen Vorstellungen nicht, sondern stützen diese.

Der Beginn des Mittelneolithikums (Abb. 17–27)

In Abb. 17 sind Serien zusammengestellt, die für die absolute Datierung des Beginns des Mittelneolithi-kums relevant sind. Da die frühsten Stufen des Mittelneolithikums westdeutscher Prägung Hinkelstein (HST) I und II und die Böhmische Stichbandkeramik (SBK) Stufe II aus typologischen Erwägungen in der Regel parallelisiert werden, sind hier Daten aus verschiedenen Regionen zusammengestellt. Die Serien in der Abbildung sind nach der typologischen Einordnung der zugehörigen Funde geordnet. Leider nur zwei AMS-Daten stammen von der Siedlung Dresden-Prohlis, Sachsen (Abb. 17 unten) (Link 2014a), die ein-zige gut dokumentierte Siedlung, die den Übergang Linearbandkeramik – Stichbandkeramik repräsentiert, wobei die Stichbandkeramik des Dresdner Elbtals nach Verzierung und Gefäßformen zur Böhmischen Stichbandkeramik nach Zápotocká (1970) und nicht zur Mitteldeutschen Stichbandkeramik nach Kauf-mann (1976) zählt. Th. Link konnte in der Siedlung den Übergang von Jüngster LBK und Keramik der Stilstufe SBK I hin zur archaischen Stichbandkeramik der Stufe II herausarbeiten (Link 2012a–b; Link 2014b). Zwei Proben von Getreidekörnern wurden 2013 in Poznań gemessenen. Die Probe des jüngeren Datums stammt aus einer Längsgrube eines Hauses der Siedlungsphase 1 (Poz-42627: 6025 ± 35 BP), die des älteren Datums aus einem Befund der jüngsten Siedlungsphase 6 (Poz-42628: 6080 ± 40 BP) (Link 2014a, 5). Dieses Beispiel zeigt einmal mehr, dass ¹⁴C-Daten nicht mit Befunden einzelner Siedlungspha-sen, sondern mit der Laufzeit der gesamten Siedlung, in Bezug gesetzt werden müssen. Somit ergibt sich eine Datierung der Siedlung zwischen 5000 und 4890 cal BC. Die Transformation von LBK zu SBK dürfte sich also um ca. 4950 cal BC vollzogen haben.

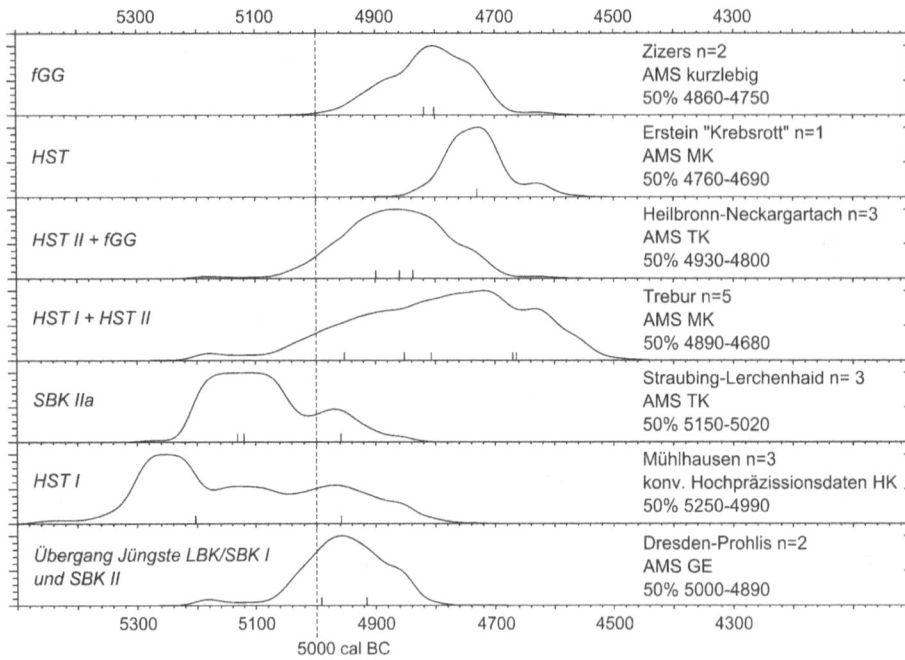

Abb. 17. ¹⁴C-Serien des frühen Mittelneolithikums aus verschiedenen Regionen. Unbereinigter Vergleich der Gruppenkalibrationen. Holzkohlenkorrektur: 50 Jahre; Altkollagenkorrektur: 20 Jahre. Breite cal BC-Achse: 1500 Jahre.

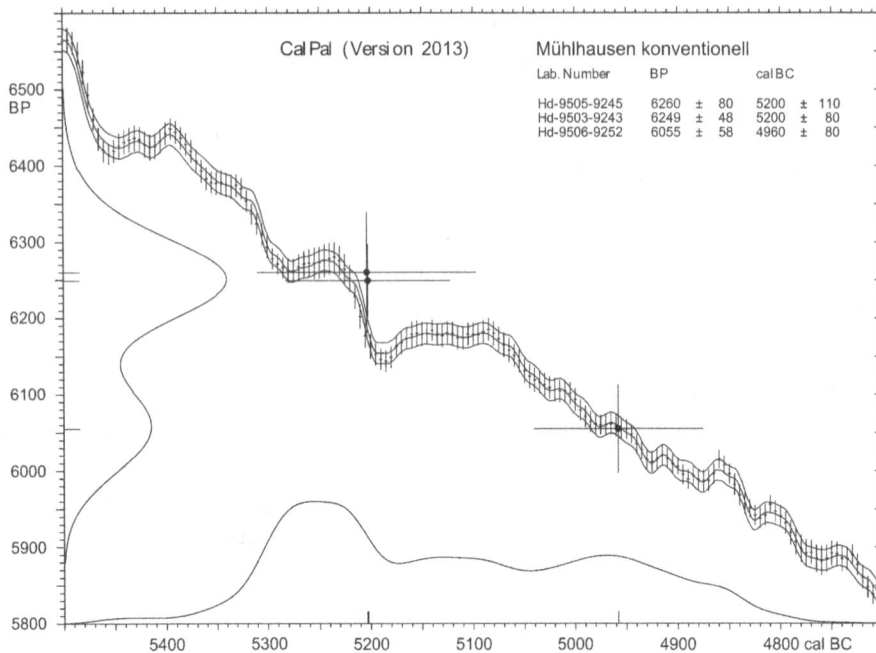

Abb. 18. Mühlhausen-Ehingen, Lkr. Konstanz, Baden-Württemberg. HST-Schicht. Konventionelle Hochpräzisionsmessungen an Holzkohlen. Holzkohlenkorrektur: 50 Jahre. Gruppenkalibration mit Kalibrationskurve. Breite cal BC-Achse: 800 Jahre.

Aus Mühlhausen-Ehingen, Lkr. Konstanz, Baden-Württemberg, stammen vier konventionelle Hochpräzisionsmessungen von Holzkohlen (Spatz 1999, 212 Anm. 573), von denen eine wegen zu hoher Standardabweichung hier nicht berücksichtigt wurde (¹⁴C-Datenliste online). Die Proben kommen aus einer Siedlungsschicht, die Hinkelsteinfunde erbrachte. Die typologisch frühesten dürften der Stufe HST I angehören (Dieckmann 1987, Abb. 5,4–5). Es handelte sich um einen 60 cm mächtigen, humusreichen

Horizont am Hangfuß einer aus Grundmoränen gebildeten Terrasse (Dieckmann 1987, 20). Ein Bereich dieser Fundschicht konnte 1983/84 genauer untersucht werden. Eine deutliche Stratigraphie war nicht zu erkennen, die Grabung nach künstlichen Abstichen ergab jedoch überwiegend Großgartacher Keramik aus dem oberen Abschnitt und Hinkelsteinkeramik gemeinsam mit stichbandkeramisch verzierten Scherben in den holzkohlereichen unteren Abstichen. Der Ausgräber B. Dieckmann interpretiert die Schicht als einen in einer Mulde erhalten gebliebenen Siedlungshorizont. Eine früher vorgenommene Interpretation als verlandeter Bachlauf konnte er überzeugend ausschließen. Die Genese des Fundhorizontes lässt sich damit erklären, „dass bei Anlage der Siedlungen an einem Hang mit einer bald einsetzenden Erosion zu rechnen ist, die unter Zufuhr dunklen Oberbodenmaterials zu einer relativ schnellen Aufhöhung der Mulde geführt haben könnte" (Dieckmann 1987, 26). Zwei der ^{14}C-Daten dieser wichtigen Stratigraphie fallen leider zu alt aus und geben einen Datierungsbereich wieder, der eher zur Älteren LBK als zu Hinkelstein passt (Abb. 18). Nur ein Datum (4960 ± 80 cal BC) kommt für die Datierung von Hinkelstein in Frage. Diese Einschätzung teilt auch H. Spatz (1999, 212). Es gibt drei Möglichkeiten der Erklärung für die zu alten Daten: Die erste Möglichkeit ist, dass die hinkelsteinzeitliche Siedlung in einem Bodenhorizont errichtet wurde, der mit Holzkohlen einer älteren linearbandkeramischen Rodung durchsetzt war. Da im Vorbericht keinerlei LBK-Streufunde Erwähnung fanden, wird diese Möglichkeit als wenig wahrscheinlich eingeschätzt. Die zweite Möglichkeit ist, dass eine Kontamination durch Grundwasser-Karbonate vorliegt, dies kommt an Holzkohlen von Mineralbodenstandorten allerdings selten vor. Die dritte Möglichkeit bezieht sich auf den von Dieckmann geschilderten Erosionsprozess. Wurden die Holzkohlen in erodiertem und zu einem früheren Zeitpunkt gebildetem Boden eingelagert, so könnte hier der seltene Fall einer Kontamination mit älteren Huminsäuren vorliegen, die in Heidelberg bei diesen frühen Messungen vor 1999 nicht vollständig entfernt wurden.

Noch schwieriger gestaltet sich die Interpretation der Daten der SBK II-zeitlichen Siedlung von Straubing-Lerchenhaid, Niederbayern. Auf der hier bearbeiteten Grabungsfläche befanden sich Funde und Befunde der entwickelten Älteren LBK und der frühen Stichbandkeramik (Riedhammer 2017, 78–85). Zum Teil störten mittelneolithische Gruben die altneolithischen Befunde. Alle stichbandkeramischen Gruben waren mit linearbandkeramischen Streuscherben in unterschiedlichen Mengenanteilen durchsetzt. Da auf der gegrabenen Fläche ein deutlicher Besiedlungshiatus zwischen Alt- und Mittelneolithikum

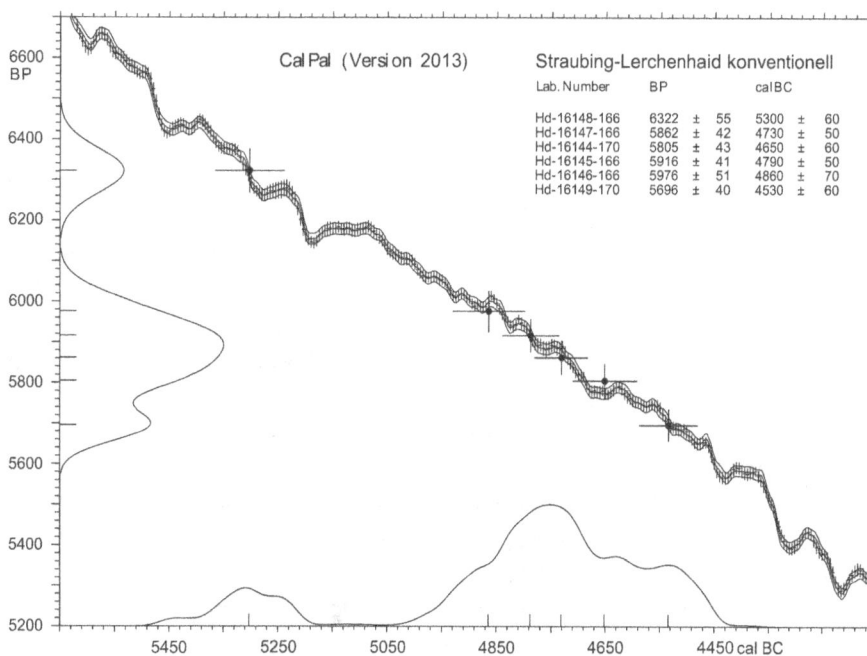

Abb. 19. Straubing-Lerchenhaid, Niederbayern. LBK und SOB Ia = SBK IIa. Konventionelle Hochpräzisionsmessungen an Tierknochen. Gruppenkalibration mit Kalibrationskurve. Breite cal BC-Achse: 1500 Jahre.

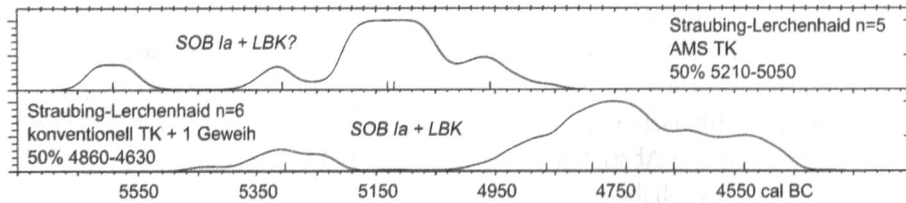

Abb. 20. Straubing-Lerchenhaid, Niederbayern. LBK und SOB Ia = SBK IIa. Vergleich der Gruppenkalibrationen der Serien aus Heidelberg (konventionelle Hochpräzisionsmessungen) und Kiel (AMS). Tierknochen. Breite cal BC-Achse: 1500 Jahre.

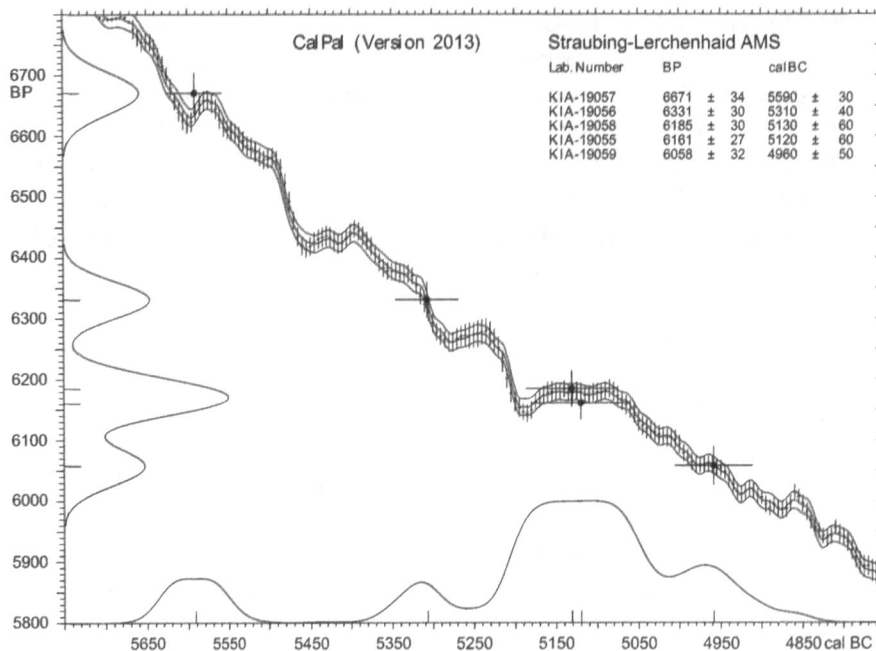

Abb. 21. Straubing-Lerchenhaid, Niederbayern. LBK und SOB Ia = SBK IIa. AMS-Messungen an Tierknochen. Gruppenkalibration mit Kalibrationskurve. Breite cal BC-Achse: 1000 Jahre.

nachgewiesen werden konnte, war zu erwarten, dass sich die alt- und mittelneolithischen Daten deutlich unterscheiden würden. Daher wurde 1994 die Messung von fünf Tierknochen und einem Geweihfragment aus zwei mutmaßlich linearbandkeramischen und vier mittelneolithischen Befunden in Heidelberg initiiert. Das Ergebnis (Abb. 19) zeigt schon bei den Rohdaten – wie erwartet – eine deutlich zweigipflige Verteilung, allerdings fällt nur das Datum der linearbandkeramischen Grube 427 in einen frühen Bereich. Bei dem Knochen aus Befund 559 dürfte es sich entgegen der Erwartung um einen mittelneolithischen Fund handeln: Die Keramik führende linearbandkeramische Grube 559 scheint durch den mittelneolithischen Befund 558 ohne keramische Funde gestört worden zu sein. Während die relative Abfolge und der Hiatus der Besiedlung des bearbeiteten Grabungsausschnittes durch die konventionellen Daten bestätigt werden, fallen die absoluten Zahlen nicht befriedigend aus: Das linearbandkeramische Datum erscheint tendenziell zu alt, während die mittelneolithischen Daten sehr breit und in einen zu jungen Bereich streuen – die Skala der Graphik Abb. 19 musste auf 1500 Jahre cal BC erweitert werden, um die Serie darstellen zu können. Die Verteilung der mittelneolithischen Daten deckt den Zeitraum des gesamten Mittelneolithikums ab. Auch hier könnte wieder, wie bei vielen konventionellen Hochpräzisionsmessungen, das Problem einer Kontamination mit jüngeren Huminsäuren nicht befriedigend gelöst worden sein. 2003 wurden vom selben Fundort fünf AMS-Daten in Kiel gemessen. Bewusst wurden Knochen aus mittelneolithischen Befunden mit nur wenig Intrusion ausgewählt. Das Ergebnis fiel nun im Vergleich zu den

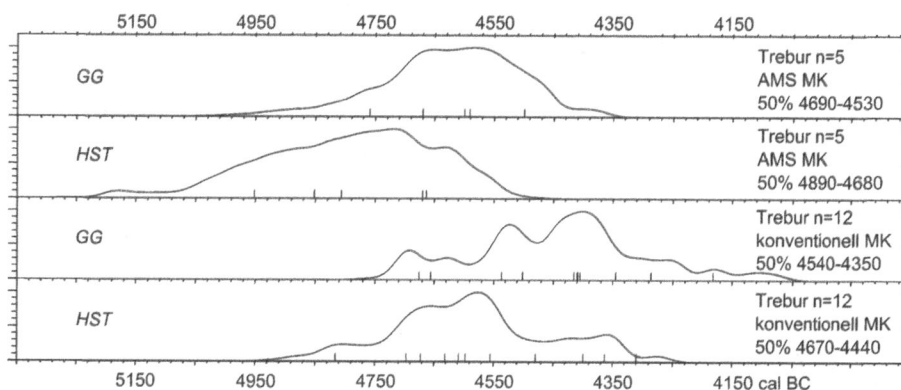

Abb. 22. Trebur, Kr. Groß-Gerau, Hessen. HST und GG. Vergleich der Gruppenkalibrationen der Serien aus Heidelberg (konventionelle Hochpräzisionsmessungen) und Oxford (AMS), aufgeteilt nach HST- und GG-Gräbern. Menschenknochen; Altkollagenkorrektur: 20 Jahre. Breite cal BC-Achse: 1500 Jahre.

konventionellen Daten weitaus älter aus, leider zu alt für die Datierung der frühen Stichbandkeramik von Straubing-Lerchenhaid (Abb. 20). Die Interpretation fällt schwer, zumal alle anderen in Kiel zur selben Zeit in Auftrag gegebenen Serien (s. u.) erwartungsgemäß ausfielen (Riedhammer 2012). Die unkalibrierten Rohdaten (Abb. 21, BP-Achse) zeigen eine viergipflige Verteilung, bei der ein Datum vorbandkeramisch ausfällt, ein Datum in den Bereich der Ältesten LBK datiert und zwei Daten im Bereich der Jüngeren LBK liegen. Die LBK-Funde des Grabungsausschnittes gehören zum größten Teil der entwickelten Älteren LBK an, wenige Scherben datieren in die Mittlere LBK. Allerdings liegt das Grabungsareal in der Mitte einer mehrere Hektar großen Fläche, die während des gesamten Neolithikums immer wieder intensiv besiedelt worden war. Nur ein AMS-Datum liegt so, wie ich es für den Beginn des Mittelneolithikums erwarten würde. Eine chemische Vorbehandlung der Knochen kann mit großer Wahrscheinlichkeit ausgeschlossen werden, besondere Bodenverhältnisse sind nicht bekannt, die Serie muss leider aus unbekannten Gründen als misslungen gelten. In Abb. 17 sind zum Vergleich die drei jüngsten Daten eingegangen.

Ähnliche Probleme gab es mit den Daten des mittelneolithischen Gräberfeldes von Trebur, Kr. Groß-Gerau, Hessen. H. Spatz ließ um 1993 Menschenknochen aus 25 Gräbern in Heidelberg datieren, die man anhand der Grabinventare Hinkelstein (zwölf Daten) oder Großgartach (zwölf Daten) zuordnen konnte. Bei einem Grab ohne Keramikbeigabe sollte die Zugehörigkeit zur Stufe Hinkelstein überprüft werden (Spatz 1999, 213; Kromer 1999). Das Ergebnis war erschreckend und dämpfte die Erwartungen, die in Knochen als gute kurzlebige Probenmaterialien gesetzt worden waren (Spatz 2003; Spatz 1999, 213). Die konventionellen Hinkelstein- und Großgartach-Daten nehmen (Abb. 22 untere Hälfte), mit einem früheren Beginn der Hinkelstein-Daten, überwiegend denselben Datierungsbereich ein, der viel zu breit ausfällt und sich weit bis in die Zeit des Jungneolithikums erstreckt. Die Verteilung der unkalibrierten Daten (Abb. 23–24, BP-Achsen) zeigt jeweils ein sehr unruhiges Bild, weit entfernt von der zu erwartenden Normalverteilung. Der Leiter des Labors in Heidelberg, B. Kromer, veranlasste daraufhin eine Kontrollserie von jeweils fünf Hinkelstein- und fünf Großgartach-Proben, die in Oxford gemessen wurden (Spatz 1999, 213). Die AMS-Daten aus Oxford fallen generell älter aus, als die Heidelberger Messungen derselben Gräber (vgl. Spatz 2003, 282 Abb. 5), streuen aber immer noch viel zu breit (Abb. 22 obere Hälfte). Die unkalibrierten Rohdaten der Oxforder Messungen (Abb. 25–26) zeigen eine weit bessere Verteilung, als die konventionellen Daten (Abb. 23–24). Bei den Hinkelstein-Daten fällt eine rechtsschiefe Verteilung auf. Der Mittelwert der Hinkelstein-Serie liegt bei ca. 4785 cal BC, der der Großgartacher Serie bei ca. 4610 cal BC[25]. H. Spatz erörterte die Problematik ausführlich und schätzte weder die Ergebnisse der konventionellen Hochpräzisionsmessungen, noch die der AMS-Messungen als zuverlässig ein, wobei ich

---

25   Auf ein ähnliches Ergebnis kommt Stöckli mit seiner eigenen Art der Mittelberechnung, er schätzt die AMS-Daten aus Oxford in Verbindung mit seinen typologischen und statistischen Ergebnissen als zuverlässig ein: Stöckli 2002, 63–79, 111.

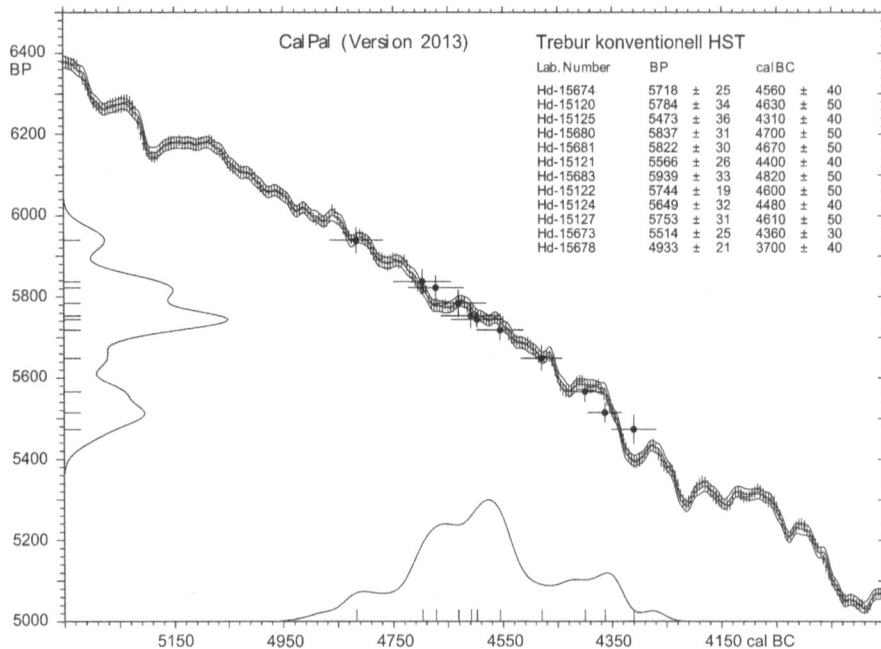

Abb. 23. Trebur, Kr. Groß-Gerau, Hessen. Gruppenkalibration der konventionellen Hochpräzisionsmessungen an HST-Proben mit Kalibrationskurve. Altkollagenkorrektur: 20 Jahre. Breite cal BC-Achse: 1500 Jahre.

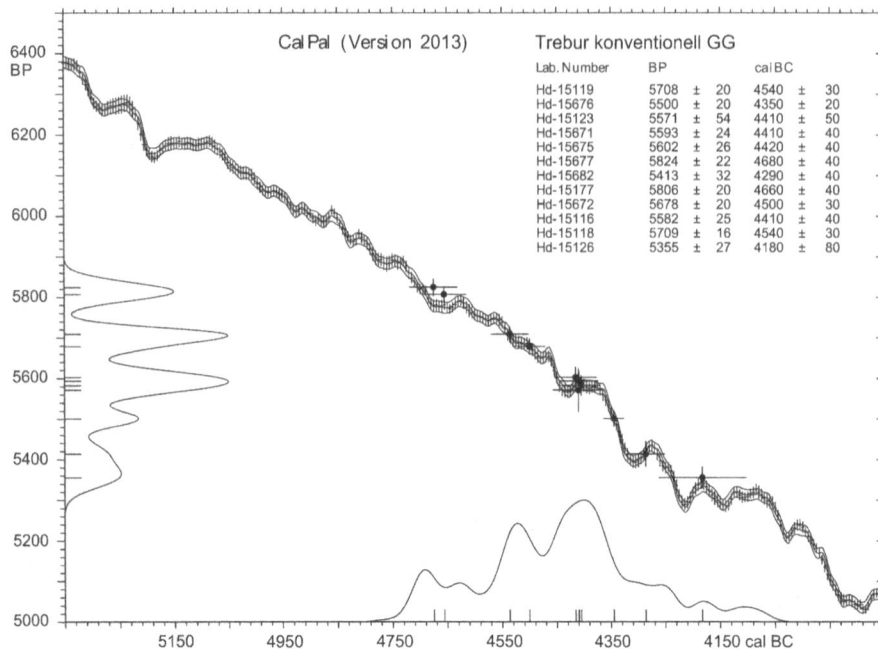

Abb. 24. Trebur, Kr. Groß-Gerau, Hessen. Gruppenkalibration der konventionellen Hochpräzisionsmessungen an GG-Proben mit Kalibrationskurve. Altkollagenkorrektur: 20 Jahre. Breite cal BC-Achse: 1500 Jahre.

ihm heute zustimme[26]. Als Ursache für das Misslingen der Serien vermutet er, dass eine Kontamination durch im Grundwasser gelöste Huminsäuren vorliegt, die im Rahmen der AMS-Probenvorbereitungen

---

26   Spatz diskutiert in seinem Aufsatz von 2003 folgerichtig auch die Zuverlässigkeit anderer Knochenserien: Spatz 2003, 280–284. Während ich 1995 bei einem ÖGUF-Symposium noch die Meinung vertreten habe, die konventionellen Daten von Straubing-Lerchenhaid und die AMS-Daten von Trebur seien zuverlässig, tue ich dies heute nicht mehr.

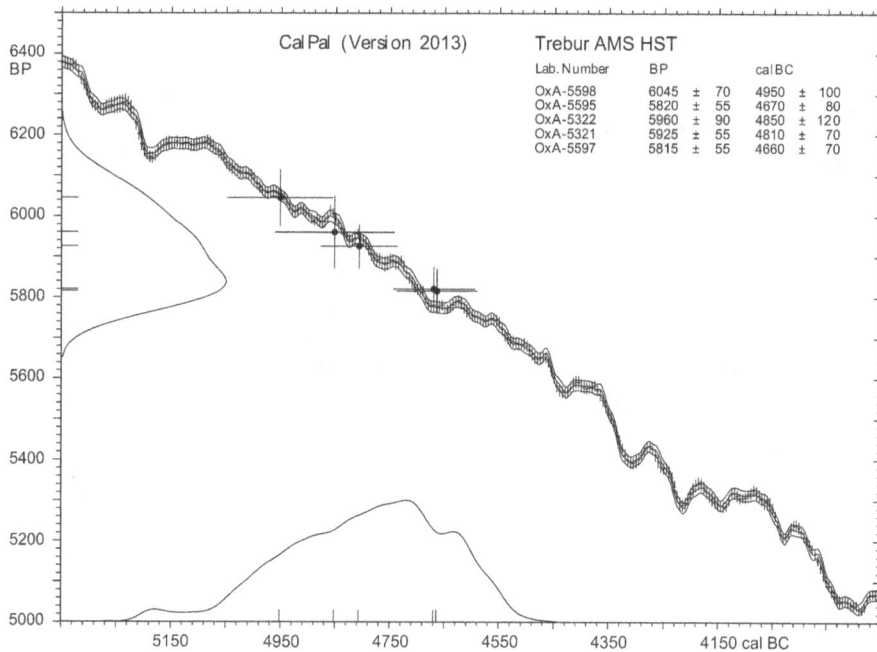

Abb. 25. Trebur, Kr. Groß-Gerau, Hessen. Gruppenkalibration der AMS-Messungen an HST-Proben mit Kalibrationskurve. Alt-kollagenkorrektur: 20 Jahre. Breite cal BC-Achse: 1500 Jahre.

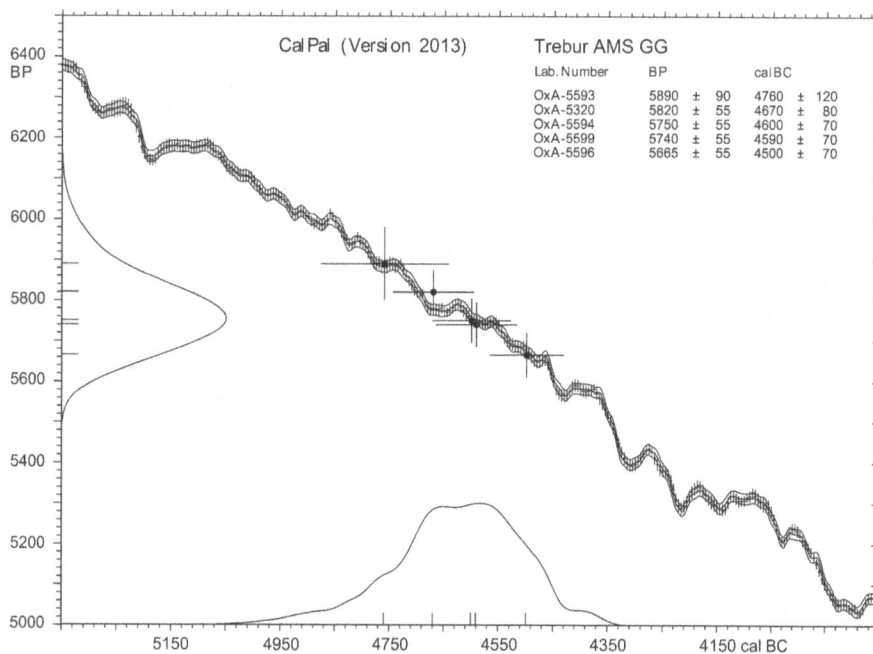

Abb. 26. Trebur, Kr. Groß-Gerau, Hessen. Gruppenkalibration der AMS-Messungen an GG-Proben mit Kalibrationskurve. Alt-kollagenkorrektur: 20 Jahre. Breite cal BC-Achse: 1500 Jahre.

besser, aber nicht vollständig entfernt wurde. Auch eine Kontamination durch Karbonatanlagerungen schließt er nicht aus. Er spricht die Möglichkeit an, dass die poröse Struktur von Spongiosa im Gegensatz zu härteren Kompakta stärker kontaminiert wurde (Spatz 2003, 280–284). Die meisten Gräber waren in einen Karbonatanreicherungshorizont, dem sogenannten „Rheinweiß" eingetieft. An Funden und Skelette hafteten zum Teil starke Kalkkonkretionen an, die sich erst nach der Grablege gebildet haben (Spatz 1999, 3; 213–217; Kromer 1999, 383). Welche Art der Kontamination genau vorliegt, müsste mit weiteren Analysen geklärt werden. In Abb. 17 sind zum Vergleich die Hinkelstein-Daten aus Oxford mit abgebildet.

Vor 2001 wurden in Zürich sechs AMS-Daten für die mittelneolithische Siedlung von Heilbronn-Neckargartach, Baden-Württemberg, ermittelt. Die Grabung in Neckargartach hat Funde der Stufen Hinkelstein II bis Planig-Friedberg und Bischheim erbracht. Der Schwerpunkt der Besiedlung erfolgte von HST II bis sGG nach Spatz (Friederich 2011, bes. 241–308). S. Friederich wählte Tierknochen aus sechs Befunden aus, von denen zwei nach der Keramik der Stufe HST II angehören, aus den anderen Befunden wurde jeweils Keramik der Stufen fGG, allgemein GG, mGG A und mGG B geborgen. Hier ist es ausnahmsweise gelungen, mit den absoluten Daten auch die Entwicklung der Siedlung tendenziell nachzuzeichnen: Die drei älteren Daten stammen aus den nach der Keramik älter datierenden Befunden, mit dem kleinen Schönheitsfehler, dass die Probe des ältesten Datums (ETH-22520: 6005± 65) nicht aus einem Befund mit Hinkelstein, sondern mit frühgroßgartacher Keramik geborgen wurde. Um den Beginn des Mittelneolithikums abschätzen zu können, gingen in die Abb. 17 nur die drei älteren Daten ein.

Erst nach 2009 wurde in Poznań ein Menschenknochen aus einem Grab von Erstein „Krebsrott" im Elsass gemessen (Denaire 2011, 26). Es handelt sich um das einzige Grab der Stufe Hinkelstein II, das randlich zu einer großgartachzeitlichen Gräbergruppe lag (Lichardus-Itten 1980, 69–93 Taf. 16,4–6: Grab 2). Das Datum fällt etwas jünger aus (Abb. 17), als die Daten der beiden zwischen 2002 und 2012 in Zürich gemessenen Haselnussschalen aus Zizers, Bez. Landquart, Kanton Graubünden, Schweiz (Seifert 2012). Die Fundstelle im Alpenrheintal gleicht der von Mühlhausen im Hegau (s. o.): In Zizers wurde eine dunkle humose Siedlungsschicht mit mittelneolithischen Funden und Befunden ergraben. Die wenige geborgene Keramik besteht aus Stücken, die Einflüsse aus dem Bereich südlich der Alpen wiedergeben (Seifert 2012, 88; 86 Abb. 10, 4.19.20) und aus Gefäßbruchstücken, die Verzierungen (Seifert 2012, 86 Abb. 10,5.11.17–18) zeigen, die charakteristisch für die Stufe fGG nach Spatz (1994a, 16–17 bes. Abb. 5) sind. Nach der Terminologie von Meier-Arendt (1975), die hier zugunsten der Stufeneinteilung nach Spatz nicht verwendet wird, zählen diese Verzierungen zur Stufe HST III (vgl. Spatz 1996, 398–405). Auch der größte Teil der unverzierten Keramik von Zizers (Seifert 2012, 86 Abb. 10,1–3.6–8.10.12–16.22.23) stützt diese Einordnung. Gute Vergleiche bieten das Grubeninventar „Lämmle" aus Kornwestheim „Ob dem Eisenbengel", Kr. Ludwigsburg, Baden-Württemberg (Spatz 1994a, 36 Taf. 1; Spatz 1996, Taf. 30–31), und die Gräber von Nierstein, Lkr. Mainz-Bingen, Rheinland-Pfalz (Meier-Arendt 1975, 197; 187–189 Taf. 44,18–19; 45; 47,1–7). Die Stufe fGG ist durch ihre charakteristische Verzierung[27] sehr gut zu fassen, jedoch nicht an allen Fundstellen vorhanden. So fehlt Keramik dieser Art weitgehend im Gräberfeld von Trebur und auch im berühmten Grab 4 von Ditzingen[28]. Während Maier-Arendt diesem Phänomen eine regionale Rolle zuschreibt, vermutet Spatz, dass die Stufe fGG nur von sehr kurzer Dauer war, daher im Material nur selten auftritt und so an vielen Fundorten fehlt (Spatz 1996, 398–405). Ich schließe mich der Meinung von Spatz an. Den beiden in jüngerer Vergangenheit gemessenen AMS-Daten von Zizers, die an kurzlebigem Material ermittelt wurden und sich gegenseitig gut bestätigen, kommt daher eine besondere Bedeutung zu: Sie datieren einen, wohl nur sehr kurze Zeit auftretenden, typologischen Verzierungshorizont absolut.

Beurteilt man die in Abb. 17 dargestellten Serien nach dieser ausführlichen Analyse endgültig, muss zusammengefasst werden, dass für die Bestimmung des Beginns des Mittelneolithikums nur sehr wenig aussagekräftiges Datenmaterial vorhanden ist. Die beiden Daten von Dresden-Prohlis stehen für einen Übergang vom alt- zum mittelneolithischen Verzierungsstil um ca. 4950 cal BC. Die beiden Daten von Zizers datieren die Stufe fGG um ca. 4800 cal BC. Die drei älteren Daten von Heilbronn-Neckargartach, die die Stufen HST II und fGG repräsentieren, bestätigen diesen Zeitrahmen mit einem 50 %-Wahrscheinlichkeitsbereich von 4930–4800 cal BC. Das Einzeldatum von Erstein ist alleine nicht sehr aussagekräftig.

---

27   Besonders typisch sind Dreiecke mit geschweiften Seiten, halbmondförmige Einstiche und Einstiche, die mit einem spatelförmigen Gerät angebracht wurden. Vgl. Spatz 1994a, 16.

28   Sangmeister 1967; Meier-Arendt 1975, Taf. 3–4; 5,1–15. Das Grabinventar enthielt Keramik mit Verzierungen der Stufe HST II und der Stufe mGG A. Die Grabungsumstände lassen eine Vermischung von Funden anderer Gräber aber nicht mit absoluter Sicherheit ausschließen. Ausführlich hierzu Spatz 1996, 398–399.

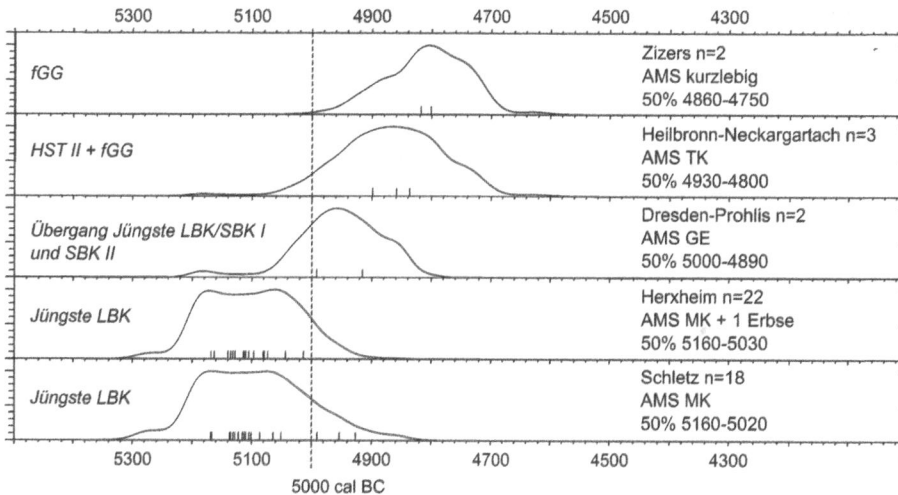

Abb. 27. ¹⁴C-Serien der Jüngsten LBK und des frühen Mittelneolithikums aus verschiedenen Regionen. Bereinigter Vergleich der Gruppenkalibrationen, sortiert nach 50 %-Wahrscheinlichkeitsbereichen. Altkollagenkorrektur: 20 Jahre, mit Ausnahme von Herxheim, dort 10 Jahre. Breite cal BC-Achse: 1500 Jahre.

Die Serien von Straubing-Lerchenhaid, Mühlhausen und Trebur sind aus den besprochenen Gründen für eine genauere absolutchronologische Aussage nicht geeignet.

In Abb. 27 sind die besten Serien für die Bestimmung des Endes der LBK und des Beginns des Mittelneolithikums zusammengestellt. Hätte man die kleine vermittelnde Serie von Dresden-Prohlis nicht, läge überall ein deutlicher Hiatus zwischen Alt- und Mittelneolithikum vor. Eine nach Abschluss dieser Zusammenstellung veröffentlichte Studie, in die einige neuere ¹⁴C-Messungen eingingen, bestätigt die Lücke zwischen Jüngster LBK und HST II für das Elsass sogar trotz der verwendeten Bayesschen Modellierung (Denaire u. a. 2017), wobei HST I im Elsass bisher nicht auftritt. Tatsächlich können wir einen fließenden typologischen Übergang bisher nur in Nordböhmen und dem Dresdner Elbtal fassen, der sich nach Datenlage um ca. 4950 cal BC vollzogen haben dürfte. Ob die typologisch sehr früh anmutende HST I Keramik der rheinhessischen Gräberfelder zeitlich entsprechend der Stilstufe SBK I zu datieren ist, und ob das Südostbayerische Mittelneolithikum mit Keramik der Stufe SBK IIa etwas später einsetzt, kann nach absoluten Daten bisher nur vermutet aber nicht belegt werden.

Die absolutchronologische Entwicklung des Mittelneolithikums westdeutscher Prägung (Abb. 28–38)

Der Kulturenkomplex Hinkelstein – Großgartach – Rössen nimmt in seiner größten Verbreitung neben West- und Mitteldeutschland auch Teile der Schweiz, Frankreichs und der Niederlande ein (Riedhammer 2015, 389 Fig. 1). Heute unterscheidet man die Stufen Hinkelstein, Großgartach, Planig-Friedberg und Rössen. Bis auf Planig-Friedberg können alle Stufen anhand der Keramikverzierung noch in weitere Unterstufen gegliedert werden (z. B. Spatz 1994a). Mitteldeutschland ausgenommen[29], wurden aus allen Gebieten ¹⁴C-Daten gesammelt. Die Stufen sind überregional gut zu fassen. So konnte H. Spatz die von ihm

---

29 Aus Mitteldeutschland sind bisher nur wenige mittelneolithische Daten, meist Einzeldaten, publiziert, die sich nur bedingt mit der keramischen Entwicklung LBK–SBK–RÖ in Bezug setzen lassen. Aus der Kreisgrabenanlage von Goseck, Burgenlandkreis, Sachsen-Anhalt, sind erste Daten bekannt, die zugehörigen Funde und Befunde jedoch nicht ausreichend vorgelegt: Bertemes/Northe 2007, 151. Eine Serie aus der Kreisgrabenanlage von Kyhna, Lkr. Nordsachsen, Sachsen, ist misslungen: Kinne u. a. 2012. Vielversprechend sind die ersten Berichte zum Brunnen von Allstedt-Niederröblingen (Helme), Lkr. Mansfeld-Südharz, Sachsen-Anhalt, der ein linearbandkeramisches Dendrodatum von 5108 ±10 v. Chr. (Szédeli 2011, 177) und eine frühmittelneolithische Verfüllung mit ¹⁴C-Daten um 4950 cal BC erbracht hat (Vortrag von René Wollenweber am 29. 09. 2015 auf der Konferenz „Kulturkontakte, kulturelle Grenzen und Innovationen im 5. Jahrtausend" in Münster).

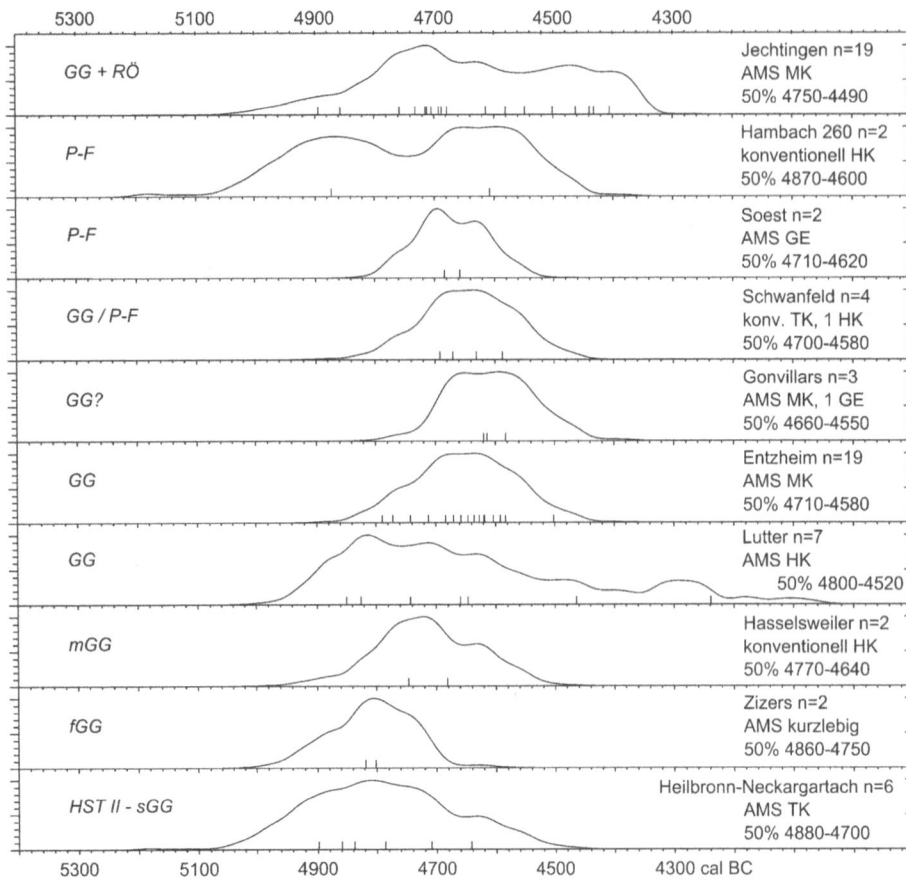

Abb. 28. ¹⁴C-Serien des Mittelneolithikums westdeutscher Prägung. Fundplätze der Stufen GG bis P-F. Unbereinigter Vergleich der Gruppenkalibrationen, sortiert nach der Zugehörigkeit der Fundplätze zu den typologischen Stufen. Holzkohlenkorrektur: 50 Jahre; Altkollagenkorrektur: 20 Jahre. Breite cal BC-Achse: 1500 Jahre.

anhand des Materials des mittleren Neckarlandes definierten Stufen und Unterstufen im gesamten Verbreitungsgebiet des westdeutsch geprägten Mittelneolithikums – wenn Material vorhanden – nachvollziehen. Allerdings sind nicht alle Stufen und Unterstufen in jeder Region nachzuweisen (Spatz 1996, 412–469). Wie U. Eisenhauer (2002, 86–91) erstmals herausarbeiten konnte, treten regionalspezifische Eigenheiten der Stilentwicklung auf dem Niveau der Unterstufen auf und werden durch die regional unterschiedliche Bevorzugung einzelner Verzierungsmotive deutlich. Insgesamt hat sie für ihr Untersuchungsgebiet – die Wetterau – eine weitgehende Übereinstimmung der relativchronologischen Ergebnisse mit Spatz verzeichnen können (Eisenhauer 2002, 11). Wurde eine etwas andere Gliederung der Unterstufen erarbeitet, wie dies zum Beispiel von A. Denaire (2009a, 238 Fig. 175) für Großgartach im Elsass gelang, so sind diese trotzdem gut mit den Stufen von Spatz korrelierbar. Daher gehe ich davon aus, dass sich neue Stilstufen schnell im gesamten bis dahin eingenommenen Verbreitungsgebiet durchsetzten. Dies tue ich auch in Hinblick auf die Ergebnisse der Feuchtbodenarchäologie besonders in der Schweiz, mit ihren vielen Dendrodaten und stratigraphischen Beobachtungen. Mit deren Hilfe konnte festgestellt werden, dass Entwicklungen von einer Kulturstufe zur anderen, jedoch keine zeitliche Überlappung von Kulturstufen vorkommen (Stöckli 2002, 9). Ich rechne im Gegensatz zu R. Gleser (2012, bes. 82 Abb. 13) damit, dass regional zeitliche Unterschiede innerhalb der mittelneolithischen Stilentwicklung so gering ausfallen, dass sie mit ¹⁴C-Daten nicht erfasst werden können. Auch überregional verwende ich die Stufeneinteilung von Spatz (1994a; Spatz 1996).

In Abb. 28 sind zehn Serien von Fundplätzen mit Großgartacher und Planig-Friedberg-zeitlicher Keramik zusammengestellt. Die Serien sind hier nicht nach ihrem Mittelwert, sondern nach der typologischen Reihenfolge der zugehörigen keramischen Funde geordnet. Die Daten von Trebur sind aus schon besprochenen Gründen nicht mit eingegangen. Ganz unten in der Graphik ist nun die vollständige Serie der mittelneolithischen Siedlung von Heilbronn-Neckargartach dargestellt, die die Siedlungsdauer von HST II bis sGG repräsentiert.

Darüber befindet sich die kleine Serie des frühgroßgartacher Siedlungsplatzes Zizers in der Schweiz, deren Mittelwert um ca. 4800 cal BC liegt.

Zwei frühe Holzkohlenmessungen von Hasselsweiler, Kr. Düren, Nordrhein-Westfalen, bestätigen sich gegenseitig recht gut, ihr Mittelwert liegt bei ca. 4700 cal BC (Kuper u. a. 1974, 217; Breunig 1987, 173). Nach Spatz (1996, 444) datiert das Fundmaterial in die Stufe mGG.

Die sechs Holzkohlendaten aus der großgartachzeitlichen Schicht 4 und ein Haselnussdatum aus dem Übergang Schicht 4/5 des Abri Saint-Joseph bei Lutter, Département Haut-Rhin im Elsass (Jeunesse u. a. 2014; Denaire 2011, 26), streuen viel zu breit in einen sowohl zu alten wie auch zu jungen Bereich. Der Abri wurde auch im Mesolithikum, im Jungneolithikum, in der Bronze- und Hallstattzeit genutzt. Daher ist nicht mit Sicherheit zu entscheiden, ob die Daten, die zwischen 2009 und 2011 in Zürich gemessen wurden, aufgrund von Fundvermischungen nicht passen oder ob sie wegen einer wie auch immer gearteten Kontamination zu breit streuen.

Aus dem Gräberfeld von Entzheim „Lotissement d'activités Entzheim 4", Département Haut-Rhin im Elsass (Leprovost/Queyras 2011), stammen 19 AMS-Daten von Menschenknochen, die zwischen 2009 und 2011 in Poznań gemessen wurden. Das Gräberfeld ist durch die gesamte Laufzeit von Großgartach belegt, ein Grab zeigt in seinem Keramikensemble Anklänge an Hinkelstein, bei einem weiteren Grab liegt bereits der Stil von Planig-Friedberg vor (Leprovost/Queyras 2011, 124). Die Daten liegen kompakt, der 50 %-Wahrscheinlichkeitsbereich der Serie nimmt die Spanne von 4710 bis 4580 cal BC ein.

Drei Daten aus der Höhle „Grotte de la Baume" bei Saulnot-Gonvillars, Département Haute-Saône in der Region Franche-Comté, liegen mit ihrem Mittelwert kompakt um circa 4600 cal BC. Beprobt wurden zwei Menschenknochen und Getreidekörner aus der Schicht 11 der Höhle, die nach den wenigen, überwiegend unverzierten keramischen Funden von A. Denaire der Stufe Großgartach zugerechnet wird (Pétrequin 1970, 82; Denaire 2011, 28). Die neuere Datierung der Getreidefunde in der Höhle wurde zwischen 2009 und 2011 in Tucson, Arizona, USA, durchgeführt. Für die beiden Daten, die an Menschenknochen ermittelt wurden, ist nicht klar, wo und wann sie gemessen wurden. Ein älteres, in Gif-sur-Yvette Cedex, Frankreich, an einer Holzkohle ermitteltes, konventionelles Datum, hat eine zu große Standardabweichung und wurde hier nicht berücksichtigt (Denaire 2011, 28). Da keine aussagekräftigen Funde vorliegen, muss diese kleine Serie allgemein für die Stufe Großgartach stehen.

Die Verteilung der mittelneolithischen Daten der Siedlung von Schwanfeld, Lkr. Schweinfurt, Unterfranken, gestaltet sich sehr ähnlich wie die der umfangreichen Serie von Entzheim (s. o.). Zwischen 1983 und 1995 wurden neun Holzkohlenproben in Köln und drei Tierknochen in Heidelberg konventionell gemessen[30]. Acht Daten aus Köln haben eine Standardabweichung von mehr als 100 Jahren. Sie widersprechen den Daten mit geringer Standardabweichung zwar nicht, wurden jedoch hier nicht verwendet (vgl. Stäuble 1995, 230 Abb. 2). Das Holzkohledatum aus Köln, das eine kurze Standardabweichung aufweist, ist im Vergleich zu den Knochendaten zwar das älteste (KN-2966: 5890 ± 65), mit 50 Jahren angesetzter Altholzkorrektur ist der Unterschied jedoch nicht groß. Hier scheinen frühe Knochendaten gute Ergebnisse geliefert zu haben, vielleicht lag keine Kontamination vor. Die Grabung von Schwanfeld hat nur sehr wenige, kleinteilige Scherben erbracht, die allgemein in die Stufen Großgartach und Planig-Friedberg eingeordnet werden können[31]. Die mittelneolithischen Hausgrundrisse von Schwanfeld passen zu dieser Datierung (Lüning 1984).

Im westlichen Teil der Stadt Soest, Kr. Soest, Nordrhein-Westfalen, wurden Teile einer größeren mittelneolithischen Siedlungsfläche ausgegraben (Buczka 2013). Zwei Getreidekörner aus der Grube 40 des Grabungsareales „Rüenstert" wurden zwischen 2009 und 2011 in Zürich ¹⁴C-datiert. Die beiden Daten bestätigen sich gegenseitig gut, ihr gemeinsamer Mittelwert liegt um etwa 4660 cal BC. Die kleinteiligen

---

30 Im Projekt zur Datierung der ältesten Bandkeramik wurden für Schwanfeld sowohl Daten zur Ältesten LBK als auch zum Mittelneolithikum erhoben: Stäuble 1995; Stäuble 2005.

31 Freundliche Mitteilung Stefan Suhrbier auf einer Arbeitstagung im Kloster Windberg, Lkr. Straubing-Bogen, Niederbayern, im November 2014.

keramischen Funde der Grube[32] und des gesamten Areals sind publiziert, der Bearbeiter M. Buczka spricht sie als Rössen an. Alle größeren aussagekräftigeren Stücke tragen jedoch den Verzierungsstil der Stufe Planig-Friedberg aus breiten Doppelstichbändern[33]. Insgesamt fällt der hohe Anteil an „Großgartacher Doppelstich"-Verzierung auf, welche ebenfalls typisch für die Stufe Planig-Friedberg ist[34]. Ritzlinien füllen nicht – wie in Rössen üblich – Dreiecke, sondern Bänder[35] und der für Rössen obligatorische breite Furchenstich, aus dem zickzackförmige Bänder gebildet werden, fehlt völlig (vgl. Spatz 1994a, Taf. 7–9). Gefäßinnenverzierungen unterhalb des Randes, die M. Buczka als typisch für Rössen erachtet, sind ebenfalls bereits in der Stufe Planig-Friedberg geläufig (Spatz 1996, 258–260). Auch der gut erhaltene Hausgrundriss V auf der Grabungsfläche Rüenstert spricht für eine ältere Datierung als Rössen[36]. Nur die wenigen Funde der weiter im Norden gelegenen Fläche „Am Brinkenkamp" sind rössen- und vielleicht bischheimzeitlich einzuordnen[37]. Für eine erwartete Datierung der Stufe Planig-Friedberg und im Vergleich zu den schon besprochenen Großgartacher Serien fallen die beiden Getreidedaten etwas zu alt aus, zu Rössen passen sie auf keinen Fall.

Aus der Siedlung Hambach 260 bei Jülich-Welldorf, Kr. Düren, Nordrhein-Westfalen[38], wurden zwischen 1979 und 1987 Holzkohlen aus zwei Gruben gemessen. Die Siedlung bestand gemäß den Funden hauptsächlich zur Zeit der Stufe Planig-Friedberg, einzelne Scherben sind Großgartach zuzurechnen. H. Spatz (1996, 444) möchte darin aber keine eigene, vorangegangene Siedlungsphase sehen. Die beiden Daten liegen so weit voneinander entfernt, dass sie weiter nicht hilfreich sind oder vielleicht doch zwei unterschiedliche Besiedlungsphasen repräsentieren.

Als problematisch kann die Datenserie des Gräberfeldes von Sasbach am Kaiserstuhl-Jechtingen „Humbergäcker", Lkr. Emmendingen, Baden-Württemberg, bezeichnet werden (Denaire 2011, 28–29). Die Belegung des Gräberfeldes beginnt mit mittlerem Großgartach nach Spatz, darauf folgen Gräber, die in einen Übergangshorizont Planig-Friedberg / frühes Rössen einzuordnen sind, eine dritte Belegungsphase zählt zum klassischen Rössen. Diese Einteilung wird durch horizontalstratigraphische Beobachtungen unterstützt (Dornheim 2011). Von den 103 Gräbern können 31 meist stark gestörte Bestattungen keiner Stufe zugewiesen werden. Die Keramik des Gräberfeldes zeigt regionale Besonderheiten, die eine Einordnung in die Chronologieschemata nach Spatz (1996) für das mittlere Neckarland und nach Denaire (2009a) für das Elsass erschweren: Vergleicht man die in Jechtingen vorhandenen Keramikverzierungen mit den Stufeninhalten der benachbarten Gebiete, so fehlen in Jechtingen Bestattungen der Stufe Großgartach 5 nach Denaire und Bestattungen des mRÖ nach Spatz[39]. Die ^{14}C-Serie von Jechtingen, ermittelt an 19 Menschenknochen, die 2006 am Radiokarbonlabor in Erlangen gemessen wurden, kann leider nur als misslungen bezeichnet werden. Die Rössener Daten nehmen denselben Bereich ein, wie die Daten aller typologisch früher eingeordneten Gräber (Abb. 29). Die Daten der gesamten Serie streuen zu breit. Während die drei Großgartacher Daten halbwegs so liegen, wie erwartet, erscheinen die Daten der Gruppe der Planig-Friedberg-zeitlichen / frührössener Gräber etwas zu jung. Die Daten der Rössener Bestattungen streuen von einer möglichen Datierung des spätrössener Horizontes, der zwischen 4500 und 4400 liegen könnte, in einen deutlich zu alten Bereich. Dass die Daten einem bisher unbekannten systematischen

---

32   Buczka 2013, 67 Abb. 2; 68 Abb. 3; 69 Abb. 4; 70 Abb. 5; 72 Abb. 6.

33   Buczka 2013, 67 Abb. 2,1; 68 Abb. 3,9.21.44; 70 Abb. 5,9.11. Vgl. Spatz 1994a, 22–25 Taf. 5–6. Vgl. auch Poensgen 1994, 139; 142 Abb. 9,7583 und die Einschätzung von Spatz dazu (Spatz 1994b, 161) mit Buczka 2013,70 Abb. 5.11. Siehe auch Spatz 1996, 290.

34   Stichform 35 bei Spatz 1996, 120–121. Vgl. Spatz 1996, 304–306; 344–349.

35   Buczka 2013, 68 Abb. 3,2.21.27.30; 70 Abb. 5,8.

36   Haus V (Buczka 2013, 85 Abb. 13) ist gut mit den Hausgrundrissen von Schwanfeld (Lüning 1984) vergleichbar.

37   Buczka 2013, 83 Abb. 12; 72 Abb. 6,10; 75 Abb. 7.

38   Dohrn-Ihmig 1983a; Dohrn-Ihmig 1983b, 8–9; 18–22; 24–30; Breunig 1987, 173.

39   Die Keramik ist bisher unpubliziert, die Aussagen beziehen sich auf einen Vorbericht der Bearbeiterin: Dornheim 2011, 130. Zu beachten sind dabei die Unterschiede der Stufeninhalte bei Denaire und Spatz. Denaire kann Großgartach in fünf, und nicht wie Spatz in vier, Unterstufen einteilen, während er Rössen im Elsass aufgrund sehr weniger Funde nicht weiter untergliedern kann, was Spatz für das mittlere Neckarland gelingt. Vgl. Denaire 2009a, 238 Abb. 175.

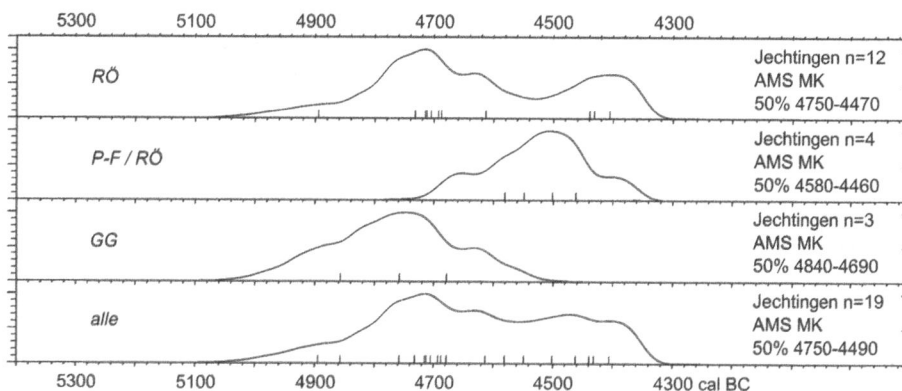

Abb. 29. Sasbach am Kaiserstuhl-Jechtingen „Humbergäcker", Lkr. Emmendingen, Baden-Württemberg. Vergleich der Gruppenkalibrationen der nach Zugehörigkeit zu den typologischen Stufen aufgeteilten Teilserien. Menschenknochen; Altkollagenkorrektur: 20 Jahre. Breite cal BC-Achse: 1500 Jahre.

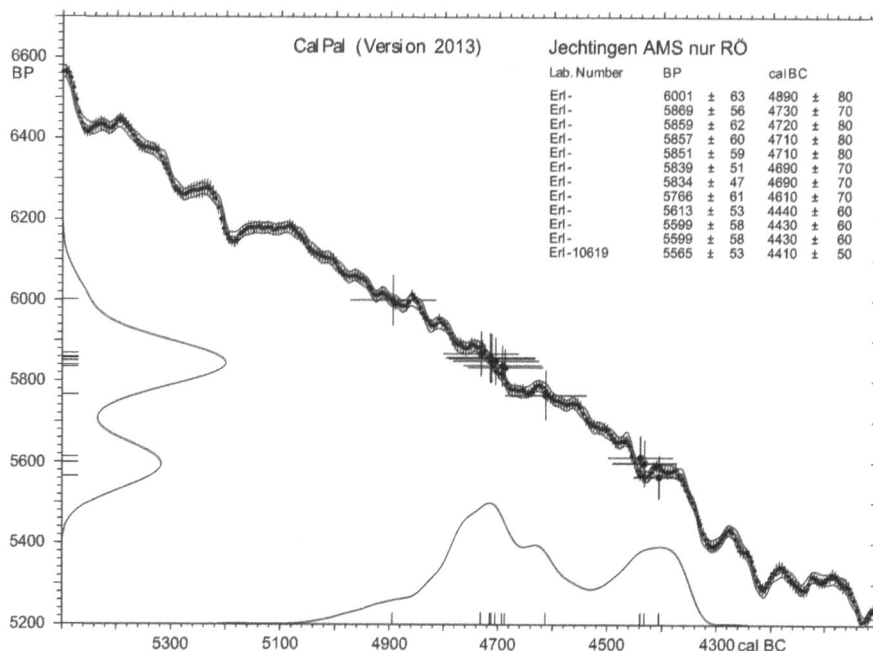

Abb. 30. Sasbach am Kaiserstuhl-Jechtingen „Humbergäcker", Lkr. Emmendingen, Baden-Württemberg. Gruppenkalibration der AMS-Messungen an RÖ-Proben mit Kalibrationskurve. Menschenknochen; Altkollagenkorrektur: 20 Jahre. Breite cal BC-Achse: 1500 Jahre.

Fehler unterliegen, könnte die Verteilung der unkalibrierten Daten anzeigen. Denn hier erscheint die Rössener Serie deutlich zweigipflig (Abb. 30, BP-Achse), was – bei aller Vorsicht aufgrund der mangelnden Qualität der gesamten Serie – auf eine tatsächliche Unterbrechung der Belegung während der Stufe mRÖ hinweisen könnte. Auch zwischen den Großgartacher und den Planig-Friedberg-zeitlichen / frührössener Daten zeigt sich eine Lücke (Abb. 31, BP-Achse), die auf eine weitere, im Fundstoff erkennbare Belegungsunterbrechung entsprechend der Stufeneinteilung von Denaire hinweisen könnte. Welche Probleme dieser relativ spät gemessenen AMS-Serie zugrunde liegen, ist bisher nicht geklärt[40]. Eine Neumessung unter Berücksichtigung unterschiedlicher Fehlermöglichkeiten ist dringend anzuraten.

---

40   Ich danke Saskia Dornheim herzlichst für die von ihr per Email gegebenen Auskünfte rund um die Datenserie von Jechtingen.

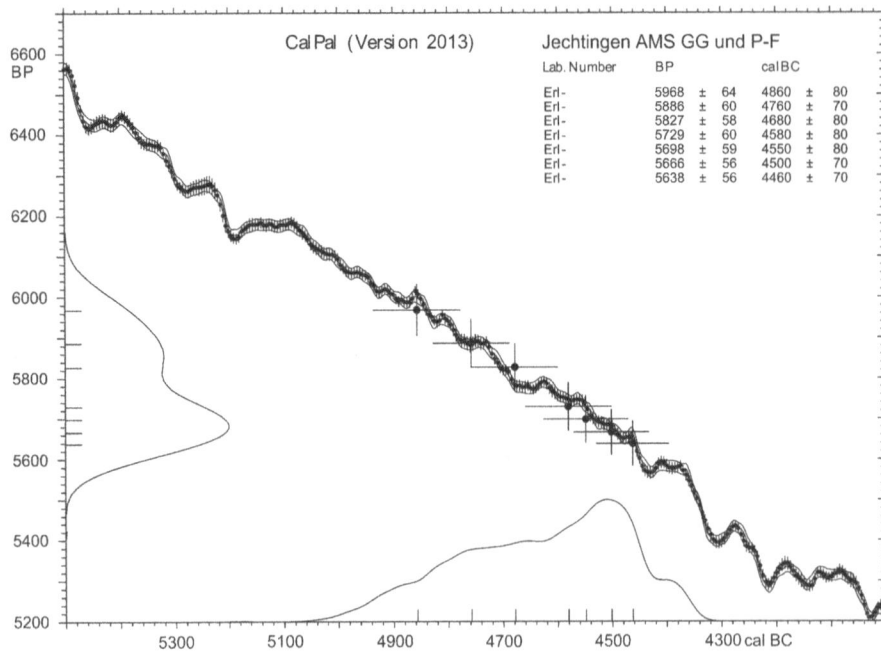

Abb. 31.   Sasbach am Kaiserstuhl-Jechtingen „Humbergäcker", Lkr. Emmendingen, Baden-Württemberg. Gruppenkalibration der AMS-Messungen an GG- und P-F-Proben mit Kalibrationskurve. Menschenknochen; Altkollagenkorrektur: 20 Jahre. Breite cal BC-Achse: 1500 Jahre.

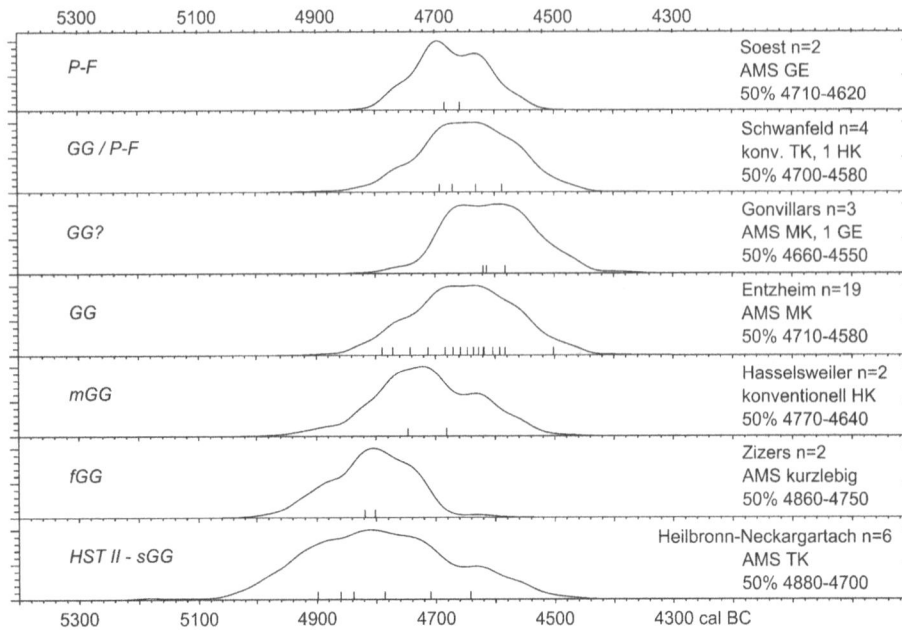

Abb. 32. ^{14}C-Serien des Mittelneolithikums westdeutscher Prägung. Fundplätze der Stufen GG bis P-F. Bereinigter Vergleich der Gruppenkalibrationen, sortiert nach der Zugehörigkeit der Fundplätze zu den typologischen Stufen. Holzkohlenkorrektur: 50 Jahre; Altkollagenkorrektur: 20 Jahre. Breite cal BC-Achse: 1500 Jahre.

Nur aus Gründen der Vollständigkeit sind zwei Daten der mittelneolithischen Siedlung von Bad Nauheim-Steinfurth (Fundplatz SU 1), Wetteraukreis, Hessen, erwähnt, die in Abb. 28 keinen Eingang gefunden haben. Der Siedlungsplatz hat Funde der Stufen HST II bis Rössen erbracht. Von drei in Hannover konventionell gemessenen Tierknochen (^{14}C-Datenliste online) fällt ein Datum in einen deutlich

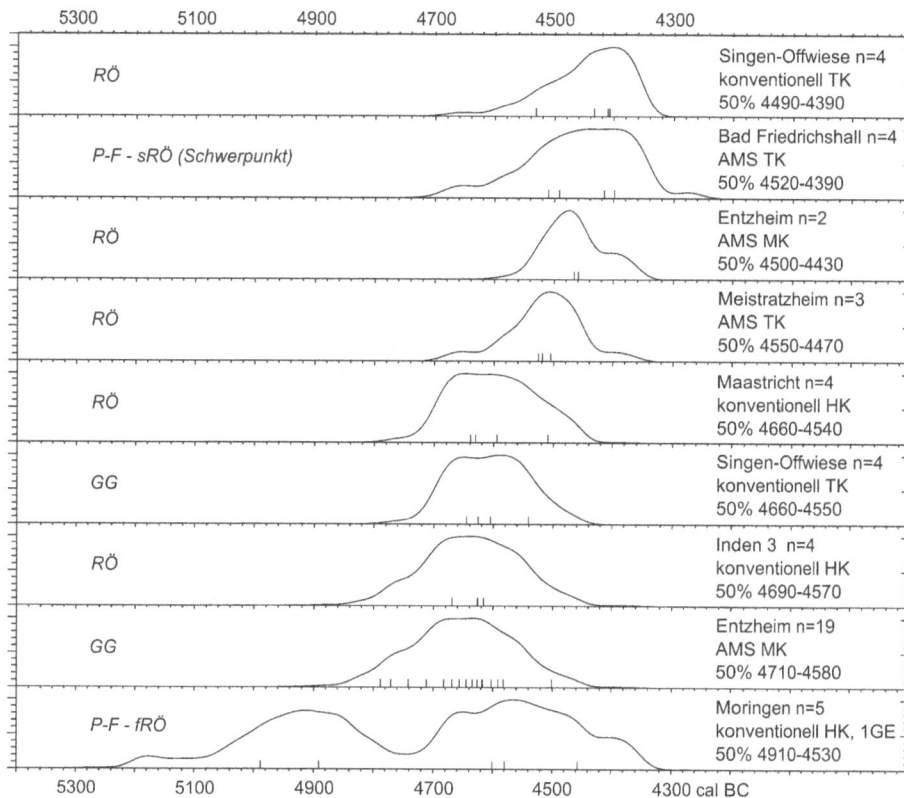

Abb. 33. ¹⁴C-Serien des Mittelneolithikums westdeutscher Prägung. Fundplätze der Stufen GG bis RÖ. Unbereinigter Vergleich der Gruppenkalibrationen, sortiert nach den 50 %-Wahrscheinlichkeitsbereichen der einzelnen Gruppenkalibrationen. Holz-kohlenkorrektur: 50 Jahre; Altkollagenkorrektur: 20 Jahre. Breite cal BC-Achse: 1500 Jahre.

zu jungen jungneolithischen Bereich. Die beiden übrigen Daten reichen nicht aus, um die lange Nutzung des Platzes sinnvoll zu datieren.

Nach dem Entfernen aller nicht gelungenen und nicht aussagekräftigen Serien zeigt sich in Abb. 32, dass die Stufe fGG um circa 4800 cal BC datieren dürfte. Die gesamte Entwicklung von Großgartach könnte maximal etwa 200 Jahre, von rund 4800 bis circa 4600 cal BC einnehmen. Störend daran ist, dass die typologisch nachfolgende Stufe Planig-Friedberg nach absoluten Daten im Bereich zwischen 4700 und 4600 cal BC liegt. Es stellt sich die Frage, ob auch die als zuverlässig eingeschätzten Großgartacher Knochenserien tendenziell zu weit in einen zu jungen Bereich streuen. Dies würde bedeuten, dass die typologische Entwicklung von Großgartach, die Spatz (1994a) in vier und Denaire (2009a, 238) in fünf Unterstufen gegliedert haben, in einer relativ kurzen Zeit von ca. 100 bis 150 Jahren von statten gegangen sein muss. Vergleicht man diesen zeitlichen Ansatz mit dem Ergebnis der absoluten Datierung der Entwicklung des Mittleren Südostbaye-rischen Mittelneolithikums (s. weiter unten), so kann er als durchaus realistisch eingeschätzt werden.

In Abb. 33 sind nun die ersten Serien von Rössener Fundplätzen zusammengestellt. Sie sind nach ihrem 50 %-Wahrscheinlichkeitsbereichen geordnet. Zunächst erfolgte nur eine Altkollagenkorrektur um 20 Jahre und eine Holzkohlenkorrektur um 50 Jahre.

Ganz unten zeigt die Serie von Moringen-Großenrode-14, Lkr. Northeim, Niedersachsen, eine aus-gesprochen breite Verteilung. Von dem Fundplatz, der in die Stufen Planig-Friedberg und Frührössen einzuordnen ist (Lönne 2003, 75–76), liegen insgesamt elf Holzkohlendaten und ein Getreidedatum vor, die alle vor 1998 konventionell in den Laboren von Hannover und Köln gemessen wurden (Lönne 2000, 71 Abb. 17). Nur fünf der Daten, darunter das Getreidedatum, das als das zuverlässigste der Serie angesehen werden kann (Hv-16632: 5630 ± 60 BC), haben Standardabweichungen von 100 und weniger Jahren. Die Qualität der Serie reicht also nicht aus, um den Fundplatz absolut zu datieren.

Darüber hat sich in der Graphik die Serie des großgartachzeitlichen Gräberfeldes von Entzheim eingeordnet, die noch einmal zum Vergleich abgebildet ist.

Es folgen drei Serien mit sehr ähnlichen Verteilungen. Es handelt sich dabei zunächst um die altbe-
kannte Holzkohlenserie von Inden 3, Kreis Düren, Nordrhein-Westfalen (Breunig 1987, 300; Eckert u. a.
1971, 599–604.). Für den Fundplatz geht Spatz (1996, 450) von einer Zweiphasigkeit aus, er kann die
Funde der Gruben 2 und 75 dem Horizont P-F/fRÖ zuordnen, während er den Komplex aus Grube 77 als
sRÖ anspricht. Auch die Überschneidung der Hausgrundrisse am Platz spricht für eine Zweiphasigkeit.
An den vier ^{14}C-Daten ist diese Zweiphasigkeit jedoch nicht abzulesen, sie stehen also insgesamt für die
Datierung von Rössen.

Von der mittelneolithischen Fundstelle von Singen „Offwiesen", Kreis Konstanz, Baden-Württemberg,
liegt eine bisher unpublizierte Datenserie aus Köln vor[41]. Nach Vorberichten liegt hier eine Schichtabfolge
HST–GG–RÖ vor, wobei es sich nicht um Siedlungsschichten, sondern um Abfallschichten an einem
Flussufer handeln dürfte, die durchfeuchtet waren, aber nicht als Feuchtbodensiedlung zu bezeichnen
sind. Die eigentliche Siedlung soll sich unmittelbar oberhalb dieser Fundstelle am Hang befunden haben[42].
Bisher ist keine Keramik publiziert. Etwa im Jahr 2000 wurden jeweils vier Knochen aus der großgartach-
zeitlichen und aus der rössenzeitlichen Schicht in Köln konventionell gemessen. Die gesamte Serie zeigt
unkalibriert eine deutlich zweigipflige Verteilung (Abb. 34, BP-Achse), die eine Siedlungsunterbrechung
zwischen den beiden Stufen wahrscheinlich macht, wobei ein Knochen aus der älteren Stufe in die jüngere
Schicht eingelagert gewesen sein dürfte. Da alle Daten aus der Großgartacher Schicht älter sind, als die
Daten der Rössener Schicht, wurde die Serie für die weitere Auswertung geteilt. Es stellt sich die Frage,
warum hier ausnahmsweise konventionelle Knochenmessungen gute Ergebnisse geliefert haben. Zum
einen haben trotz eines feuchten Bodenmilieus offenbar keine Karbonatanlagerungen aus dem Grundwasser stattgefunden, zum anderen könnte das feuchte Bodenklima mit Luftabschluss die Verunreinigung
durch Huminsäuren verhindert haben.

Die Großgartacher Daten aus Singen (Abb. 33) liegen wiederum sehr ähnlich wie die Daten der
Rössener Siedlung von Maastricht-Randwijck, Provinz Limburg, Niederlande[43]. Leider ist auch zu dieser
Siedlung bisher keine Keramik publiziert worden. Vier Holzkohlendaten, die vor 2008 in Groningen
gemessen wurden, liegen kompakt zueinander.

Betrachtet man nun die letzten vier besprochenen Serien im Vergleich, so wird deutlich, dass alle
eine sehr ähnliche Verteilung mit einem Schwerpunkt zwischen 4700 und 4550 cal BC einnehmen. Dabei
handelt es sich um zwei Serien von Großgartacher Fundplätzen, die von Knochen ermittelt wurden (Entzheim und Singen) und um zwei Holzkohlenserien von Rössener Fundplätzen (Inden 3 und Maastricht).
Danach ist im oberen Bereich der Abb. 33 ein Sprung in der Datierung der Serien zu erkennen. In Folge
sind Knochenserien von vier weiteren Rössener Fundplätzen eingeordnet worden, die in ihrem Schwerpunkt um 4500 und jünger liegen. Diese Beobachtung lässt darauf schließen, dass eine Altholzkorrektur
von nur 50 Jahren für Rössener Holzkohlenserien nicht ausreichend sein könnte (Riedhammer im Druck).

In Folge (Abb. 35) wurde mit 100 Jahren Altholzkorrektur nur für die rössenzeitlichen Serien experimentiert. Dadurch ergibt sich für die Serien eine Sortierung nach dem 50 %-Wahrscheinlichkeitsbereich
(Abb. 35), die besser zur archäologischen Datierung der Fundplätze passt. Die qualitativ schlechte Serie
von Moringen-Großenrode-14 ging nicht mehr in die Abbildung ein. Nun ordnen sich die beiden groß-
gartachzeitlichen Serien von Entzheim und Singen unten in der Graphik zeitlich vor allen rössenzeitlichen
Serien ein. Es folgen die drei breit streuenden Holzkohlenserien von Inden 3, Inden 1 und Maastricht.
Dies liegt sicherlich daran, dass eine Holzkohlenkorrektur nur eine pauschale Verbesserung der Lage der
Serie bewirkt. Die Serien können aus einzelnen Kohlen von kurzlebigen Hölzern und aus einzelnen sehr

---

41 Ich danke Bernhard Weninger dafür, dass er seine Datensammlung zum europäischen Neolithikum zur Verfügung stellte,
    der die Daten von Singen entnommen sind.

42 Dieckmann u. a. 1997; Dieckmann u. a. 1998; Dieckmann u. a. 2000.

43 Archäologischer Vorbericht: Louwe Kooijmans 1988; Archäobotanische Untersuchungen: Bakels u. a. 1993; ^{14}C-Daten
    erwähnt in: Bakels 2008.

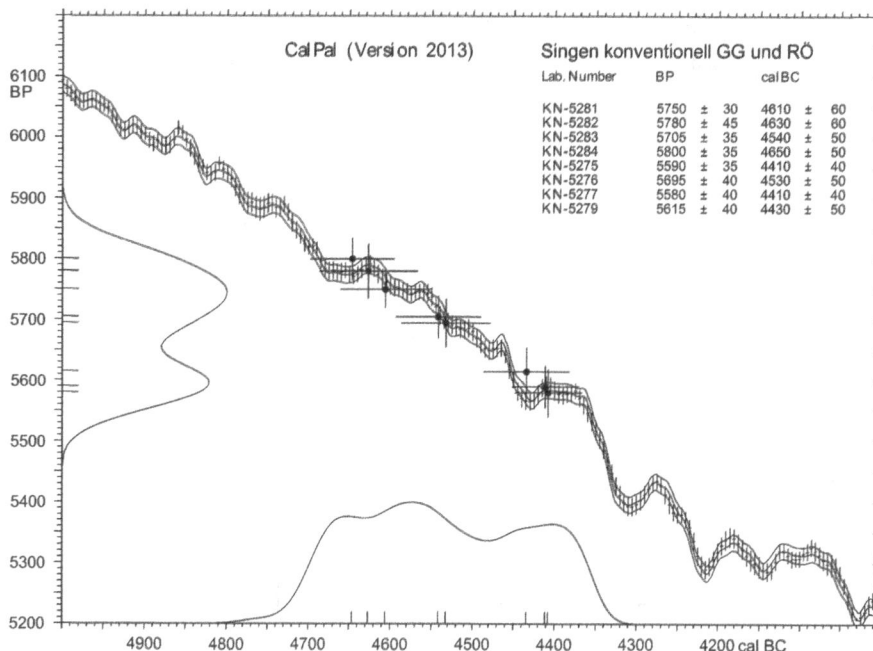

Abb. 34. Singen „Offwiesen", Kreis Konstanz, Baden-Württemberg. Gruppenkalibration aller konventionellen Messungen an Tierknochen aus GG- und RÖ-Schichten mit Kalibrationskurve. Breite cal BC-Achse: 1000 Jahre.

alten Holzkohlen bestehen. Dies dürfte der Grund dafür sein, dass sie tendenziell etwas breiter als die Daten guter Knochenserien streuen.

Für Inden 1, Kreis Düren, Nordrhein-Westfalen (Kuper 1979), wurden neun Holzkohlen und ein Holzstück zwischen 1965 und 1975 in Köln gemessen, ein weiteres Datum, das als linearbandkeramischer Ausreißer gelten kann, wurde hier nicht berücksichtigt (Breunig 1987, 174). Spatz (1996, 445–450) vergleicht die Verzierungen der Niederrheinischen Bucht mit denen seines Arbeitsgebietes im mittleren Neckarland und spricht, unter Vorbehalt möglicher regionaler Unterschiede, das wenige publizierte Fundmaterial (Dohrn-Ihmig 1983b, 17 Abb. 10–11) von Inden 1 als Spätrössen an. M. Pavlovic (2011) kommt mit seiner Neubearbeitung der verzierten Keramik unter Berücksichtigung weiterer niederrheinischer Fundstellen zum Ergebnis, dass in Inden 1 zur Zeit des mittleren und späten Rössen gesiedelt wurde, wenige Verzierungsmotive deuten eine geringe Nutzung in frührössener Zeit an[44]. Man kann auch in Hinblick auf den komplexen Siedlungsplan von Inden I (z. B. Lüning 1982, 26 Abb. 11) der Siedlung eine relativ lange Laufzeit zubilligen, die sich in einem breiten 50 %-Wahrscheinlichkeitsbereich von 160 Jahre von 4630 cal BC bis 4470 cal BC widerspiegelt. Allerdings könnten, wie oben überlegt wurde, auch einzelne sehr alte Holzkohlen für eine etwas breitere Streuung der Serie in einen zu alten Bereich verantwortlich sein. Die Verteilung der Serie von Maastricht-Randwijck, südöstliche Niederlande, sieht sehr ähnlich aus (Louwe Kooijmans 1988). Die vier Holzkohlen wurden vor 2008 in Groningen konventionell gemessen (Bakels 2008, 121). Bisher ist von dieser Siedlung keine Keramik publiziert, daher muss die Serie allgemein für eine rössenzeitliche Datierung stehen.

Das rössenzeitliche Grabenwerk von Meistratzheim „Station d'épuration communale", Département Bas-Rhin im Elsass (Perrin 2011), kann nach Spatz allgemein in ein mittleres Rössen datiert werden[45]. A. Denaire (2009a) war es bei seiner Bearbeitung der mittelneolithischen Funde des Elsass nicht gelungen,

---

44 M. Pavlovic hat insgesamt sechs keramische Stufen für das niederrheinische Rössen herausgearbeitet. In Inden I wurde hauptsächlich Keramik der vier jüngsten Stufen gefunden. Auch in der Neubearbeitung ist kaum Keramik abgebildet: Pavlovic 2011, 45–49, 60; Matzerath/Pavlovic 2012, 257.

45 Vgl. Perrin 2011, 80 Abb. 8 mit Spatz 1994a, 27 Abb. 14 und Taf. 8.

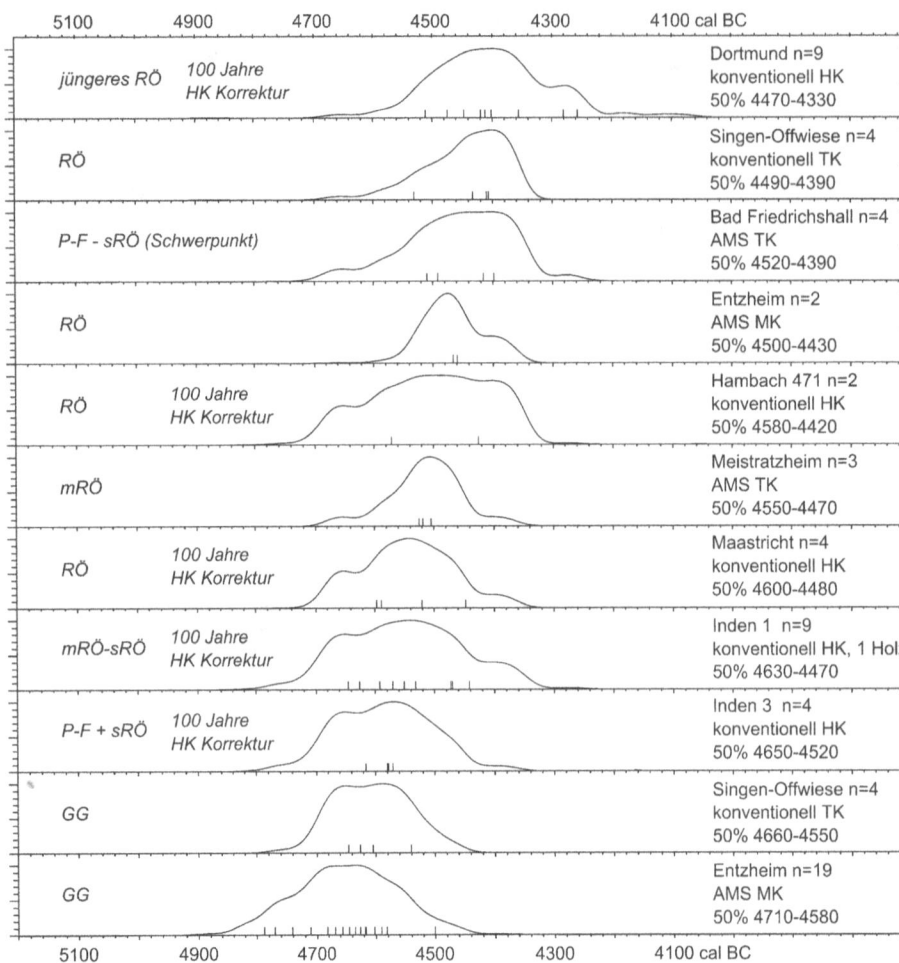

Abb. 35. ¹⁴C-Serien des Mittelneolithikums westdeutscher Prägung. Fundplätze der Stufen GG bis RÖ. Bereinigter Vergleich der Gruppenkalibrationen, sortiert nach den 50 %-Wahrscheinlichkeitsbereichen der einzelnen Gruppenkalibrationen. Holzkohlenkorrektur: 100 Jahre; Altkollagenkorrektur: 20 Jahre. Breite cal BC-Achse: 1500 Jahre.

die wenigen bekannten rössener Fundkomplexe zu untergliedern. Die kleine Serie von drei Tierknochen aus dem Graben wurde zwischen 2009 und 2011 in Poznań gemessenen. Sie liegt kompakt mit ihrem Mittelwert kurz vor 4500 cal BC.

Auch die Daten der Knochen zweier erwachsener Individuen aus einer rössenzeitlichen Dreifachbestattung in Befund Nr. 40 von Entzheim, Fundplatz „Les Terres de la Chapelle 1 – Lotissement", Département Haut-Rhin im Elsass[46] liegen kompakt, diesmal kurz nach 4500 cal BC. Die AMS-Daten wurden zwischen 2009 und 2011 in Groningen erhoben. Die stark zerscherbte Keramik aus diesem Befund und von einer weiteren Dreifachbestattung, die in südwestlicher Richtung in acht Metern Entfernung entdeckt wurde, kann nur allgemein Rössen zugeordnet werden.

Zwischen diese beiden kleinen, aber guten Serien aus dem Elsass haben sich in der Graphik Abb. 35 die zwei, zwischen 1979 und 1987 gemessenen Holzkohlendaten der Siedlung Hambach 471 bei Jülich-Welldorf, Kr. Düren, Nordrhein-Westfalen (Breunig 1987, 174), geschoben. Von Hambach 471 wurden Hausgrundrisse vorgelegt, die entwickelter sind, als die Häuser der nur 800 Meter entfernt liegenden Planig-Friedberg-zeitlichen Siedlung Hambach 260 (Dohrn-Ihmig 1983b, 31–35). Sie dürften den Hausgrundrissen von Inden 1 entsprechen und daher wahrscheinlich in ein mittleres bis spätes Rössen datieren[47]. Leider

---

46   Denaire/Lefranc 2014, 79–90 vor allem 86 Abb. 13 u. 88 Abb. 15.

47   Vgl. Stöckli 2002, 101–102 Abb. 91–92; Zur Datierung von Inden 1: Spatz 1996, 445–450; Pavlovic 2011, 45–49; 60.

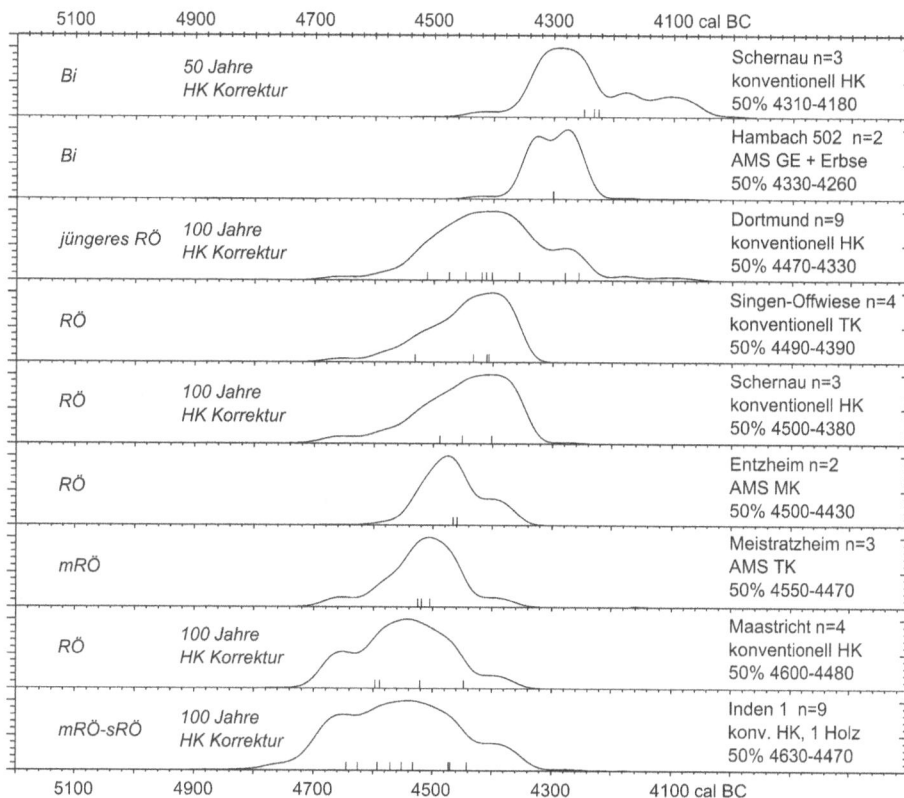

Abb. 36. ¹⁴C-Serien des Mittelneolithikums westdeutscher Prägung. Fundplätze der Stufen RÖ bis Bischheim. Vergleich der Gruppenkalibrationen, sortiert nach den 50 %-Wahrscheinlichkeitsbereichen der einzelnen Gruppenkalibrationen. Holzkohlenkorrektur RÖ: 100 Jahre; Holzkohlenkorrektur Bischheim: 50 Jahre; Altkollagenkorrektur: 20 Jahre. Breite cal BC-Achse: 1500 Jahre.

liegen die Mittelwerte der beiden Daten weit voneinander entfernt, sie zeigen wohl denselben dehnenden Holzkohleneffekt, wie die Daten von Inden 1 (s. o.).

Im Bereich der beiden kleinen Elsässer Serien liegen die Daten der Siedlung von Bad Friedrichshall-Kochendorf, Lkr. Heilbronn, Baden-Württemberg (Friederich 2011, 27–240; 399), die aber bis in jüngere Zeit streuen. Die Siedlungsfläche hat Funde der Ältesten bis Jüngeren LBK und von Hinkelstein II bis Bischheim erbracht. Der Schwerpunkt der mittelneolithischen Besiedlung ist den Stufen mGG B bis sRÖ nach Spatz zuzuordnen (Friederich 2011, 238). Die vier vor 2001 in Zürich gemessenen Tierknochendaten stammen jeweils aus zwei Befunden, die durch ihr Keramikspektrum den Stufen P-F und sRÖ A nach Spatz angehören.

Ähnlich liegt die kleine Serie der rössenzeitlichen Schicht der bereits besprochenen Fundstelle von Singen (s. o.). Zu dieser Fundstelle ist noch keine Keramik publiziert (Dieckmann u. a. 2000).

Aus der mittelneolithischen Siedlung Dortmund-Oespeler Bach, Nordrhein-Westfalen, stammt eine umfangreiche Serie an Holzkohlendaten, die in Köln, zum Teil zwischen 1991 und 2003 (Weninger 2003) und zum Teil nach 2003[48], konventionell gemessen wurden. Die Siedlung, zu der es mehrere Vorberichte gibt[49], wird nach der bisher unpublizierten Keramik von der Bearbeiterin E. Schneider als spätrössenzeitlich eingeordnet[50]. Da bei fünf von sieben vorhandenen Hausgrundrissen Wandgräbchen fehlen, machen die Häuser einen älteren Eindruck. Allerdings wurden für die einzelnen Hausgrundrisse einige Merkmale

---

48 Die Daten sind unpubliziert. Ich danke B. Weninger für die Überlassung seiner Datensammlung zum europäischen Neolithikum, der sie entnommen sind.

49 Brink-Kloke u. a. 2003a; Brink-Kloke u. a. 2003b; Brink-Kloke/Schneider 2013.

50 Brink-Kloke/Schneider 2013, 114; Brink-Kloke u. a. 2003a, 16–17 Abb. o. Nr.

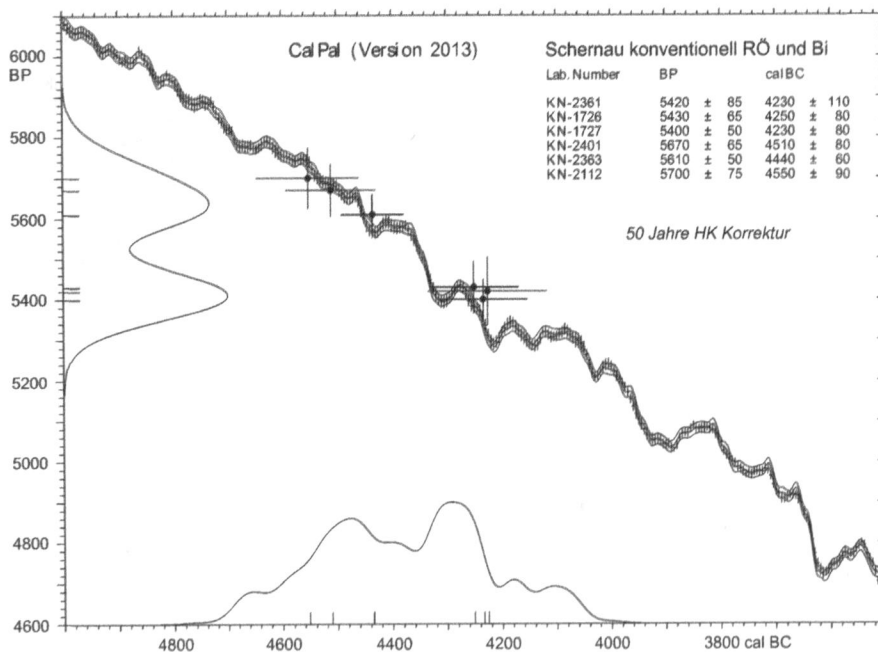

Abb. 37. Dettelbach-Schernau, Lkr. Kitzingen, Unterfranken. RÖ und Bischheim. Gruppenkalibration aller konventionellen Messungen an Holzkohlen mit geringer Standardabweichung mit Kalibrationskurve. Holzkohlenkorrektur: 50 Jahre. Breite cal BC-Achse: 1500 Jahre.

festgestellt, die zu den, in den letzten Jahren bekannter gewordenen, Bischheimer Hausgrundrissen des Rheinlands hinleiten und daher für eine jüngere Datierung sprechen. Ein deutliches Charakteristikum für eine junge Zeitstellung ist zum Beispiel das vollkommene Fehlen von Spuren eines Innengerüstes bei den Grundrissen III, V und VI, was auf ursprünglich sehr flach eingetiefte Innenpfosten schließen lässt (Brink-Kloke/Schneider 2013, 103–115). Die neun ^{14}C-Daten – ein jungneolithischer Ausreißer (KN-4577: 4705 ± 55 BC) wurde hier nicht berücksichtigt (vgl. Weninger 2003, 75 Abb. 10) – bestätigen diese Datierungseinschätzung. Die Daten der Serie streuen, wie es für rössenzeitliche Holzkohlen typisch erscheint, breit. Die Serie fällt insgesamt jünger aus als die meisten rössenzeitlichen Serien und entspricht in ihrem Mittelwert um kurz vor 4400 cal BC den Mittelwerten der Serien von Bad Friedrichshall-Kochendorf und Singen.

Diese zuletzt genannten Serien zeigen, dass Rössen erst deutlich nach 4500 cal BC geendet haben dürfte. Daher wurden gute Serien für Bischheim ausgewählt, um das Ende von Rössen fixieren zu können (Abb. 36 oben). Für Bischheim liegen allerdings hauptsächlich einzelne Daten, Daten mit hoher Standardabweichung oder uneinheitliche Daten eines Fundplatzes vor[51]. Eine neuere Serie aus Oberderdingen-Großvillars, Lkr. Karlsruhe, Baden-Württemberg (Seidel 2011), eine Siedlungsstelle, die Bischheimer und Michelsberger Keramik erbracht hat, streut zu breit und in einen viel zu alten Bereich, weshalb sie als misslungen eingeschätzt werden muss. Sie wurde zwischen 2000 und 2011 in Kiel an Tierknochen gemessen und ging hier in die Datensammlung (^{14}C-Datenliste online), aber nicht in die Abb. 36 ein[52].

Vom Bischheimer Siedlungsplatz Hambach 502 bei Jülich, Kr. Düren, Nordrhein-Westfalen, liegen ein Getreidedatum und ein Datum, das von einem Speiserest ermittelt wurde, vor (Schamuhn 1999,

---

51 Vgl. Denaire 2011, 30; Gleser 2012, 70 Tab. 11 und 72 Tab. 13. Von Marktbergl, Lkr. Neustadt an der Aisch-Bad Windsheim, Mittelfranken, liegt eine sehr uneinheitliche Serie, die in Heidelberg an Knochen gemessen wurde, vor. Allerdings wurden, ähnlich wie in Schernau, nicht nur Funde der bischheimzeitlichen Goldberggruppe, sondern auch Funde anderer Zeitstellungen geborgen: Zeeb-Lanz 2009c, 157.

52 In der Zwischenzeit ist bekannt geworden, dass es im Leibnitz-Labor der Universität Kiel zwischen 2009 und 2011 mehrfach zu Datierungsunstimmigkeiten gekommen ist, deren Ursachen noch nicht geklärt sind: Lull u. a. 2015.

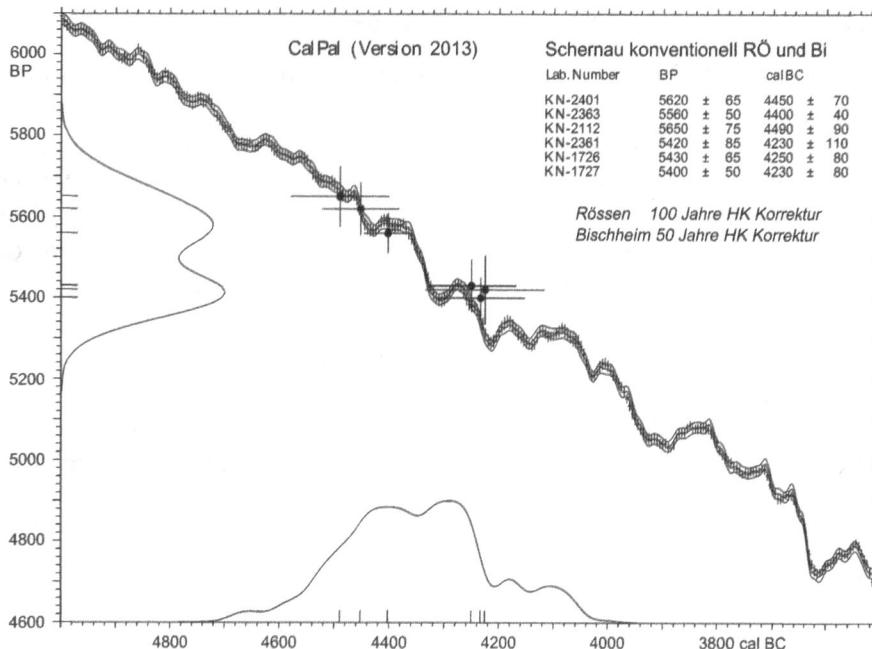

Abb. 38. Dettelbach-Schernau, Lkr. Kitzingen, Unterfranken. RÖ und Bischheim. Gruppenkalibration aller konventionellen Messungen an Holzkohlen mit geringer Standardabweichung mit Kalibrationskurve. Holzkohlenkorrektur mutmaßlicher Rössener Daten: 100 Jahre. Holzkohlenkorrektur mutmaßlicher Bischheimer Daten: 50 Jahre. Breite cal BC-Achse: 1500 Jahre.

211–212; Friederich 2011, 403 Tab. 90). Die sehr frühen AMS-Daten wurden vor 1999 in Utrecht in den Niederlanden gemessen. Sie bestätigen sich gegenseitig gut und liegen um 4300 cal BC.

Betrachtet man die altbekannten, vor 1981 in Köln gemessenen Holzkohlendaten von Dettelbach-Schernau, Lkr. Kitzingen, Unterfranken (Lüning 1981a, 199), und hiervon nur die sechs Daten, die eine Standardabweichung von weniger als 100 Jahren aufweisen, zeigt sich deutlich eine Zweigipfligkeit der Rohdatenverteilung (Abb. 37). Diese lässt darauf schließen, dass in die bischheimzeitlichen Befunde von Schernau – zum größten Teil handelt es sich um Grubenhäuser – nicht nur bischheimzeitliche Funde und einzelne Streuscherben der vorangegangenen rössenzeitlichen Besiedlung gelangt sind[53]. Offenbar haben sich dort auch rössenzeitliche Holzkohlen erhalten. Die Verteilung spricht dafür, dass die drei älteren Daten die Rössener und die drei jüngeren Daten die Bischheimer Besiedlung repräsentieren. Die Zweigipfligkeit der Verteilung bleibt auch erhalten, wenn man bei den älteren, mutmaßlich Rössener Daten, eine Altholzkorrektur von 100 Jahren und bei den jüngeren, mutmaßlich Bischheimer Daten, eine Altholzkorrektur von 50 Jahren vornimmt, und die beiden Gipfel dadurch näher zusammenrücken (Abb. 38). Die Rössener Siedlungsphase von Schernau liegt bei dieser Vorgehensweise um 4400 cal BC, die Bischheimer Phase um etwa 4300 cal BC, was gut den Bischheimer Daten von Hambach 502 entspricht.

So ergibt sich insgesamt für Rössen eine absolute Datierung von circa 4600 bis rund 4380 v. Chr. Die Serie von Dortmund könnte sogar eine längere Dauer von Rössen mit ersten Bischheimer Anklängen im Hausbau bedeuten (Abb. 36). Die Mittelwerte von Serien, die von kurzlebigen Materialien erhoben wurden, zeigen innerhalb der Rössener Zeit Schwerpunkte der Datierung um etwa 4500 (Meistratzheim und Entzheim) und kurz vor 4400 cal BC (Singen und Bad Friedrichshall, vgl. Abb. 36) an. Diese Datierungsschwerpunkte können jedoch nicht mit den typologischen Stufen der Rössener Keramikentwicklung in Verbindung gebracht werden.

---

53 Rössenzeitliche Streuscherben in der Nähe der Probenentnahmestellen der frühen Daten: Lüning 1981a, Befund 38 (über 38,1): Taf. 29,13–16; Befund 77,5: Taf. 54,5; Befund 36G: Taf. 26,1–7.

Die absolute Datierung des Südostbayerischen Mittelneolithikums (Abb. 39–41)

Während das Südostbayerische Mittelneolithikum SOB lange nur in drei Stufen untergliedert war (Nadler u. a. 1994), konnte durch die Verf. (Riedhammer 2017) eine Verfeinerung der Gliederung in insgesamt zehn Stufen und Unterstufen erreicht werden (Abb. 2). In Abb. 39 sind alle bisher bekannten Datenserien zum Südostbayerischen Mittelneolithikum abgebildet und nach ihren 50 %-Wahrscheinlichkeitsbereichen geordnet. Holzkohledaten wurden mit 50 Jahren, Daten von Menschenknochen mit 20 Jahren korrigiert.

Ganz unten in der Graphik sind zum Vergleich nur die drei jüngeren AMS-Daten von Straubing-Lerchenhaid abgebildet, die Probleme rund um die Datierung dieser Fundstelle wurden bereits erörtert.

Die erste, als zuverlässig einzuschätzende Serie, ist die der Fundstelle Atting-Rinkam, Lkr. Straubing-Bogen, Niederbayern (Riedhammer 2003). Hier wurde ein typologisch früher Hausgrundriss und Keramik der Stufen SOB Ib-IIa gefunden. Es handelt sich um Tierknochen, die 2003 in Kiel gemessen wurden (Riedhammer 2012, 70). Am Fundplatz wurden auch linearbandkeramische und metallzeitliche Funde und Befunde dokumentiert, diese haben die mittelneolithischen Gruben jedoch offensichtlich nicht gestört. Für die Probe KIA-17786 (5989 ± 35 BP) mussten kleinteilige, zum Teil kalzinierte Knochenfragmente zusammengefasst werden, der Kollagengehalt der Probe war jedoch ausreichend. Zur Kontrolle wurde das größte Knochenfragment dieser Probe separat gemessen und ergab ein 50 Jahre jüngeres Datum (KIA-17786A: 5939 ± 31 BP). Die beiden weiteren AMS-Daten waren unproblematisch. Insgesamt ergibt die kleine Serie einen 50 %-Wahrscheinlichkeitsbereich von 4900–4780 cal BC bei einem Mittelwert um 4840 cal BC.

Die ebenfalls in Kiel 2003 gemessene Serie von Geiselhöring, Lkr. Straubing-Bogen, Niederbayern, liegt im Vergleich zu der von Atting-Rinkam in einen leicht jüngeren Bereich verschoben (Riedhammer 2012, 70). Die ausgewählten Knochen stammen aus fünf mutmaßlich unvermischten mittelneolithischen Befunden dieses immer wieder genutzten Siedlungsplatzes. Eine Probe erbrachte eine altheimzeitliche Datierung (KIA-19064: 5006 ± 26 BP), die in Abb. 39 nicht einging. Die Serie nimmt einen 50 %-Wahrscheinlichkeitsbereich von 4820–4710 cal BC bei einem Mittelwert um etwa 4765 cal BC ein. Nur eine Streuscherbe aus einem römischen Befund repräsentiert die Stufe IIa. Die mittelneolithischen Siedlungsgruben können den Stufen SOB IIb bis IId zugewiesen werden. Nach einem Siedlungshiatus innerhalb der Stufe SOB IIe gibt es in Geiselhöring eine Wiederbesiedlung in der Stufe SOB III, die durch einen Grubenkomplex mit entsprechender Keramik belegt ist. Aus diesem Befund wurde keine Probe datiert. Wiederum in einen leicht jüngeren Bereich verschoben liegt die mittelneolithische Holzkohlenserie von Hienheim, Lkr. Kelheim, Niederbayern. Wie schon besprochen (s. o. und Abb. 7), sind zwei der jüngeren Daten, die nach Befundzusammenhang der Proben in die linearbandkeramische Siedlungsphase von Hienheim gehören, als mittelneolithisch zu interpretieren (Modderman 1986, 76–77; Riedhammer 2012, 72). Der 50 %-Wahrscheinlichkeitsbereich erstreckt sich von 4780–4620 cal BC bei einem Mittelwert um circa 4700 cal BC. Hienheim ist ununterbrochen in den Stufen SOB IIb bis IIe besiedelt[54].

Eine früh gemessene Serie[55] stammt von Regensburg-Pürkelgut in der südlichen Oberpfalz. Dieser kaum bekannte Fundplatz wurde in den 1950er und 1980er Jahren gegraben und erbrachte unter anderem einige Siedlungsbestattungen und mindestens drei mittelneolithische Hausgrundrisse. Die Vorberichte weisen Funde sowohl der LBK als auch des SOB aus[56]. Da keine Keramik publiziert ist, ist die Zuweisung der ¹⁴C-Daten zu den Siedlungsphasen nicht vorzunehmen. Die sieben Daten wurden um 1988 konventionell in Köln ermittelt, nur ein Wert besitzt eine hohe Standardabweichung. Die Verteilung der sechs Daten mit relativ kurzer Standardabweichung (¹⁴C-Datenliste online) in Abb. 39 ist aussagekräftiger, als man auf dem ersten Blick annehmen möchte: Ein erster Datierungsschwerpunkt zwischen 5300 und 5100 cal BC, der durch zwei Holzkohledaten gebildet wird, repräsentiert die linearbandkeramische Nutzung

---

54   In den Vorberichten Riedhammer 2015 und Riedhammer 2016 wurde noch von einer Unterbrechung der Besiedlung in Hienheim zur Zeit der Stufe SOB IId ausgegangen.

55   Auch diese Serie konnte dankenswerterweise der Datensammlung zum europäischen Neolithikum von B. Weninger entnommen werden. Sie dürfte bisher unpubliziert sein.

56   Eckes 1954; Regensburg-Pürkelgut. Bayer. Vorgeschbl. Beih. 2, 1988, 54–55 u. Taf. 1.

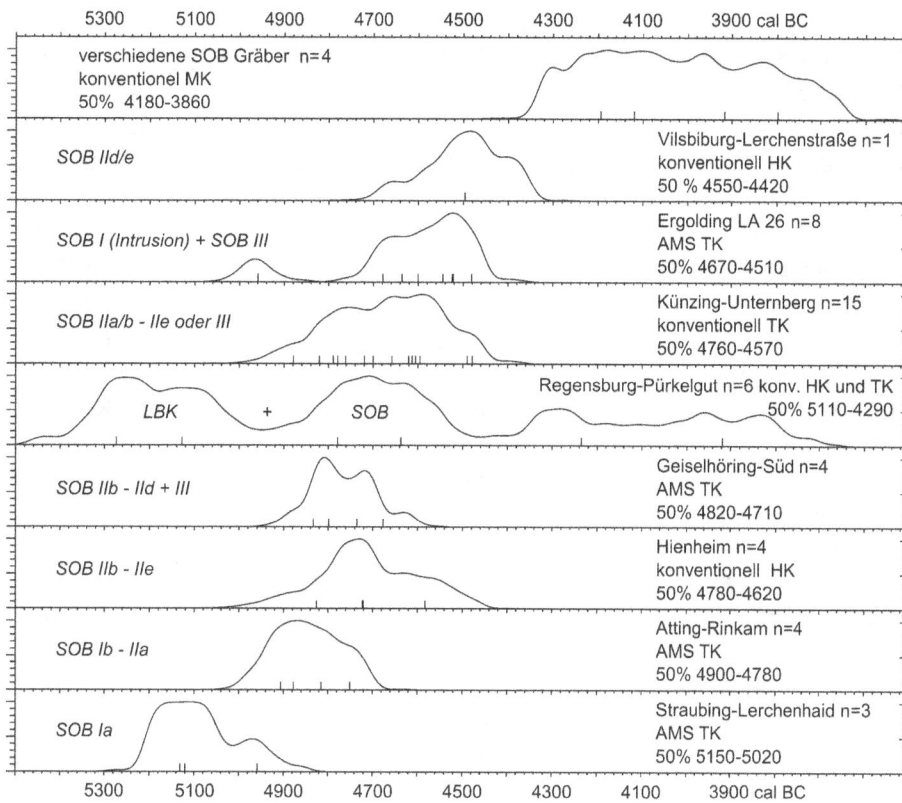

Abb. 39. ¹⁴C-Serien des Südostbayerischen Mittelneolithikums. Unbereinigter Vergleich der Gruppenkalibrationen, sortiert nach den 50 %-Wahrscheinlichkeitsbereichen der einzelnen Gruppenkalibrationen. Holzkohlenkorrektur: 50 Jahre; Altkollagenkorrektur: 20 Jahre. Breite cal BC-Achse: 2000 Jahre.

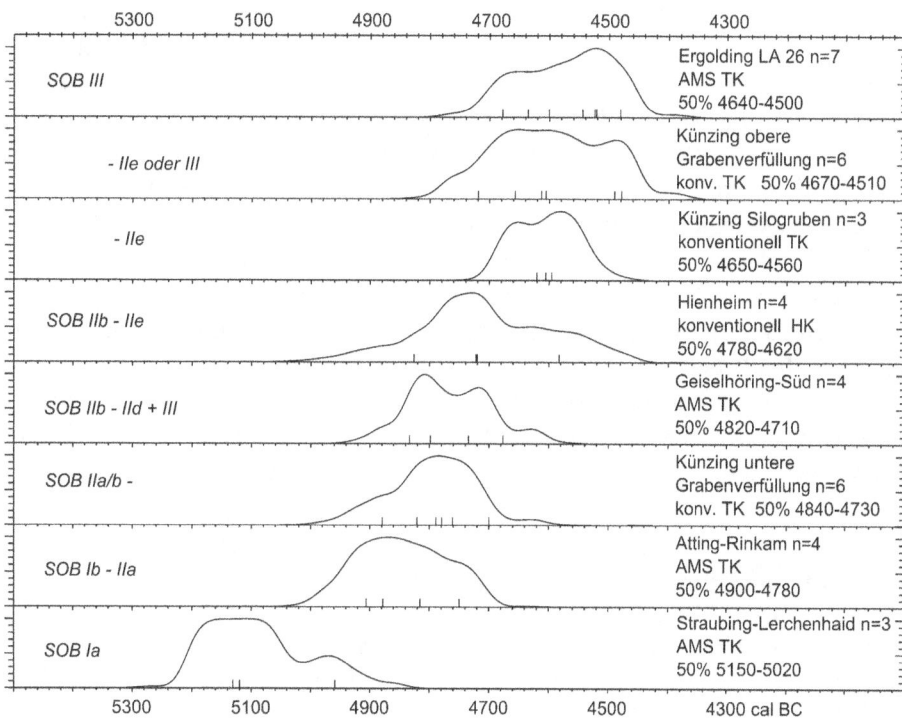

Abb. 40. ¹⁴C-Serien des Südostbayerischen Mittelneolithikums. Bereinigter Vergleich der Gruppenkalibrationen, sortiert nach den 50 %-Wahrscheinlichkeitsbereichen der einzelnen Gruppenkalibrationen. Holzkohlenkorrektur: 50 Jahre. Breite cal BC-Achse: 1500 Jahre.

des Platzes. Der zweite Datierungsschwerpunkt um 4700 cal BC geht ebenso auf Holzkohlenproben zurück und entspricht der mittelneolithischen Nutzung, die eine ähnliche zeitliche Spanne wie die von Hienheim einnimmt. Die beiden übrigen Daten, die die Verteilung der Serie in einen sehr jungen Bereich dehnen, wurden an einem Knochen und einem Geweihstück ermittelt. Sie zeigen den forschungsgeschichtlich interessanten Effekt, dass in den 1980er Jahren das Messen von Holzkohlen häufig erfolgreich durchgeführt, das Messen von kollagenhaltigen Proben jedoch noch nicht allgemein beherrscht wurde.

Besser gelang die Serie von Künzing-Unternberg, Lkr. Deggendorf, Niederbayern, die ungefähr zur selben Zeit, vor 1989, in Heidelberg ausschließlich an Tierknochen gemessen wurde (Petrasch/Kromer 1989). Bisher sind keine geschlossenen Fundkomplexe dieser Kreisgrabenanlage und der sie umgebenden Siedlungsfläche publiziert, die Inhalte der Grabenverfüllungen und einiger ausgewählter Gruben aber ausführlich beschrieben (Poensgen 1994; 2009). Nach den Abbildungen (Poensgen 1994, 140 Abb. 7; 141 Abb. 8; 142 Abb. 9) und Beschreibungen der Keramik (Poensgen 2009) wurde die Kreisgrabenanlage in etwa zur Zeit der Stufe SOB IIb/IIc1 gebaut, die Verfüllung der Gräben und die Nutzung des Siedlungsareals dürfte bis in die Stufe SOB IIe, eventuell auch bis SOB III[57] angedauert haben. Die konventionellen Hochpräzisionsmessungen liegen für diesen lange genutzten Siedlungsplatz relativ kompakt (Abb. 39) und korrespondieren sogar mit stratigraphischen Ergebnissen (vgl. Abb. 40): Die Teilserie, deren Proben aus den tieferen Grabenverfüllungen stammen, liegt zeitlich früher als die Teilserie von Proben aus der oberen Grabenverfüllungen. Die dritte Teilserie, deren Daten von Proben aus Silogruben außerhalb der Kreisgrabenanlage gemessen wurden, hat ein ähnliches Datierungsergebnis erbracht, wie die Serie der oberen Grabenverfüllungen (Poensgen 1994, 139; Riedhammer 2012, 75 Abb. 3). Die gesamte Serie entspricht den Datierungsbereichen der Fundplätze Geiselhöring-Süd und Hienheim einschließlich des Datierungsbereichs der Fundstelle Ergolding-LA 26 (Abb. 41). In dieser Studie wurden nun schon einige in Heidelberg gemessene Hochpräzisionsdatenserien als misslungen verworfen: die Serien von Hilzingen (zu breit, zu große Standardabweichungen), Mühlhausen (zu breit, zu alt), Trebur (zu breit, zu jung) und Straubing-Lerchenhaid (zu breit, zu jung). Als Ursache für das Misslingen wurde in diesen Fällen eine nicht ausreichende Entfernung von Kontaminationen angenommen. Die Serie von Künzing-Unternberg dagegen fällt im Vergleich zu neueren AMS-Daten und älteren Holzkohlendaten gut aus und ist daher als zuverlässig einzuordnen[58]. Als Grund kann nur angenommen werden, dass keine nennenswerte Kontamination vorlag, die hätte erfolgreich entfernt werden müssen. Ob die Serie im Vergleich zu jener der Fundstelle Ergolding-LA26 etwas zu weit in einen zu jungen Bereich streut, wie ich in einem Aufsatz vermutet habe (Riedhammer 2012, 76), wird man erst entscheiden können, wenn das Fundmaterial beider Fundplätze vorgelegt ist.

Das Fundmaterial der großen Grube (Objekt 244) von Ergolding-LA26, Lkr. Landshut, Niederbayern, diente der Definition der Stufe SOB III[59]. Die Keramik aus diesem Befund ist typologisch entwickelter, als die der Siedlungen Geiselhöring-Süd und Hienheim. Es handelt sich um einen großen, unregelmäßig geformten Grubenkomplex, der in seiner maximalen Ausdehnung die Maße von 16 x 17 m besaß. Obwohl an diesem Befund über einen längeren Zeitraum gegraben worden sein dürfte und auch der Verfüllungsprozess sicher längere Zeit in Anspruch genommen haben dürfte, macht die aus ihm geborgene Keramik einen typologisch einheitlichen Eindruck. Wenige stichbandkeramisch verzierte Streuscherben können als Intrusion einer vorangegangenen Besiedlung in der näheren Umgebung der Grabungsfläche gelten. Wenige kleinere Befunde derselben Grabungsfläche erbrachten kleine Keramikkomplexe des SOB und der Münchshöfener Kultur[60]. Acht AMS-Daten wurden 2003 in Kiel an Knochen gemessen (Riedhammer 2012,

---

57 Poensgen 1994, 142 Abb. 9,390.5648.494: Die Verzierungen der Gefäße mit Schrägschraffur und Stacheldraht-Mustern kommen erstmals in Stufe SOB IIe und häufig in Stufe SOB III vor.

58 H. Spatz vermutet, dass die Proben aus den oberen Verfüllungshorizonten der Kreisgräben mehr Kontamination durch Huminsäuren ausgesetzt waren und deshalb jünger ausfallen, als die Daten der Proben aus den tieferen Grabenhorizonten. Dieses Argument ist jedoch durch die jungen Daten der Proben, die aus den tief erhaltenen Silogruben geborgen wurden, entkräftet: Spatz 2003, 284 Anm. 4; Poensgen 2009, 80–82.

59 Ergolding (Lkr. Landshut). Bayer. Vorgeschbl., Beih. 2, 1988, 26–27; Riedmeier-Fischer 1994.

60 Informationen, die über die bisher publizierten Vorberichte hinausgehen, verdanke ich Erika Riedmeier-Fischer, der ich auch herzlich dafür danke, dass ich Keramik der Fundstelle persönlich in Augenschein nehmen durfte.

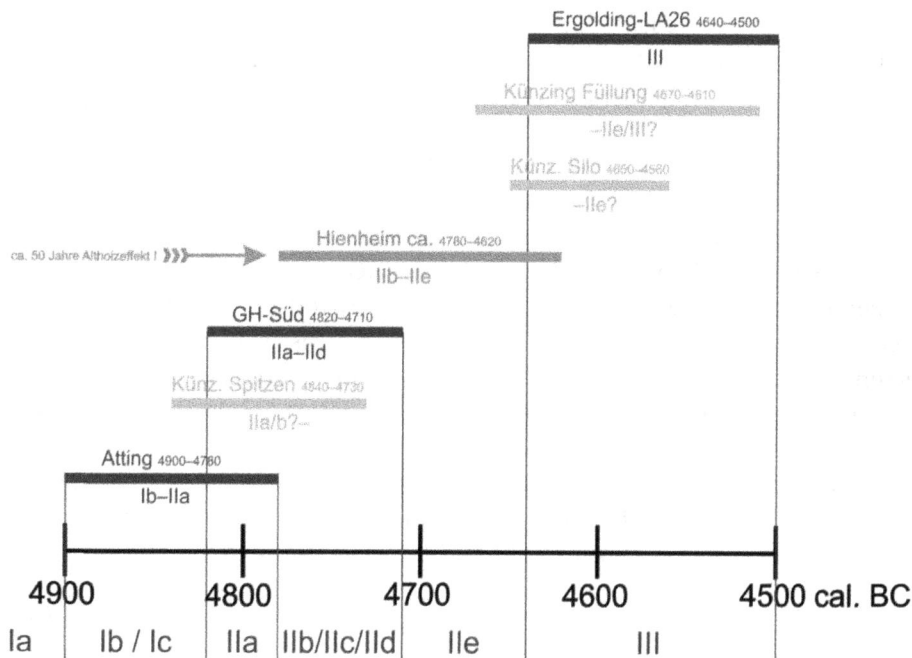

Abb. 41. ¹⁴C-Serien des Südostbayerischen Mittelneolithikums. 50 %-Wahrscheinlichkeitsbereiche der einzelnen Gruppenka-librationen, dargestellt als Balken. Schwarze Balken: AMS-Messungen; dunkelgrauer Balken: konventionelle Messungen; hell-graue Balken: konventionelle Hochpräzisionsmessungen. Alle außer Hienheim: Tierknochen. Holzkohlenkorrektur Hienheim: 50 Jahre. GH = Geiselhöring.

70). Das älteste Ergebnis KIA-17791: 6056 ± 25 BP passt zur stichbandkeramischen Intrusion, die der Stufe SOB I angehören dürfte. Die anderen sieben Ergebnisse zeigen einen relativ breiten Datierungsbe-reich an, der trotz des einheitlichen keramischen Fundmaterials für eine längere Verfüllungsgeschichte des Grubenkomplexes spricht.

Die Grabungsfläche Vilsbiburg-Lerchenstraße, Lkr. Landshut, Niederbayern, lieferte Relikte aller neolithischen Kulturstufen von der LBK bis Altheim (Steuber 1992). Drei Daten wurden anhand von Holzkohlen 1991 konventionell in Hannover gemessen[61]. Dabei wurden eine Grube mit mittelneolithi-scher Keramik, eine mit Münchshöfener Keramik und ein Befund mit altheimzeitlichem Fundmaterial beprobt. Die Einzeldaten passen zu den einzelnen keramischen Kulturzuweisungen, hier ist nur das mit-telneolithische Datum abgebildet. Das keramische Material der Grube 301, der die mittelneolithische Probe entnommen wurde, kann den Stufen SOB IId und IIe zugeordnet werden (Steuber 1992, Taf. 24).

Um 1983 wurde versucht, vier mittelneolithische Gräber mittels Knochenproben – es handelte sich wahrscheinlich um Menschenknochen – in Köln konventionell zu datieren. Zwei Bestattungen aus Lands-hut-Hascherkeller (ehem. Gem. Ergolding; Engelhardt 1984) und eine aus Straßkirchen-Irlbach, Lkr. Straubing-Bogen[62], beide Niederbayern, sind durch Keramikbeigaben dem SOB zugewiesen worden. Die Bestattung aus Regensburg-Harting, südliche Oberpfalz, lieferte keine Keramik. Das Grabinventar, das neben Silexgeräten und einem Knochengerät auch kleine runde und durchbohrte Perlmuttscheiben enthielt, dürfte mit einiger Sicherheit ebenfalls dem SOB zuzuweisen sein (Rieckhoff-Pauli 1987, 34; 35 Abb. 23). Die Daten (Abb. 39 oben als eine Serie dargestellt) blieben bisher unpubliziert[63]. Da diese früh

---

61 Während die anderen Daten der kleinen Serie von 1991 in verschiedene Publikationen unter der falschen Laborkennung „Hn" eingingen, blieb das mittelneolithische Datum bisher unpubliziert, Quelle: Akten des BLfD, Außenstelle Landshut, Brief Bernd Engelhardt an Jörg Petrasch vom 30.04.1991, Az. L 0618/91.

62 Strasskirchen-Irlbach, Grabfund. Arch. Jahr Bayern 1980 (1981), 60–61 u. 39 Abb. 13.

63 Auch diese Serie konnte ich dankenswerterweise der Datensammlung zum europäischen Neolithikum von B. Weninger entnehmen.

ermittelten Knochendaten, wie das Knochen- und das Geweihdatum von Regensburg-Pürkelgut für das SOB viel zu jung ausfallen, können sie auch weiterhin unberücksichtigt bleiben.

In Abb. 40 sind die aussagekräftigeren Serien zum SOB noch einmal zusammengestellt. Sie ordnen sich in der Reihenfolge, in der sich auch die datierten Fundkomplexe anhand der typologischen Keramikentwicklung ordnen lassen. Auch die Teilserien von Künzing-Unternberg liegen, soweit die bisherigen Vorberichte die Keramik beurteilen lassen, in passenden zeitlichen Bereichen. In Abb. 41 sind die 50 %-Wahrscheinlichkeitsbereiche der einzelnen Siedlungen als Balken dargestellt. Auch die Zugehörigkeit der Siedlungen zu den typologischen Stufen, die durch die Keramikanalyse ermittelt wurden, ist angegeben. Spricht man den AMS-Serien (schwarze Balken) mehr Zuverlässigkeit zu, als den konventionellen Messungen (graue Balken), so zeichnet sich eine langsame typologische Entwicklung am Anfang des SOB ab, deren Beginn noch nicht genau fixiert werden kann. Geht man davon aus, dass das Mittelneolithikum um etwa 4950 cal BC begonnen hat, wie die Daten der Siedlung Dresden-Prohlis nahelegen, so könnte die Stufe SOB I mit den Unterstufen Ia, Ib und Ic rund 130 Jahre, von 4950 bis 4820 cal BC gedauert haben. Es folgt eine schnelle Entwicklung der Keramikverzierungen im Mittleren SOB: Die vier Unterstufen SOB IIa bis IId, die nicht nur typologisch herausgearbeitet sind, sondern auch an einzelnen Siedlungsplätzen horizontalstratigraphisch bestätigt wurden, dürften circa 110 Jahre von 4820 bis 4710 cal BC eingenommen haben. Gegen Ende des Mittleren SOB (IIe) verlangsamt sich diese Entwicklung wieder, um mit dem SOB III auszuklingen. Insgesamt dürften SOB IIe und SOB III rund 210 Jahre von 4710 bis 4500 cal BC angedauert haben. Natürlich sollten die Daten der Abb. 41 nicht jahrgenau verstanden werden. Es ist abzuwarten, ob zukünftige Messungen diese Ergebnisse bestätigen werden[64].

Die absolute Datierung von Münchshöfen (Abb. 42–46)

Um das absolutchronologische Ende des Südostbayerischen Mittelneolithikums auch aus dem Blickwinkel der danach folgenden Entwicklung fixieren zu können, wurden für diese Studie auch Daten der frühjungneolithischen Münchshöfener Kultur[65] gesammelt.

Für Münchshöfen liegen neben der aussagekräftigen Serie von Buxheim, Lkr. Eichstätt, Oberbayern[66], bestehend aus zehn AMS-Daten von Tierknochen, und der Serie zu den Grabenwerken von Oberschneiding-Riedling, Lkr. Straubing-Bogen, Niederbayern, bestehend aus acht AMS-Daten[67], nur fünf kleinere Serien mit zwei bis drei Daten vor. Daher wurde zusätzlich eine größere Anzahl von Einzeldaten aufgenommen (^{14}C-Datenliste online). Von diesen Einzeldaten sind vier leider nicht weiter verwertbar: Es handelt sich um frühe Knochendatierungen: KN-3153 von Alteglofsheim, Lkr. Regensburg, südliche Oberpfalz; KN-3157 von Osterhofen-Altenmarkt I, Lkr. Deggendorf, Niederbayern; KN-3193 von Altdorf-Aich I, Lkr. Landshut, Niederbayern, und ein Datum ohne Labornummer von Essing-Altessing, Lkr. Kelheim, Niederbayern[68]. Hier wurde mit einiger Wahrscheinlichkeit noch keine Probenbehandlung vorgenommen, die eine Verunreinigung durch Huminsäuren aus jüngeren Bodenhorizonten entfernt hätte. Erwartungsgemäß fallen die Werte um 5250 BP und jünger im Vergleich zu allen Münchshöfener Daten sehr jung aus. Auch die konventionelle Hochpräzisionsmessung Hd-15026-15332: 5194 ± 31 von Aiterhofen-Ödmühle, Lkr. Straubing-Bogen, Niederbayern, fällt sehr jung aus. Durch die Erfahrung mit anderen Hochpräzisionsmessungen – zum Beispiel den Serien von Straubing-Lerchenhaid und Trebur – muss damit gerechnet werden, dass sich auch hier Verunreinigungen durch Huminsäuren ungünstig

---

64　Abweichungen von den Angaben, die ich in einem früheren Artikel gemacht habe, beruhen auf der Neukalibration mit dem Kalibrationsdatensatz IntCal13. Die Abweichungen betragen fünf bis zehn Kalenderjahre. Für den Artikel hatte ich IntCal07 verwendet: Riedhammer 2012, 76, 77 Abb. 4.

65　Aktueller Forschungsstand zur Entwicklung und Datierung von Münchshöfen: Meixner 2017.

66　Die unpublizierten Daten stellte mir der Bearbeiter des Erdwerkes Daniel Meixner zur Verfügung. Hierfür und für die immer gewinnbringende Diskussion zur Datierung von SOB und Münchshöfen danke ich ihm auf das Allerherzlichste. Zum Fundplatz: Rieder 1998.

67　Husty/Meixner 2008; Husty/Meixner 2009; Husty 2009a, 52–53. Für das Überlassen der unpublizierten Daten bedanke ich mich herzlichst bei Ludwig Husty.

68　Literaturangaben zu den einzelnen Fundplätzen sind der ^{14}C-Datenliste online zu entnehmen.

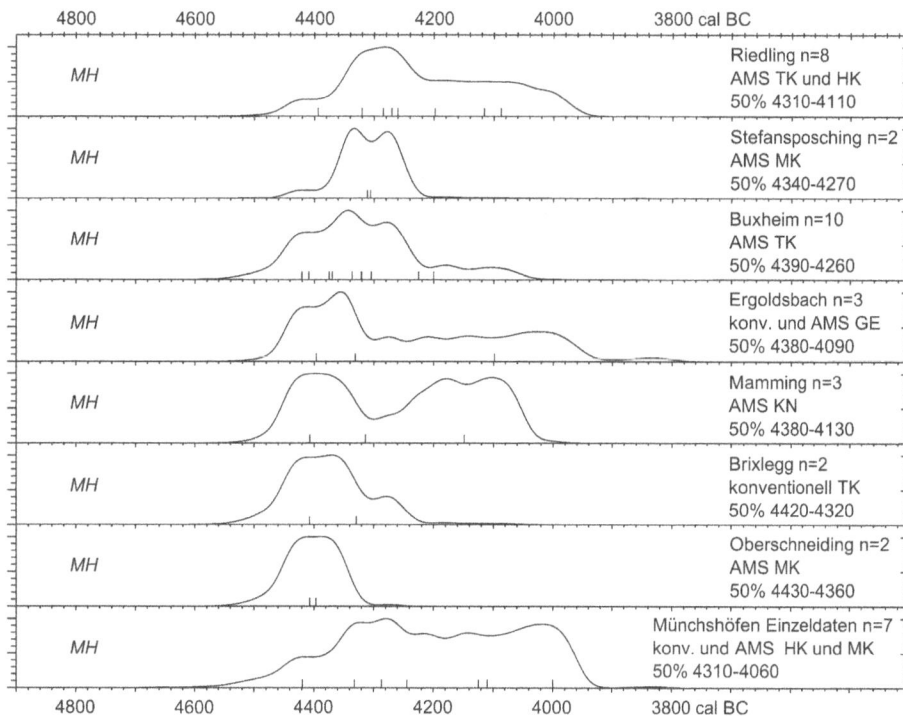

Abb. 42. ¹⁴C-Serien der Münchshöfner Kultur. Holzkohlenkorrektur: 50 Jahre. Altkollagenkorrektur: 0–20 Jahre. Breite cal BC-Achse: 1500 Jahre.

auswirkten. Da es sich bei Aiterhofen-Ödmühle aber um den aus typologischer Hinsicht jüngsten Keramikkomplex handelt (Münchshöfen spät – Horizont Wallerfing nach Meixner 2017), von dem ein absolutes Datum vorliegt, wurde das Datum berücksichtigt, es sollte aber unter Vorbehalt interpretiert werden.

Alle konventionell gemessenen Münchshöfener Holzkohlendaten wurden vor der Kalibration um 50 Jahre korrigiert, auch wenn zwei dieser Daten bereits sehr jung ausfallen (Hv-17017: 5315 ± 75 und Kl-4893: 5332 ± 41). Bei diesen Einzeldaten ist es schwierig zu beurteilen, ob kein Altholzeffekt vorliegt, ob jüngere Verunreinigungen eine Rolle spielen oder ob die Daten zuverlässig sind. Daher wurde pauschal korrigiert. Die Daten, die an Menschenknochen gemessen wurden, sind je nach vorliegender anthropologischer Altersbestimmung um bis zu 20 Jahre korrigiert.

Vergleicht man die Gruppenkalibrationen der Münchshöfener Serien (Abb. 42), so zeigt sich, dass die Serien von Oberschneiding, Brixlegg, Mamming und Ergoldsbach-Langenhettenbach einen Datierungsschwerpunkt um 4400 cal BC aufweisen. Die beiden kleinen Serien von Oberschneiding, Lkr. Straubing-Bogen, Niederbayern (zwei AMS-Daten von menschlichen Individuen) und Brixlegg, Bezirk Kufstein, Tirol, Österreich (zwei konventionell gemessene Tierknochendaten) bestätigen sich mit einem kompakten Datierungsschwerpunkt gegenseitig. Während das Datum GrN-22167: 5570 ± 50 BP von Brixlegg aus einer Feuerstelle stammt, in der Keramik des frühen Münchshöfen gefunden wurde (Horizont Pfettrach nach Meixner 2017), kommt der Knochen für das Datum GrN-21364: 5480 ± 60 BP aus einem Befund mit Keramik des mittleren Münchshöfen. Da konventionell gemessene Knochendaten tendenziell zu jung ausfallen, könnte die Datierung der Fundstelle von Brixlegg tatsächlich noch etwas älter sein, als die Gruppenkalibration hier wiedergibt. Das Fundmaterial der Mehrfachbestattung von Oberschneiding ist in ein mittleres Münchshöfen (Horizont Wallersdorf/Enzkofen nach Meixner 2017) einzuordnen. Die Serien von Mamming, Lkr. Dingolfing-Landau, Niederbayern, und Ergoldsbach-Langenhettenbach, Lkr. Landshut, Niederbayern streuen vom ersten Datierungsschwerpunkt um 4400 cal BC jeweils sehr weit in einen jüngeren Bereich. Bei Ergoldsbach-Langenhettenbach handelt es sich um drei Getreidedaten

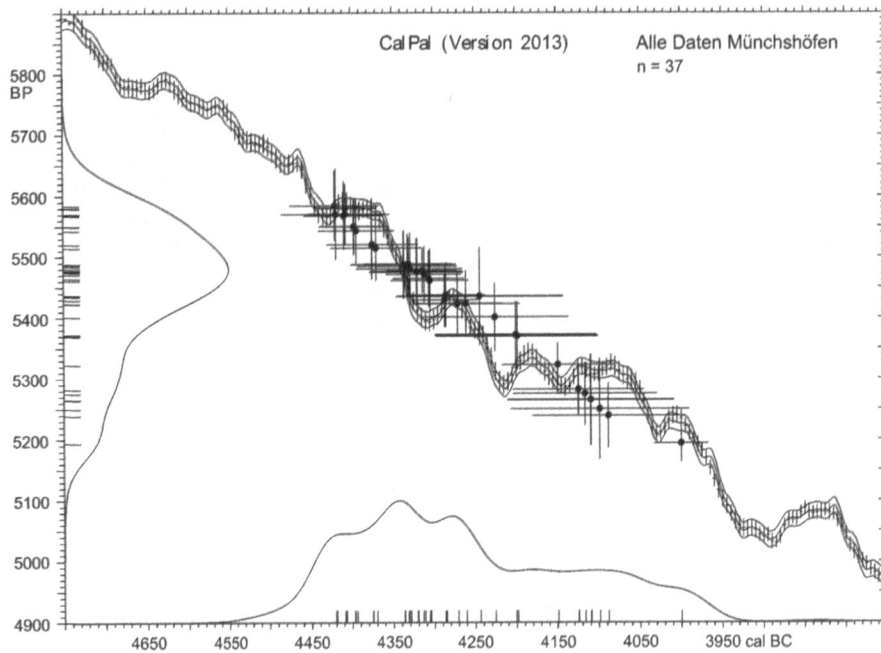

Abb. 43. Münchshöfner Kultur. Gruppenkalibration aller als zuverlässig eingeschätzten Messungen mit Kalibrationskurve. Holzkohlenkorrektur: 50 Jahre. Altkollagenkorrektur: 0–20 Jahre. Breite cal BC-Achse: 1000 Jahre.

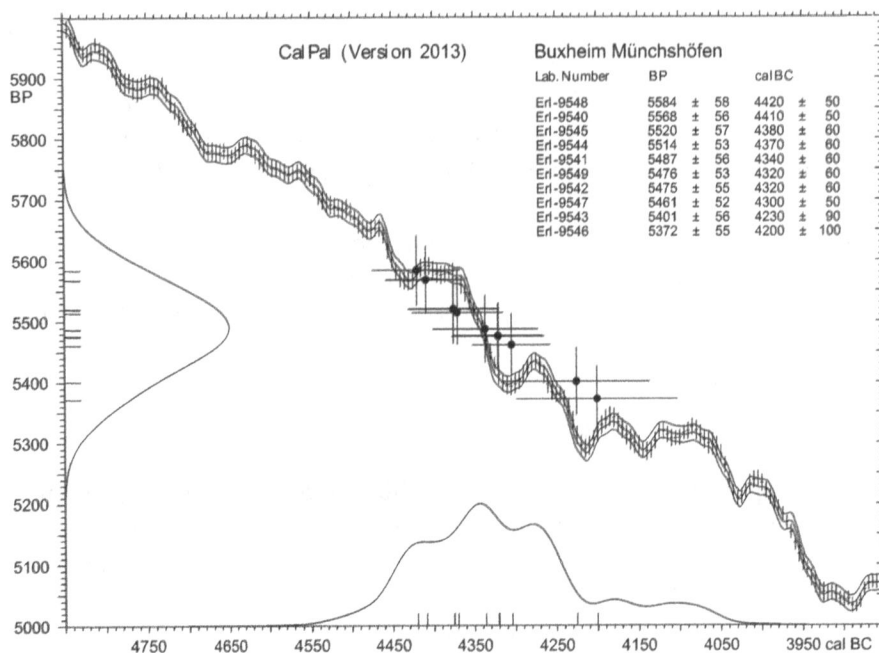

Abb. 44. Buxheim, Lkr. Eichstätt, Oberbayern. Münchshöfner Kultur. Gruppenkalibration mit Kalibrationskurve. Tierknochen. Breite cal BC-Achse: 1000 Jahre.

aus einer Siedlung, allerdings aus zwei verschiedenen Grabungskampagnen. Zwei Daten stammen aus dem AMS-Labor Erlangen und ein konventionelles Datum wurde in Groningen, Niederlande, erhoben. Für die Siedlung von Mamming wurden in Erlangen wahrscheinlich Tierknochen gemessen. Die keramischen Funde beider Siedlungen sind – soweit bekannt – in ein mittleres Münchshöfen einzuordnen. Es ist bei diesen kleinen Serien beim aktuellen Publikationsstand schwierig zu beurteilen, ob sie eine lange

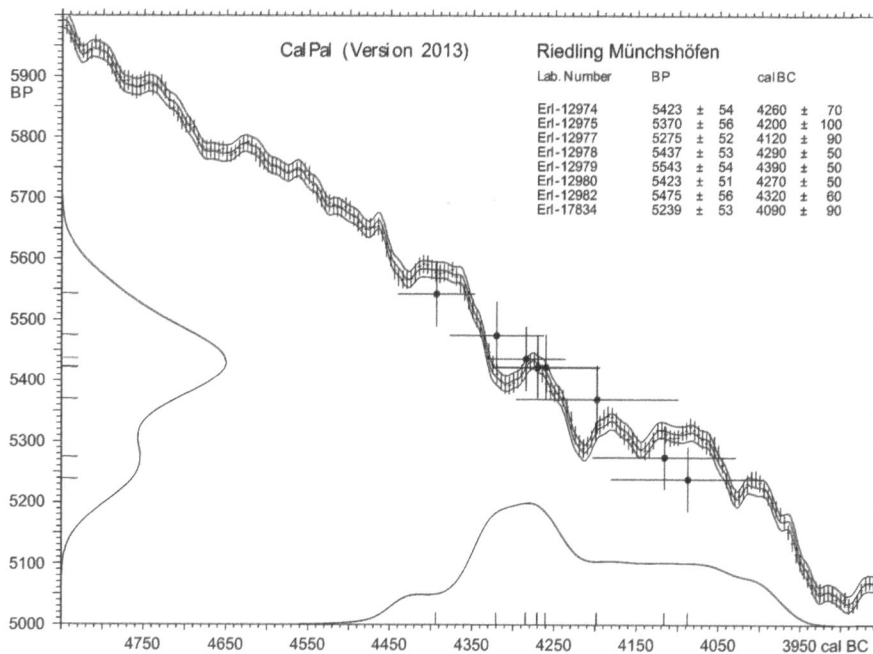

Abb. 45. Oberschneiding-Riedling, Lkr. Straubing-Bogen, Niederbayern. Münchshöfner Kultur. Gruppenkalibration mit Kalibrationskurve. Tierknochen und Holzkohlen. Holzkohlenkorrektur: 50 Jahre. Breite cal BC-Achse: 1000 Jahre.

Nutzungszeit der Fundplätze mit mehreren Siedlungsphasen wiedergeben oder aufgrund von Verunreinigungen in einen zu jungen Bereich streuen. Vergleicht man alle Münchshöfener Serien mit der Kurve der gemeinsam kalibrierten Einzeldaten (Abb. 42 unten), so deutet sich eine Datierung von Münchshöfen insgesamt zwischen 4480 und 3980 cal BC (95 %-Wahrscheinlichkeitsbereich) an, wobei ein Plateau der Kalibrationskurve zwischen etwa 4200 und 4050 cal BC die Beurteilung erschwert, wann Münchshöfen absolutchronologisch endet (vgl. Abb. 43). Die Kurven von Oberscheiding und Brixlegg belegen den Datierungsschwerpunkt des mittleren Münchshöfen um 4400 cal BC (Abb. 42). Das Erdwerk von Buxheim mit Keramik, welche trotz Einflüsse aus dem Westen, typologisch ebenso dem mittleren Münchshöfen zuzurechnen ist, datiert im Schwerpunkt leicht jünger zwischen 4400 und 4300 cal BC. Die beiden jüngsten Daten von Buxheim dürften aufgrund eines deutlichen Wiggles in einen etwas zu jungen Bereich abgelenkt worden sein (Abb. 44). Abgesehen von diesem Effekt handelt es sich um eine kompakte Serie aus dem Labor von Erlangen, was durch die Verteilung der unkalibrierten Daten bestätigt wird (Abb. 44, BP-Achse). Sie ist daher als zuverlässig zu beurteilen[69].

Um 4300 cal BC datiert eine Mehrfachbestattung aus Stephansposching-Marterläcker, von der bisher keine Keramik publiziert vorliegt (Abb. 42).

Interessant ist die Verteilung der Daten des Fundplatzes Oberschneiding-Riedling, Lkr. Straubing-Bogen, Niederbayern (Abb. 45)[70]. Die Serie wurde zwischen 2008 und 2014 in Erlangen an zwei Holzkohlen und sechs Knochenproben gemessen. Anhand der Daten zeichnet sich für Riedling eine wahrscheinliche Zweiphasigkeit ab. Ein erster Datierungsschwerpunkt liegt um etwa 4300 cal BC. Eine spätere Besiedlungsphase liegt zwischen 4200 und 4050. Die zweite Phase lässt sich nicht näher eingrenzen, da die entsprechenden Daten auf einem Plateau der Kalibrationskurve liegen. Die im Ansatz zweigipflige Verteilung der unkalibrierten Daten (Abb. 45, BP-Achse) zeigt, dass es zwischen beiden Phasen eine

---

69 Dass ausgerechnet ein relativ frühes Datum Erl-9540: 5568 ± 56 BP aus dem in typologischer Hinsicht jüngsten Fundkomplex stammt, muss nicht irritieren. Ältere Knochen können leicht durch taphonomische Prozesse während einer längeren Siedlungstätigkeit in jüngere Gruben gelangen.

70 Vorberichte: Husty 2009a; Husty/Meixner 2008; Husty/Meixner 2009.

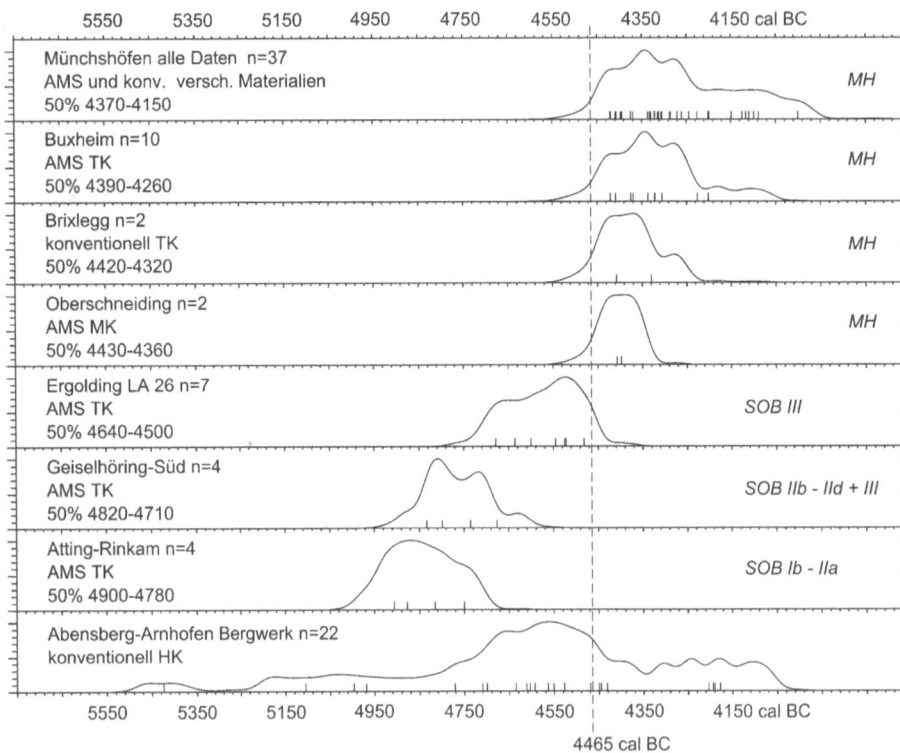

Abb. 46. Vergleich ausgewählter Serien des SOB und der Münchshöfner Kultur und der Serie aus dem Silexbergwerk Abensberg-Arnhofen. Holzkohlenkorrektur: 50 Jahre. Altkollagenkorrektur: 0–20 Jahre. Breite cal BC-Achse: 2000 Jahre.

Siedlungsunterbrechung gegeben haben könnte. Anhand der Grabungsergebnisse wurde bereits eine Zweiphasigkeit für die Befunde und Funde von Riedling vermutet, unter anderem überschneiden sich zwei Grabenwerke, die beide der Münchshöfener Kultur zuzurechnen sind[71]. Die Daten widersprechen dem auf jeden Fall nicht. Insgesamt gehört Riedling damit nach ^{14}C-Daten in das späte klassische und das frühe späte Münchshöfen nach Meixner (2017). Es ist abzuwarten, ob die keramischen Funde diesen Datierungsansatz bestätigen.

Der Datierungsbereich für das späte Münchshöfen zwischen 4200 und 4050 cal BC auf dem beschriebenen Plateau könnte durch eine in etwa zeitgleiche stärkere Aktivität im Silexbergwerk Abensberg-Arnhofen um 4200 cal BC (Abb. 46 unten) Bestätigung finden. Leider sind nur zwei Einzeldaten, welche kalibriert in diesem jüngeren Bereich zu liegen kommen – ein Holzkohlendatum von Manching-Oberstimm und die unter Vorbehalt zu beurteilende Hochpräzisionsmessung eines Knochens von Aiterhofen-Ödmühle – mit Keramik des Späten Münchshöfen nach Meixner (2017) assoziiert. Von Fundkomplexen, die D. Meixner noch später einordnet, liegen gar keine Daten vor. Daher ist das Ende der Münchshöfener Kultur nicht mit Sicherheit absolut zu datieren. Auch für keramische Fundkomplexe des typologisch frühsten Münchshöfen nach Meixner fehlen ^{14}C-Daten. Vergleicht man die Serien von Münchshöfen und dem Südostbayerischen Mittelneolithikum, denen größere Zuverlässigkeit zugesprochen werden kann (Abb. 46), so endet das SOB mit der Serie von Ergolding-LA 26 um 4500 cal BC (50 %-Wahrscheinlichkeitsbereich) und das mittlere Münchshöfen beginnt um 4430/4420 cal BC (50 %-Wahrscheinlichkeitsbereiche der Serien von Brixlegg und Oberschneiding). Dazwischen, um 4465 cal BC, sollte das Frühe Münchshöfen absolut datieren.

---

71 Vortrag von L. Husty bei der Arbeitstagung „Neue Materialien des Bayerischen Neolithikums" im Kloster Windberg am 22. November 2014.

Die absolute Datierung der Stichbandkeramik böhmischer Prägung (Abb. 47–49)

Für die Stichbandkeramik[72] liegen nur wenige Daten und noch weniger Serien vor (Abb. 47–49)[73]. In Abb. 47 sind Daten aus verschiedenen Ländern und Regionen[74] zusammengestellt, die mit stichbandkeramischen Funden in Zusammenhang stehen, die nach den Stufen von M. Zápotocká (1970) bestimmt werden können. Die Serien sind nach ihrem 50 %-Wahrscheinlichkeitsbereich geordnet.

Aus Frauenhofen, Gem. St. Bernhard-Frauenhofen, Verwaltungsbezirk Horn, einem niederösterreichischen Fundplatz mit Grabenwerk, der Funde der Stufen SBK IIb/III erbracht hat (Lenneis 1977; 1979; 1986), liegen vier ältere, in Köln gemessene Holzkohlendaten vor (Lenneis 1986, 171), von denen zwei wegen großer Standardabweichung nicht verwendet wurden. Die beiden Daten mit geringer Standardabweichung (Abb. 47 unten) liegen mit ihrem Mittelwert sehr weit auseinander. Das ältere liegt in einem linearbandkeramischen Bereich, ohne dass von der Ausgrabung linearbandkeramische Funde bekannt geworden wären. Die Messungen von Frauenhofen müssen insgesamt als unzuverlässig eingestuft werden.

Abgesehen von Frauenhofen ist die älteste Serie der Abb. 47 die der schon besprochenen Siedlung Dresden-Prohlis. Sie repräsentiert den Übergang von LBK zu SBK im Dresdner Elbtal um etwa 4950 cal BC.

Ein zwischen 2011 und 2013 in Poznań gemessenes Einzeldatum aus Rouchovany, Bezirk Třebíč in Mähren, Tschechische Republik, das von einer SBK III-zeitlichen Siedlungsstelle stammt, liegt um 4900 cal BC (Kaiser 2012; Holub u. a. 2013).

Eine etwas umfangreichere Serie liegt von der Kreisgrabenanlage von Vchynice, Bezirk Litoměřice in Nordwestböhmen, Tschechische Republik, vor. Der Bau und die Nutzung der Anlage wird in die Stufe SBK IVa datiert, allerdings gibt es eine ältere Siedlung in der direkten Umgebung, deren Funde den Stufen SBK II und III zuzuordnen sind. Die fünf ¹⁴C-Daten, die zwischen 2008 und 2012 in Poznań an Tierknochen gemessen wurden, repräsentieren laut dem Bearbeiter J. Řídký daher nicht nur den Bau und die Verfüllung der Kreisgrabenanlage, sondern auch ältere, intrusiv in die Füllung der Gräben gelangte Funde der Stufen II und III[75]. Der 50 %-Wahrscheinlichkeitsbereich spricht für eine Nutzung des Platzes von 4870 bis 4750 cal BC.

Aus Stary Zamek, Gemeinde Sobótka, Kreis Wrocław, Niederschlesien, Polen, liegen zwei früh in Berlin gemessene konventionelle ¹⁴C-Daten wahrscheinlich von Holzkohlen vor (Breunig 1987, 155). Das Grabungsareal 2a hat Funde und einen Hausgrundriß der Stufe SBK IIb/III erbracht. Das Grabungsareal 2 dagegen einen Hausgrundriss und Keramik der Stufe IVa (Romanow 1977, 34–38 Abb. 9; 49 Abb. 18; 50 Abb. 19; 51 Abb. 20; 52). Es ist nicht klar, welches Datum von welcher Fläche stammt. Die Daten, die in ihrem Mittelwert weit voneinander entfernt liegen (Abb. 47), können durchaus eine frühe und eine spätere stichbandkeramische Besiedlung repräsentieren.

Von der Fundstelle Těšetice-Kyjovice, Bezirk Znojmo in Südmähren, Tschechische Republik, ist eine Serie von fünf kompakt liegenden Daten bekannt geworden, die mit der stichbandkeramischen Phase des Fundplatzes in Verbindung stehen soll. Weitere Informationen zu diesen Daten konnten nicht mehr in Erfahrung gebracht werden[76]. Sie dürften mit einiger Wahrscheinlichkeit von Menschenknochen der stichbandkeramischen Gräber von Těšetice-Kyjovice ermittelt worden sein (Kazdová 1990; 1993; 1997).

72　Gemeint ist hier die Stichbandkeramik böhmischer Prägung, die im Dresdner Becken, in Böhmen, Mähren, Niederösterreich, der Slowakischen Republik, Polen (Niederschlesien) und Südbayern gefunden wird. Nicht in allen Gebieten ist die gesamte Entwicklung vorhanden. Aus Mangel an verwertbaren Daten wurde die Mitteldeutsche Stichbandkeramik nicht berücksichtigt.

73　Auf dem internationalen Symposium „100. Jahrestag der relativen Chronologie des Neolithikums und des Äneolithikums von Jaroslav Palliardi" vom 15. bis 18. September 2014 in Moravské Budějovice wurden neue Daten von drei weiteren böhmischen Fundorten (Praha-Moldaaufer, Praha-Ruzyně und Plotiště nad Labem II in Nordböhmen) vorgestellt, die bei der Datenaufnahme zu dieser Auswertung noch nicht publiziert vorlagen.

74　Teils aus Mangel an Sprachkenntnissen und teils aufgrund des Publikationsstandes konnte ich für ¹⁴C-Daten aus Polen und der Tschechischen Republik nicht immer alle gewünschten Informationen aufnehmen.

75　Řídký u. a. 2012, 683–685; 692–694. Freundliche Mitteilung Jaroslav Řídký. Vgl auch Řídký u. a. 2013.

76　Kuča u. a. 2009, 319. Martin Kuča danke ich herzlich für Auskünfte zu diesen Daten und für Hinweise auf weitere ¹⁴C-Daten aus Mähren.

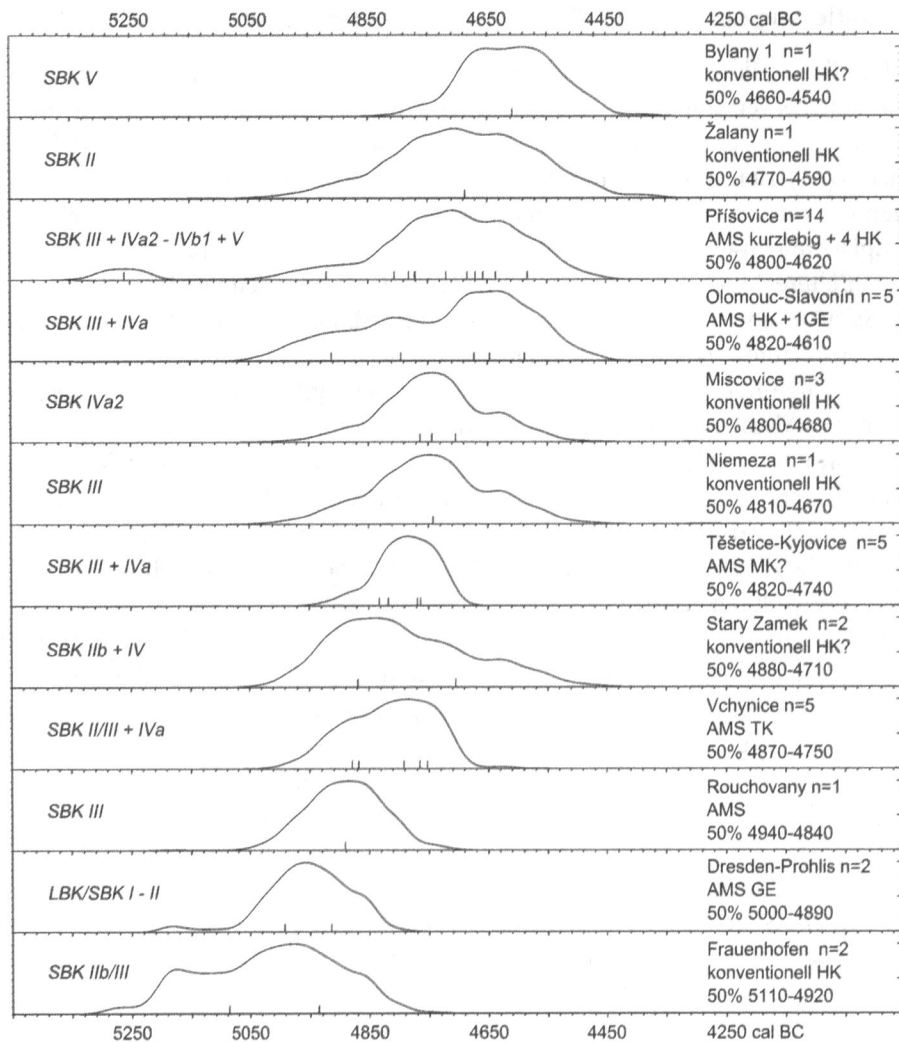

Abb. 47. ¹⁴C-Serien der Stichbandkeramischen Kultur. Unbereinigter Vergleich der Gruppenkalibrationen, sortiert nach den 50 %-Wahrscheinlichkeitsbereichen der einzelnen Gruppenkalibrationen. Holzkohlenkorrektur: 50 Jahre. Altkollagenkorrektur: 20 Jahre. Breite cal BC-Achse: 1500 Jahre.

Diese sind der Stufe SBK III zuzuordnen (z. B. Kazdová 1998, 85). Nach neueren Forschungen (z. B. Zápotocká u. a. 2015) ist zumindest ein Teil dieser Gräber an den Übergang der Stufen SBK III zu IVa einzuordnen (Abb. 3). Sie gehen der lengyelzeitlichen Nutzung des Fundplatzes mit Siedlung und Kreis-grabenanlage voran. Der 50 %-Wahrscheinlichkeitsbereich zu diesen Daten nimmt die Spanne von 4820 bis 4740 cal BC ein, mit einem gemeinsamen Mittelwert um etwa 4780 cal BC.

Aus Niemeza, Kreis Dzierżoniów, Niederschlesien liegt ein vor 1977 in Berlin an Holzkohle gemes-senes Datum vor. Die Probe wurde der Grube 24 entnommen, aus der auch Keramik der Stufe SBK III geborgen wurde (Kulczycka-Leciejewiczowa 1977, 18 Abb. 4; 29). Das Datum liegt etwas später als die Serie von Těšetice-Kyjovice um rund 4740 cal BC.

Einen sehr ähnlichen Datierungsbereich nimmt die Serie von Miscovice, Bezirk Kutná Hora in Mit-telböhmen, Tschechische Republik, ein (Zápotocká 1998, 59). Die Grabinventare des stichbandkera-mischen Gräberfeldes ermöglichten es, die Stufe SBK IVa weiter zu untergliedern. Die Körpergräber sind der Stufe SBK IVa1 zuzurechnen, während die Brandgräber der Stufe IVa2 zugerechnet werden. Die Fundstelle liegt auf einem Areal, das auch in linearbandkeramischer Zeit besiedelt wurde. Für die frühen Berliner Messungen dienten Holzkohlen aus den Brandgräbern als Probenmaterial. Das Datum Bln-2065: 6295 ± 100 BP nimmt einen linearbandkeramischen Wert ein. Bei der Messung Bln-2177 ist der Wert der

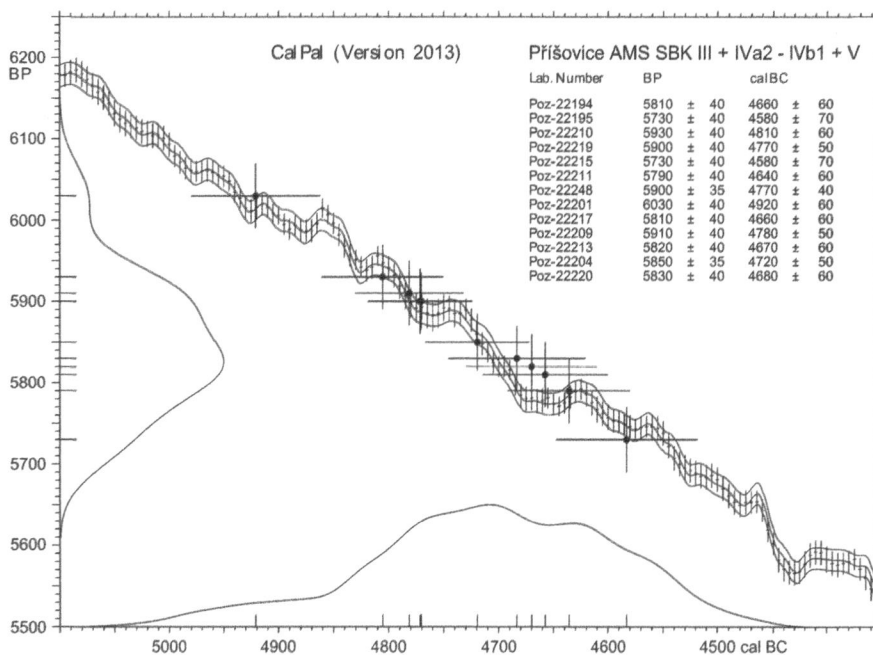

CalPal (Version 2013)   Příšovice AMS SBK III + IVa2 - IVb1 + V

Lab. Number	BP			calBC		
Poz-22194	5810	±	40	4660	±	60
Poz-22195	5730	±	40	4580	±	70
Poz-22210	5930	±	40	4810	±	60
Poz-22219	5900	±	40	4770	±	50
Poz-22215	5730	±	40	4580	±	70
Poz-22211	5790	±	40	4640	±	60
Poz-22248	5900	±	35	4770	±	40
Poz-22201	6030	±	40	4920	±	60
Poz-22217	5810	±	40	4660	±	60
Poz-22209	5910	±	40	4780	±	50
Poz-22213	5820	±	40	4670	±	60
Poz-22204	5850	±	35	4720	±	50
Poz-22220	5830	±	40	4680	±	60

Abb. 48. Příšovice, Bezirk Liberec, Nordböhmen, Tschechische Republik. Stichbandkeramische Kultur, Stufen SBK III, IVa2 bis IVb1 und V. Gruppenkalibration mit Kalibrationskurve. Tierknochen und Holzkohlen. Holzkohlenkorrektur: 50 Jahre. Breite cal BC-Achse: 750 Jahre.

Standardabweichung nicht bekannt, wurde hier mit einer angenommenen mittleren Standardabweichung von 80 Kalenderjahren kalibriert. Die drei mittelneolithischen Daten liefern so einen 50 %-Wahrscheinlichkeitsbereich von 4800 bis 4680 cal BC für die Stufe SBK IVa2.

Die Serie von fünf AMS-Daten aus der Siedlung Olomouc-Slavonín, Bezirk Olomouc, Mittelmähren (Kazdová u. a. 1999) wurden in Wien zwischen 2006 und 2010 anhand von einer Getreideprobe und vier Holzkohlen von Nadelhölzern gewonnen. Die Siedlung lieferte Fundmaterial und Hausgrundrisse der Stufen SBK III und SBK IVa. Im Vergleich zu den anderen Serien der Fundplätze mit Keramik der Stufe IVa Těšetice-Kyjovice und Vchynice streut sie relativ breit in einen zu jungen Bereich, der bereits zum Datierungsbereich der Stufe IVb zählen sollte. Die Zweigipfligkeit der Gruppenkalibration könnte auf eine Siedlungsunterbrechung hinweisen. Tatsächlich stammen die Proben der drei älteren Daten (Vera-2089; Vera-3332 und Vera-3334) aus Gruben mit Fundmaterial der Stufe SBK III und die der zwei jüngeren (Vera-2097 und Vera-3329) aus Fundkomplexen, die der Stufe SBK IVa zuzurechnen sind (vgl. ^{14}C-Datenliste online).

Eine Serie von 14 AMS-Daten, die in Poznań gemessen wurden, stammt von der Fundstelle Příšovice, Bezirk Liberec, in Nordböhmen, Tschechische Republik. Die Ausgrabung erfasste den Ausschnitt einer Siedlungsfläche, der keramische Hinterlassenschaften der Stufen SBK III, SBK IVa2–IVb1 und SBK V und insgesamt 14 Hausgrundrisse erbrachte. Bisher wurden keine Abbildungen publiziert, ein Katalog gibt die Zugehörigkeit der Grubeninventare nach den Stufen von Zápotocká an und beschreibt die Hausgrundrisse[77]. Der Bearbeiter P. Brestovanský plädiert für eine ununterbrochene Siedlungsdauer. Wahrscheinlich sind die Relikte der fehlenden Stufen SBK IVa1 und IVb2 im Grabungsausschnitt nicht erfasst worden, sie dürften in unmittelbarer Umgebung zu suchen sein. Die AMS-Daten wurden anhand von vier Holzkohlen-, neun Getreideproben und einer Wickensamenprobe ermittelt (Abb. 48). Eine Getreideprobe ergab ein Datum (Poz-22214: 6280 ± 40 BP), das in einem ältestlinearbandkeramischen

---

77 Vorberichte: Brestovanský 2007; Brestovanský 2008; Brestovanský 2011. Ausführliche Diplomarbeit ohne Abbildungen und Tafeln: Brestovanský 2009.

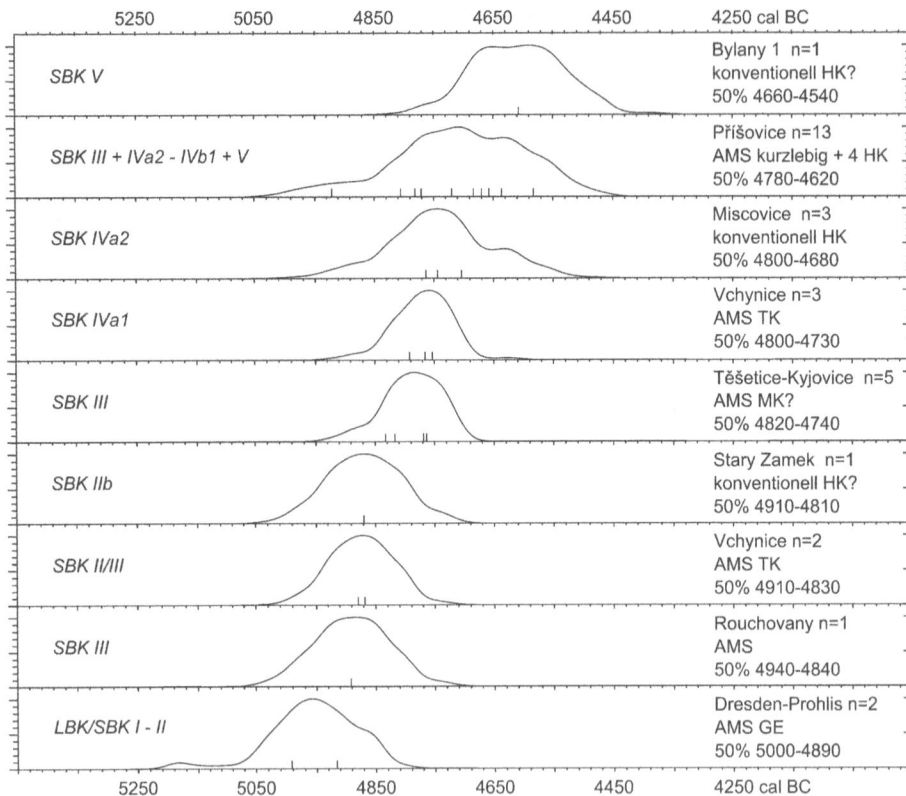

Abb. 49. ¹⁴C-Serien der Stichbandkeramischen Kultur. Bereinigter Vergleich der Gruppenkalibrationen, sortiert nach den 50 %-Wahrscheinlichkeitsbereichen der einzelnen Gruppenkalibrationen. Holzkohlenkorrektur: 50 Jahre. Altkollagenkorrektur: 20 Jahre. Breite cal BC-Achse: 1500 Jahre.

Bereich liegt. Die Probe der Wickensamen ergab ein sehr frühes Datum, das kalibriert in dem Bereich liegt, der für den Übergang LBK/SBK in Frage kommt. Alle anderen Daten bilden im Vergleich zu den übrigen stichbandkeramischen Serien und Daten den Bereich ab, zu den keramischen Funden der Stufen SBK III bis V passt. Der 50 %-Wahrscheinlichkeitsbereich der Serie ohne den linearbandkeramischen Ausreißer umfasst insgesamt 160 Jahre, von 4780 bis 4620 cal BC (Abb. 49). Die Mittelwerte der unkalibrierten Einzeldaten gruppieren sich unterschiedlich (Abb. 48, BP-Achse). Dies könnte auf einen Hiatus zwischen den keramischen Phasen SBK III und SBK IVa2 hinweisen. Auch ein Hiatus zwischen SBK IVb1 und V ist nicht auszuschließen.

Ein einzelnes Datum aus Žalany, Bezirk Teplice, Nordwestböhmen, Tschechische Republik – vor 1966 an einer Holzkohle in Berlin gemessen – stammt aus SBK II-Zusammenhang und fällt dafür mit einem Mittelwert um etwa 4680 cal BC zu jung aus (Abb. 47).

Das jüngste Einzeldatum, das in Abb. 47 Eingang fand, stammt aus der Grabungsfläche von Bylany 1, Bezirk Kutná Hora in Mittelböhmen, Tschechische Republik. Es wurde vor 1979 wahrscheinlich anhand einer Holzkohle konventionell in Groningen ermittelt (Breunig 1987, 141; Pavlů/Zápotocká 1979, 302). Die Probe stammt aus dem Zusammenhang der SBK V-zeitlichen Besiedlung des Platzes, der vor allem zur Zeit der LBK genutzt wurde (Pavlů u. a. 1986, 363–383; Zápotocká 1989). Das Datum liegt etwa um 4600 cal BC.

Die Einzeldaten der Stichbandkeramik sind nicht leicht zu beurteilen. Es muss damit gerechnet werden, dass eine Siedlungsstelle, von der nur ein Datum vorliegt, über mehrere Phasen hinweg genutzt wurden und die datierte Probe in ihrem Alter nicht immer genau der assoziiert gefundenen Keramik entspricht. Dennoch sind der Abb. 49 gute Hinweise auf die absolute Datierung der stichbandkeramischen Entwicklung zu entnehmen: Der Übergang von Jüngster LBK und Keramik der Stilstufe SBK I hin zur archaischen Stichbandkeramik der Stufe II vollzieht sich nach den Daten von Dresden-Prohlis um circa

4950 cal BC. Diese Datierung wird dadurch gestützt, dass einige Daten für eine Datierung der Stufen SBK II und III zwischen 4900 und 4850 cal BC sprechen. Dies sind das Einzeldatum von Rouchovany (Stufe III in Mähren), die beiden frühen Daten aus der Kreisgrabenanlage von Vchynice (Stufen II und III in Böhmen) und das frühe Datum von Stary Zamek (SBK IIb in Polen). Dem widerspricht das Datum von Zalany, das für die Stufe SBK II zu jung ausfällt und in Abb. 49 keinen Eingang mehr fand. Die Daten von Těšetice-Kyjovice (Stufe SBK III und Übergang zu IV in Mähren) fallen mit ihrem Mittelwert um 4800 cal BC etwas jünger aus. Die drei jüngeren Daten von Vchynice und die Daten von Miscovice sprechen für eine Datierung der Stufe SBK IVa zwischen etwa 4800 und 4700 cal BC. Das jüngere Datum von Stary Zamek (Abb. 47) widerspricht dem nicht. Die Serie von Olomouc-Slavonín wurde in Abb. 49 nicht berücksichtigt, da sie im Vergleich in einen zu jungen Bereich streut und daher ähnlich problematisch ist, wie Serien zur Mährisch-Ostösterreichischen Gruppe der bemalten Keramik, die zeitnah in Wien gemessen wurden (s. u.). Das einzelne Datum von Bylany 1, das für die Stufe SBK V um 4600 cal BC steht, erscheint im Vergleich zu Daten von Bayern für das späte SOB plausibel. Wann die stichbandkeramische Entwicklung nach Zápotocká absolutchronologisch endet, kann damit allerdings nicht bestimmt werden. Die Serie des lange genutzten Siedlungsplatzes von Příšovice steht den Datierungen der einzelnen Phasen nicht entgegen.

Die absolute Datierung der Mährisch-Ostösterreichischen Gruppe der bemalten Keramik (MOG) (Abb. 50–53)

Auf dem Gebiet der absoluten Datierung der Mährisch-Ostösterreichischen Gruppe der bemalten Keramik (MOG) haben sich sowohl das AMS-Labor in Wien[78], das zwischen 1996 und 2006 alle neueren Serien gemessen hat, als auch P. Stadler, der diese Daten kalibriert und mit Hilfe der entsprechenden Keramikexperten – allen voran E. Ruttkay – beurteilt hat[79], hervorgetan. Unter Verwendung des Kalibrationsprogrammes OxCal und der darin gegebenen Möglichkeit des Sequenzing – einer Variante der Gruppenkalibration nach Phasen unter Verwendung der Bayesschen Statistik – kam Stadler zu folgenden Ergebnissen:

MOG Ia0	4800 bis 4688	113 Jahre
MOG Ia	4688 bis 4615	73 Jahre
MOG Ib	4615 bis 4523	93 Jahre
MOG IIa	4523 bis 4375	148 Jahre
MOG IIb	4375 bis 4115	260 Jahre mittlere Dauer

Angegeben sind hier nur die Mittleren Werte, bei Stadler u. a. (2006, 66 Tab. 5) ist genaueres nachzulesen.

Dabei verwendete er nicht alle zur Verfügung stehenden Daten Österreichs, sondern nur die Daten, deren zugrunde liegende Proben aus Befunden mit typologisch ansprechbarer Keramik stammen. Somit reduzieren sich die 144 Daten, die in den Tabellen angegeben werden (Stadler u. a. 2006, 57 Tab. 1; 58 Tab. 2), auf insgesamt nur 33 Daten, die in die Berechnungen eingingen. Zusätzlich wurden sieben Daten aus Ungarn (Stadler u. a. 2006, 59 Abb. 8 oben) einbezogen, die nicht in den Tabellen angeführt sind. Einzelne Daten, deren Proben aus dem gleichen Befund stammen, wurden rechnerisch zusammengefasst. Es ist ein überzeugender Ansatz, nur mit Daten zu arbeiten, deren archäologischer Kontext gesichert erscheint, und Daten von Proben zu ignorieren, bei denen die vergesellschafteten Funde nicht ausreichend bekannt sind. Andererseits stellt gerade das rechnerische Zusammenfassen von Daten, die aus einem Siedlungsbefund stammen, einen riskanten Glauben an die Geschlossenheit dieser Befunde dar. Wie oben betont wurde, ist gerade bei längerfristig besiedelten Fundplätzen Vorsicht geboten.

---

78 Zum Beginn der Arbeiten im 1996 neu gegründeten Labor und den dort verwendeten Standards s. Wild u. a. 1998.

79 Erster Versuch: Stadler 1995; unter Berücksichtigung neuerer AMS-Serien: Stadler u. a. 2006; Abbildungen der datierten Fundkomplexe: Stadler/Ruttkay 2006.

5050 4850 4650 4450 4250 4050 3850 cal BC

MOG IIb	Unterlanzendorf n=3 AMS TK 50% 4210-4090
MOG IIa	Mauer-Antonshöhe n=3 AMS MK 50% 4460-4120
MOG IIa	Reichersdorf n=2 AMS MK 50% 4480-4370
MOG IIa + ?	Michelstetten n=32 AMS TK 50% 4560-4400
MOG Ib	Hollabrunn n=4 AMS TK 50% 4620-4510
MOG Ia	Ölkam n=9 AMS HK 50% 4680-4530
MOG Ia1 - Ib2	Kamegg n=16 AMS TK 50% 4660-4560
MOG Ia0	Unterwölbing n=1 konventionell TK 50% 4710-4570
MOG Ia0 / Ia	Friebritz-Süd n=8 AMS TK + MK, 1 konv. HK 50% 4710-4590
MOG Ia	Glaubendorf n=5 AMS TK 50% 4760-4640

5050 4850 4650 4450 4250 4050 3850 cal BC

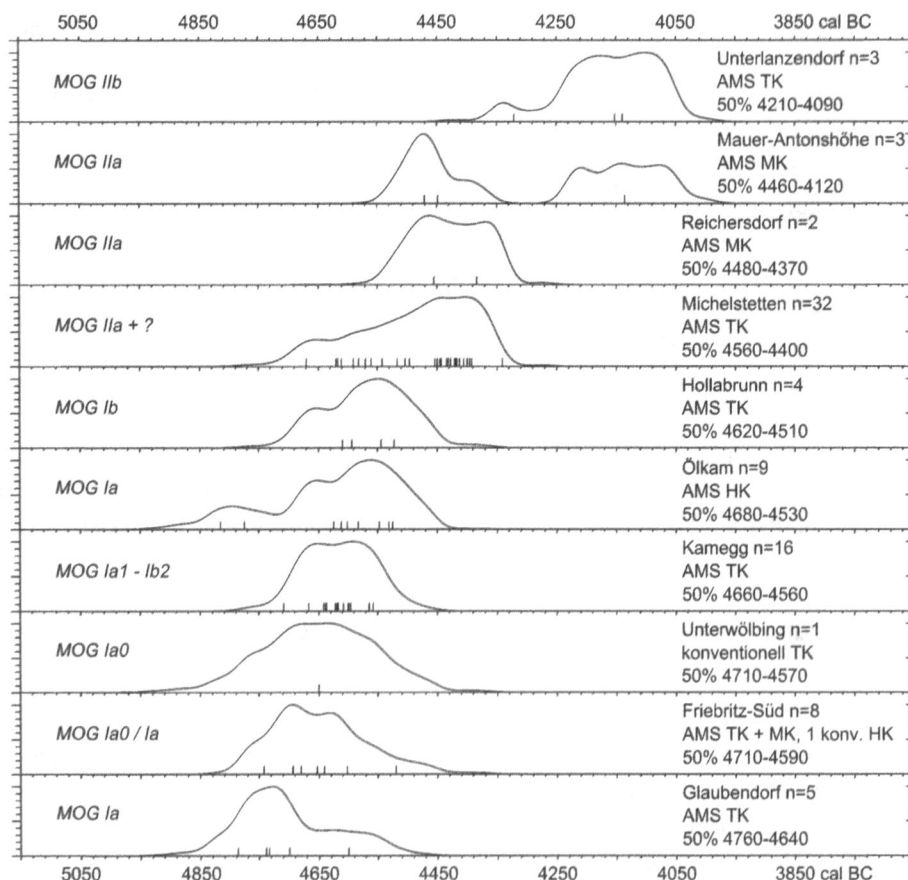

Abb. 50. ^{14}C-Serien der Mährisch-Ostösterreichischen Gruppe der bemalten Keramik (MOG). Unbereinigter Vergleich der Gruppenkalibrationen, sortiert nach den 50 %-Wahrscheinlichkeitsbereichen der einzelnen Gruppenkalibrationen. Holzkohlenkorrektur: 50 Jahre. Altkollagenkorrektur: 20 Jahre. Breite cal BC-Achse: 1500 Jahre.

In Folge soll überprüft werden, ob mit dem hier gewählten Verfahren – dem Vergleich von gruppenkalibrierten Serien – das gleiche Ergebnis wie bei Stadler erzielt wird (Abb. 50–53). In Abb. 50 sind alle österreichischen Serien pro Fundplatz abgebildet und nach ihren 50 %-Wahrscheinlichkeitsbereichen sortiert. Nur die Daten der Kreisgrabenanlage von Falkenstein „Schanzboden", Bezirk Mistelbach, Niederösterreich, ging – wie auch bei Stadler – nicht ein. Für Falkenstein wurden vor 1995 13 konventionelle Messungen in drei verschiedenen Labors an Holzkohlen vorgenommen (vgl. ^{14}C-Datenliste online). Die Daten – auch die der einzelnen Labore für sich – fallen so unterschiedlich aus, dass sie insgesamt kalibriert eine Spanne von 1110 Jahren (95 %-Wahrscheinlichkeitsbereich) einnehmen, der 50 %-Wahrscheinlichkeitsbereich beträgt immer noch 430 Jahre. Die Daten des Fundplatzes können nur als misslungen verworfen werden.

Bis auf zwei konventionelle Daten wurden alle Serien der Abb. 50 im AMS-Labor von Wien in den Jahren zwischen 1996 und 2006 gemessen (Stadler 1995; Stadler u. a. 2006). An den kleinen Labornummern ist zu erkennen, dass viele der Messungen bereits kurz nach der Gründung des Labors durchgeführt wurden, wo man sofort nach anerkannten Verfahren und internationalen Standards arbeitete (Wild u. a. 1998).

Ganz unten in Abb. 50 wurde die Serie von Heldenberg-Glaubendorf 2, Bezirk Hollabrunn, Niederösterreich, als älteste eingeordnet. Die fünf an Tierknochen gemessenen Daten geben das Alter der dreifachen Kreisgrabenanlage von Glaubendorf 2 an; die Proben wurden aus Graben 1 geborgen[80]. Die wenigen bisher publizierten Funde aus einem Sondierungsschnitt durch alle drei Gräben (Trnka 1991, 72 Taf. 11; 73 Taf.12) dürften der Stufe MOG Ia zuzuordnen sein. Bei den Kreisgrabenanlagen von Künzing-

---

80   Stadler u. a. 2006, 57 Tab. 1; Trnka 1991, 60–74; Neubauer 2005, 52–57.

Unternberg und Vchynice zeigte sich, dass die Daten aus solchen Gräben verschiedene Ereignisse repräsentieren können: In Künzing stammten die älteren Daten aus den unteren und jüngere aus den oberen Grabenverfüllungen. Dies zeigt, dass mit einem längeren Zeitraum bis zur endgültigen Verfüllung von Kreisgräben zu rechnen ist. Dabei dürften die älteren Daten aus den Grabenspitzen den Zeitraum einer ersten schnellen, natürlichen Verfüllung anzeigen, die bald nach der Fertigstellung der Gräben einsetzte. Auch die in Künzing nachgewiesenen Ausbesserungen dürften daher bald nach dem Bau begonnen haben (Petrasch 1991, 8–14). Nach einigen Jahren der schnellen Verfüllung werden sich die Gräben stabilisiert haben[81]. Danach setzte, wie die Daten von Künzing zeigen, eine langsame natürliche Verfüllung ein, die bei großen und tief ausgehobenen Befunden bis zu mehrere Jahrhunderte angedauert haben kann[82]. Das Beispiel von Vchynice verdeutlicht, dass auch ältere Funde aus Vorgängersiedlungen der näheren Umgebung in die Grabenfüllungen geraten sein können. Eventuell ist dies auch bei Glaubendorf der Fall, denn im Vergleich zu den abgebildeten Serien anderer österreichischer Kreisgrabenanlagen fällt die Serie in ihrem Schwerpunkt um circa 4750 älter aus. Nur der weniger gut belegte jüngere Datierungsbereich um 4600 cal BC entspricht dem der anderen Kreisgrabenanlagen. Dies, und das wenige bisher bekannte Fundmaterial, könnten ausschlaggebende Gründe dafür gewesen sein, dass P. Stadler die Daten von Glaubendorf nicht in seinen Berechnungen berücksichtigt hat. Um mein Vorgehen mit dem von Stadler vergleichen zu können, stelle auch ich die Diskussion der Serie von Glaubendorf 2 zunächst zurück, um später noch einmal auf sie einzugehen.

Für den Fundplatz Fallbach-Friebritz-Süd, Bezirk Mistelbach, Niederösterreich, liegen insgesamt acht Daten vor. Das einzige, früh in Berlin gemessene konventionelle Holzkohledatum fällt – nach der Holzkohlenkorrektur um 50 Jahre – deutlich jünger aus, als alle anderen Daten. Es stammt aus dem Kreisgraben von Friebritz-Süd, aus dessen Hauptgraben drei weitere Tierknochenproben AMS datiert wurden. Für die Keramik der entsprechenden Grabung stellt Christine Neugebauer-Maresch Bezüge zur formativen Phase der Lengyel-Kultur MOG Ia0 her (Lenneis u. a. 1995, 62–65 mit Abb. 25), zudem erwähnt sie eine stichbandkeramisch verzierte Scherbe[83]. Allerdings handelt es sich dabei um einen ersten Eindruck vor der Gesamtvorlage des Fundmaterials, die noch aussteht. Vorgelegt wurde dagegen die Grabung der zentralen Gräbergruppe von Friebritz-Süd (Neugebauer-Maresch u. a. 2003). Die Grabinventare sind der Stufe MOG Ia0 zuzurechnen und stellen einen der wichtigsten Fundkomplexe für den Anfang der Lengyelkultur in Österreich dar. Für diese Gräber wurden anhand von Menschenknochen vier weitere AMS-Daten ermittelt. Es stellt sich die Frage, ob Gräbergruppe und Kreisgrabenanlage gleichzeitig datieren oder ob die Gräber der Kreisgrabenanlage vorangehen, wie dies in Těšetice-Kyjovice der Fall ist. Daher ist die Serie nach Herkunft der Proben noch einmal zu teilen (Abb. 52).

Ein Grubenkomplex aus Unterwölbing, Bezirk Sankt Pölten-Land, Niederösterreich, dessen Keramik als definierend für diese frühe Stufe der Bemaltkeramik in Österreich gilt, enthielt auch eine stichbandkeramisch verzierte Scherbe, die aufgrund ihrer geringen Größe aber nicht näher einer Stufe zugewiesen werden kann (Lenneis u. a. 1995, 63 Abb. 24). Ein Tierknochen aus dieser Grube wurde vor 1987 in Köln konventionell gemessen (Breunig 1987, 163). Das Einzeldatum (Abb. 49) passt mit seiner wahrscheinlichsten Datierung um 4650 cal BC zu der Serie von Friebritz. Doch insgesamt erscheint die Datierung der österreichischen Frühstufe des Lengyel durch diese beiden Fundplätze als zu jung im Vergleich zu entsprechenden Daten aus Ungarn: Die umfangreichste Serie für die formative Phase der Lengyel-Entwicklung stammt von Menschenknochen aus einem Massengrab bei Esztergályhorváti, Kreis Zala, Region Westliches Transdanubien, Ungarn (Abb. 51)[84]. Die sieben AMS-Daten wurden bereits zwischen 1995

81 Experimentell ausgehobene Gräben auf dem Versuchsgelände Kinzweiler (Stadt Eschweiler, Kr. Aachen-Land), die man sich selbst überlassen hatte, zeigen entsprechende Befunde: Kuper u. a. 1974; Lüning 1981b.

82 Die obersten Verfüllungsschichten des noch 1,8 m tief erhaltenen mittelneolithischen Grubenhauses von Aldersbach-Kriestorf, Lkr. Passau, Niederbayern, enthielten Altheimer Keramik. Dies zeigt, dass dieser ursprünglich noch tiefere Befund erst nach mehreren Jahrhunderten bis zum erhaltenen Niveau verfüllt war: Riedhammer u. a. 1999, 41–43.

83 Abgebildet sind für Friebritz stichbandkeramische Scherben von zwei Gefäßen, die in die Stufe SBK III einzuordnen sind: Lenneis u. a. 1995, 48 Abb. 20,1.11.

84 Daten: Bronk Ramsey u. a. 1999, 202; Befund und Keramik: Barna 1996; Barna 2015.

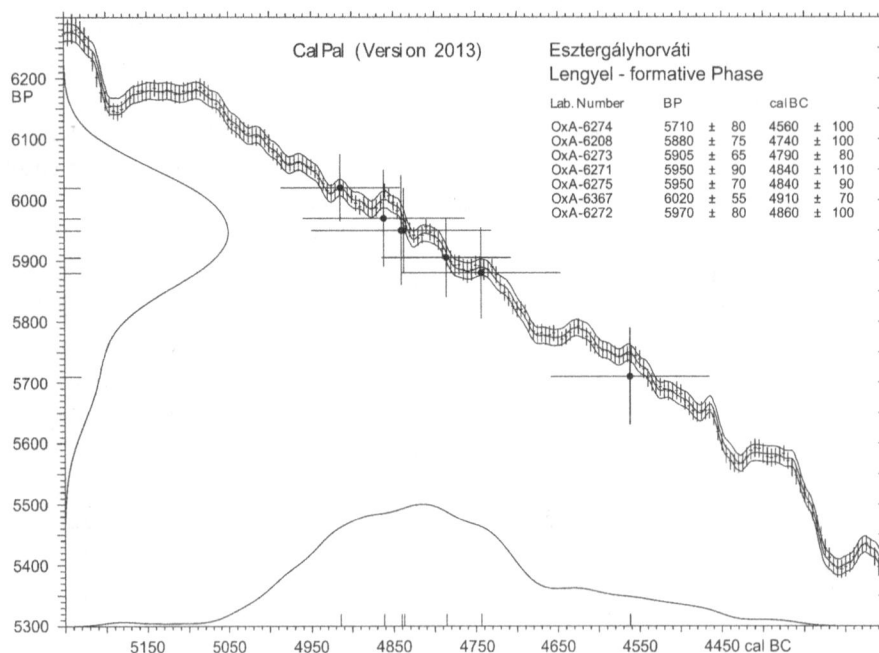

Abb. 51. Esztergályhorváti, Kreis Zala, Region Westliches Transdanubien, Ungarn. Formative Phase der Lengyel-Entwicklung. Gruppenkalibration mit Kalibrationskurve. Menschenknochen. Altkollagenkorrektur: 20 Jahre. Breite cal BC-Achse: 1000 Jahre.

und 1999 in Oxford gemessen, für eine gleichzeitige Bestattung mehrerer Individuen ist die Spanne des 50 %-Wahrscheinlichkeitsbereiches der Serie etwas groß, zumal es einen Ausreißer in einen jungen Bereich gibt. Der Höhepunkt der Verteilung liegt in etwa zwischen 4830 und 4800 cal BC, was diesen Befund und den Beginn der Lengyel-Entwicklung datieren dürfte.

Die beste Serie des österreichischen Mittelneolithikums stellt zweifelsfrei die von Kamegg, Bezirk Horn, Niederösterreich, dar (Abb. 50). Nicht nur, weil insgesamt 16 AMS-Daten vorliegen, sondern insbesondere, weil die Kreisgrabenanlage komplett gegraben und publiziert vorliegt. Die Keramik der Fundstelle konnte von M. Doneus (2001) mittels Korrespondenzanalyse in die Unterstufen Ia1 bis Ib2 untergliedert werden. Die kompakte Serie spricht – entgegen der sehr detaillierten Aufschlüsselung des keramischen Fundmaterials – für einen relativ kurzen Nutzungszeitraum. Der 50 %-Wahrscheinlichkeitsbereich lässt darauf schließen, dass Bau und Wiederverfüllung der Kreisgrabenanlage und die Besiedlung der näheren Umgebung nur maximal 100 Jahren von etwa 4660 bis 4560 cal BC gedauert haben.

Die Datenserie der Kreisgrabenanlage von Ölkam, Bezirk Linz-Land, Oberösterreich, ist die einzige, die anhand von Holzkohlen AMS datiert wurde. Die Serie liegt mit ihrem Schwerpunkt etwas jünger, als die von Kamegg. Geht man von einer gleichzeitigen Nutzung aller Kreisgrabenanlagen aus, könnte dies bedeuten, dass die Altholzkorrektur um 50 Jahre nicht notwendig war, also nur kurzlebige Holzkohlen gemessen wurden. Genaueres zur Probenqualität ist aber nicht bekannt, so fällt die Beurteilung schwer. Zwei Daten aus Ölkam, die deutlich älter ausfallen, als der Rest der Daten, könnten auch an diesem Platz auf eine vorangegangene Besiedlung hinweisen. Die Keramik des wichtigen oberösterreichischen Fundplatzes, der eine Mittlerrolle zwischen der bayerischen und niederösterreichischen Entwicklung einnimmt, liegt bisher nicht vor[85]. Der Fundstoff wird laut Vorbericht in die Stufe MOG Ia eingeordnet (Pertlwieser/Pertlwieser 1996).

---

85   Ich durfte 2004 auf Einladung von Karina Grömer auf einer kleinen, von ihr organisierten Exkursion gemeinsam mit Fachkollegen Originalfunde von Ölkam begutachten. Es gab einen auffallend hohen Anteil an südostbayerisch verzierter Keramik unter den ausgelegten MOG Scherben zu sehen.

Aus den Gruben 25 und 27 der Siedlung Hollabrunn I, Bezirk Hollabrunn, Niederösterreich, liegt Keramik der Stufe MOG Ib vor (Stadler/Ruttkay 2006, 55–56; 63–65). Insgesamt vier AMS-Daten von Tierknochen aus beiden Befunden ergeben eine Serie, deren Verteilung der Serie von Ölkam ohne die zwei ältesten Daten gleicht.

Aus Asparn an der Zaya-Michelstetten, Bezirk Mistelbach, Niederösterreich, stammen insgesamt 33 an Tierknochen gemessene AMS-Daten. Die ausgegrabene Fläche war während mehrerer ur- und frühgeschichtlicher Epochen besiedelt, ein komplexer Befundplan bringt dies zum Ausdruck (Neubauer 2010; Trebsche 2010 bes. 11 Abb. 4). Es ist daher ein glücklicher Umstand, dass nur ein Datum (VERA-225: 5050 ± 39 BP) als ein zu junger Ausreißer zu bezeichnen ist. Alle anderen Daten stehen im Zusammenhang mit den mittelneolithischen Funden des Platzes, die von Â. Carneiro (2002) bearbeitet wurden, aber noch nicht alle publiziert vorliegen. Die Keramikkomplexe, die aus ^{14}C-datierten Gruben stammen, haben P. Stadler und E. Ruttkay (2006, 67–70; 72; 75–109) abgebildet, typologisch gehören sie der Stufe MOG IIa an. Stadler und Ruttkay haben jedoch keine Funde der Gräben 43 und 50 vorgelegt[86]. Vermutlich ist die ebenfalls von Carneiro bearbeitete Keramik dieser Gräben typologisch nicht genauer anzusprechen, als allgemein der MOG zugehörig. Auch aus den Gräben wurden Tierknochen AMS datiert, daher ist auch diese Serie zu teilen (Abb. 52), um zu überprüfen, ob Siedlungsbefunde und Siedlungsgräben – es handelt sich in diesem Fall nicht um eine Kreisgrabenanlage – gleichzeitig datieren. Alle Daten von Michelstetten gemeinsam zeigen eine langfristige Nutzung des Platzes an, der 50 %-Wahrscheinlichkeitsbereich umfasst 160 Jahre von 4560 bis 4400 cal BC.

Für die Stufe MBK IIa sind weitere AMS-Daten bekannt, die anhand von Menschenknochen aus Gräbern ermittelt wurden: Aus Nußdorf ob der Traisen-Reichersdorf, Bezirk Sankt Pölten-Land, Niederösterreich, liegen Daten für zwei mit Keramikbeigaben in einer Silogrube übereinander bestattete Individuen vor (Neugebauer/Neugebauer-Maresch 2003; Stadler/Ruttkay 2006, 1; 74; 110), die dem jüngeren Bereich der Serie von Michelstetten entsprechen.

In drei Schächten des Silexbergwerkes von Mauer-Antonshöhe, Stadtgebiet Wien, wurden Bestattungen geborgen (Ruttkay 1970). Nur in einem Fall war eine Schüssel der Stufe MOG IIa beigegeben worden (Stadler/Ruttkay 2006, 73). Zwei der Daten entsprechen in etwa der kleinen Serie von Reichersdorf, das dritte Datum gibt Anlass zur Vermutung, dass eine beigabenlose Mehrfachbestattung (VERA-228: 5312 ± 31 BP; Individuum 2 aus Schacht 4) zu einer jüngeren Nutzungsphase des Bergwerkes gehört.

Eine kleine Serie liegt für die Stufe MOG IIb vor. Die drei Daten wurden alle anhand von Tierknochen aus der Grube 6 von Lanzendorf-Unterlanzendorf, Bezirk Wien-Umgebung, Niederösterreich, ermittelt (Carneiro 2005; Stadler/Ruttkay 2006, 112–116). Während eine dieser Messungen im Vergleich zu den anderen relativ alt ausfällt, bestätigen sich die beiden anderen Messungen gegenseitig. Sie entsprechen dem jüngsten Datum der Antonshöhe, was wiederum vermuten lässt, dass diese beigabenlose Bestattung der Stufe MOG IIb zuzurechnen ist.

Um ein klareres Bild der Datierung der einzelnen typologischen Stufen der MOG zu erhalten, wurden einige der Serien geteilt. Die Stufen MOG Ia0 bis IIa werden in Abb. 52, die Stufe MOG IIb in Abb. 53 behandelt. Für beide Abbildungen wurden die Serien nach dem jeweiligen 50 %-Wahrscheinlichkeitsbereich sortiert. Nicht mehr abgebildet sind das Einzeldatum von Unterwölbing und die inhomogene Serie der Bestattungen der Antonshöhe.

Als älteste Serien mit sehr ähnlicher Verteilung der Daten reihen sich unten in Abb. 52 die Serien der Kreisgrabenanlage von Glaubendorf (MOG Ia) und die Teilserie der Gräber von Friebritz (MOG Ia0) ein. Die Stufe Ia0 sollte – vertraut man den Daten der Gräber von Friebritz – maximal von etwa 4740 bis 4640 cal BC datieren. Dieser zeitliche Ansatz widerspricht jedoch den ungarischen Daten von Esztergályhorváti mit einem Datierungsschwerpunkt um circa 4830 bis 4800 cal BC für dieselbe frühe Entwicklungsstufe der Lengyelkultur. Der Fundplatz liegt östlich des Plattensees in rund 200 km Entfernung von Niederösterreich.

---

86   Vgl. die Liste von Stadler u. a. 2006, 55–56 Tab. 1 u. 2 mit Stadler/Ruttkay 2006.

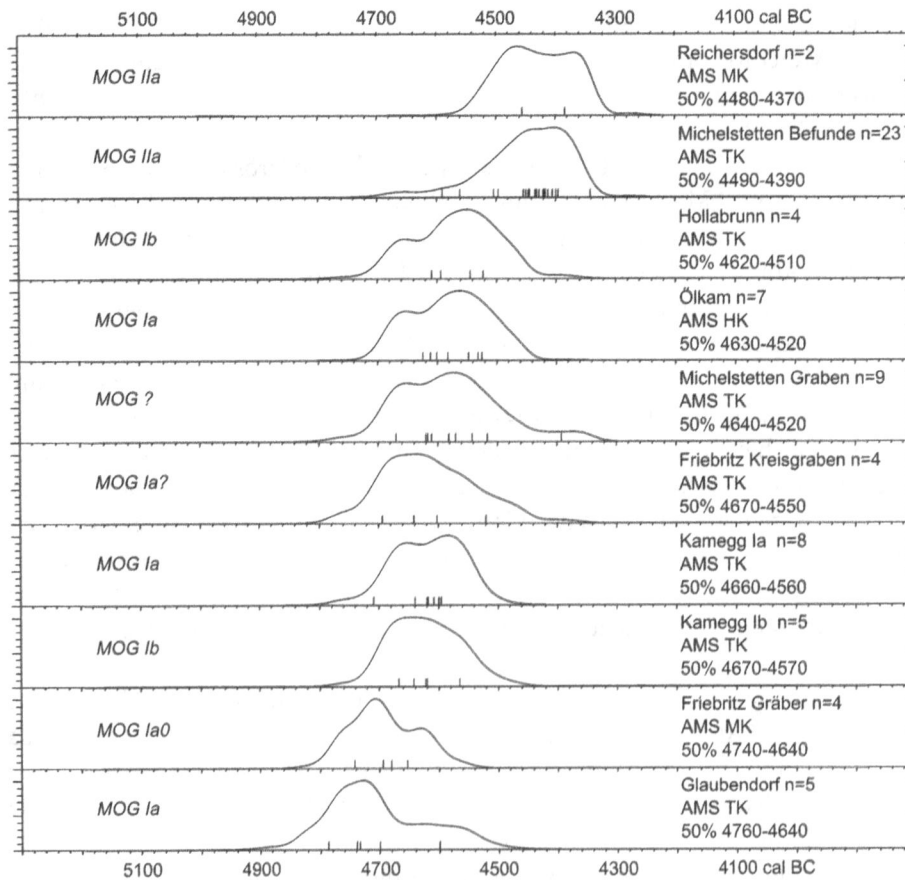

Abb. 52. ¹⁴C-Serien der Mährisch-Ostösterreichischen Gruppe der bemalten Keramik. Stufen MOG Ia0 bis IIa. Bereinigter Vergleich der Gruppenkalibrationen, sortiert nach den 50 %-Wahrscheinlichkeitsbereichen der einzelnen Gruppenkalibrationen. Holzkohlenkorrektur: 50 Jahre. Altkollagenkorrektur: 20 Jahre. Breite cal BC-Achse: 1500 Jahre.

Es folgen in der Graphik Abb. 52 sechs Serien, die sich in ihrer Verteilung kaum unterscheiden. Dies sind: Die Teilserie der Daten von Kamegg, die Keramikkomplexe der Stufe Ib datieren; die Teilserie der Daten von Kamegg, die Keramikkomplexe der Stufe Ia datieren; die Teilserie der Daten von Friebritz, deren Proben aus den Kreisgräben geborgen wurden; die Teilserie von Michelstetten, deren Proben aus den Siedlungsgräben geborgen wurden; die Serie der Kreisgrabenanlage von Ölkam ohne die zwei ältesten Daten und die Serie der beiden Siedlungsbefunde von Hollabrunn, die Keramik der Stufe Ib enthielten.

Alle diese Serien liegen grob im Zeitraum von 4700 bis 4500 cal BC. Die tendenziell älteste ist mit ihrem 50 %-Wahrscheinlichkeitsbereich von 4670 bis 4570 die ältere Teilserie von Kamegg. Die tendenziell jüngste ist die Serie von Hollabrunn mit einem 50 %-Wahrscheinlichkeitsbereich von 4620 bis 4510 cal BC. Beide datieren Keramikkomplexe der Stufe Ib. Dazwischen liegen die Daten von Kamegg für die Stufe Ia, die Daten der Kreisgrabenanlage von Friebritz, für deren Keramik in einem Vorbericht Bezüge zu Protolengyel (Ia0) hergestellt wurden, und die Daten der Kreisgrabenanlage von Ölkam, die laut Vorberichten in die Stufe Ia datiert, sowie die Daten der Siedlungsgräben von Michelstetten, für die bisher keine Stufenangabe vorliegt. Anhand dieser Serien ist es nicht möglich, die typologischen Stufen MOG Ia und Ib absolutchronologisch voneinander zu unterscheiden. Besonders deutlich wird dies anhand der beiden Teilserien von Kamegg. Hier fällt die Serie der typologisch früher anzusetzenden Fundkomplexe sogar jünger aus, als die der nach typologischen Kriterien zeitlich folgenden Fundkomplexe. Wie können diese Beobachtungen erklärt werden?

Nur für die Kreisgrabenanlage von Kamegg liegt eine detaillierte Bearbeitung der Keramik vor. Die Ergebnisse zeigen, wie die Ergebnisse von Vchynice, Nordwestböhmen, und die vorläufigen Ergebnisse von Künzing-Unternberg, Niederbayern, dass Bau und Verfüllungszeit der Gräben in der Regel mehr als nur eine typologisch erkennbare Keramikstufe umfassen. Dazu können auch noch Vorgänger- und Nachfolgesiedlungen Niederschlag in den Grabenverfüllungen finden. Die für mittelneolithische Siedlungen und Grabenverfüllungen normalen taphonomischen Verteilungsprozesse sorgen dafür, dass sich mit den ^{14}C-Daten innerhalb eines Fundplatzes selten einzelne typologische Stufen fixieren lassen. In der Regel datieren sie gemeinsam die gesamte Laufzeit der entsprechenden Siedlung. Alle Daten von Kamegg repräsentieren also die Datierung der Stufen Ia1 bis Ib2, nicht mehr und nicht weniger. Geht man davon aus, dass diese typologischen Stufen auch chronologisch nacheinander folgen, so ist es wahrscheinlich, dass innerhalb des 50 %-Wahrscheinlichkeitsbereiches der Serie von Kamegg von 4660 bis 4560 cal BC ein früherer Abschnitt der Stufe Ia und ein späterer der Stufe Ib zuzuordnen ist. Berücksichtigt man dabei auch noch, dass der 50 %-Wahrscheinlichkeitsbereich der Siedlungsbefunde von Hollabrunn mit Keramik der Stufe Ib bis 4510 cal BC reicht, so kommt man auf einen maximalen Zeitraum von 4670/60 bis 4510 cal BC für die Stufen MOG Ia und Ib. Teilt man dies auf, so ergibt sich in etwa eine Datierung der Stufe Ia von 4670 bis 4590 cal BC und eine Datierung von 4590 bis 4510 cal BC für die Stufe MOG Ib. Diese Rechnung liegt erstaunlich nahe am eingangs erwähnten Ergebnis von Stadler (MOG Ia: 4688 bis 4615 cal BC; MOG Ib: 4615 bis 4523 cal BC), auch ohne Bayessche Statistik von OxCal. Allerdings wurden die frühen Daten von Glaubendorf 2 bei diesen Überlegungen noch nicht berücksichtigt.

Es ergibt sich jedoch ein gravierendes Problem, das die Datierung des gemeinsamen mitteleuropäischen Kreisgrabenhorizontes betrifft[87]. Der Bau der mittelneolithischen Kreisgrabenanlagen wird in Niederösterreich in die Stufe MOG Ia (Řídký 2011, 55) und in Südmähren in die entsprechende Stufe MBK Ia (Kuča u. a. 2012, 57 Abb. 3; Kuča u. a. 2016, 120) datiert. In Böhmen geht man davon aus, dass die Anlagen während der Stufe SBK IV errichtet wurden, wo genauere Informationen vorliegen, zeichnet sich eine Errichtung in Stufe IVa2 ab[88]. In Niederbayern dürften die Anlagen nach den bisher vorhandenen Informationen aus Vorberichten in der ersten Hälfte des Mittleren SOB, wahrscheinlich in den Stufen IIb bis IIc1 errichtet und genutzt worden sein[89]. Die Kreisgrabenanlage von Ippesheim ist nach den Funden in Stufe mGG errichtet worden[90].

Folgende absolute Zeiträume konnten bisher herausgearbeitet werden (vgl. Abb. 58):

GG	4800 bis 4700/4600 cal BC
SBK IVa	4800 bis 4700 cal BC
SOB IIa-IId	4820 bis 4710 cal BC
MOG Ia	4670/60 bis 4590 cal BC

Für die Errichtung der Kreisgrabenanlagen von Böhmen, Niederbayern und Mainfranken zeichnet sich also eine absolute Datierung um etwa 4750 cal BC ab. Die Anlagen Niederösterreichs können nach absoluten Daten jedoch frühestens um 4670/60 cal BC errichtet worden sein. Die archäologischen

---

87   Aktuelle Verbreitungskarte: Rehfeld/Schier 2015, 27. Eine Ausnahme in der Datierung stellen die wenigen rössenzeitlichen Kreisgrabenanlagen dar, die sich auch in ihren Größen von den Anlagen des frühen paneuropäischen Kreisgrabenhorizontes unterscheiden. Entweder sind sie sehr klein, wie die Anlagen von Warburg-Daseburg und Bochum-Harpen, beide Nordrhein-Westfalen, (Meyer 2003, 449) oder extrem groß wie die Anlage von Ochsenfurt-Hopferstadt, Lkr. Würzburg, Unterfranken, die Keramik der Stufe Planig-Friedberg und des frühen Rössen erbracht hat (Rehfeld/Schier 2015, 30).

88   Řídký 2011, 28; M. Zápotocká und ihre Mitautorinnen gehen neuerdings davon aus, dass die böhmischen Kreisgrabenanlagen und alle Anlagen in anderen Regionen zur Zeit der Stufe SBK IVa1 errichtet wurden: Zápotocká u. a. 2015.

89   In Künzing-Unternberg überwiegt in den unteren Verfüllungsschichten gestochen verzierte Keramik gegenüber geritzt verzierter (Poensgen 1994), dies ist in den Stufen SOB IIb und IIc1 der Fall: Vgl. 80. Die wenigen keramischen Funde aus den Gräben der Kreisgrabenanlage von Irlbach „Am Auwald", Lkr. Straubing-Bogen, bestätigen diesen zeitlichen Ansatz: Gestochen verzierte Keramik überwiegt auch hier, es gibt aber auch wenige ritzverzierte Scherben aus dem unteren Drittel der Grabenverfüllung: Husty 2009b, 70–75. Die Fundarmut, -zusammensetzung und der starke Zerscherbungsgrad der Funde aus den Gräben von Irlbach ähneln sehr den keramischen Funden aus dem Siedlungsgraben von Geiselhöring-Süd (Riedhammer 2017, 119–124). Aus der Kreisgrabenanlage von Stephansposching sind bisher nur Funde aus der oberen Grabenverfüllung bekannt, sie können in die Stufe SOB IId geordnet werden: Eibl u. a. 2010, 189–194 Abb. 25–27.

90   Schier/Schußmann 2001, 68; Scharl 2005; Freundliche mündliche Mitteilung Silviane Scharl und Stefan Suhrbier.

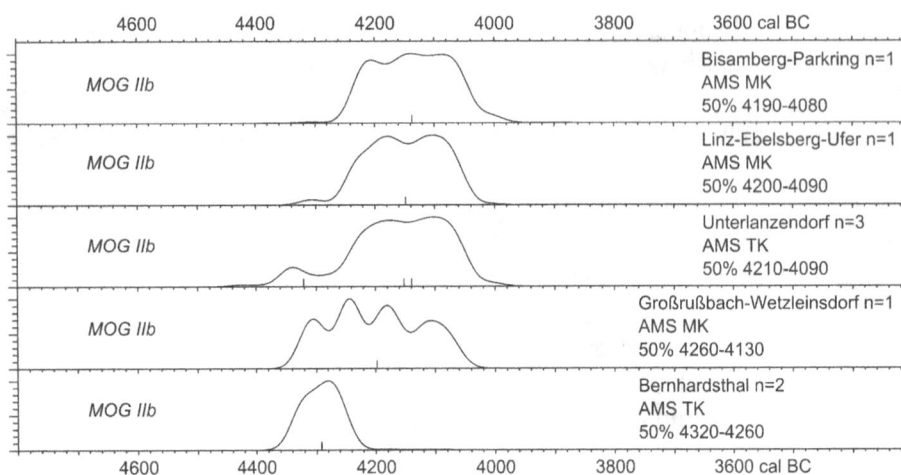

Abb. 53. ^{14}C-Serien der Mährisch-Ostösterreichischen Gruppe der bemalten Keramik. Stufe IIb. Bereinigter Vergleich der Gruppenkalibrationen, sortiert nach den 50 %-Wahrscheinlichkeitsbereichen der einzelnen Gruppenkalibrationen. Altkollagenkorrektur: 20 Jahre. Breite cal BC-Achse: 1500 Jahre.

Parallelisierungen werden also durch die absoluten Daten aus Westdeutschland und dem Elsass, aus Bayern und dem Verbreitungsgebiet der Stichbandkeramik gestützt. Die Daten aus Österreich – mit Ausnahme der Serie von Glaubendorf 2 – fallen deutlich jünger aus. Die Daten von Glaubendorf 2 zeigen einen Datierungsschwerpunkt um circa 4750 und einen weniger gut belegten jüngeren Datierungsbereich um 4600 cal BC (Abb. 52 unten). Vergleicht man die Serie von Glaubendorf 2 nicht mit den Daten anderer österreichischer Kreisgrabenanlagen, sondern mit den Daten der Kreisgrabenanlagen von Künzing-Unternberg in Niederbayern (Abb. 40) und von Vchynice in Nordböhmen (Abb. 49), so spricht einiges dafür, dass der Schwerpunkt um 4750 mit der Errichtung, und der Datierungsbereich um 4600 mit der Verfüllung der Kreisgrabenanlage gleichzusetzen ist. Dies würde jedoch bedeuten, dass alle anderen österreichischen Serien der Stufe MOG Ia zu jung ausfallen. Die kompakt liegenden Daten der Serien aus dem Labor von Wien lassen eigentlich nicht auf ein Problem mit Probenkontamination schließen. Daher ist im Moment nicht zu erklären, wie dieser Effekt zustande kommt. Die Serie von Glaubendorf 2 steht daher im Moment neben den anderen verwendeten Serien der Stufe Ia (vgl. Abb. 58) – es bleibt abzuwarten, wie die zukünftige Forschung diesen Widerspruch auflösen kann.

Für die Stufe MOG IIa liegen die Daten aus den Siedlungsbefunden von Michelstetten und die beiden Daten aus der Mehrfachbestattung von Reichersdorf vor. Beide Serien bestätigen sich gegenseitig gut, obwohl sie unterschiedlich umfangreich sind. Auch die beiden älteren Daten der Bestattungen in Bergwerkschächten der Antonshöhe (Abb. 49) passen zu den Datierungsbereichen von Michelstetten und Reichersdorf (Abb. 52). Zieht man den 50 %-Wahrscheinlichkeitsbereich der umfangreichen Serie von Michelstetten heran, so ergibt sich eine maximale Dauer von 4490 bis 4390 cal BC für die typologische Stufe MOG IIa, die sich gut an den Datierungsbereich der Stufen MOG Ia und Ib anschließt.

Um das Ende der Entwicklung der MOG absolutchronologisch bestimmen zu können, werden in Abb. 53 die Daten von Unterlanzendorf mit weiteren Einzeldaten aus archäologisch gut ansprechbaren Befunden der Stufe MOG IIb verglichen. Die Kurven in Abb. 53 sind nach dem Mittelwert des 50 %-Wahrscheinlichkeitsbereiches sortiert.

Das älteste Einzeldatum – genau gesagt handelt es sich um zwei Daten von einer Probe, die annähernd das gleiche Ergebnis geliefert haben – stammt von einer Tierbestattung aus einer Siedlungsgrube mit Keramik von Bernhardsthal, Bezirk Mistelbach, Niederösterreich (Bauer/Ruttkay 1974; Stadler/Ruttkay 2006, 117–118). Es liegt um 4300 cal BC und entspricht dem ältesten Datum von Unterlanzendorf. Darauf folgt in der Abb. 53 das Datum der Bestattung von Großrußbach-Wetzleinsdorf, Bezirk Korneuburg, Niederösterreich (Ruttkay 1972; Stadler/Ruttkay 2006, 119). Über der Serie von Unterlanzendorf ordnen sich die beiden Daten der Gräber von Linz-Ebelsberg Fundstelle Ufer, Oberösterreich (Stroh 1954; Stadler/Ruttkay

Beispiel Mährisch-Ostösterreichische Gruppe der Bemaltkeramik (MOG)

Ergebnis der Berechnung mit bayesscher Statistik und Sequencing von Oxcal. Abgebildet
ist die Dauer der einzelnen Stufen als Mittelwert, die Angaben beziehen sich dabei auf den
68 % Wahrscheinlichkeitsbereiche (Stadler u. a. 2006, 66 Tab. 5):

MOG Ia0	4800 bis 4688	113 Jahre - mit ungarischen Daten
MOG Ia	4688 bis 4615	73 Jahre
MOG Ib	4615 bis 4523	93 Jahre
MOG IIa	4523 bis 4375	148 Jahre
MOG IIb	4375 bis 4115	260 Jahre

Insg. 685 Jahre mittlere Dauer

Ergebnis der Berechnung mit Gruppenkalibration von CalPal und Zusammenfassung der
50 % Wahrscheinlichkeitsbereiche der einzelnen Serien (Riedhammer 2017):

MOG Ia0	4740 bis 4640	120 Jahre - ohne ungarische Daten
	20–30 Jahre Überlappung	
MOG Ia/Ib	4670/60 bis 4510	160 Jahre
	20 Jahre mögliche Lücke	
MOG IIa	4490 bis 4390	100 Jahre
	70 Jahre mögliche Lücke	
MOG IIb	4320 bis 4080	240 Jahre

Insg. max. 660 Jahre Dauer

Abb. 54. Vergleich der Stufendatierungen der Mährisch-Ostösterreichische Gruppe der Bemaltkeramik (MOG) anhand der Bayesscher Statistik und der Funktion „Sequencing" im Programm Oxcal (oben) und anhand der Gruppenkalibration von Serien mit dem „Multigroup-Composer" im Programm CalPal mit Zusammenfassung der 50 % Wahrscheinlichkeitsbereiche der einzelnen Serien (unten).

2006, 121), und Bisamberg, Bezirk Korneuburg, Niederösterreich (Urban 1979; Stadler/Ruttkay 2006, 122–123), ein. Bei beiden handelt es sich um Bestattungen in Siedlungsgruben, beide Daten entsprechen sich gegenseitig gut und liegen im Schwerpunkt um 4150 cal BC. Wegen des nicht optimalen Verlaufes der Kalibrationskurve in diesem Bereich, ist die Abschätzung der Gesamtdauer der Stufe MOG IIb nicht einfach vorzunehmen. Mit dem Datum von Bernhardsthal und dem ältesten Datum von Unterlanzendorf zeichnet sich ein Datierungsschwerpunkt um etwa 4300 cal BC ab. Ein zweiter Datierungszeitraum nimmt mit allen anderen Daten, die dieser Stufe zugeordnet werden, den Zeitraum des Plateaus auf der Kalibrationskurve von crund 4200 bis 4050 cal BC ein (vgl. z. B. Abb. 43).

Für die Entwicklung der MOG ergeben sich anhand der Vergleiche der Serien also folgende Ergebnisse (Abb. 54):

Bei den hier mit dem Programm CalPal errechneten Zeiträumen handelt es sich um Maximalwerte. Es ist anzunehmen, dass die historisch wirklichen Laufzeiten der einzelnen Fundplätze oftmals kürzer waren. So ist zum Beispiel ein Belegungszeitraum von 120 Jahren für die Gräber von Friebritz nicht anzunehmen, da sie typologisch einheitlich ausgestattet sind. Dagegen dürften 100 Jahre ermittelte Dauer für den komplexen Fundplatz von Kamegg mit Siedlung und Kreisgrabenanlage und mit mehreren keramischen Stilstufen der tatsächlichen Siedlungsdauer näher kommen. Überlappungen absoluter Zeiträume einzelner typologisch definierter Stufen dürften eher von schlechten Daten zeugen als von tatsächlich vorhandenen längeren Überlappungen der Keramik-Stile. Lücken sind besser zu akzeptieren, denn es ist nicht unbedingt damit zu rechnen, dass die typologische Entwicklung lückenlos gefunden und dokumentiert wurde. Auch müssen nicht aus dem gesamten chronologischen Geschehen in gleichmäßigen Abständen datierende Proben gefunden und gemessen worden sein. Der Verlauf der Kalibrationskurve hat einen weiteren Anteil daran, dass die hier angegebenen Zahlen und Zeiträume immer nur eine Annäherung an die ehemalige Wirklichkeit sein können.

Bei Stadlers Berechnungen mit dem Teilprogramm Sequencing des Kalibrationsprogrammes OxCal sind sowohl Überlappungen als auch Lücken herausgerechnet, da man davon ausging, die Entwicklung anhand der Daten lückenlos darstellen zu können, oder gar nicht damit gerechnet hat, es könnten im Fundgut und Datenbestand größere Lücken vorhanden sein. Die Stufe MOG Ia0 liegt bei Stadler früher, als bei den Berechnungen mit CalPal, da Stadler die ungarischen Daten von Esztergályhorváti gleichberechtigt mit den österreichischen Daten eingerechnet hat. Der Zeitraum, der für die Stufen MOG Ia und Ib zur Verfügung steht, ist dank Bayesscher Statistik aufgeteilt. Dies geschieht, da die Bayessche Berechnung von OxCal bei der Kalibration mit einrechnet, dass die nach typologischen Kriterien vorangehende Stufe MOG Ia wahrscheinlich auch zeitlich älter ist. Dies ist eine plausible, aus archäologisch-methodischer Sicht jedoch zu hinterfragende Annahme. Die Berechnungen mit dem Programm CalPal zeigen, dass kein Unterschied in der absoluten Datierung beider Stilstufen zu erkennen ist. Durch den Vergleich der Serien mit CalPal lässt sich eine Lücke zwischen den Daten der Stufen MOG IIa und IIb postulieren. Bei Stadler wird durch das Herausrechnen dieser wahrscheinlichen Datenlücke die Dauer der Stufe IIa gedehnt. Die Dauer der Stufe IIb ist durch ein größeres Plateau auf der Kalibrationskurve allgemein nicht gut zu ermitteln.

Die Ergebnisse, die mit dem Programm CalPal erzielt worden sind, und die Ergebnisse der Berechnungen mit OxCal, unterscheiden sich nicht groß. Die Unterschiede ergeben sich anhand von kritischen Überlegungen rund um die Berechnungen: Welche Daten sind als zuverlässig angesehen und sollen Verwendung finden? Passen die Ergebnisse zu absoluten Daten anderer Regionen und zu den typologischen Ergebnissen? Lässt sich mit Fundgut und Daten die gesamte Entwicklung lückenlos nachzeichnen? Passt das gewählte mathematische Verfahren zu den gegebenen oder angenommenen Voraussetzungen? Egal, welches Kalibrationsverfahren gewählt wird, die Entscheidungen, die rund um die Berechnungen getroffen werden, müssen in archäologischer Hinsicht quellenkritisch erfolgen und gut begründet werden. Das geisteswissenschaftlich kritische Hinterfragen aller Voraussetzungen ist nicht durch pauschale mathematische Berechnungen zu ersetzen[91].

Die absolute Datierung der Mährisch Bemalten Keramik (MBK) (Abb. 55–57)

Die Einteilung der Mährisch Bemalten Keramik (MBK) entspricht im Großen und Ganzen den Stufen der Bemaltkeramik der niederösterreichischen Fundorte. Die feinen Unterschiede in den typologischen Stufeninhalten, die österreichische (Doneus 2001) und mährische Forscher[92] herausgearbeitet haben, können durch absolute Daten nicht erfasst werden. So wird die Stufe MBK I in Mähren in die Unterstufen MBK Ia1–Ia3, Ib1–Ib3 und Ic aufgeteilt. Aus niederösterreichischer Sicht hat M. Doneus Argumente dargelegt, die dafür sprechen, dass die Unterstufe Ia3 besser als Übergangsmaterial Ia2/Ib1 zu bezeichnen ist, da Material dieser Art Merkmale beiden Stufen vereint und nur an Fundorten vorkommt, an denen beide Unterstufen auch eigenständig – also unvermischt mit der anderen – nachgewiesen sind (Doneus 2001, 166). Die niederösterreichische Unterstufe MOG Ib1 dürfte nach Doneus mit den mährischen Stufen MBK Ib1 und Ib2, die Unterstufe MOG Ib2 mit den mährischen Unterstufen MBK Ib3 und MBK Ic zu parallelisieren sein. Doneus (2001, 166) weist auch darauf hin, dass die Stufe MBK Ic bereits Merkmale der Stufe MBK II beinhaltet.

---

91 M. Sraka hat sich mit der absolute Datierung der neolithischen Erscheinungen des 5. Jht. in und um Slowenien beschäftigt und kommt über Experimente mit verschiedenen Kalibrierungsarten und -modellen zu einem sehr ähnlichen Schluss (Sraka 2012, 369).

92 Federführend mit zahlreichen Publikationen: E. Kazdová: z. B. Kazdová 1984; Kazdová u. a. 1994.

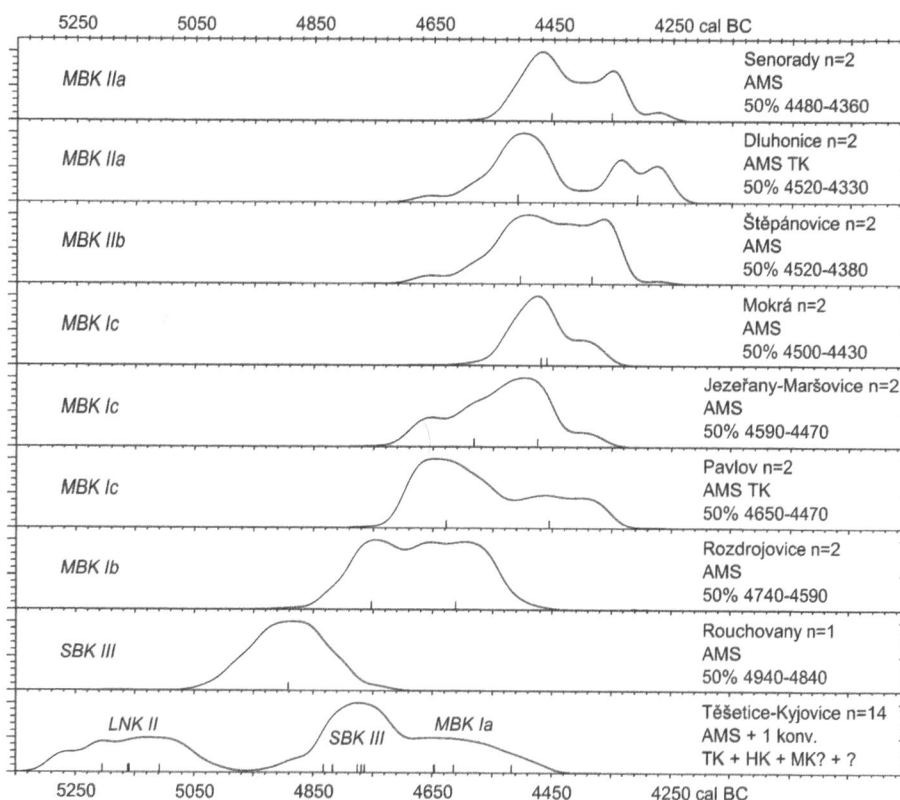

Abb. 55. ^{14}C-Serien mährischer Fundorte. Unbereinigter Vergleich der Gruppenkalibrationen, sortiert nach den 50 %-Wahrscheinlichkeitsbereichen der einzelnen Gruppenkalibrationen. Soweit möglich: Holzkohlenkorrektur: 50 Jahre. Altkollagenkorrektur: 20 Jahre. Breite cal BC-Achse: 1500 Jahre.

Für Mähren liegt nur von Těšetice-Kyjovice, Bezirk Znojmo in Südmähren, Tschechische Republik, eine umfangreiche Datenserie vor, die die gesamte Besiedlungs- und Nutzungsgeschichte des Platzes nachzeichnet. Bei den bisherigen umfangreichen Grabungen wurden Siedlungsreste der Mittleren LBK (LnK II nach tschechischer Terminologie bzw. Notenkopfstufe), Gräber und wenige Siedlungsrelikte der Stufe III der Stichbandkeramik und eine Kreisgrabenanlage mit Siedlungsbefunden der Stufe Ia der Mährisch Bemalten Keramik dokumentiert[93]. Die ^{14}C-Proben stammen aus unterschiedlichen Grabungszusammenhängen und wurden zu unterschiedlichen Zeitpunkten gemessen: Neuere Daten von Tierknochen, wahrscheinlich Menschenknochen sowie Holzkohlen – ein Teil davon stammt von Astwerk – ermittelten die AMS-Labore von Wien, Poznań und Georgia, USA (Laborkennung UGAMS; genauere Angaben siehe ^{14}C-Datenliste online). Ältere konventionelle Messungen stammen aus Los Angeles, USA (Laborkennung UCLA) und Berlin. Da es zu den Daten aus Berlin widersprüchliche Angaben in der Literatur gibt, wurden sie hier nicht berücksichtigt (Vgl. Podborský 1977, 177 Anm. 5; Kuča u. a. 2012). Eines der Daten von Los Angeles (UCLA-1645B: 5450 ± 90) fällt sehr jung aus, das zweite passt zur stichbandkeramischen Nutzungszeit des Platzes. Beide sind früh konventionell gemessene Tierknochendaten.

In Abb. 55 unten sind alle als zuverlässig eingeschätzten Daten von Těšetice-Kyjovice in einer Gruppenkalibration dargestellt. Die drei Nutzungsphasen LnK II mit einem Datierungsschwerpunkt zwischen 5200 und 5100 cal BC, SBK III um circa 4800 cal BC und MBK Ia mit einer Datierung zwischen 4700 und 4500 cal BC setzen sich sehr schön voneinander ab. Deutlich ist der Hiatus zwischen LBK und SBK zu erkennen, jüngere und jüngste LBK-Funde fehlen am Platz. Aber auch zwischen SBK und MBK ist

---

93 Literaturauswahl: Podborský 1977; Kazdová 1984; Kazdová 1990; Kazdová 1997; Dočkalová/Čižmář 2007; Šabatová u. a. 2012.

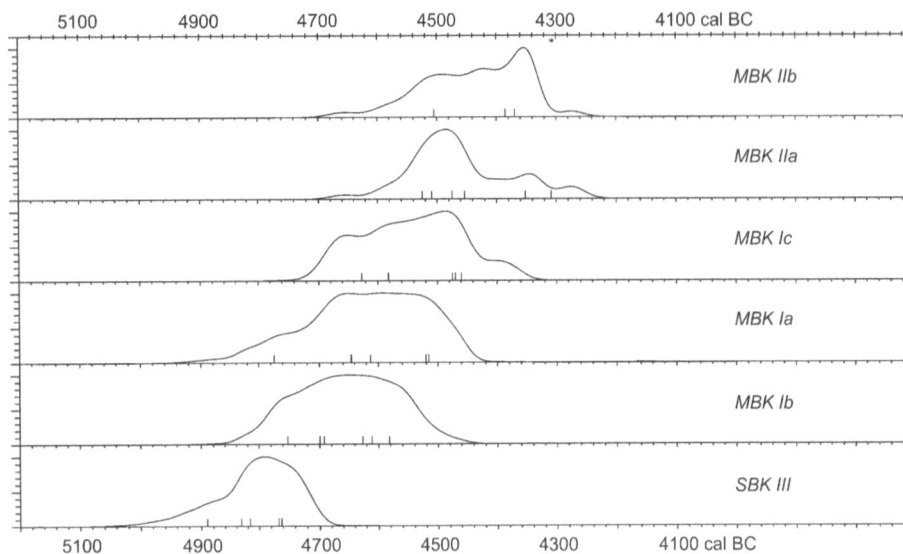

Abb. 56. ^{14}C-Daten aus Mähren, kalibriert nach ihrer Stufenzuordnung und sortiert nach den 50 %-Wahrscheinlichkeitsbereichen der einzelnen Gruppenkalibrationen. Soweit möglich: Holzkohlenkorrektur: 50 Jahre. Altkollagenkorrektur: 20 Jahre. Breite cal BC-Achse: 1500 Jahre.

eine Datenlücke zu verzeichnen. Allerdings ist nicht mit Sicherheit gewährleistet, dass die Daten aus den SBK-Gräbern die gesamte stichbandkeramische Besiedlung des Areals repräsentieren.

Die Serie von fünf AMS-Daten aus der Siedlung Olomouc-Slavonín, Bezirk Olomouc, Mittelmähren (Kazdová u. a. 1999) wurden bereits im Abschnitt zur Stichbandkeramik besprochen. Die Siedlung lieferte Fundmaterial und Hausgrundrisse der Stufen SBK III und SBK IVa. Die Serie streut im Vergleich zu den Daten der Stichbandkeramik von Těšetice-Kyjovice (SBK III und nach neuerer Forschungsmeinung SBK IVa1: Zápotocká u. a. 2015) relativ breit in einen zu jungen Bereich, der bereits zum Datierungsbereich der Stufe SBK IVb zählen sollte (Abb. 46) und wurde daher an dieser Stelle nicht mehr berücksichtigt.

Von allen anderen mährischen Fundplätzen sind maximal zwei Daten vorhanden, von vielen Fundplätzen liegt nur eine Datierung vor[94]. Bei den meisten handelt es sich um neuere AMS-Messungen. Allerdings wurden die Proben häufig aus kleineren Grabungsarealen geborgen[95]. Die angegebenen archäologischen Datierungen geben die typologische Einordnung der Funde aus den jeweiligen Befunden wieder, aus denen die Proben entnommen wurden (^{14}C-Datenliste online). Es ist schwierig zu beurteilen, ob diese kleinräumigen Ausgrabungen die gesamte Siedlungstätigkeit der jeweiligen Fundorte repräsentieren. Auch für Mähren ist damit zu rechnen, dass Siedlungsareale über mehrere typologische Stufen hinweg genutzt wurden.

Drei frühe konventionelle Knochendatierungen aus Berlin der Fundstelle Jezeřany-Maršovice, Bezirk Znojmo, und die inhomogene, fünf Daten umfassende Serie der langfristig genutzten Silexlagerstätte Krumlovský les, Bezirk Znojmo, gingen nicht in die Auswertung ein (^{14}C-Datenliste online). Kalibriert man die mährischen Daten nach den in der Literatur für sie angegebenen typologischen Stufen (Abb. 56)

---

94   Die mährischen Daten und die zugehörigen archäologischen Datierungsansätze sind hauptsächlich den Aufsätzen von Kuča u. a. 2009 und Kuča u. a. 2012 entnommen. Weitere Literaturzitate sind in der ^{14}C-Datenliste online angegeben. Für zusätzliche persönliche Informationen bedanke ich mich herzlich bei Martin Kuča. Nicht zu allen Fundorten konnte ich publizierte Keramik finden, daher verlasse ich mich auf die typologischen Einordnungen der Autoren. Auch ist mir nicht immer bekannt, ob archäologischen Relikte anderer Zeitstellung auf den jeweiligen Fundplätzen vorhanden sind und welche Materialien den Proben zugrunde lagen. Dies liegt zum Teil am Publikationsstand und zum Teil an meinen geringen Kenntnissen der tschechischen Sprache. Auf eine detaillierte Beurteilung eines jeden datierten Fundplatzes, wie ich dies in den vorangegangenen Kapiteln durchgeführt habe, habe ich aus diesen Gründen verzichtet.

95   Z. B. handelt es sich bei den Fundorten Rouchovany, Dluhonicích, Březolupy-Čertoryje, Tučapy-Nad horkami und Jezeřanech-Maršovicích um kleinere Sondagen: Holub u. a. 2013; Kuča u. a. 2011a; Kuča u. a. 2011b; Košturík u. a. 1984.

und ordnet man die Ergebnisse nach den jeweiligen 50 %-Wahrscheinlichkeitsbereichen, so ergibt sich die Reihenfolge SBK III – MBK Ib – Ia – Ic – IIa – IIb. Allerdings überlappen sich die 50 %-Wahrscheinlichkeitsbereiche zum Teil sehr stark, was auf eine wenig zuverlässige Datengrundlage schließen lässt. Eine wahrscheinliche Dauer der Stufen kann so nicht bestimmt werden. Die Ergebnisse dieser Studie unterscheiden sich von denen der Autoren M. Kuča u. a. (2012), die ebenfalls mit dem Programm CalPal gerechnet haben, da hier, wie oben beschrieben, einige als unzuverlässig eingeschätzte Daten nicht berücksichtigt wurden (vgl. Abb. 56 mit Kuča u. a. 2012, 55 Abb. 2.).

In Abb. 55 sind neben der Serie von Těšetice-Kyjovice die Daten der Fundplätze abgebildet, von denen jeweils wenigstens zwei Datierungen vorliegen. Auch das schon besprochene Einzeldatum von Rouchovany, Bezirk Třebíč, ist angegeben, da es sich neben Těšetice-Kyjovice um einen der wenigen mährischen Fundorte handelt, von dem ein Datum aus stichbandkeramischem Fundzusammenhang vorliegt. Der beprobte Befund enthielt Keramik der Stufe SBK III. Das Datum fällt dafür sehr früh aus. Es besteht die Frage, ob es doch mit einer SBK II-zeitlichen Besiedlung in Zusammenhang stehen könnte. Aus typologischer Sicht fehlen jedoch Belege für die Existenz der Stufe II nach Zápotocká bisher in ganz Mähren. Vielleicht muss für Mähren mit einer von Böhmen abweichenden typologischen Ausprägung der frühsten Stichbandkeramik, ähnlich wie in Mitteldeutschland, gerechnet werden.

In Abb. 55 fällt auf, dass die Mittelwerte der beiden Datierungen jeweils eines Fundortes häufig weit auseinander liegen, und dies, obwohl es sich um neuere AMS-Daten handelt. Eine Ausnahme bilden hier die beiden Daten der Fundstelle von Mokrá, Bezirk Brno-venkov. Es handelt sich um jeweils eine AMS-Messung aus Wien und eine aus Groningen, die sich gegenseitig sehr gut bestätigen. Die Proben wurden im Zusammenhang mit Funden der Stufe MBK Ic geborgen.

Bei den Fundplätzen der Stufen IIa und IIb liegen die Daten in ihrem Mittelwert so weit voneinander entfernt (Abb. 55), dass sie sogar gemeinsam kalibriert jeweils eine deutlich zweigipflige Verteilung ergeben. Vom Fundort Dluhonicích, Bezirk Přerov, ist bekannt, dass die Siedlungsstelle nicht nur zur Zeit der Stufe MBK IIa – aus diesem Zusammenhang stammen die beiden Daten – sondern auch während der Stufe MBK IIb und der LBK genutzt wurde. Es liegt also die Vermutung nahe, dass zwei Daten von einem Fundort nicht selten auch zwei Siedlungsphasen repräsentieren.

In Abb. 57 wurden die Daten von Těšetice-Kyjovice nach Fundzusammenhang aufgeteilt und auf die Daten aus LBK-Zusammenhang verzichtet. Auch das Einzeldatum von Rouchovany ging nicht mehr in die Graphik ein.

Vergleicht man nun die Verteilungen, so fallen unterschiedliche Datierungsschwerpunkte ins Auge, die in der Abbildung markiert sind: Der erste Schwerpunkt liegt um etwa 4800 cal BC. Er wird von den Daten aus Těšetice-Kyjovice gebildet, die wahrscheinlich aus SBK III-Zusammenhang oder nach neueren Forschungen – zumindest teilweise – vom Übergang SBK III/IV stammen (Zápotocká u. a. 2015). Dazu passt ein weiteres Datum aus Těšetice-Kyjovice, dessen Probe aus einem Befund mit Keramik der Stufe MBK Ia stammt. Es handelte sich um ein in Poznań gemessenes Holzkohlenfragment, das intrusiv in einen jüngeren Befund gelangt sein dürfte. Ein weiteres Datum, das zu diesem Bereich passt, stammt von der Fundstelle Rozdrojovice, Bezirk Brno-venkov. Hier wurde Keramik der Stufe MBK Ib gefunden. Dieser Datierungsschwerpunkt dürfte für die Stufe SBK III und den Beginn der Stufe IVa in Mähren stehen.

Ein weiterer Schwerpunkt liegt in etwa zwischen 4700 und 4550 cal BC. Bestimmt wird er vor allem durch die Serie aus Těšetice-Kyjovice, die die Stufe MBK Ia repräsentiert, ohne Berücksichtigung des erwähnten, wahrscheinlich aufgrund einer Intrusion, ältesten Datums aus diesem Fundzusammenhang. In diesen Bereich fallen weitere einzelne Daten: Das ältere Datum von Rozdrojovice stammt aus einem Fundzusammenhang mit Keramik der Stufe MBK Ib. Das ältere Datum von Pavlov-Horní pole, Bezirk Břeclav, Grabung 1982–1988, wird mit der Stufe MBK Ic assoziiert, allerdings ist der Siedlungsplatz, der von der Stichbandkeramik bis zur Kaiserzeit immer wieder aufgesucht wurde, schwierig zu beurteilen. Auch das ältere Datum von Jezeřany-Maršovice, Bezirk Znojmo, fällt in diesen Bereich (vgl. Peška 2011). Das Siedlungsareal wurde während der Stufen MBK Ic und IIb genutzt, die Daten wurden mit der Stufe MBK Ic in Verbindung gebracht. Da von allen Fundplätzen, die die Stufe Ic repräsentieren, auch noch jüngere Daten vorliegen, könnte der Datierungsschwerpunkt von circa 4700 bis 4550 cal BC die Stufen MBK Ia und Ib repräsentieren. Dies würde in etwa dem ermittelten Datierungsbereich der Stufen MOG Ia

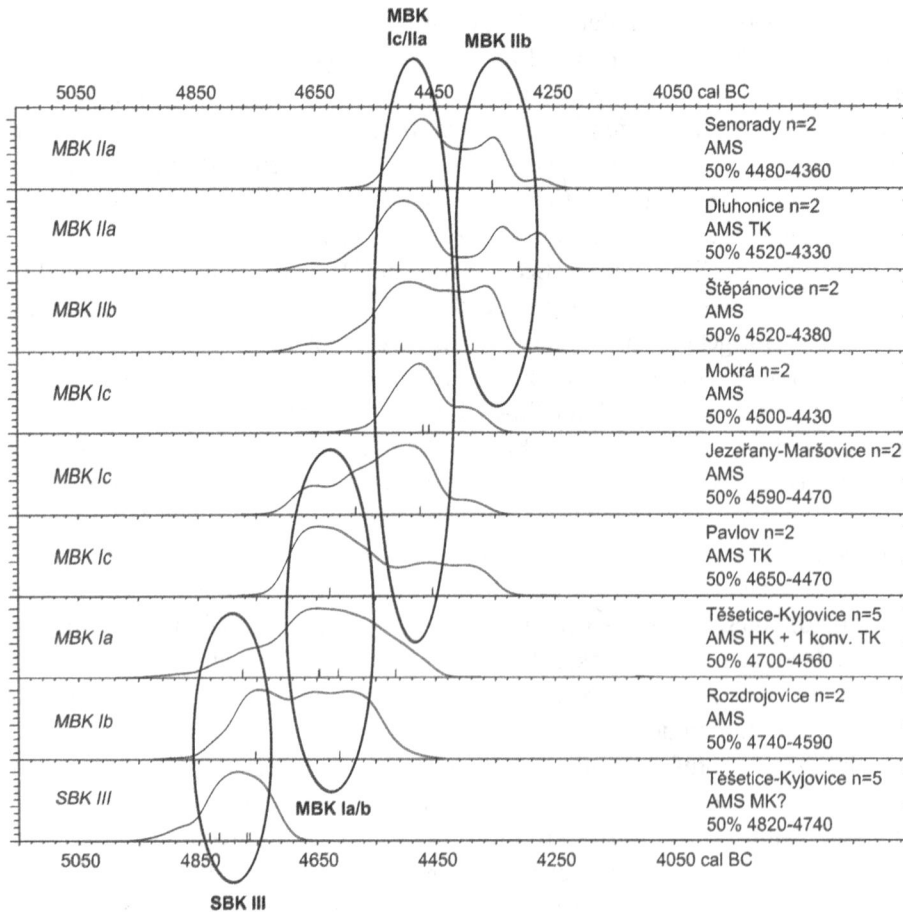

Abb. 57. ¹⁴C-Serien mährischer Fundorte. Bereinigter Vergleich der Gruppenkalibrationen, sortiert nach den 50 %-Wahrscheinlichkeitsbereichen der einzelnen Gruppenkalibrationen. Umrandungen: Vorgeschlagene wahrscheinliche Datierungsbereiche der einzelnen Stufen. Soweit möglich: Holzkohlenkorrektur: 50 Jahre. Altkollagenkorrektur: 20 Jahre. Breite cal BC-Achse: 1500 Jahre.

und Ib (4670/60 bis 4510 cal BC) Niederösterreichs entsprechen. Wie in Niederösterreich wären die Unterstufen der Stufe I absolutchronologisch nicht voneinander zu unterscheiden.

Die jüngeren Daten der Fundorte mit Keramik der Stufe Ic liegen in etwa im selben Bereich wie die älteren Daten der Stufe MBK II. Da wiederum alle Fundorte mit Keramik der Stufe II eine zweigipflige Verteilung der gemeinsam kalibrierten Daten geliefert haben, dürfte der erste Gipfel, der um und kurz nach 4500 cal BC liegt, die ungefähre Datierung der Stufen MBK Ic/IIa liefern. Der zweite Verteilungsgipfel zwischen etwa 4400 und 4300 cal BC würde dann also in etwa die Datierung der Stufe IIb wiedergeben. Gemeint ist hier nur ein wahrscheinlicher Zeitpunkt, um den herum die Keramik einer typologischen Stufe Verwendung fand. Die Dauer der einzelnen Stufen kann mit der zur Verfügung stehenden Datengrundlage für Mähren nicht abgeschätzt werden. Diese Interpretation würde die Vermutung unterstützen, dass es sich bei der Stufe MBK Ic nicht um eine eigenständige typologische Stufe handelt, sondern damit eher vermischte Fundkomplexe erfasst werden, die auch Merkmale der Stufe II beinhalten (vgl. Doneus 2001, 166; Kuča u. a. 2012, 63). In Bezug auf das Problem, dass die Stufen MBK Ia und Ib zeitlich nicht unterschieden werden können, gibt es in der mährischen Forschung eine interessante Diskussion, ob die typologischen Unterschiede eventuell regional und nicht chronologisch zu interpretieren sind[96]. Die Angaben für Mähren stellen nur einen vorläufigen Versuch dar, die typologischen Beobachtungen auch

96   Kuča u. a. 2012, 63; Kuča u. a. 2016; vgl. auch Kazdová u. a. 1994, 132 Abb. 2; 136 Abb. 5.

chronologisch zu fixieren, eigentlich reichen die Datengrundlage und der Publikationsstand in Mähren für verifizierbare Aussagen noch nicht aus.

Tendenziell bestätigen die Daten aus Mähren für die Stufe Ia/Ib den Datierungsansatz für die niederösterreichischen Stufen MOG Ia/Ib. Sie lassen durch ihre Ungenauigkeit aber auch Spielraum, den typologische Kontaktfunde nach Westen auch chronologisch möglich erscheinen zu lassen. Die mährischen Stufen MBK IIa und IIb erscheinen bei diesem vorgestellten Ansatz tendenziell älter als die entsprechenden Stufen MOG IIa und IIb Niederösterreichs[97].

Zusammenfassender Vergleich (Abb. 58)

In Abb. 58 sind die Ergebnisse für alle Regionen graphisch in einer Chronologietabelle umgesetzt. Umrandet ist die jeweils mögliche Dauer einer Stufe. In grau gehaltene Stufenangaben sind extrapoliert, für sie liegen keine oder keine zuverlässigen Daten vor. Gestrichelte Umrandungen geben unsichere Zeiträume wieder. Fehlt eine Umrandung, ist ein Zeitraum aus Mangel an ausreichenden Daten nicht anzugeben. Rot sind die Datierungen markiert, die sich von der Stufenkorrelation durch Kontaktfunde (Abb. 2) zu stark unterscheiden. Leere Flächen zeigen an, dass sich diesen Zeiträumen im jeweiligen Gebiet bisher keine Funde – und daher auch keine Datierungen – zuordnen lassen. Es handelt sich also entweder um forschungsbedingte Lücken oder um tatsächliche Zeiträume ohne Besiedlung. Es muss hier auch ausdrücklich darauf hingewiesen werden, dass die in der Abbildung angegebene scheinbar lückenlose Besiedelung eines Gebietes, nicht unbedingt einer flächendeckenden Besiedelung im Raum gleichgesetzt werden kann, denn einige Stufen sind in den hier großflächig angegebenen Regionen nur an wenigen Fundorten nachgewiesen. Dies gilt im besonderen Maße für den Beginn der mittelneolithischen Entwicklung: Funde der Stufen HST I; SBK IIa und SOB Ia liegen bisher nur punktuell vor. Es fällt auf, dass sich nur in Böhmen – genauer gesagt nur in Nordböhmen und im Dresdner Elbtal – eine kontinuierliche Entwicklung und Besiedelung von der LBK bis zur SBK nachweisen lässt. Die Frage ist, wie man sich den Übergang von Alt- zu Mittelneolithikum unter diesen Umständen vorzustellen hat. Da viele Traditionen zwischen der LBK und den nachfolgenden regionalen Entwicklungen nicht abreißen, könnte ein überregionaler Rückgang der Bevölkerungsdichte für überlieferungsbedingte Fund- und Datenlücken verantwortlich sein (Riedhammer 2017).

Vergleicht man den Datierungsbereich von Großgartach, in den auch die Datierung der typologisch nachfolgenden Stufe Planig-Friedberg fällt, so zeigt sich, dass nicht nur für Österreich, sondern auch für das Mittelneolithikum westdeutscher Prägung Datierungsprobleme vorliegen, die mit großer Wahrscheinlichkeit auf Verunreinigung der Kollagenproben zurückzuführen sind, die für eine Streuung der Daten in einen zu jungen Bereich verantwortlich sind. Allerdings kann der Effekt für das Mittelneolithikum in Westdeutschland und im Elsass besser abgeschätzt werden, als für Österreich, da hier weit mehr Serien, auch von unterschiedlichen Probenmaterialien, vorliegen, die in verschiedenen Labors gemessen wurden. Daher ist von einer engeren Datierung von Großgartach von maximal 100–150 Jahren, im Kern von etwa 4800 bis 4700 cal BC auszugehen. Der Horizont, der am zuverlässigsten über die Regionen hinweg bis hin nach Ungarn datiert ist, ist um circa 4800 cal BC der Horizont fGG – SOB IIa – SBK III – formative Phase der Lengyel-Entwicklung in Ungarn[98]. Es handelt sich um einen typologischen Horizont, dessen jeweilige Stufe in jeder Region durch charakteristische Merkmalen gut zu fassen ist. Während die Stufen fGG und SOB IIa nur relativ kurz existiert haben dürften, beginnt die Stufe SBK III nach Kontaktfunden und absoluten Daten früher und hat dadurch insgesamt länger angedauert. In diesen Horizont fällt die Ausdehnung des stichbandkeramischen Verbreitungsgebietes nach Mähren und Niederösterreich.

---

97 Auch Sraka (2012, 370 Abb. 11) kommt mit seinem Vergleich der ^{14}C-Daten zum Ergebnis, dass die Lengyel-Stufen in Mähren etwas älter datieren als die entsprechenden Stufen in Österreich.

98 Ein unlängst publizierter Kontaktfund lässt darauf schließen, dass sich die formative Phase der Lengyel-Kultur MOG Ia0 mit der Stufe SBK IVa1 parallelisieren lässt, während die Stufe SBK III noch mit Proto-Lengyel in Verbindung steht: Zápotocká u. a. 2015.

cal BC	West-Deutschland und Elsass	Niederbayern	Böhmen	Mähren	Niederösterreich	cal BC
4400		Münchshöfen mittel	MBK IIb	MBK IIb		4400
4450	RÖ	Münchshöfen früh		MBK IIa	MOG IIa	4450
4500						4500
4550		SOB III				4550
4600			SBK V	MBK Ia / Ib	MOG Ia / Ib	4600
4650	P- F	SOB IIe	SBK IV b			4650
4700					MOG Ia0	4700
4750	GG	SOB IIb - d	SBK IV a		Glaubendorf 2	4750
4800	fGG	SOB IIa	SBK III	SBK III	SBK III	4800
4850	HST II	SOB Ib- Ic	SBK IIb / SBK III			4850
4900		SOB Ia				4900
4950	HST I		SBK IIa			4950
5000			LBK IVc / SBK I			5000
5050	jüngste LBK	LBK IVb	LBK IVb	jüngste LBK	jüngste LBK	5050

Abb. 58. Chronologietabelle des Mittelneolithikums westdeutscher Prägung, des Südostbayerischen Mittelneolithikum, der Stichbandkeramik böhmischer Prägung und der Mährischen und Ostösterreichischen Gruppe der Bemaltkeramik, erstellt nach den Ergebnissen der Vergleiche der gruppenkalibrierten ^{14}C-Serien. Umrandet: mögliche Dauer einer Stufe; gestrichelte Umrandungen: unsichere Zeiträume; grau: extrapolierte Stufenangabe, keine oder keine zuverlässigen Daten vorhanden; rot: zu großer Unterschied zur Parallelisierung der Stufen anhand von Kontaktfunden (vgl. Abb. 2); leere Flächen: Fund- bzw. Datenlücken. Mit Symbolen kenntlich gemacht ist der Horizont mit Kreisgrabenanlagen.

Aus Sicht der absoluten Daten wurden Kreisgrabenanlagen – das kulturell verbindende Element aller untersuchter Regionen – in Franken (Stufe mGG)[99], Niederbayern (Stufe SOB IIb/IIc1) und in Böhmen (Stufe SBK IVa2) um etwa 4750 cal BC errichtet. Für Mähren (Stufe MBK Ia) ist der Bau dieser Anlagen mit einiger Unsicherheit zwischen circa 4700 und 4650 cal BC anzusetzen. In Niederösterreich dagegen (Stufe MOG Ia) sollten sie nach der Mehrheit der datierten Fundplätze um 4650 cal BC, also etwa 100 Jahre später als weiter im Westen, errichtet worden sein. Nur die Daten der Kreisgrabenanlage von Glaubendorf 2 weisen auf eine Errichtung bereits um circa 4750 cal BC hin (vgl. Abb. 51). Diesen Widerspruch – es wird allgemein davon ausgegangen, dass die Idee der Kreisgrabenanlagen ihren Ursprung in Ungarn hat und sehr rasch von Südosten nach Nordwesten wanderte (Kaufmann 2009, 45–48) wird die zukünftige Forschung aufzulösen haben[100].

---

99   Neue unpublizierte Daten aus Ippesheim, Lkr. Neustadt a. d. Aisch-Bad Windsheim, Mittelfranken, bestätigen diesen Datierungsansatz (freundliche Mitteilung Silviane Scharl).

100 Aber vielleicht ist auch alles ganz anders und die älteste Anlage dieser Art steht in Goseck, Burgenlandkreis in Sachsen-Anhalt? Die Beantwortung dieser nicht ganz ernst gemeinten Frage ist bei Kaufmann 2009, 45–48 nachzulesen.

Abkürzungen in den Abbildungen und der ^{14}C-Datenliste:

AH	Altheim
AMS	Beschleuniger-Massenspektrometrie (accelerator mass spectrometry)
ÄLBK	Älteste Linearbandkeramik
Bi	Bischheim
BP	unkalibriertes Rohdatum vor heute, heute=1950 (englisch before present)
cal BC	kalibriertes Datum vor Christi Geburt
EZ	Eisenzeit
fGG	frühes Großgartach
fRÖ	frühes Rössen
GBZ	Glockenbecherzeit
GE	Getreideprobe
GG	Großgartach
GH-Süd	Geiselhöring-Süd
Ha	Hallstattzeit
HK	Holzkohleprobe
HST	Hinkelstein
ID	Identifikationsnummer (Datenliste)
JNL	Jungneolithikum
KN	Knochenprobe
konv.	Konventionelle Messung
Künz.	Künzing-Unternberg
Lab. Number	Labornummer
LBK	Linearbandkeramik
LnK	Linearbandkeramik (in tschechischer Literatur, Abb. 162)
LgK	Lengyel-Keramik (in tschechischer Literatur)
MA	Mittelalter
MBK	Mährisch Bemalte Keramik oder Mährische Bemaltkeramik
MMK	Mährisch Bemalte Keramik (in tschechischer Literatur)
mGG	mittleres Großgartach
MH	Münchshöfen
MNL	Mittelneolithikum
MK	Menschenknochenprobe / Datierung Michelsberg
MOG	Mährisch-Ostösterreichische Gruppe der Bemaltkeramik
mRÖ	mittleres Rössen
n	Anzahl
P-F	Planig-Friedberg
RÖ	Rössen
röm.	römisch
SBK	Stichbandkeramik
StK	Stichbandkeramik (in tschechischer Literatur)
sGG	spätes Großgartach
SOB	Südostbayerisches Mittelneolithikum
sRÖ	spätes Rössen
TK	Tierknochenprobe
UK	Urnenfelderzeit

^{14}C-Datenliste online

Die Gesamtliste der für diese Untersuchung verwendeten ^{14}C-Daten
ist online verfügbar unter:

https://nbn-resolving.org/urn:nbn:de:bvb:20-opus-168688

Literatur

BAKELS 2008: C. C. Bakels, Maastricht-Vogelzang, the Netherlands, a Michelsberg site in the valley of the Meuse seen from a botanical angle. In: Between foraging and farming. An extended broad spectrum of papers presented to Leendert Louwe Kooijmans. Analecta Praehist. Leidensia 40, 2008, 111–122.

BAKELS U. A. 1993: C. C. Bakels/M. J. Alkemade/C. E. Vermeeren, Botanische Untersuchungen in der Rössener Siedlung Maastricht-Randwijck. In: A. J. Kalis/J. Meurers-Balke (Hrsg.), 7000 Jahre bäuerliche Landschaft: Entstehung, Erforschung, Erhaltung. Zwanzig Aufsätze zu Ehren von Karl-Heinz Knörzer. Archaeo-Physika 13, 1993, 35–48.

BARNA 1996: J. Barna, A lengyeli kultúra tömegsírja Esztergályhorvátiban. Zalai Múz. 6, 1996, 149–160.

BARNA 2015: J. P. Barna, Socio-historical background of cultural changes in South-Western Hungary as reflected by archaeological data during Post-LBK times. Anthropologie (Brno) 53, 2015, 399–412.

BAUER/RUTTKAY 1974: K. Bauer/E. Ruttkay, Ein Hundeopfer der Lengyel-Kultur von Bernhardsthal, NÖ. Ann. Naturhist. Mus. Wien 78, 1974, 13–27.

BAYLISS 2009: A. Bayliss, Rolling out revolution: using radiocarbon dating in archaeology. Radiocarbon 51, 1, 2009, 123–147.

BAYLISS U. A. 2016: A. Bayliss/N. Beavan/D. Hamilton/K. Köhler/É. Á. Nyerges/Ch. Bronk Ramsey/E. Dunbar/M. Fecher/T. Goslar/B. Kromer/P. Reimer/E. Bánffy/T. Marton/K. Oross/A. Osztás/I. Zalai-Gaál/A. Whittle, Peopling the past: creating a site biography in the Hungarian Neolithic. Berichte RGK 94, 2013 (2016) 23–91.

BERTEMES/NORTHE 2007: F. Bertemes/A. Northe, Der Kreisgraben von Goseck. Ein Beitrag zum Verständnis früher monumentaler Kultbauten Mitteleuropas. In: K. Schmotz (Hrsg.), Vorträge des 25. Niederbayerischen Archäologentages (Rahden/Westf 2007) 137–168.

BIEL 1987: J. Biel, Die Fundstelle und das keramische Fundmaterial. Anhang zu: H. G. König/J. Wahl, Anthropologisch-traumatologische Untersuchungen der menschlichen Skelettreste aus dem bandkeramischen Massengrab bei Talheim, Kr. Heilbronn. Fundber. Baden-Württemberg 12, 1987, 187–193.

BIERMANN 1997: E. Biermann, Grossgartach und Oberlauterbach. Interregionale Beziehungen im süddeutschen Mittelneolithikum. Arch. Ber. 8 (Bonn 1997).

BINSTEINER 1990: A. Binsteiner, Das neolithische Feuersteinbergwerk von Arnhofen, Ldkr. Kelheim. Ein Abbau auf Jurahornsteine in der südlichen Frankenalb. Bayer. Vorgeschbl. 55, 1990, 1–56.

BOSQUET/GOLITKO 2012: D. Bosquet/M. Golitko, Highlighting and characterising the pioneer phase of the Hesbayen Linear Pottery Culture (Liège province, Belgium). In: R. Smolnik (Hrsg.), Siedlungsstruktur und Kulturwandel in der Bandkeramik. Beiträge der internationalen Tagung „Neue Fragen zur Bandkeramik oder alles beim Alten?!" Leipzig 23. bis 24. September 2010. Arbeits- u. Forschber. Sächs. Bodendenkmalpfl. Beih. 25 (Dresden 2012) 91–106.

BRESTOVANSKÝ 2007: P. Brestovanský, Dílenské sídliště z mladší doby kamenné, kultury vypíchané keramiky, v Příšovicích (předběžná zpráva k 30. září 2007). Sborník Národního památkového ústavu, územního odborného pracoviště v Liberci 2, 2007, 111–118.

BRESTOVANSKÝ 2008: P. Brestovanský, Dílenské sídliště z mladší doby kamenné, kultury vypíchané keramiky, k.ú. Příšovice, (Liberecký Kray). [předběžná zpráva; stav k 7.4.2008 – Vorbericht vom 07.04.2008] http://www.kraj-lbc.cz/public/kultura/prisovicevgp_46dcb464ab.pdf (Internetressource, Zugriff am 07.12.2015).

BRESTOVANSKÝ 2009: P. Brestovanský, Sídliště kultury s vypíchanou keramikou v Příšovicích, se zvláštním zřetelem na broušenou industrii – The stroked pottery site at Příšovice with special regard to the polished industry. Diplomarbeit Universität Praha 2009. https://is.cuni.cz/webapps/zzp/detail/65035/ (Internetressource, Zugriff am 08.12.2015, nur Text).

BRESTOVANSKÝ 2011: P. Brestovanský, Sídliště kultury s vypíchanou keramikou v Příšovicích, se zvláštním zřetelem na broušenou industrii. – The stroked pottery site at Příšovice with special regard to the polished industry. In: M. Popelka/R. Šmidtová (Hrsg.), Otázky neolitu a eneolitu našich zemí. Sborník referátů z 28. zasedání badatelů pro výzkum neolitu a eneolitu (nejen) Čech, Moravy a Slovenska. Mělník 28.9.–1.10.2009. Věnováno prof. PhDr. Jiřímu Slámovi, CSc. Praehistorica 29 (Praha 2011) 27–35.

BREUNIG 1987: P. Breunig, ¹⁴C-Chronologie des vorderasiatischen, südost- und mitteleuropäischen Neolithikums. Fundamenta A13 (Köln, Wien 1987).

BRINK-KLOKE U. A. 2003a: H. Brink-Kloke/R. Machhaus/E. Schneider, In die Erde geschrieben. Archäologische Spuren durch eine Stadt. Denkmalpfl. in Dortmund 1 (Essen 2003).

BRINK-KLOKE U. A. 2003b: H. Brink-Kloke/J. Meurers-Balke/W. D. Becker/A. von Bohlen/M. Doll/H. Heinrich/M. Kunter/E. Lietz/R. Pasternak/C. Poniecki/E. Schneider/U. Tegtmeier/B. Weninger/F. Wittler, Siedlungen und Gräber am Oespeler Bach (Dortmund), eine Kulturlandschaft im Wandel der Zeiten. Germania 81,1, 2003, 47–146.

BRINK-KLOKE/SCHNEIDER 2013: H. Brink-Kloke/E. Schneider, Neue Forschungen zu Rössener Häusern am Hellweg – Die Grundrisse von Dortmund-Oespel/Marten. In: W. Melzer (Hrsg.), Neue Forschungen zum Neolithikum in Soest und am Hellweg. Soester Beitr. Arch. 13 (Soest/Westf. 2013) 101–118.

BRONK RAMSEY 2009: Ch. Bronk Ramsey, Bayesian analysis of radiocarbon dates. Radiocarbon 51, 2009, 337–360.

BRONK RAMSEY U. A. 1999: Ch. Bronk Ramsey/P. B. Pettitt/R. E. M. Hedges/G. W. L. Hodgins, Radiocarbon dates from the Oxford AMS system: Archaeometry date list 27. Archaeometry 41, 1999, 197–206.

BÜRGER 2004: I. Bürger, Neues zur späten Münchshöfener Kultur in Bayern. Arch. Korrbl. 34, 2004, 177–192.

BUCZKA 2013: M. Buczka, Die mittelneolithische Besiedlung im Soester Westen – Ergebnisse der Ausgrabungen Am Ardey/Rüenstert/Am Brinkenkamp. In: W. Melzer (Hrsg.), Neue Forschungen zum Neolithikum in Soest und am Hellweg. Soester Beitr. Arch. 13 (Soest/Westf. 2013) 63–98.

CARNEIRO 2002: Â. Carneiro, Die Keramik der Siedlung Michelstetten, Niederösterreich. Dissertation Uni Wien 2002.

CARNEIRO 2005: Â. Carneiro, Unterlanzendorf, eine Fundstelle der Endphase der Lengyelkultur in Niederösterreich. Fragen zur kulturellen und chronologischen Definition der Endlengyelzeit in Ostösterreich. Fundber. Österreich 43, 2005, 103–134.

ČIŽMÁŘOVÁ/RAKOVSKÝ 1988 : J. Čižmářová/I. Rakovský, Sídliště lidu s moravskou malovanou keramikou v Brně-Bystrci. Arch. Rozhledy 40, 1988, 481–523.

CLADDERS/STÄUBLE 2003: M. Cladders/H. Stäuble, Das 53. Jahrhundert v. Chr.: Aufbruch und Wandel. In: J. Eckert/U. Eisenhauer/A. Zimmermann (Hrsg.), Archäologische Perspektiven. Analysen und Interpretationen im Wandel. Festschrift für Jens Lüning zum 65. Geburtstag. Internat. Arch. Stud. Honoraria 20 (Rahden/Westf. 2003) 491–503.

DAMBLON/HAUZEUR 2009: F. Damblon/A. Hauzeur, Étude anthracologique des occupations rubanés et proto-historique de Remerschen-Schengerwis (Grand Duché du Luxembourg). Utilisation du bois, environnement et chronologie. Bull. Soc. Préhist. Luxembourgeoise 27–28, 2005–2006 (2009) 61–117.

DENAIRE 2009a: A. Denaire, Le Néolithique moyen du sud de la plaine du Rhin supérieur et du nord de la Franche-Comté. Les cultures de Hinkelstein, de Grossgartach et de Roessen au travers de leur production céramique. Rhin Meuse Moselle 3 (Strasbourg 2009).

DENAIRE 2009b: A. Denaire, Radiocarbon Dating of the Western European Neolithic: Comparison of the Dates on Bones and Dates on Charcoals. Radiocarbon 51, 2009, 657–674.

DENAIRE 2011: A. Denaire, Chronologie absolue de la séquence Hinkelstein-Grossgartach-Roessen-Bischheim dans le sud de la plaine du Rhin supérieur et le nord de la Franche-Comté à la lumière des dernières données. In: A. Denaire/Ch. Jeunesse/Ph. Lefranc (Hrsg.), Nécropoles et enceintes danubiennes du Vᵉ millénaire dans le Nord-Est de la France et le Sud-Ouest de l'Allemagne. Actes de la table ronde internationale de Strasbourg organisée par l'UMR 7044 (CNRS et Université de Strasbourg). Rhin Meuse Moselle 5 (Strasbourg 2011) 9–30.

DENAIRE/LEFRANC 2014: A. Denaire/Ph. Lefranc, Les pratiques funéraires de la culture de Roessen et des groupes épiroesséniens dans le sud de la plaine du Rhin supérieur (4750–4000 av. J.-C.). In: Données récentes sur les pratiques funéraires néolithiques de la Plaine du Rhin supérieur. BAR Internat. Ser. 2633 (Oxford 2014) 73–124.

DENAIRE U. A. 2017: A. Denaire/Ph. Lefranc/J. Wahl/Ch. Bronk Ramsey/E. Dunbar/T. Goslar/A. Bayliss/N. Beavan/P. Bickle/A. Whittle, The Cultural Project: Formal Chronological Modelling of the Early and Middle Neolithic Sequence in Lower Alsace. Journal Arch. Method Theory 2017, 1–78. http://link.springer.com/article/10.1007%2Fs10816-016-9307-x (Internetressource, Zugriff: 10.01.2017).

DIECKMANN 1987: B. Dieckmann, Ein mittelneolithischer Fundplatz bei Mühlhausen im Hegau. Stratifizierte Funde der Hinkel-steingruppe, der Stichbandkeramik und der Großgartacher Gruppe. Arch. Nachr. Baden 38/39, 1987, 20–28.

DIECKMANN U. A. 1997: B. Dieckmann/J. Köninger/U. Maier/R. Vogt, Eine Stratigraphie des Mittelneolithikums mit Feucht-erhaltung in Singen, Kreis Konstanz. Arch. Ausgr. Baden-Württemberg 1996 (1997) 41– 46.

DIECKMANN U. A. 1998: B. Dieckmann/J. Hoffstadt/U. Maier/H. Spatz, Zum Stand der Ausgrabungen auf den „Offwiesen" in Singen, Kreis Konstanz. Arch. Ausgr. Baden-Württemberg 1997 (1998) 43–47.

DIECKMANN U. A. 2000: B. Dieckmann/J. Hoffstadt/B. Lohrke/U. Maier/R. Vogt, Archäologie und Landesgartenschau 2000: Neue Ausgrabungen auf den „Offwiesen" in Singen, Kreis Konstanz. Arch. Ausgr. Baden-Württemberg 2000, 27–32.

DOČKALOVÁ/ČIŽMÁŘ 2007: M. Dočkalová/Z. Čižmář, Neolithic Children Burials at Moravian Settlements in the Czech Republic. Anthropologie (Brno) 45/1, 2007, 31–59.

DONEUS 2001: M. Doneus, Die Keramik der mittelneolithischen Kreisgrabenanlage von Kamegg, Niederösterreich. Ein Beitrag zur Chronologie der Stufe MOG I der Lengyel-Kultur. Mitt. Prähist. Komm. 46 (Wien 2001).

DOHRN-IHMIG 1983a: M. Dohrn-Ihmig, Ein Großgartacher Siedlungsplatz bei Jülich-Welldorf, Kreis Düren und der Übergang zum mittelneolithischen Hausbau. Archäologie in den rheinischen Lößbörden. Beiträge zur Siedlungsgeschichte im Rheinland. Rhein. Ausgr. 24 (Köln, Bonn 1983) 233–282.

DOHRN-IHMIG 1983b: M. Dohrn-Ihmig, Neolithische Siedlungen der Rössener Kultur in der Niederrheinischen Bucht. Mat. Allg. u. Vergleichende Arch. 21 (München 1983).

DORNHEIM 2011: S. Dornheim, Jechtingen „Humbergäcker": Ein mittelneolithisches Gräberfeld am Kaiserstuhl. In: A. Denaire/ Ch. Jeunesse/Ph. Lefranc (Hrsg.), Nécropoles et enceintes danubiennes du Ve millénaire dans le Nord-Est de la France et le Sud-Ouest de l'Allemagne. Actes de la table ronde internationale de Strasbourg organisée par l'UMR 7044 (CNRS et Université de Strasbourg). Rhin Meuse Moselle 5 (Strasbourg 2011) 127–142.

ECKERT U. A. 1971: J. Eckert/M. Ihmig/A. Jürgens/R. Kuper/H. Löhr/J. Lüning/I. Schröter, Untersuchungen zur neolithischen Besiedlung der Aldenhovener Platte. Bonner Jahrb. 171, 1971, 558–664.

ECKES 1954: R. Eckes, Neolithische Skelettgräber bei Regensburg-Pürkelgut. Bayer. Vorgeschbl. 20, 1954, 89–104.

EFRON 1986: B. Efron, Why Isn't Everyone a Bayesian? Am. Statistican 40,1, 1986, 1–11, 330–331. [Mit anschließenden Kommentaren weiterer Wissenschaftler].

EIBL 2016: F. Eibl, Die Bayerische Gruppe der Stichbandkeramik und die Gruppe Oberlauterbach. Definition, Verbreitung und Untersuchungen zu Entwicklung sowie kultureller Stellung (Saarbrücken 2016).

EIBL U. A. 2010: F. Eibl/M. Leopold/K. Schmotz/J. Völkel, Die Mittelneolithische Kreisgrabenanlage von Stephansposching, Lkr. Deggendorf. Zum Kenntnisstand nach den archäologischen und naturwissenschaftlichen Untersuchungen der Jahre 2008 und 2009. In: K. Schmotz (Hrsg.), Vorträge des 28. Niederbayerischen Archäologentages (Rahden/Westf 2010) 165–202.

EISENHAUER 2002: U. Eisenhauer, Untersuchungen zur Siedlungs- und Kulturgeschichte des Mittelneolithikums in der Wetterau. Universitätsforsch. Prähist. Arch. 89 (Bonn 2002).

ENGELHARDT 1984: B. Engelhardt, Mittelneolithische Gräber von Landshut-Hascherkeller, Stadt Landshut, Niederbayern. Arch. Jahr Bayern 1983 (1984) 34–35.

FARRUGGIA 2002: J.-P. Farruggia, Une crise majeure de la civilisation du Néolithique Danubien des années 5100 avant notre ère – A major crisis in the Danubian Neolithic at the end of the 6th millennium BC. Arch. Rozhledy 64, 2002, 44–98.

FRIEDERICH 2011: S. Friederich, Bad Friedrichshall-Kochendorf und Heilbronn-Neckargartach. Forsch. u. Ber. Vor- u. Frühgesch. Baden-Württemberg 123 (Stuttgart 2011).

FRITSCH 1998: B. Fritsch, Die linearbandkeramische Siedlung Hilzingen „Forsterbahnried" und die altneolithische Besiedlung des Hegaus (Rahden/Westf. 1998).

GAITZSCH U. A. 2012: W. Gaitzsch/J. Janssens/Th. Frank/E. Höfs, Der tiefste neolithische Brunnen Europas. Arch. Rheinland 2011 (2012) 60–64.

GERHARDT/NABER 1983: K. Gerhardt/F. B. Naber, Die mesolithische Doppelbestattung bei Altessing. Bayer. Vorgeschbl. 48, 1983, 1–30.

GEYH 2001: M. A. Geyh, Bomb radiocarbon dating of animal tissues and hair. Radiocarbon 43,2, 2001, 723–730.

GLESER 2012: R. Gleser, Zeitskalen, stilistische Tendenzen und Regionalität des 5. Jahrtausends in den Altsiedellandschaften zwischen Mosel und Morava. In: R. Gleser/V. Becker (Hrsg.), Mitteleuropa im 5. Jahrtausend vor Christus. Beiträge zur Internationalen Konferenz in Münster 2010. Neolithikum und ältere Metallzeiten. Stud. u. Mat. 1 (Berlin, Münster 2012) 35–103.

GRONENBORN 2012: D. Gronenborn, Das Ende von IRD 5b: Abrupte Klimafluktuationen um 5100 den BC und der Übergang vom Alt- zum Mittelneolithikum im westlichen Mitteleuropa. In: R. Smolnik (Hrsg.), Siedlungsstruktur und Kulturwandel in der Bandkeramik. Beiträge der internationalen Tagung „Neue Fragen zur Bandkeramik oder alles beim Alten?!" Leipzig 23. bis 24. September 2010. Arbeits- u. Forschber. Sächs. Bodendenkmalpfl., Beih. 25 (Dresden 2012) 241–250.

HÄUSSER 1998: A. Häußer (Hrsg.), Krieg oder Frieden? Herxheim vor 7000 Jahren. Kat. Villa Wieser (Herxheim 1998).

HAJDAS 2008: I. Hajdas, Radiocarbon dating and its applications in Quaternary studies. Eiszeitalter u. Gegenwart 57, 2008, 2–24.

HANÖFFNER U. A. 2007: A. Hanöffner/L. Siftar/I. Matuschik/L. Breinl, Die Ausgrabungen in Ödmühle, Gemeinde Aiterhofen, Lkr. Straubing-Bogen 1975–1980. Jahresber. Hist. Ver. Straubing 108, 2006 (2007) 31–277.

HASSAN/ROBINSON 1987: F. A. Hassan/S. W. Robinson, High-precision radiocarbon chronometry of ancient Egypt, and comparisons with Nubia, Palestine and Mesopotamia. Antiquity 61, 1987, 119–135.

HAUZEUR/VAN BERG 2005: A. Hauzeur/P.-L. van Berg, Südliche Einflüsse in der Blicquy-Villeneuve-Saint-Germain Kultur. In: J. Lüning/Ch. Frirdich/A. Zimmermann (Hrsg.), Die Bandkeramik im 21. Jahrhundert. Symposium in der Abtei Brauweiler bei Köln vom 16.9.–19.9.2002. Internat. Arch. Arbeitsgemeinschaft, Symposium, Tagung, Kongress 7 (Rahden/Westf. 2005) 147–177.

HAUZEUR/JADIN 2012: A. Hauzeur/I. Jadin, Le néolithique ancien de Belgique, autrement... In: C. Bellier/P. Cattelain/N. Cauwe/A. Hauzeur/I. Jadin/C. Polet (Hrsg.), 5200–2000 av. J.-C. Premiers agriculteurs en Belgique. Guides Archéologiques du Malgré-Tout (Vanmontfort 2012) 19–38.

HILLEMEYER 2003: E. M. Hillemeyer, Die Tonware der Ältesten Bandkeramik in Wang, Landkreis Freising. In: Studien zur Siedlungsarchäologie 3. Universitätsforsch. Prähist. Arch. 94 (Bonn 2003) 1–91.

HINZ U. A. 2012: M. Hinz/M. Furholt/J. Müller/D. Raetzel-Fabian/Ch. Rinne/ K.-G. Sjögren/ H.-P. Wotzka, RADON – Radiocarbon dates online 2012. Central European database of ^{14}C dates for the Neolithic and Early Bronze Age. www.jungsteinsite.de 2012, 1–4 (Internetressource, Zugang zur Datenbank: http://radon.ufg.uni-kiel.de, Zugriff am 07.12.2015).

HODGINS 2009: G. W. L. Hodgins, Measuring atomic bomb-derived ^{14}C levels in human remains to determine Year of Birth and/or Year of Death. [Final Report for the U.S. Department of Justice. Document No.: 227839 – Date Received: August 2009 – Award Number: 2005-IJ-CX-K013] https://www.ncjrs.gov/pdffiles1/nij/grants/227839.pdf (Internetressource, Zugriff am 08.12.2015).

HOFMANN/WÄHNERT 2005: A. Hofmann/V. Wähnert, Neolithischer Ackerbau in Niederbayern. Die Getreidegruben der Münchshöfener Kultur von Ergoldsbach-Langenhettenbach. In: F. Niehoff (Hrsg.), Bodenschätze. Die StadtRegion Landshut im Spiegel der archäologischen Abteilung der Museen der Stadt Landshut. Schr. Museen Stadt Landshut 19 (Landshut 2005) 37–43.

HOLUB U. A. 2013: M. Holub/L. Kaiser/P. Kočár/R. Kočárová/M. Vokáč/J. Vokáčová, Nové sídliště lidu kultury s vypíchanou keramikou na v Rouchovanech na Třebíčsku. Arch. západních Čech 6, 2013, 7–15.

HUIJSMANS 2001: M. Huijsmans, Mariahilfbergl. Ein Beitrag zum Neolithikum in Tirol. Maschinschr. Dissertation Uni Innsbruck 2001.

HUSTY 2009a: L. Husty, Ausgrabungen und Funde im Landkreis Staubing-Bogen 2006 bis 2008. Jahresber. Hist. Ver. Straubing 110, 2008 (2009) 37–54.

HUSTY 2009b: L. Husty, Neues zur mittelneolithischen Kreisgrabenanlage von Irlbach, Lkr. Straubing-Bogen. In: L. Husty/M. M. Rind/K. Schmotz (Hrsg.), Zwischen Münchshöfen und Windberg. Gedenkschrift für Karl Böhm. Internat. Arch. Stud. Honoraria 29 (Rahden/Westf. 2009) 67–75.

HUSTY/MEIXNER 2008: L. Husty/G. Meixner, Münchshöfen oder Michelsberg? Ein jungneolithisches Grabenwerk bei Riedling, Gem. Oberschneiding, Lkr. Straubing-Bogen, Niederbayern. Arch. Jahr Bayern 2007 (2008) 18–19.

HUSTY/MEIXNER 2009: L. Husty/G. Meixner, Ein neues Münchshöfener Grabenwerk in Riedling, Gde. Oberschneiding, Lkr. Straubing-Bogen. Erster Vorbericht zu den archäologischen Grabungen des Jahres 2007. In: K. Schmotz (Hrsg.),Vorträge des 27. Niederbayerischen Archäologentages (Rahden/Westf. 2009) 29–63.

JADIN 2003: I. Jadin, Trois petits tours et puis s'en vont ... La fin de la présence danubienne en Moyenne Belgique. Études et Rech. Arch. Univ. Liège 109 (Liège 2003).

JEUNESSE U. A. 2014: Ch. Jeunesse/R.-M. Arbogast/A. Denaire/Th. Doppler/St. Jacomet/M. Mauvilly/J. Schibler, L'abri Saint-Joseph à Lutter: 9000 ans d'histoire du Jura alsacien. Ann. Soc. Hist. Sundgau 2014, 13–44.

JEUNESSE/STRIEN 2009: Ch. Jeunesse/H.-Ch. Strien, Bemerkungen zu den stichbandkeramischen Elementen in Hinkelstein. In: A. Zeeb-Lanz (Hrsg.), Krisen – Kulturwandel – Kontinuitäten. Zum Ende der Bandkeramik in Mitteleuropa. Beiträge der Internationalen Tagung in Herxheim bei Landau (Pfalz) vom 14–17.06.2007. Internat. Arch. Arbeitsgemeinschaft, Symposium, Tagung, Kongress 10 (Rahden/Westf. 2009) 241–247.

KAISER 2012: L. Kaiser, Rouchovany (Okr. Třebíč). Přehled Výzkumů 53, 2012, 139.

KAUFMANN 1976: D. Kaufmann, Wirtschaft und Kultur der Stichbandkeramiker im Saalegebiet. Veröffentl. Landesmus. Vorgesch. Halle 30 (Berlin 1976).

KAUFMANN 2009: D. Kaufmann, Einige notwendige Bemerkungen zur Stichbandkeramik. In: L. Husty/M. M. Rind/K. Schmotz (Hrsg.), Zwischen Münchshöfen und Windberg. Gedenkschrift für Karl Böhm. Internat. Arch. Studia Honoraria 29 (Rahden/Westf. 2009) 45–52.

KAZDOVÁ 1984: E. Kazdová, Těšetice-Kyjovice. 1. Starsí stupen kultury s movarskou malovanou keramikou. – Ältere Stufe mit mährisch bemalter Keramik. Opera Univ. Purkynianae Brunensis, Facultas phil. 260 (Brno 1984).

KAZDOVÁ 1990: E. Kazdová, Hrob H12 s vypíchanou keramikou a červeným barvivem z Těšetic-Kyjovic. Sborník Prací Fil. Fak. Brno, E 34/35, 1989/1990 (1990) 127–141.

KAZDOVÁ 1993: E. Kazdová, K pohřebnímu ritu lidu s vypíchanou keramikou na Moravě. – Zum Bestattungsritus des Volkes mit Stichbandkeramik in Mähren. Sborník Prací Fil. Fak. Brno, E 37, 1992 (1993) 7–24.

KAZDOVÁ 1997: E. Kazdová, Vypíchaná keramika z Těšetic-Kyjovic. Objekty 1. skupiny. – Die Stichbandkeramik aus Těšetice-Kyjovice. Befunde der 1. Gruppe. Sborník Prací Fil. Fak. Brno, M 1, 1996 (1997) 31–45.

KAZDOVÁ 1998: E. Kazdová, Vztahy mezi lidem s vypíchanou a moravskou malovanou keramikou. – Beziehungen zwischen den Völkern mit der Stichbandkeramik und Mährischer Bemalter Keramik. Sborník Prací Fil. Fak. Brno, M 2, 1997 (1998) 79–88.

KAZDOVÁ U. A. 1994: E. Kazdová/P. Koštuřík/I. Rakovský, Der gegenwärtige Forschungsstand der Kultur mit mährischer bemalte Keramik. In: Internationales Symposium über die Lengyel-Kultur 1888–1988 Znojmo-Kravsko-Těšetice 3.–7. 10. 1988 (Brno, Łódź 1994) 131–155.

KAZDOVÁ U. A. 1999: E. Kazdová/J. Peška/I. Mateiciucová, Olomouc-Slavonín (I). Sídliště kultury s vypíchanou keramikou. Arch. Regionalis Fontes 2 (Olomouc 1999).

KERIG 2005: T. Kerig, Zur relativen Chronologie der westdeutschen Bandkeramik. In: J. Lüning/Ch. Frirdich/A. Zimmermann (Hrsg.), Die Bandkeramik im 21. Jahrhundert. Symposium in der Abtei Brauweiler bei Köln vom 16. 9. –19. 9. 2002. Internat. Arch. Arbeitsgemeinschaft, Symposium, Tagung, Kongress 7 (Rahden/Westf. 2005) 125–138.

KESSLER 2011: C. Keßler, Mamming-„Hochfeld". Ein polykultureller Siedlungsplatz mit Funden der Münchshöfner und Altheimer und der Trichterbecherkultur. unpubl. Magisterarbeit Uni Saarbrücken 2011.

KINNE U. A. 2012: A. Kinne/B. Schneider/H. Stäuble/Chr. Tinapp, Ein zweiter Schnitt durch Kyhna. Untersuchungen an der vierfachen Kreisgrabenanlage. In: R. Smolnik (Hrsg.), Ausgrabungen in Sachsen 3. Arbeits- u. Forschber. Sächs. Bodendenkmalpfl. Beih. 24 (Dresden 2012) 18–24.

KOCH U. A. 2004: H. Koch/B. Engelhardt/P. Schröter, Siedlungsfunde der Münchshöfener Kultur und Gräber des Endneolithikums aus Oberschneiding, Ldkr. Straubing-Bogen, Niederbayern. Arch. Jahr Bayern 2003 (2004) 24–30.

KÖNIG/WAHL 1987: H. G. König/J. Wahl, Anthropologisch-traumatologische Untersuchungen der menschlichen Skelettreste aus dem bandkeramischen Massengrab bei Talheim, Kr. Heilbronn. Fundber. Baden-Württemberg 12, 1987, 65–193.

KOHL/QUITTA 1966: G. Kohl/H. Quitta, Berlin Radiocarbon Measurements II. Radiocarbon 8, 1966, 27–45.

KOŠTUŘÍK U. A. 1984: P. Koštuřík/I. Rakovský/L. Peške/A. Prichystal/M. Sala/J. Svoboda, Sídliště mladšího stupne kultury s moravskou malovanou keramikou v Jezeřanech-Maršovicích. Arch. Rozhledy 36, 1984, 378–410.

KRAUSS/HUIJSMANS 1996: R. Krauß/M. Huijsmans, Die erste Fundstelle der Münchshöfener Kultur in Nordtirol. Ein Vorbericht. Arch. Korrbl. 26, 1996, 43–51.

KROMER 1999: B. Kromer, ¹⁴C-Analysen der Knochenproben von Trebur, Kreis Groß-Gerau. In: H. Spatz, Das mittelneolithische Gräberfeld von Trebur, Kreis Groß-Gerau. Mat. Vor- u. Frühgesch. Hessen 19 (Wiesbaden 1999) 383–386.

KUČA U. A. 2009: M. Kuča/A. Přichystal/Z. Schenk/P. Škrdla/M. Vokáč, Lithic raw material procurement in the Moravian Neolithic: the search for extra-regional networks. Documenta Praehist. 36, 2009, 313–326.

KUČA U. A. 2011a: M. Kuča/Z. Schenk/M. Nývltová Fišáková, Lengyelské sídliště v Dluhonicích, okr. Přerov a jeho postavení v rámci počátku mladšího stupně lengyelské kultury v prostoru Moravské brány. Acta Mus. Moraviae 96,1, 2011, 33–57.

KUČA U. A. 2011b: M. Kuča/P. Škrdla/M. Nývltová Fišáková, Příspěvek k absolutní chronologii mladšího stupně lengyelské kultury ve středním Pomoraví. Slovácko 52, 2010 (2011) 153–160.

KUČA U. A. 2012: M. Kuča/J. J. Kovář/M. Nývltová Fišáková/P. Škrdla/L. Prokeš/M. Vaškových/Z. Schenk, Chronologie neolitu na Moravě: Předběžné výsledky – Chronology of the moravian neolithic: Preliminary results. Přehled Výzkumů 53, 2012, 51–64.

KUČA U. A. 2016: M. Kuča/L. Prokeš/L. Eskarousová/J. J. Kovář/M. Nývltová Fišáková, Testing the proposed relative chronology model for the Moravian Late Neolithic using radiometric dating. In: J. Kovárník u. a., Centenary of Jaroslav Palliardi's Neolithic and Aeneolithic Relative Chronology (1914–2014) (Ústí nad Orlicí 2016) 117–125.

KULCZYCKA-LECIEJEWICZOWA 1977: A. Kulczycka-Leciejewiczowa, Badania nad osadnictwem neolitycznym w dorzeczu Ślęzy. Spraw. Arch. 29, 1977, 13–29.

KUNKEL 1955: O. Kunkel, Die Jungfernhöhle bei Tiefenellern. Münchner Beitr. Vor- u. Frühgesch. 5 (München 1955).

KUPER 1979: R. Kuper, Der Rössener Siedlungsplatz Inden 1 (Köln 1979). [Dissertationsdruck]

KUPER U. A. 1974: R. Kuper/H. Löhr/J. Lüning/P. Stehli, Untersuchungen zur neolithischen Besiedlung der Aldenhovener Platte IV. Bonner Jahrb. 174, 1974, 424–508.

KUPER U. A. 1975: R. Kuper/H. Löhr/J. Lüning/W. Schwellnus/P. Stehli/A. Zimmermann, Untersuchungen zur neolithischen Besiedlung der Aldenhovener Platte V. Bonner Jahrb. 175, 1975, 191–229.

LANTING/MOOK 1977: J. N. Lanting/W. G. Mook, The Pre- and Protohistory of the Netherlands in Terms of Radiocarbon Dates (Groningen 1977).

LENNEIS 1977: E. Lenneis, Siedlungsfunde aus Poing und Frauenhofen bei Horn. Ein Beitrag zur Erforschung der Linear- und Stichbandkeramik in Niederösterreich. Prähist. Forsch. 8 (Wien 1977).

LENNEIS 1979: E. Lenneis, Die Stichbandkeramische Spitzgrabenanlage von Frauenhofen bei Horn, Niederösterreich. Arch. Korrbl. 9, 1979, 173–177.

LENNEIS 1986: E. Lenneis, Die stichbandkeramische Grabenanlage von Frauenhofen, „Neue Breite", p. B. Horn, Niederösterreich. Arch. Austriaca 70, 1986, 137–204.

LENNEIS U. A. 1995: E. Lenneis/Ch. Neugebauer-Maresch/E. Ruttkay, Jungsteinzeit im Osten Österreichs. Wiss. Schriftenr. Niederösterr. 102–105 (St. Pölten, Wien 1995).

LENNEIS/STADLER 2002: E. Lenneis/P. Stadler, ^{14}C-Daten und Seriation altbandkeramischer Inventare. Arch. Rozhledy 64, 2002, 191–201 [Festschrift Zápotocká].

LEPROVOST/QUEYRAS 2011: C. Leprovost/M. Queyras, La nécropole d'Entzheim (Bas-Rhin): nouvelles données sur le Néolithique moyen alsacien. In: A. Denaire/Ch. Jeunesse/Ph. Lefranc (Hrsg.), Nécropoles et enceintes danubiennes du Ve millénaire dans le Nord-Est de la France et le Sud-Ouest de l'Allemagne. Actes de la table ronde internationale de Strasbourg organisée par l'UMR 7044 (CNRS et Université de Strasbourg). Rhin Meuse Moselle 5 (Strasbourg 2011) 115–125.

LEUZINGER 2012: U. Leuzinger, Ziegenkot – Fischbandwurm – getrüffelter Gerstenbrei. Das ausserordentliche Informationspotential der neolithischen Feuchtbodenarchäologie. In: R. Gleser/V. Becker (Hrsg.), Mitteleuropa im 5. Jahrtausend vor Christus. Beiträge zur Internationalen Konferenz in Münster 2010. Neolithikum und ältere Metallzeiten. Stud. u. Mat. 1 (Berlin, Münster 2012) 309–317.

LICHARDUS-ITTEN 1980: M. Lichardus-Itten, Die Gräberfelder der Grossgartacher Gruppe im Elsass. Saarbrücker Beitr. Altertumskde. 25 (Bonn 1980).

LINK 2012a: Th. Link, Neue Kultur oder jüngerlinienbandkeramische Regionalgruppe? Dresden-Prohlis und die Entstehung der Stichbandkeramik. In: R. Smolnik (Hrsg.), Siedlungsstruktur und Kulturwandel in der Bandkeramik. Beiträge der internationalen Tagung „Neue Fragen zur Bandkeramik oder alles beim Alten?!" Leipzig 23. bis 24. September 2010. Arbeits- u. Forschber. Sächs. Bodendenkmalpfl. Beih. 25 (Dresden 2012) 274–283.

LINK 2012b: Th. Link, Stilwandel contra Siedlungskontinuität – Zum Übergang von der Linien- zur Stichbandkeramik in Sachsen. In: R. Gleser/V. Becker (Hrsg.), Mitteleuropa im 5. Jahrtausend vor Christus. Beiträge zur Internationalen Konferenz in Münster 2010. Neolithikum und ältere Metallzeiten. Stud. u. Mat. 1 (Berlin, Münster 2012) 115–131.

LINK 2014a: Th. Link, Welche Krise? Das Ende der Linienbandkeramik aus östlicher Perspektive. In: Th. Link/D. Schimmelpfennig (Hrsg.), No Future? Brüche und Ende kultureller Erscheinungen. Fallbeispiele aus dem 6.–2. Jahrtausend v. Chr. Fokus Jungsteinzeit – Berichte der AG Neolithikum 4 (Kerpen-Loogh 2014) 95–111.

LINK 2014b: Th. Link, Die linien- und stichbandkeramische Siedlung von Dresden-Prohlis. Eine Fallstudie zum Kulturwandel in der Region der oberen Elbe um 5000 v. Chr. Veröff. Landesamt Arch. Sachsen 60 (Dresden 2014).

LÖNNE 2000: P. Lönne, Das Mittelneolithikum im südlichen Niedersachsen. Untersuchungen zum Kulturenkomplex Großgartach, Planig-Friedberg, Rössen. Göttinger Philisophische Dissertationen D VII (Göttingen 2000).

LÖNNE 2003: P. Lönne, Das Mittelneolithikum im südlichen Niedersachsen. Untersuchungen zum Kulturenkomplex Großgartach – Planig-Friedberg – Rössen und zur Stichbandkeramik. Materialh. Ur- u. Frühgesch. Niedersachsen R. A 31 (Rahden/Westf. 2003).

LOUWE KOOIJMANS 1988: L. P. Louwe Kooijmans, Een Rössen-Nederzetting te Maastricht-Randwyck. Notae Praehist. 8, 1988, 67–71.

LÜNING 1972: J. Lüning, Zum Kulturbegriff im Neolithikum. Prähist. Zeitschr. 47, 1972, 145–173.

LÜNING 1981a: J. Lüning, Eine Siedlung der mittelneolithischen Gruppe Bischheim in Schernau, Ldkr. Kitzingen. Materialh. Bayer. Vorgesch. A 44 (Kallmünz/Opf. 1981).

LÜNING 1981b: J. Lüning, Versuchsgelände Kinzweiler (Stadt Eschweiler, Kr. Aachen-Land). In: U. Boelicke/D. von Brandt/R. Drew/J. Eckert/J. Gaffrey/A. J. Kalis/J. Lüning/J. Schalich/W. Schwellnus/J. Weiner/M. Wolters/A. Zimmermann, Untersuchungen zur neolithischen Besiedlung der Aldenhovener Platte 11. Bonner Jahrb. 181, 1981, 264–285.

LÜNING 1982: J. Lüning, Siedlungen und Siedlungslandschaft in bandkeramischer und Rössener Zeit. Offa 39, 1982, 9–33.

LÜNING 1984: J. Lüning, Neolithische Hausgrundrisse in Schwanfeld, Ldkr. Schweinfurt, Unterfranken. Arch. Jahr Bayern 1983 (1984) 31–32.

LÜNING 2005: J. Lüning, Bandkeramische Hofplätze und die absolute Chronologie der Bandkeramik. In: J. Lüning/Ch. Frirdich/A. Zimmermann (Hrsg.), Die Bandkeramik im 21. Jahrhundert. Symposium in der Abtei Brauweiler bei Köln vom 16. 9.–19. 9. 2002. Internat. Arch. Arbeitsgemeinschaft, Symposium, Tagung, Kongress 7 (Rahden/Westf. 2005) 49–74.

LULL U. A. 2015: V. Lull/R. Micó1/C. Rihuete-Herrada/R. Risch, When ^{14}C dates fall beyond the limits of uncertainty: an assessment of anomalies in Western Mediterranean Bronze Age ^{14}C series. Radiocarbon, 57, 5, 2015, 1029–1040.

MAHNKOPF/MEIXNER 2007: G. Mahnkopf/D. Meixner, Im Graben begraben. Eine Kinderbestattung im Münchshöfener Erdwerk von Langenreichen, Gemeinde Meitingen, Landkreis Augsburg, Schwaben. Arch. Jahr Bayern 2006 (2007) 23–25.

MATUSCHIK 1992: I. Matuschik, Sengkofen-"Pfatterbreite", eine Fundstelle der Michelsberger Kultur im Bayerischen Donautal und die Michelsberger Kultur im östlichen Alpenvorland. Bayer. Vorgeschbl. 57, 1992, 1–31.

MATZERATH/PAVLOVIC 2012: S. Matzerath/M. Pavlovic, Frühes Rössen auf der Aldenhovener Platte – Datierung mittelneolithischer Keramik aus den Siedlungen Aldenhoven 1 und Schleiden 3. Arch. Inf. 35, 2012, 253–258.

MEIER-ARENDT 1975: W. Meier-Arendt, Die Hinkelsteingruppe. Der Übergang vom Früh- zum Mittelneolithikum in Südwestdeutschland. Röm.-Germ. Forsch. 35 (Berlin 1975).

MEIXNER 2009: D. Meixner, Ausnahme oder Regel – Zum Phänomen der Münchshöfener Bestattungen. In: K. Schmotz (Hrsg.), Vorträge des 27. Niederbayerischen Archäologentages (Rahden/Westf. 2009) 91–144.

MEIXNER 2017: D. Meixner, Alles „klassisch"? – Überlegungen zur inneren Chronologie der frühjungneolithischen Münchshöfener Kultur. Bayer. Vorgeschbl. 82, 2017, 7–56.

MEYER 2003: M. Meyer, Zur formalen Gliederung alt- und mittelneolithischer Einhegungen. In: J. Eckert/U. Eisenhauer/A. Zimmermann (Hrsg.), Archäologische Perspektiven. Analysen und Interpretationen im Wandel. Festschrift für Jens Lüning zum 65. Geburtstag. Internat. Arch. Stud. Honoraria 20 (Rahden/Westf. 2003) 441–454.

MEYER U. A. 1994: R. K. F. Meyer/H. Schmidt-Kaler/B. Kaulich/H. Tischlinger, Wanderungen in die Erdgeschichte 6. Unteres Altmühltal und Weltenburger Enge (München 1994).

MODDERMAN 1967: P. J. R. Modderman, Linearbandkeramische Bauten aus Hienheim im Landkreis Kelheim. Jahresber. Bayer. Bodendenkmalpfl. 6/7, 1965/66 (1967) 7–13.

MODDERMAN 1970: P. J. R. Modderman, Linearbandkeramik aus Elsloo und Stein. Analecta Praehist. Leidensia 3 (Leiden 1970).

MODDERMAN 1971: P. J. R. Modderman, Ausgrabungen in Hienheim, Ldkr. Kelheim. Jahresber. Bayer. Bodendenkmalpfl. 10, 1969 (1971) 7–26.

MODDERMAN 1977: P. J. R. Modderman, Die neolithische Besiedlung bei Hienheim, Ldkr. Kelheim, I. Die Ausgrabungen am Weinberg 1965–1970. Materialh. Bayer. Vorgesch. A 33 (Kallmünz/Opf. 1977).

MODDERMAN 1986: P. J. R. Modderman, Die Neolithische Besiedlung bei Hienheim, Ldkr. Kelheim. II–IV. Materialh. Bayer. Vorgesch. A 57 (Kallmünz/Opf. 1986).

NADLER U. A. 1994: M. Nadler/A. Zeeb/K. Böhm/H. Brink-Kloke/K. Riedhammer/R. Ganslmeier/U. Poensgen/E. Riedmeier-Fischer/H. Spatz/M. M. Rind/ F. Blaich, Südbayern zwischen Linearbandkeramik und Altheim: Ein neuer Gliederungsvorschlag. In: H.-J. Beier (Hrsg.), Der Rössener Horizont in Mitteleuropa. Beitr. Ur- u. Frühgesch. Mitteleuropas 6 (Wilkau-Hasslau 1994) 127–189.

NEUBAUER 2005: W. Neubauer, Am Fuße des Heldenbergs. Die dreifache Kreisgrabenanlage Glaubendorf 2. F. Daim/W. Neubauer (Hrsg.), Zeitreise Heldenberg. Geheimnisvolle Keisgräben. Kat. Niederösterr. Landesmus. N.F. 459 (Horn, Wien 2005) 52–57.

NEUBAUER 2010: D. Neubauer, Die kaiser- und frühvölkerwanderungszeitliche Siedlung Michelstetten im Spiegel der Funde und Befunde. Diplomarbeit Uni Wien 2010.

NEUGEBAUER/NEUGEBAUER-MARESCH 2003: J.-W. Neugebauer/Ch. Neugebauer-Maresch, Die Doppel-Sonderbestattung der Bemaltkeramik von Reichersdorf, Marktgemeinde Nussdorf ob der Traisen, Niederösterreich. In: E. Jerem/P. Raczky (Hrsg.), Morgenrot der Kulturen: Frühe Etappen der Menschheitsgeschichte in Mittel- und Südosteuropa. Festschrift für Nándor Kalicz zum 75. Geburtstag. Archaeolingua Alapítvány 15 (Budapest 2003) 327–334.

NEUGEBAUER-MARESCH U. A. 2003: Ch. Neugebauer-Maresch/J.-W. Neugebauer/K. Grosschmidt/U. Randl/R. Seemann, Die Gräbergruppe vom Beginn der Bemaltkeramik im Zentrum der Kreisgrabenanlage Friebritz Süd, Niederösterreich. Preist. Alpina 37, 2001 (2003) 187–253.

OLIVA 2010: M. Oliva, Pravěké hornictví v Krumlovském lese. Vznik a vývoj industriálně-sakrální krajiny na jižní Moravě. Anthropos 32 (Brno 2010).

ORSCHIEDT 2002: J. Orschiedt, Die Jungfernhöhle bei Tiefenellern. Eine Neuinterpretation, mit einem Exkurs zur Interpretation der „Knochenstäbchen". In: B. Mühldorfer (Hrsg.), Kulthöhlen. Funde, Deutungen, Fakten. Beiträge des Symposiums vom 7. Dezember 1996 (Nürnberg 2002) 93–112.

ORSCHIEDT/HAIDLE 2012: J. Orschiedt/M. N. Haidle, Violence against the living, violence against the dead on the human remains from Herxheim, Germany. Evidence of a crisis and mass cannibalism? In: R. J. Schulting/L. Fibiger (Hrsg.), Sticks, Stones, and Broken Bones (Oxford 2012) 121–137.

OTTAWAY 1973: B. Ottaway, Dispersion Diagrams: A new approach to the display of carbon-14 dates. Archaeometry 15, 1973, 5–12.

PATOKA U. A. 2012: J. Patoka/M. Nývltová Fišáková/M. Kuča, Nejstarší doklad o konzumaci raků (Decapoda: Astacidea) lidmi v pravěku: nález fragmentů klepet z lokality Horákov, kultura s moravskou malovanou keramikou, Česká republika. – The oldest document of consumption of crayfish (Decapoda: astacidea) by people in prehistory: found of nippers from the Horákov site, Moravian Painted Ware Culture, Czech Republic. Kvartér, Sborník Abstrakt 18, 2012, 41–42.

PAVLOVIC 2011: M. Pavlovic, Die Rössener Phase des Mittelneolithikums in der Rheinischen Bucht. Chronologie und Entwicklung. Bonner Jahrb. 210/211, 2010/2011, 29–102.

PAVLŮ 1986: I. Pavlů, The principles of analysis of settlement refuse. In: I. Pavlů/J. Rulf/M. Zápotocká, Theses on the Neolithic Site of Bylany. Pam. Arch. 77, 1986, 310–314.

PAVLŮ/ZÁPOTOCKÁ 1979: I. Pavlů/M. Zápotocká, Současný stav a úkoly studia neolitu v Čechách. – The current state and future aims of the study of the Bohemian neolithic cultures. Pam. Arch. 70, 1979, 281–318.

PAVLŮ U. A. 1986: I. Pavlů/J. Rulf/M. Zápotocká, Theses on the Neolithic Site of Bylany. Pam. Arch. 77, 1986, 288–412.

PAVÚK 2007: J. Pavúk, Zur Frage der Entstehung und Verbreitung der Lengyel-Kultur. In: J. K. Kozłowski/P. Raczky (Hrsg.), The Lengyel, Polgár and related cultures in the Middle/Late Neolithic in central Europe (Kraków 2007) 11–28.

PECHTL 2009a: J. Pechtl, Stephansposching und sein Umfeld. Studien zum Altneolithikum im bayerischen Donauraum. Dissertation Uni Heidelberg 2009.

PECHTL 2009b: J. Pechtl, Überlegungen zur Historie der ältesten Linienbandkeramik (ÄLBK) im südlichen Bayern. Fines Transire 18, 2009, 79–115.

PERRIN 2011: B. Perrin, L'enceinte à pseudo-fossé Roessen de Meistratzheim (Bas-Rhin). In A. Denaire/Ch. Jeunesse/Ph. Lefranc (Hrsg.), Nécropoles et enceintes danubiennes du Vᵉ millénaire dans le Nord-Est de la France et le Sud-Ouest de l'Allemagne. Actes de la table ronde internationale de Strasbourg organisée par l'UMR 7044 (CNRS et Université de Strasbourg). Rhin Meuse Moselle 5 (Strasbourg 2011) 73–84.

PERTLWIESER/PERTLWIESER 1996: M. Pertlwieser/Th. Pertlwieser, KG Gemering, MG St. Florian, VB Linz-Land (Ölkam). Fundber. Österreich 35, 1996, 426–427.

PEŠKA 2011: J. Peška, Záhady moravské archeologie aneb problémy absolutního datování vybraných nálezových souborů. – Rätsel der mährischen Archäologie oder Probleme bei der absoluten Datierung von Fundkomplexen. Sborník Prací Fil. Fak. Brno, M 14–15, 2009/2010 (2011) 177–212.

PETRASCH 1991: J. Petrasch, Die jungsteinzeitliche Kreisgrabenanlage von Künzing-Unternberg. Arch. Denkmäler im Landkreis Deggendorf 6 (Deggendorf 1991).

PETRASCH/KROMER 1989: J. Petrasch/B. Kromer, Aussagemöglichkeiten von ¹⁴C-Daten zur Verfüllungsgeschichte prähistorischer Gräben am Beispiel der mittelneolithischen Kreisgrabenanlage von Künzing- Unternberg, Ldkr. Deggendorf. Arch. Korrbl. 19, 1989, 231–238.

PETRASCH/STÄUBLE 2016: J. Petrasch/H. Stäuble, Von Gruben und ihrem Inhalt: Dialog über die Interpretationen von Befunden und ihrer Verfüllung sowie deren Aussagemöglichkeit zur zeitlichen und funktionalen Struktur bandkeramischer Siedlungen. In: T. Kerig/K. Nowak/G. Roth (Hrsg.), Alles was zählt... Festschrift für Andreas Zimmermann. Universitätsforsch. Prähist. Arch. 285 (Bonn 2016) 365–378.

PÉTREQUIN 1970: P. Pétrequin, La grotte de la Baume de Gonvillars. Ann. Lit. Univ. Besançon, Sér. Arch. 22 (Paris 1970).

PODBORSKÝ 1977: V. Podborský, Hlavní výsledky v Těšeticích-Kyjovicích za léta 1964 až 1974. Sborník Prací Fil. Fak. Brno, E 20–21, 1975/76 (1977) 175–184.

POENSGEN 1994: U. Poensgen, Die Keramik aus der Kreisgrabenanlage von Künzing-Unternberg. In: M. Nadler u. a., Südbayern zwischen Linearbandkeramik und Altheim: Ein neuer Gliederungsvorschlag. In: H.-J. Beier (Hrsg.), Der Rössener Horizont in Mitteleuropa. Beitr. Ur- u. Frühgesch. Mitteleuropas 6 (Wilkau-Hasslau 1994) 139–144.

POENSGEN 2009: U. Poensgen, Bemalte und andere Lengyel-Keramik von Künzing-Unternberg. „Gastarbeiter" am Unternberg? In: L. Husty/M. M. Rind/K. Schmotz (Hrsg.), Zwischen Münchshöfen und Windberg. Gedenkschrift für Karl Böhm. Internat. Arch. Studia Honoraria 29 (Rahden/Westf. 2009) 79–91.

RAETZEL-FABIAN 1986: D. Raetzel-Fabian, Phasenkartierung des mitteleuropäischen Neolithikums. Chronologie und Chorologie. BAR Internat. Ser. 316 (Oxford 1986).

REHFELD/SCHIER 2015: M. Rehfeld/W. Schier, Frankens große Kreise. Die fränkischen Kreisgrabenanlagen von Hopferstadt und Ippesheim. Bayer. Arch. 4, 2015, 26–30.

REIMER U. A. 2013: P. J. Reimer/E. Bard/A. Bayliss/J. W. Beck/P. G. Blackwell/Ch. Bronk Ramsey/C. E. Buck/H. Cheng/R. L. Edwards/M. Friedrich/P. M. Grootes/Th. P. Guilderson/H. Haflidason/I. Hajdas/Ch. Hatté/T. J. Heaton/D. L. Hoffmann/A. G. Hogg/K. A. Hughen/K. F. Kaiser/B. Kromer/St. W. Manning/M. Niu/R. W. Reimer/D. A. Richards/E. M. Scott/J. R. Southon/

R. A. Staff/Ch. S. M. Turney/J. van der Plicht, IntCal13 and Marine13 Radiocarbon Age Calibration Curves 0–50,000 Years cal BP. Radiocarbon 55, 2013, 1869–1887.

RIECKHOFF-PAULI 1987: S. Rieckhoff-Pauli, Archäologisches Museum im BMW-Werk Regensburg. Führer durch die Ausstellung (Regensburg 1987).

RIEDER 1998: K. H. Rieder, Ein Grabenwerk der Münchshöfener Kultur von Buxheim, Lkr. Eichstätt, Oberbayern. Arch. Jahr Bayern 1997 (1998) 43–45.

RIEDER 2002: K. H. Rieder, Die ur- und frühgeschichtliche Besiedlung des Vohburger Umlandes. In: Vohburg. Beiträge zur Natur- und Kulturgeschichte von Vohburg (Ansbach 2002) 21–53.

RIEDHAMMER 2003: K. Riedhammer, Ein neuer mittelneolithischer Hausgrundriß mit Zaun aus Niederbayern. In: J. Eckert/U. Eisenhauer/A. Zimmermann (Hrsg.), Archäologische Perspektiven. Analysen und Interpretationen im Wandel. Festschrift für Jens Lüning zum 65. Geburtstag. Internat. Arch. Stud. Honoraria 20 (Rahden/Westf. 2003) 471–488.

RIEDHAMMER 2012: K. Riedhammer, Möglichkeiten und Grenzen der absoluten Datierung des Südostbayerischen Mittelneo-lithikums. In: A. Boschetti-Maradi/A. de Capitani/S. Hochuli/U. Niffeler (Hrsg.), Form, Zeit und Raum. Grundlagen für eine Geschichte aus dem Boden. Festschrift für Werner E. Stöckli zu seinem 65. Geburtstag. Antiqua 50 (Basel 2012) 69–78.

RIEDHAMMER 2015: K. Riedhammer, 450 Post LBK Years in Southern Bavaria. Antropology (Brno) 53,3, 2015, 387–398.

RIEDHAMMER 2016: K. Riedhammer, Zwischen Großgartach, Stichbandkeramik und Mährisch Bemalter Keramik. In: J. Kovárník u. a., Centenary of Jaroslav Palliardi's Neolithic and Aeneolithic Relative Chronology (1914–2014) (Ústí nad Orlicí 2016) 127–148.

RIEDHAMMER 2017: Typologie und Chronologie des Südostbayerischen Mittelneolithikums unter besonderer Berücksichtigen der Fundplätze Straubing-Lerchenhaid und Geiselhöring-Süd, Lkr. Straubing-Bogen, Niederbayern. Dissertation Uni Bern 2017.

RIEDHAMMER im Druck: K. Riedhammer, Was Sie schon immer über ^{14}C wissen wollten…Methodische Erkenntnisse aus 600 mitteleuropäischen Daten zur ersten Hälfte des 5. Jahrtausends. In: V. Becker/A. O'Neill (Hrsg.), Archäologische Defizite – Forschungslücken, methodische Grenzen oder Abbilder historischer Wirklichkeit? Fokus Jungsteinzeit. Ber. AG Neolithikum 9 (Kerpen-Loogh) im Druck.

RIEDHAMMER U. A. 1999: K. Riedhammer/K. Schmotz/W. Wandling, Zwei ungewöhnliche Siedlungsbefunde des mittleren Neo-lithikums im östlichen Niederbayern. In: K. Schmotz (Hrsg.), Vorträge des 17. Niederbayerischen Archäologentages (Rahden/Westf. 1999) 15–53.

RIEDMEIER-FISCHER 1994: E. Riedmeier-Fischer, Die „große Grube" aus der mittelneolithischen Siedlung von Ergolding-LA 26. In: M. Nadler u. a., Südbayern zwischen Linearbandkeramik und Altheim: Ein neuer Gliederungsvorschlag. In: H.-J. Beier (Hrsg.), Der Rössener Horizont in Mitteleuropa. Beitr. Ur- u. Frühgesch. Mitteleuropas 6 (Wilkau-Hasslau 1994) 145–153.

ŘÍDKÝ 2011: J. Řídký, Rondely a struktura sídelních areálů v mladoneolitickém období – Rondels and the Structure of Settlement Areas in the Late Neolithic Period. Diss. Arch. Brunenses/Pragensesque 10 (Praha, Brno 2011).

ŘÍDKÝ U. A. 2012: J. Řídký/P. Květina/M. Půlpán/L. Kovačiková/D. Stolz/R. Brejcha/B. Šreinová/V. Šrein, Analýza a interpretace nálezů z příkopu neolitického rondelu ve Vchynicích (okr. Litoměřice). – Analysis and interpretation of finds from the Neolithic rondel ditch in Vchynice (Nothern Bohemia). Arch. Rozhledy 64, 2012, 628–694.

ŘÍDKÝ U. A. 2013: J. Řídký/L. Kovačiková/M. Půlpán, Chronologie mladoneolitických objektů a soubor kosterních zvířecích pozůstatků ze sídelního areálu s rondelem ve Vchynicích (okr. Litoměřice) – The chronology of Late Neolithic features and an assemblage of animal skeletal remains from a settlement area with a rondel in Vchynice (northwestern Bohemia). Arch. Rozhledy 65, 2013, 227–284.

ROBERTS U. A. 2017: N. Roberts/J. Woodbridge/A. Bevan/A. Palmisano/S. Shennan/E. Asouti, Human responses and non-responses to climatic variations during the last Glacial-Interglacial transition in the eastern Mediterranean. Quaternary Science Rev. 30, 2017, 1–21.

ROMANOW 1977: J. Romanow, Trapezowate budowle naziemne ludności kultury ceramiki wstegowej kłutej na Dolnym Śląsku. Silesia Ant. 19, 1977, 27–55.

ROTH 2008: G. Roth, Geben und Nehmen. Eine wirtschaftshistorische Studie zum neolithischen Hornsteinbergbau von Abens-berg-Arnhofen, Kr. Kelheim (Niederbayern) (Köln 2008). http://kups.ub.uni-koeln.de/4176/ (Internetressource, Zugriff am 07.10.2015)

RUOFF/GROSS 1991: U. Ruoff/E. Gross, Die Bedeutung der absoluten Datierung der jungsteinzeitlichen Kulturen in der Schweiz für die Urgeschichte Europas. In: J. Lichardus (Hrsg.), Die Kupferzeit als historische Epoche. Symposium Saarbrücken und Otzenhausen 6.–13.11.1988. Teil 1. Saarbrücker Beitr. Altertumskde. 55 (Bonn 1991) 401–420.

RUTTKAY 1970: E. Ruttkay, Das jungsteinzeitliche Hornsteinbergwerk mit Bestattung von der Antonshöhe bei Mauer (Wien 23) – Die Ausgrabungen Josef Bayers in den Jahren 1929–1930. Mitt. Anthr. Ges. Wien 100, 1970, 70–115.

Ruttkay 1972: E. Ruttkay, Ein Lengyel-Grab aus Wetzleinsdorf, Niederösterreich. Mitt. Anthropol. Ges. 102,1972, 33–39.

Šabatová u. a. 2012: K. Šabatová/E. Kazdová/P.Kočár/M. Kuča/M. Nývltová Fišáková/L. Prokeš/S. Sázelová/F. Trampota, Ein Befund mit neolithischen Plastiken aus Těšetice-Kyjovice, Mähren: Fundverteilungsanalyse. In: Th. Link/D. Schimmelpfennig (Hrsg.), Taphonomische Forschungen (nicht nur) zum Neolithikum. Fokus Jungsteinzeit. Berichte der AG Neolithikum 3 (Kerpen-Loogh 2012) 201–219.

Sangmeister 1967: E. Sangmeister, Gräber der jungsteinzeitlichen Hinkelsteingruppe von Ditzingen (Kr. Leonberg). Fundber. Schwaben N.F. 18,1, 1967, 21–43.

Schamuhn 1999: S. Schamuhn, Die Bischheimer Siedlung Hambach 502, Gem Jülich, Kr. Düren. Magisterarbeit Uni Köln 1999.

Scharl 2005: S. Scharl, Die Kreisgrabenanlage von Ippesheim – Ein Kalenderbau? Arch. Jahr Bayern 2004 (2005) 20–23.

Schier 1990 : W. Schier, Siedlungsfunde der Münchshöfner Kultur aus Moorenweis, Ldkr. Fürstenfeldbruck. Bayer. Vorgeschbl. 55, 1990, 241–250.

Schier/Schussmann 2001: W. Schier/M. Schußmann, Die Kreisgrabenanlage der Großgartacher Kultur von Ippelsheim, Landkreis Neustadt a. d. Aisch-Bad Windsheim, Mittelfranken. In: M. Chytráček/J. Michálek/K. Schmotz (Hrsg.), Archäologische Arbeitsgemeinschaft Ostbayern/West- und Südböhmen. 10. Treffen 7. bis 10. Juni 2000 in Český Krumlov (Rahden/Westf. 2001) 64–70.

Schmidt u. a. 1998 : B. Schmidt/E. Höfs/M. Khalessi/P. Schemainda, Dendrochronologische Befunde zur Datierung des Brunnens von Erkelenz-Kückhoven in das Jahr 5090 vor Christus. In: H. Koschik (Hrsg.) Brunnen der Jungsteinzeit. Internationales Symposium in Erkelenz 27. bis 29. Oktober 1997. Mat. Bodendenkmalpfl. Rheinland 11 (Köln 1998) 279–289.

Schmotz/Staskiewicz 2009: K. Schmotz/A. Staskiewicz, Gewalt im Jungneolithikum: Zwei bemerkenswerte Skelette der Münchshöfener Kultur in Stephansposching, Landkreis Deggendorf, Niederbayern. Arch. Jahr Bayern 2008 (2009) 24–26.

Schröter 1991: P. Schröter, Zu einigen Menschenfunden aus dem Kreisgebiet. In: K. Böhm/K. Schmotz, Bestattungen der jungsteinzeitlichen Münchshöfner Gruppe. Arch. Denkmäler Ldkr. Deggendorf 5 (Deggendorf 1991) 27–30.

Seidel 2011: U. Seidel, Oberderdingen-Großvillars, Lkr. Karlsruhe, eine Siedlungsstelle des Bischheimer Horizonts und der Michelsberger Kultur. In: A. Denaire/Ch. Jeunesse/Ph. Lefranc (Hrsg.), Nécropoles et enceintes danubiennes du Vᵉ millénaire dans le Nord-Est de la France et le Sud-Ouest de l'Allemagne. Actes de la table ronde internationale de Strasbourg organisée par l'UMR 7044 (CNRS et Université de Strasbourg). Rhin Meuse Moselle 5 (Strasbourg 2011) 143–158.

Seifert 2012: M. Seifert, Zizers GR-Friedau – mittelneolithische Siedlung mit Hinkelsteinkeramik im Bündner Alpenrheintal (Schweiz). In: A. Boschetti-Maradi/A. de Capitani/S. Hochuli/U. Niffeler (Hrsg.), Form, Zeit und Raum. Grundlagen für eine Geschichte aus dem Boden. Festschrift für Werner E. Stöckli zu seinem 65. Geburtstag. Antiqua 50 (Basel 2012) 79–94.

Seifert u. a. 2013: M. Seifert/T. Somaz/W. E. Stöckli, Die absolute Datierung von Egolzwil 3. In: A. de Capitani, Egolzwil 3. Die Keramik der neolithischen Seeufersiedlung. Arch. Schr. Luzern 15.1 (Luzern 2013) 127–143.

Spatz 1994a: H. Spatz, Zur phaseologischen Gliederung der Kulturensequenz Hinkelstein-Grossgartach-Rössen. In: H.-J. Beier (Hrsg.), Der Rössener Horizont in Mitteleuropa. Beitr. Ur- u. Frühgesch. Mitteleuropas 6 (Wilkau-Hasslau 1994) 11–49.

Spatz 1994b: H. Spatz, Importbeziehungen/Bezüge nach SW-Deutschland. Beitrag zu M. Nadler u. a., Südbayern zwischen Linearbandkeramik und Altheim: Ein neuer Gliederungsvorschlag. In: H.-J. Beier (Hrsg.), Der Rössener Horizont in Mitteleuropa. Beitr. Ur- u. Frühgesch. Mitteleuropas 6 (Wilkau-Hasslau 1994) 156–163.

Spatz 1996: H. Spatz, Beiträge zum Kulturenkomplex Hinkelstein-Großgartach-Rössen. Der keramische Fundstoff des Mittelneolithikums aus dem mittleren Neckarraum und seine zeitliche Gliederung. Materialh. Arch. Baden-Württemberg 37 (Stuttgart 1996).

Spatz 1999: H. Spatz, Das mittelneolithische Gräberfeld von Trebur, Kreis Groß-Gerau. Mat. Vor- u. Frühgesch. Hessen 19 (Wiesbaden 1999).

Spatz 2003: H. Spatz, Zur Verlässlichkeit von Knochendatierungen – das Beispiel Trebur, Südhessen. Preist. Alpina 37, 2001 (2003) 273–286.

Sraka 2012: M. Sraka, ¹⁴C calendar chronologies and cultural sequences in 5th millennium BC in Slovenia and neighbouring regions. Documenta Praehist. 39, 2012, 349–376.

Stadler 1995: P. Stadler, Ein Beitrag zur Absolutchronologie des Neolithikums in Ostösterreich aufgrund der ¹⁴C-Daten. In: E. Lenneis/Ch. Neugebauer-Maresch/E. Ruttkay, Jungsteinzeit im Osten Österreichs. Wiss. Schriftenr. Niederösterr. 102–105 (St. Pölten, Wien 1995) 210–224.

Stadler u. a. 2006: P. Stadler/E. Ruttkay/M. Doneus/H. Friesinger/E. Lauermann/W. Kutschera/I. Mateiciucová/W. Neubauer/ Ch. Neugebauer-Maresch/G. Trnka/F. Weninger/E. M. Wild, Absolutchronologie der Mährisch-Ostösterreichischen Gruppe (MOG) der bemalten Keramik aufgrund von neuen ¹⁴C-Datierungen. Arch. Österreich 16/17, Sonderausgabe, 2005/2006 [Festschrift Ruttkay] 53–67.

STADLER/RUTTKAY 2006: P. Stadler/E. Ruttkay, ^{14}C(AMS)-datierte Fundkomplexe der MOG in Österreich. Eine typologische Anordnung des Materials nach Phasen (Wien 2006). http://homepage.univie.ac.at/Peter.Stadler/Stadler/Stadler%20Publikationsliste_Jahr.English.html (Internetressource, Zugriff: 08. 12. 2015)

STÄUBLE 1995: H. Stäuble, Radiocarbon dates of the earliest Neolithic in Central Europe. In: G. T. Cook/D. D. Harkness/B. F. Miller (Hrsg.), 15th International Radiocarbon Conference, Glasgow, Scotland, 15–19 august 1994. Radiocarbon 37, 1995, 227–237.

STÄUBLE 2005: H. Stäuble, Häuser und absolute Datierung der Ältesten Bandkeramik. Universitätsforsch. Prähist. Arch. 117 (Bonn 2005).

STEHLI 1989: P. Stehli, Zur relativen und absoluten Chronologie der Bandkeramik in Mitteleuropa. In: J. Rulf (Hrsg.), Bylany Seminar 1987. Collected papers (Praha 1989) 69–77.

STEIER/ROM 2000: P. Steier/W. Rom, The use of bayesian statistics for ^{14}C dates of chronologically ordered samples: a critical analysis. Radiocarbon, 42,2, 2000, 183–198.

STEUBER 1992: M. Steuber, Die neolithische Siedlung Vilsbiburg-Lerchenstraße. Magisterarbeit Uni Freiburg 1992.

STÖCKLI 2002: W. E. Stöckli, Absolute und relative Chronologie des Früh- und Mittelneolithikums in Westdeutschland (Rheinland und Rhein-Main-Gebiet). Basler H. Arch. 1 (Basel 2002).

STRIEN 2000: H.-Ch. Strien, Untersuchungen zur Bandkeramik in Württemberg. Universitätsforsch. Prähist. Arch. 69 (Bonn 2000).

STROH 1954: F. Stroh, Ein Münchshöfener Grab in Ufer bei Ebelsberg, Oberösterreich. Arch. Austriaca 14, 1954, 35–42.

SZÉDELI 2011: H. Szédeli, Brunnen und andere Feuchtbodenfunde. In: S. Friederich/H.-R. Bork/S. Clasen/S. Dreibrodt/V.Dresely/R. Ganslmeier/Th. Heinkele/H. Helbig/M. Hellmund/V. Hubensack/M. Klamm/C. Lubos/Ch. Meyer/U. Müller/A. Nebe/O. Nelle/A. Nicolay/U. Petersen/U. Petzschmann/V. Robin/H. Szédeli/Ch.-H. Wunderlich, Kultur in Schichten. Archäologie am Autobahndreieck Südharz (A71). Arch. Sachsen-Anhalt, Sonderb. 14 (Halle (Saale) 2011) 175–184.

TESCHLER-NICOLA U. A. 1996a: M. Teschler-Nicola/F. Gerold/F. Kanz/K. Lindenbauer/M. Spannagl, Anthropologische Spurensicherung. Die traumatischen und postmortalen Veränderungen an den linearbandkeramischen Skelettresten von Asparn/Schletz. Arch. Österreich 5/1, 1996, 4–12.

TESCHLER-NICOLA U. A. 1996b: M. Teschler-Nicola/F. Gerold/F. Kanz/K. Lindenbauer/M. Spannagl, Anthropologische Spurensicherung. Die traumatischen und postmortalen Veränderungen an den linearbandkeramischen Skelettresten von Asparn/Schletz. In: Rätsel um Gewalt und Tod vor 7000 Jahren. Eine Spurensicherung. Ausstellung im Museum für Urgeschichte Asparn a. d. Zaya. Kat. Niederösterr. Landesmus. N. F. 393 (Asparn a. d. Zaya 1996) 40–64.

TESCHLER-NICOLA U. A. 2006: M. Teschler-Nicola/T. Prohaska/E. Wild, Der Fundkomplex von Asparn/Schletz (Niederösterreich) und seine Bedeutung für den aktuellen Diskurs endlinearkeramischer Phänomene in Zentraleuropa. In: J. Piek/Th. Terberger (Hrsg.), Frühe Spuren der Gewalt. Schädelverletzung und Wundversorgung an prähistorischen Menschenresten aus interdisziplinärer Sicht. Workshop Rostock-Warnemünde 28.–30. 11. 2003. Beitr. Ur- u. Frühgesch. Mecklenburg-Vorpommerns 41 (Schwerin 2006) 61–76.

TREBSCHE 2010 : P. Trebsche, Auswertung der latènezeitlichen Befunde und Funde von Michelstetten. In: E. Lauermann (Hrsg.), Die latènezeitliche Siedlung von Michelstetten. Die Ausgrabungen des Niederösterreichischen Museums für Urgeschichte in den Jahren 1994–1999. Arch. Forsch. Niederösterreich 7 (St. Pölten 2010) 15–115.

TRNKA 1991 : G. Trnka, Studien zu mittelneolithischen Kreisgrabenanlagen. Mitt. Prähist. Komm. Österr. Akad. Wiss. 26 (Wien 1991).

UBELAKER U. A. 2006: D. H. Ubelaker/B. A. Buchholz/J. Stewart, Analysis of Artificial Radiocarbon in Different Skeletal and Dental Tissue Types to Evaluate Date of Death. Journal Forenic Sciences 51, 2006, 484–488.

URBAN 1979: O. H. Urban, Ein lengyelzeitliches Grab aus Bisamberg, Niederösterreich. Arch. Korrbl. 9, 1979, 377–383.

VOKÁČ 2011: M. Vokáč, Kladeruby nad Oslavou (okr. Třebíč). Přehled výzkumů 52, 2011, 163–165.

WEINER 2012: J. Weiner, Bandkeramische Brunnen – Ausnahmebefunde oder Standardinstallationen zur Wasserversorgung? In: F. Klimscha/R. Eichmann/Ch. Schuler/H. Fahlbusch (Hrsg.), Wasserwirtschaftliche Innovationen im archäologischen Kontext: von den prähistorischen Anfängen bis zu den Metropolen der Antike. Menschen, Kulturen, Traditionen 5 (Rahden/Westf. 2012) 83–92.

WENINGER 1986: B. Weninger, High-precision calibration of archaeological radiocarbon dates. In: C. Ambros (Hrsg.), Papers of the symposium held at the institute of archaeology of the slovak academy of sciences Nové Vozokany Oktober 28–31, 1985. Acta Interdisciplinaria Arch. IV (Nitra 1986) 11–53.

WENINGER 1997: B. Weninger, Studien zur dendrochronologischen Kalibration von archäologischen ^{14}C-Daten. Universitätsforsch. Prähist. Arch. 43 (Bonn 1997).

WENINGER 2003: B. Weninger, Die ^{14}C Daten. In: H. Brink-Kloke u. a., Siedlungen und Gräber am Oespeler Bach (Dortmund), eine Kulturlandschaft im Wandel der Zeiten. Germania 81,1, 2003, 74–76.

Weninger/Easton 2014: B.Weninger/D. Easton, The Early Bronze Age Chronology of Troy (Periods I–III): Pottery Seriation, Radiocarbon Dating and the Gap. In: B. Horejs/M. Mehofer (Hrsg.), Western Anatolia before Troy – Proto-Urbanisation in the 4th Millennium BC? Oriental and European Archaeology 1 (Wien 2014) 157–199.

Weninger u. a. CalPal-2014: B. Weninger/O. Jöris/U. Danzeglocke, CalPal-2014. Cologne Radiocarbon Calibration & Palaeoclimate Research Package. Download im Dezember 2014.

Weninger u. a. CalPal-2018: B. Weninger/O. Jöris/U. Danzeglocke, CalPal-2018. Cologne Radiocarbon Calibration & Palaeoclimate Research Package. Download auf Anfrage.

Whittle u. a. 2011: A. Whittle/F. Healy/A. Bayliss, Gathering Time. Dating the Early Neolithic Enclosures of Southern Britain and Ireland 1 (Oxford, Oakville 2011).

Wild u. a. 1998: E. Wild/R. Golser/P. Hille/W. Kutschera/A. Priller/St. Puchegger/W. Rom/P. Steier/W. Vycudilik, First ^{14}C results from archaeological and forensic studies at the Vienna environmental research accelerator. Radiocarbon 40, 1998, 273–281.

Wild u. a. 2004: E. M. Wild/P. Stadler/A. Häußer/W. Kutschera/P. Steier/M. Teschler-Nicola/J. Wahl/H. J. Windl, Neolithic massacres: Local skirmishes or general warfare in Europe? Radiocarbon 46, 2004, 377–385.

Windl 1994: H. Windl, Zehn Jahre Grabung Schletz, VB Mistelbach, NÖ. Arch. Österreich 5, 1994, 1–18.

Windl 1996: H. Windl, Archäologie einer Katastrophe und deren Vorgeschichte. In: Rätsel um Gewalt und Tod vor 7000 Jahren. Eine Spurensicherung. Ausstellung im Museum für Urgeschichte Asparn a. d. Zaya. Kat. Niederösterr. Landesmus. N. F. 393 (Asparn a. d. Zaya 1996) 7–39.

Windl 1997: H. Windl, Ein Fundplatz überregionaler Bedeutung aus dem Nordosten Niederösterreichs. Arch. Österreich 8, 1997, 34–39.

Zápotocká 1970: M. Zápotocká, Die Stichbandkeramik in Böhmen und Mitteleuropa. Vorabdruck aus: H. Schwabedissen (Hrsg.), Die Anfänge des Neolithikums vom Orient bis Nordeuropa. 2. Östliches Mitteleuropa. Fundamenta A3 II (Köln, Wien 1970).

Zápotocká 1989: M. Zápotocká, Die Besiedlung des Bylaner Areals im jüngeren Neolithikum. In: J. Rulf (Hrsg.), Bylany Seminar 1987. Collected papers (Praha 1989) 295–298.

Zápotocká 1998: M. Zápotocká, Bestattungsritus des böhmischen Neolithikums (5500–4200 B. C.). Gräber und Bestattungen der Kultur mit Linear-, Stichband- und Lengyelkeramik (Praha 1998).

Zápotocká u. a. 2015: M. Zápotocká/M. Pecinovská/M. Vašínová, Horní Počaply: První soubor keramiky rané fáze lengyelské kultury z čech. Arch. Středních Čechách 19, 2015, 115–147.

Zeeb-Lanz 2009a: A. Zeeb-Lanz (Hrsg.), Krisen – Kulturwandel – Kontinuitäten. Zum Ende der Bandkeramik in Mitteleuropa. Beiträge der Internationalen Tagung in Herxheim bei Landau (Pfalz) vom 14.–17. 06. 2007. Internat. Arch. Arbeitsgemeinschaft, Symposium, Tagung, Kongress 10 (Rahden/Westf. 2009) 213–217.

Zeeb-Lanz 2009b: A. Zeeb-Lanz, Gewaltszenarien oder Sinnkrise? Die Grubenanlage von Herxheim und das Ende der Bandkeramik. In: A. Zeeb-Lanz (Hrsg.), Krisen – Kulturwandel – Kontinuitäten. Zum Ende der Bandkeramik in Mitteleuropa. Beiträge der internationalen Tagung in Herxheim bei Landau (Pfalz) vom 14.–17. 06. 2007. Internat. Arch. Arbeitsgemeinschaft, Symposium, Tagung, Kongress 10 (Rahden/Westf. 2009) 87–102.

Zeeb-Lanz 2009c: A. Zeeb-Lanz, Die Keramik der Goldberg-Gruppe von Marktbergel. In: L. Husty/M. M. Rind/K. Schmotz (Hrsg.), Zwischen Münchshöfen und Windberg. Gedenkschrift für Karl Böhm. Internat. Arch. Studia Honoraria 29 (Rahden/Westf. 2009) 149–163.

Zeeb-Lanz u. a. 2006: A. Zeeb-Lanz/R.-M. Arbogast/F. Haack/M. N. Haidle/Ch. Jeunesse/J. Orschied /D. Schimmelpfennig/K. Schmidt/S. van Willigen, Die bandkeramische Siedlung mit „Grubenanlage" von Herxheim bei Landau (Pfalz). Erste Ergebnisse des DFG-Projektes. In: H.-J. Beier (Hrsg.), Varia Neolithica 4 (Langenweißbach 2006) 63–81.

Zeeb-Lanz u. a. 2007: A. Zeeb-Lanz/F. Haack/R.-M. Arbogast/M. N. Haidle/Ch. Jeunesse/J. Orschiedt/D. Schimmelpfennig, Außergewöhnliche Deponierungen der Bandkeramik, die Grubenanlage von Herxheim. Vorstellung einer Auswahl von Komplexen mit menschlichen Skelettresten, Keramik und anderen Artefaktgruppen. Germania 85, 2007, 199–274.

Zeeb-Lanz u. a. 2009: A. Zeeb-Lanz/R.-M. Arbogast/F. Haack/M. N. Haidle/Ch. Jeunesse/J. Orschiedt/D. Schimmelpfennig/S. van Willigen, The LBK settlement with pit enclosure at Herxheim near Landau (Palatinate). In: D. Hofmann/P. Bickle (Hrsg.), Creating Communities. New advances in Central Europe Neolithic research (Oxford, Oakville 2009) 201–219.

Zeeb-Lanz u. a. 2013: A. Zeeb-Lanz/F. Haack/S. Bauer, Menschenopfer – Zerstörungsrituale mit Kannibalismus – Schädelkult: Die außergewöhnliche bandkeramische Anlage von Herxheim in der Südpfalz. Mitteilungen des Historischen Vereins der Pfalz 111, 2013, 5–53.

Zimmermann u. a. 2006: A. Zimmermann/J. Meurers-Balke/A. J. Kalis, Das Neolithikum. In: J. Künow/H.-H. Wegner (Hrsg.), Urgeschichte im Rheinland (Köln 2006) 159–202.

Karin Riedhammer
Georg-Philipp-Gail-Str. 15
35394 Gießen
karin.riedhammer@online.de

L. Husty / T. Link / J. Pechtl (Hrsg.), Neue Materialien des Bayerischen Neolithikums 2 – Tagung im Kloster Windberg vom 18. bis 20. November 2016. Würzburger Studien zur Vor- und Frühgeschichtlichen Archäologie 3 (Würzburg 2018) 125–140.

Ergolding LA 26. Die große Grube

Erika Riedmeier-Fischer

Zusammenfassung

Die große Grube aus Ergolding LA 26 enthielt Keramikscherben von ca. 1200 auswertbaren Gefäßindividuen, die es erlauben, den Fundkomplex an das Ende der Oberlauterbacher Kultur/SOB zu datieren. Es treten vereinzelt bereits Elemente auf, die charakteristisch für nachfolgende jungneolithische Kulturgruppen sind. Diese Einordnung wird unterstützt durch den Vergleich des Fundmaterials mit anderen Fundplätzen. Eine Analyse der Tierknochen aus der großen Grube bestätigt die Datierung an das ausgehende Mittelneolithikum Südostbayerns.

Abstract

The large pit in Ergolding LA 26 contained pottery fragments of approximately 1200 evaluable individual pots which allow a dating of the find complex to the end of the Oberlauterbacher Kultur/SOB. There are already occasional elements which are characteristic of successive younger neolithic cultural groups. This classification is supported by the comparison of the archeological material to other sites. An analysis of the animal bones from the large pit confirms the dating to the late Middle Neolithic of south-east Bavaria.

Die Fundstelle

Ergolding, Lkr. Landshut liegt am nördlichen Rande des Isartals im Norden von Landshut, mitten im südlichen Verbreitungsgebiet der Gruppe Oberlauterbach (Abb. 1).

Die große Grube wurde 1986 beim Bau der Nordumgehung am westlichen Ortsende von Ergolding im Bereich einer Siedlung der Gruppe Oberlauterbach entdeckt. Die Größenausdehnung dieser im Umriss unregelmäßigen Grube betrug max. 17 x 16 m (Abb. 2).

Die Grabung erfolgte in Form einer Planumsgrabung mit mechanischen Abhüben, die sich nicht an den Schichtabfolgen der Verfüllung orientierten. Diese Art der Grabung war zu diesem Zeitpunkt Standard bei Notgrabungen. Im Nachhinein erlaubt uns diese Vorgehensweise heute nicht mehr, den Ablauf der Grubenverfüllung nachzuvollziehen. Eine stichprobenartige Untersuchung der Verteilung anpassender Scherben in der Grube ergab aber, dass sie zum Teil eng beieinander lagen, was für eine schnelle Verfüllung der Grube sprechen würde.

An archäologischem Fundmaterial enthielt diese Grube Scherben von mehr als 1200 bestimmbaren Gefäßindividuen, circa 80 Silexartefakte, wenige geschliffene Steingeräte, einige Mahlsteine und eine geringe Anzahl an Knochengeräten. Zudem konnten 140 Tierknochen bestimmt werden.

Formen und Verzierungen der Keramik

Im Folgenden will ich einige Ergebnisse der Keramikuntersuchungen vorstellen. Charakteristisch für die Keramik der spätesten Stufe Oberlauterbach/SOB ist eine im Vergleich zu den älteren Stufen, wie es P. Bayerlein ausdrückt nur noch „sparsame" Verzierung. Das vorher übliche Schema von Randmotiv und Hauptmotiv, die ihrerseits von Nebenmotiven und Trennmotiven begleitet sein können, ist nun weitgehend aufgelöst. Häufig bleibt nur noch ein umlaufendes Musterband, das man wahlweise als Randmotiv oder Hauptmotiv bezeichnen könnte.

Die wichtigsten Formen sind Schüsseln, Becher, kleine Becher, sogenannte Schirmständer und Tonlöffel. Daneben treten noch einige Sonderformen auf, die in Ergolding meist Unikate darstellen.

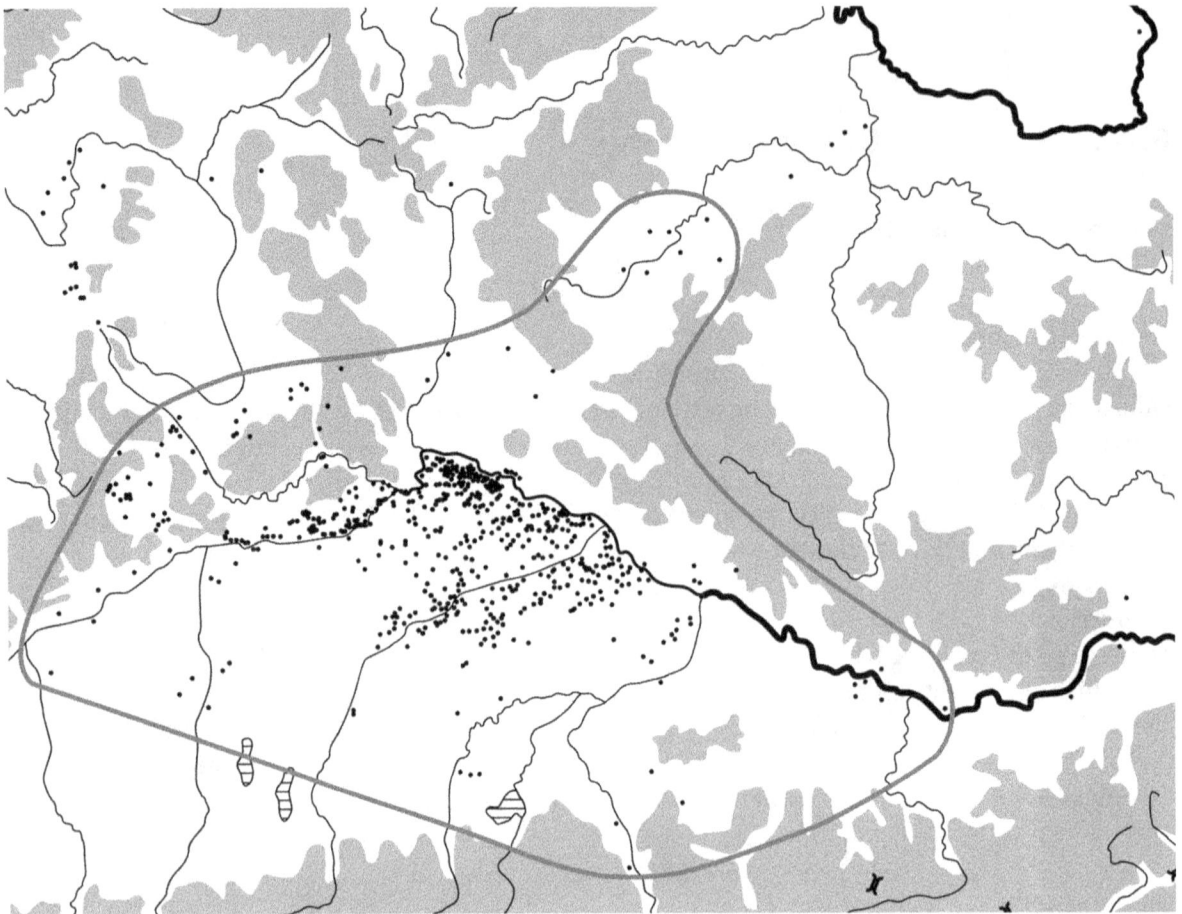

Abb. 1. Verbreitung der Fundstellen mit Keramik des Südostbayerischen Mittelneolithikums (SOB). Umrahmt die maximale Ausdehnung des Siedlungsgebietes des Mittleren und Jüngeren SOB (ca. 4800–4500 v. Chr.) (Riedhammer 2017, Abb. 2).

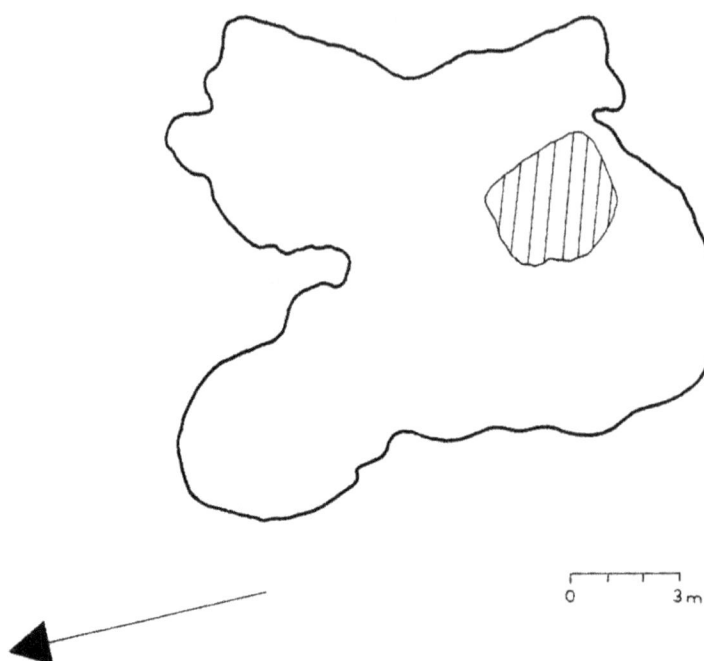

Abb. 2. Schematischer Umriss der „großen Grube" Ergolding LA 26.

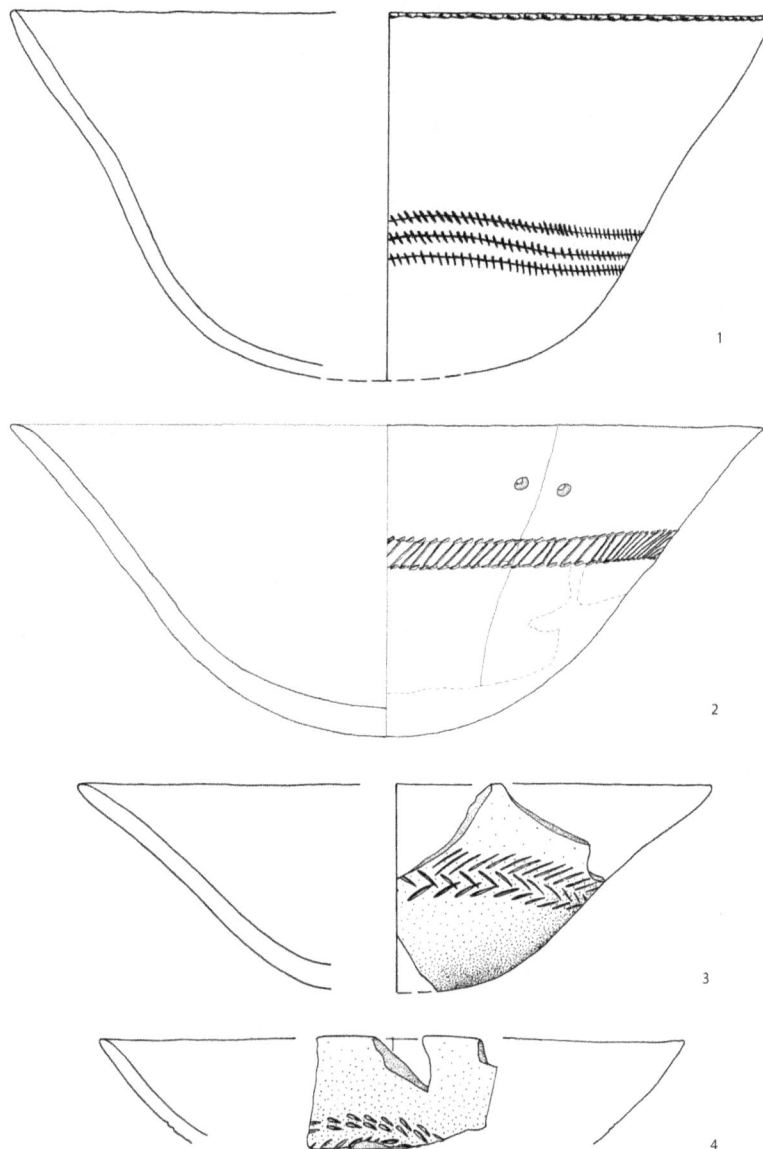

Abb. 3. Ergolding LA 26 Auswahl verzierter Schüsseln (M. 1:3).

Schüsseln

Die verzierten Schüsseln wurden nicht nach ihrer Form untergliedert, sondern nach der Art ihrer Verzierung.

Häufig ist eine Verzierung aus umlaufenden Bändern bestehend aus kurzen Ritzlinien beziehungsweise Stacheldrahtbändern, Leiterband, Tannenzweigmuster und Blattzweigmuster (Abb. 3) kommen dazu. Die Ausnahme sind komplexe Verzierungen wie umlaufende Bänder mit daran hängenden Dreiecken (Abb. 4,1). Ein Einzelstück ist die flachbodige Schüssel mit einem Einstichmuster mit anthropomorphem Motiv (Abb. 4,2). Selten kommen hingegen auch tiefe Einstiche Rössener Art vor (Abb. 4,4).

Die unverzierten Schüsseln wurden nach Formen unterteilt. Die Übergänge zwischen den einzelnen Formen sind fließend. Ich habe mich für eine Unterteilung in drei Formen entschieden: kalottenförmig Schüsseln (Abb. 5,1–3) profilierte Schüsseln (also mit leicht S-förmig geschwungenem Profil; Abb. 5,5–6) und Trichterrandschüsseln (Abb. 5,7). In der Regel sind die Schüsseln rundbodig. Ein Anteil von 17,41 % ist verziert. Randkerbungen kommen bei etwa einem Viertel der Schüsseln vor.

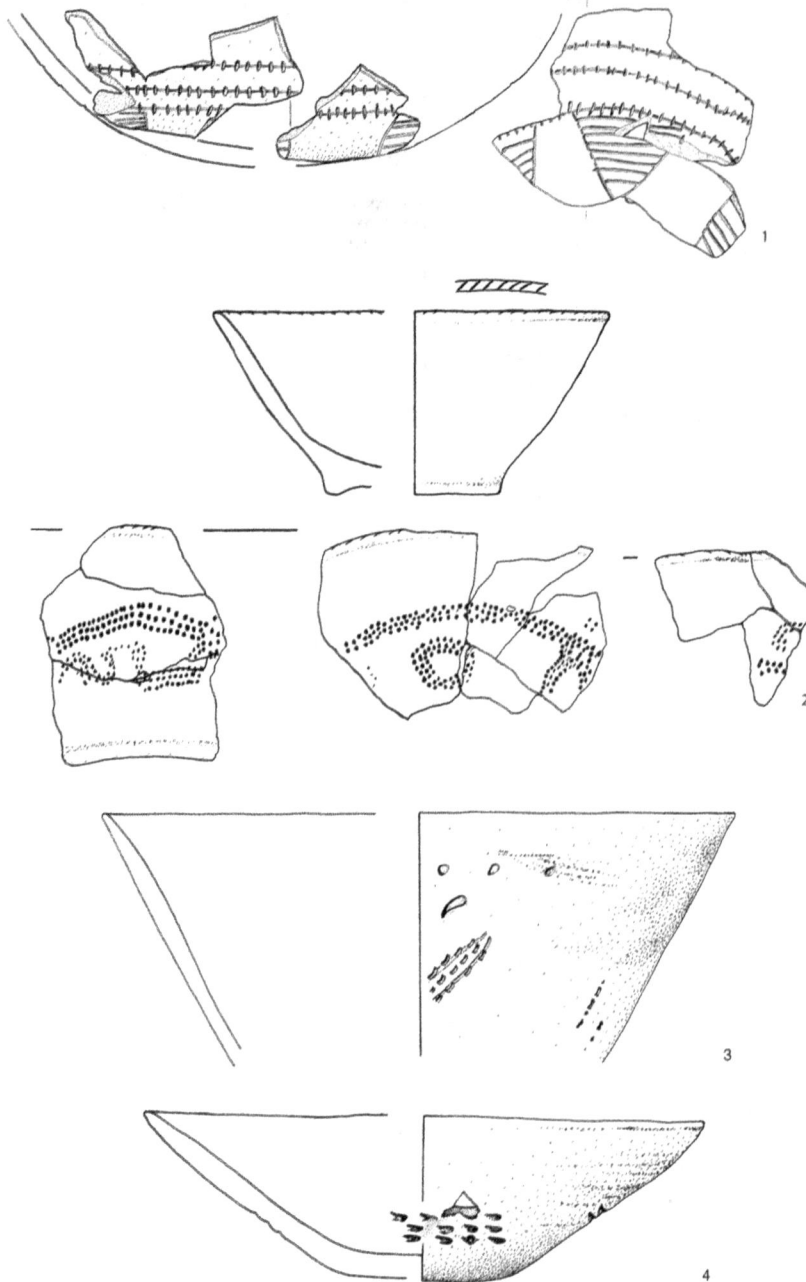

Abb. 4. Ergolding LA 26 Auswahl verzierter Schüsseln (M. 1:3).

Kleine Becher

Zum Formenspektrum gehören auch kleine Becher mit teils starker Profilierung (Abb. 6). Die Verzierung, die oberhalb des Bauchumbruchs angebracht ist, besteht auch hier wieder aus umlaufenden Reihen kurzer Ritzlinien, Stacheldrahtmustern, Leiterbändern und Tannenzweigmustern. Auch Ornamente aus Einstichen mit mehrzinkigen Geräten treten auf, Geißfußeinstiche kommen selten vor. Hinzu kommen komplexere Motive, bei denen noch Anklänge an das Konzept mit Rand- und Hauptmotiv erkennbar sind. Auf dem Bauchumbruch sind vereinzelt Dellen oder Knubben angebracht. Eine Besonderheit sind an Münchshöfen erinnernde feine Furchenstichmuster.

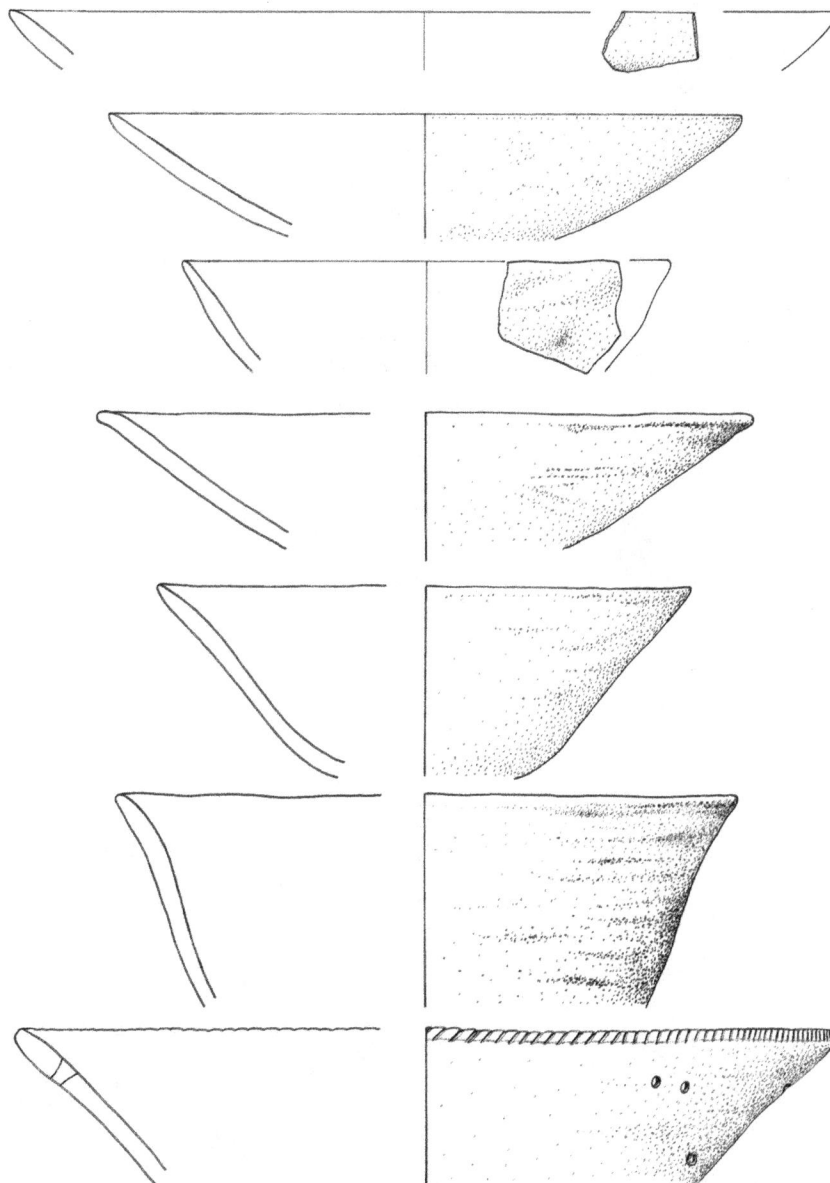

Abb. 5. Ergolding LA 26 Auswahl unverzierter Schüsseln (M. 1:3).

Becher, Töpfe, „Schirmständer"

Von den kleinen Bechern setzen sich deutlich größere Becher ab. Der Motivschatz der Verzierungen bei den größeren Bechern ähnelt zunächst auch dem der kleinen Becher und Schüsseln, wie zum Beispiel Bänder aus kurzen Ritzlinien oder Einstichen (Abb. 7,1). Diese umlaufenden Bänder werden manchmal auch ergänzt durch ein Hauptmotiv in Form von hängenden Bändern (Abb. 7,2). Eine weitere Komponente sind strichverzierte Becher mit einem Hauptmotiv bestehend aus geritzten Rauten, oft begleitet von Einstichreihen (Abb. 7,5–6). Stacheldraht- und Leiterbänder als umlaufende Reihen (Abb. 7,3) oder auch kombiniert mit einem Hauptmotiv treten hinzu. Zum Repertoire gehören außerdem Blattzweigmuster, manchmal fast schon florale Ranken (Abb. 15,7). Seltener tauchen Randmuster auf wie Dreiecke aus tiefen Ritzlinien begleitet von Einstichen. Auch Muster aus Geißfusseinstichen kommen vor. Eine weitere Variante sind Leiterbänder begleitet von Einstichen (Abb. 7,4).

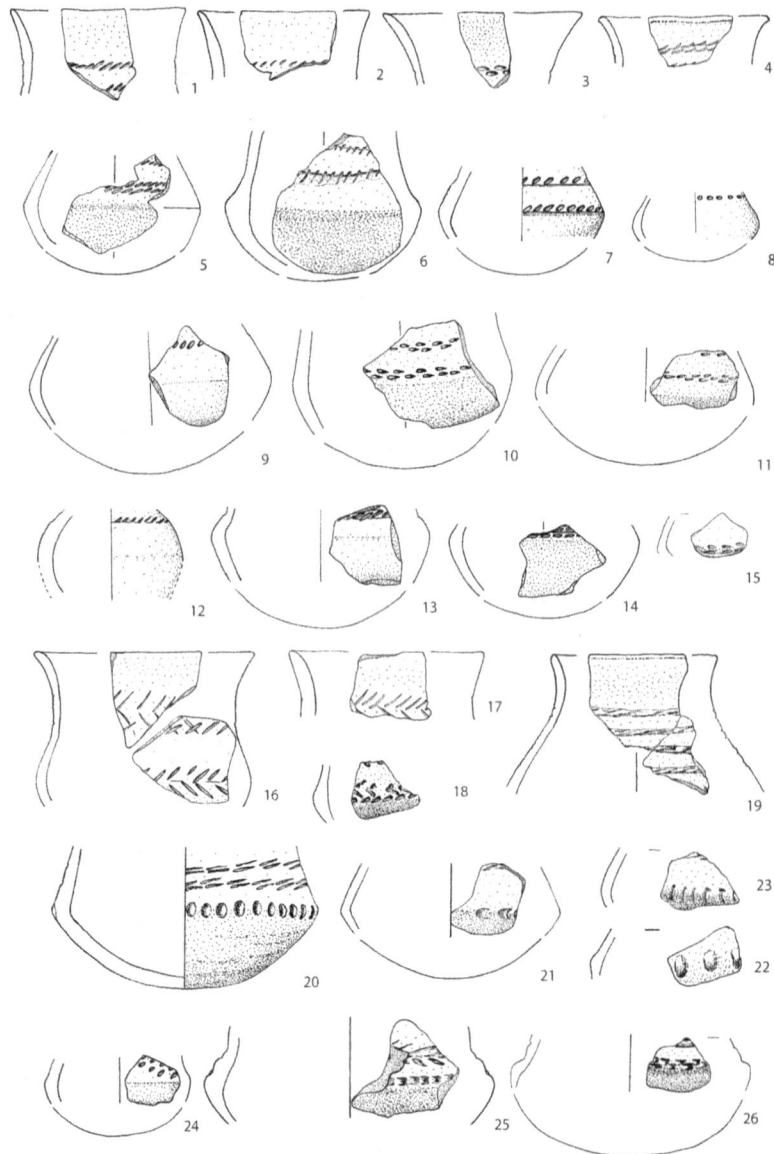

Abb. 6. Ergolding LA 26 kleine Becher (M. 1:3).

Ein Unterschied zu den kleinen Bechern besteht darin, dass bei diesen die bei den größeren Bechern häufigen Strich/Stichmuster und die von Einstichen begleiteten Leiterbänder nicht auftreten.

Unverzierte Töpfe beziehungsweise Becher (Abb. 8) sind schwer in Formen einzuordnen, da meist nur Randstücke vorhanden sind. Bei den wenigen vollständig ergänzbaren Stücken zeichnet sich ab, dass sie in der Regel ein mehr oder weniger S-förmig geschwungenes Profil aufweisen. Fast flaschenförmige Töpfe stehen neben gedrungenen Kugeltöpfen und stark S-förmig profilierten Töpfen. Teilweise sind auf dem Umbruch Knubben oder Ösen zu finden.

Das Formenspektrum variiert von fast gerade verlaufenden Rändern bis zu trichterförmig ausladenden Rändern. Es deutet sich jedoch eine Gruppierung in drei Formengruppen an: gerader Rand, s-förmig profilierter Rand und Trichterrand, mit jeweils fließenden Übergängen. 32 % der Töpfe weisen eine Randkerbung auf.

Eine weitere typische Gefäßform für späte Oberlauterbacher Keramikkomplexe sind steilwandige Becher, die sog. Schirmständer (Abb. 9,4–5). Zahlenmäßig sind sie jedoch nicht allzu häufig. Auch hier

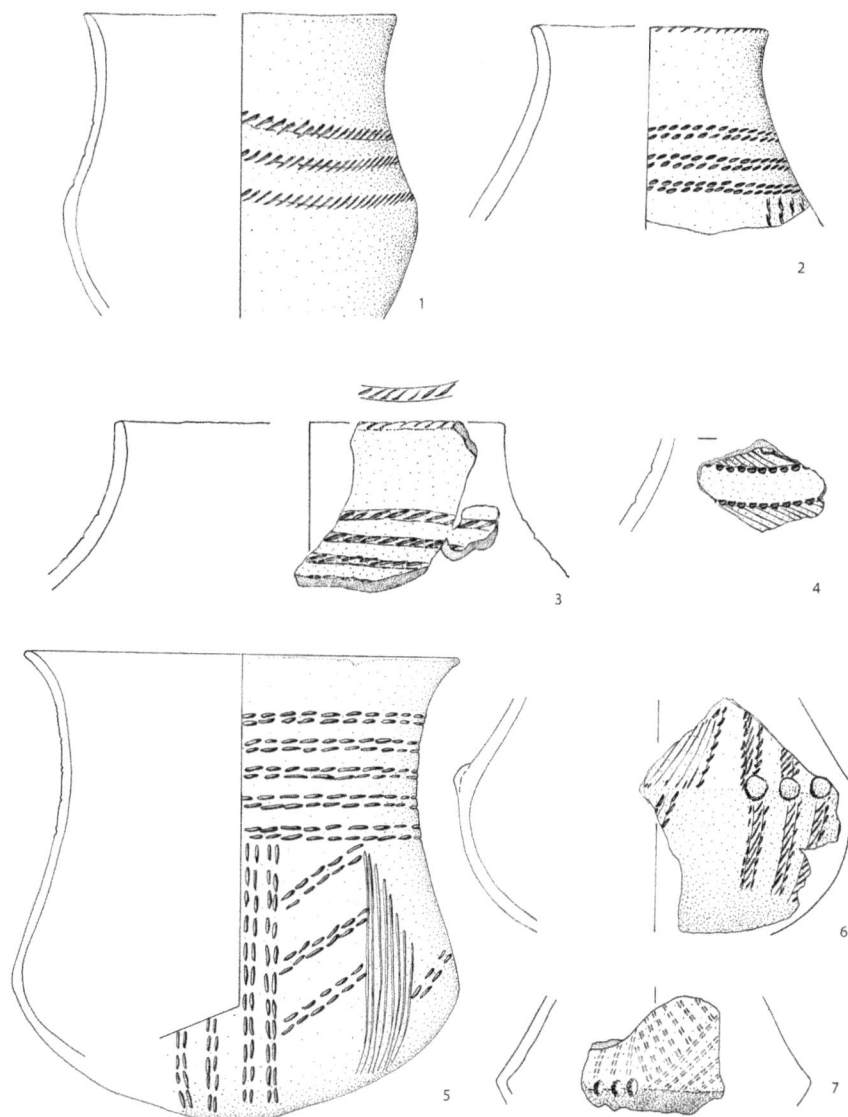

Abb. 7. Ergolding LA 26 Auswahl verzierter Becher (M. 1:3).

variieren die Verzierungsmöglichkeiten. Einerseits gibt es fast flächendeckende Muster aus Geißfußein-stichen kombiniert mit länglichen Einstichen. Im Randbereich findet man stehende Dreiecke, darunter ein umlaufendes Band und daran hängend senkrechte und schräge Bandmuster. Ihre Funktion kann die eines Bechers sein. Eine andere denkbare Möglichkeit ist eine Funktion als Gefäßständer. Wenn man sie mit der Gefäßmündung nach unten aufstellt, erinnert ihre Form und auch die Anordnung des Dekors an die Füße von Münchshöfener Fußgefäßen.

Schließlich sind als charakteristische Form noch die Tonlöffel zu nennen (Abb. 10).

Zusammenfassung

Die große Grube von Ergolding LA 26 hat zwar bisher die größte Fundmenge an Material der spätesten Stufe der Oberlauterbacher Kultur/SOB erbracht. Der Fundkomplex steht allerdings nicht allein für diese Zeitstufe. In der Tabelle Abb. 11 sind Formen der späten Oberlauterbacher Stufe aus mehreren Fundplätzen zusammengestellt. In einer zweiten Tabelle Abb. 12 wird das Vorkommen typischer Verzierungen dieser Zeitstellung von denselben Fundplätzen verglichen. Die Zusammenstellung erfolgte durch einen

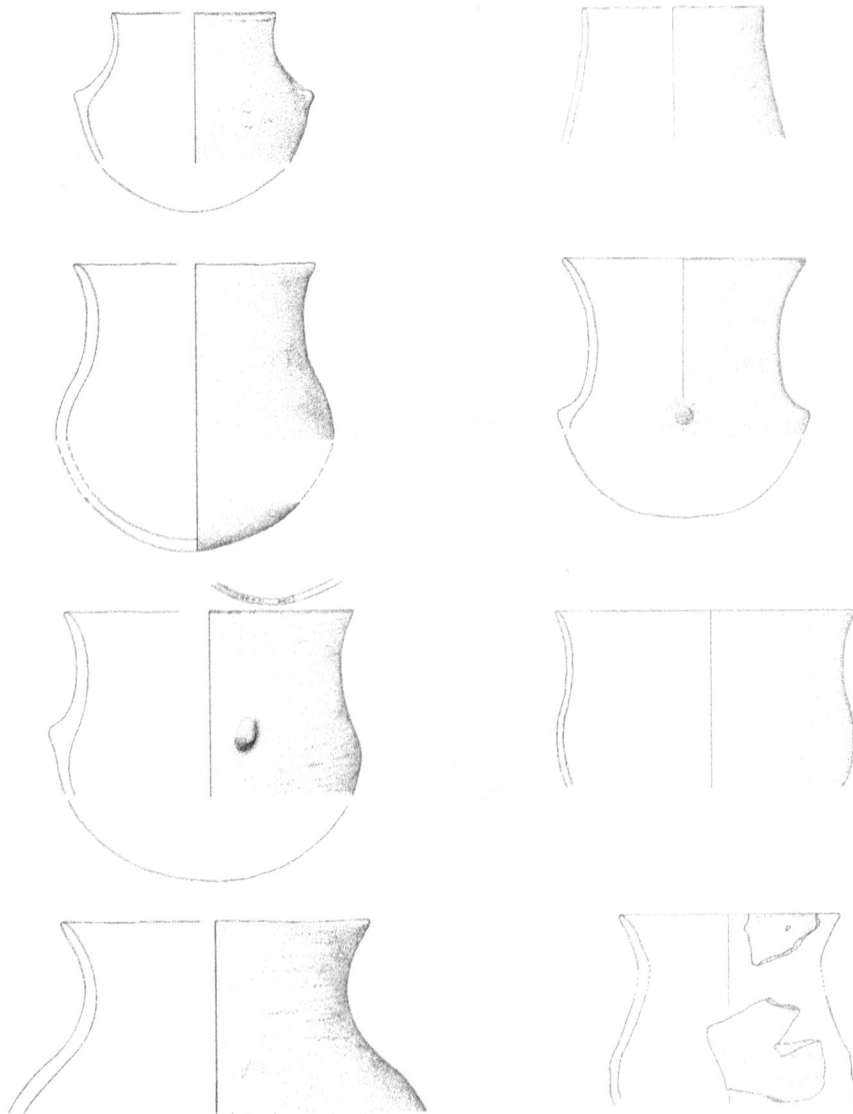

Abb. 8. Ergolding LA 26 Auswahl unverzierter Töpfe (M. 1:3).

Vergleich abgebildeter Gefäßformen in den Publikationen zu den jeweiligen Fundplätzen. Das Ergebnis ist, dass viele der erfassten Elemente an beinahe allen Fundplätzen vorhanden sind.

Steilwandige Gefäße sind an allen in der Tabelle erfassten Fundorten außer Geiselhöring-Süd, Hienheim Objekt 1115 und der Galeriehöhle II gefunden worden. Beispiele aus Aldersbach-Kriesdorf (Abb. 9,1–2) und Lichtenhaag-Meiselsöd (Abb. 9,3), sowie aus Eichendorf-Baierlhof zeigen, dass das Verzierungskonzept ähnlich ist, bei der Technik allerdings Unterschiede bestehen können.

Auffallend ist, dass außer den steilwandigen Bechern auf einem Teil der Fundplätze auch einige andere Merkmale fehlen. Feiner Furchenstich, Dellen oder Knubben auf dem Umbruch sowie Tonlöffel fehlen an den Fundorten Schalkham-Leberskirchen, Geiselhöring-Süd und Hienheim. Insgesamt vermittelt die Zusammensetzung des Materials von Geiselhöring-Süd, Hienheim Objekt 1115 und Schalkham-Leberskirchen den Eindruck, als ob diese Fundplätze etwas älter sind als Ergolding LA 26. Alle genannten Fundorte haben jedoch insgesamt wenig Material erbracht, weshalb das Fehlen einzelner Merkmale auch eine quellenbedingte Lücke darstellen kann.

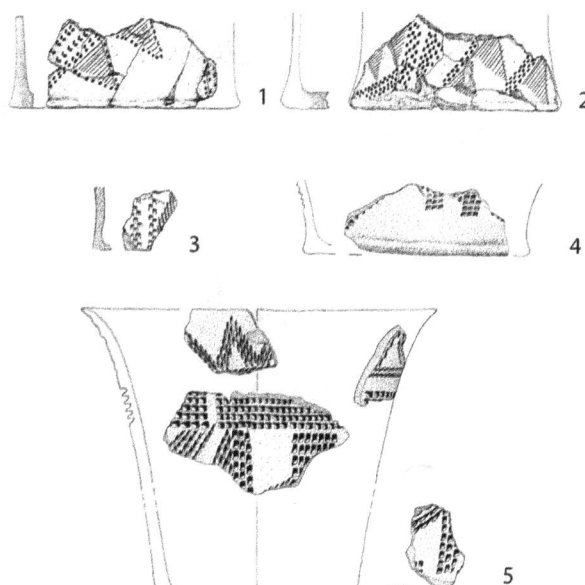

Abb. 9. Steilwandige Becher; 1–2 Aldersbach-Kriesdorf (Riedhammer/Schmotz 1999, Abb. 14,4–5), 3 Lichtenhaag-Meiselsöd (Schötz 1978, Abb. 10,11), 4–5 Ergolding La 26 (M. 1:3).

Mit einigen Vergleichen von Funden aus Ergolding LA 26 und Entsprechungen aus anderen Fundorten möchte ich die Tabelle (Abb. 12) erläutern. Doppelstiche in Münchshöfener Art tauchen zum Beispiel auch in Eichendorf-Baierlhof (Abb. 13,1) auf. Typisch für Ergolding sind Leiterbänder, die nicht nur auch in Eichendorf-Baierlhof (Abb. 13,2), sondern auch in Langenamming II Maging zu finden sind. An den anderen Fundorten fehlen sie allerdings.

Becher mit scharfkantigen Umbrüchen fehlen in Geiselhöring-Süd, Hienheim Objekt 1115 und in der Galeriehöhle II. Dellen oder Knubben auf dem Umbruch kommen an den vorher genannten Fundplätzen, aber auch in Eichendorf-Baierlhof, Schalkham-Leberskirchen und Hienheim S18 nicht vor. Belege dafür gibt es aus Lichtenhaag-Meiselsöd (Abb. 15,8), Bayerbach und Salzburg-Maxglan (Wohnstelle B).

Ein Vergleich der Schüsseln zeigt, dass an den übrigen Fundplätzen die gleichen Formen wie in Ergolding üblich sind, also kalottenförmige Schüsseln, profilierte Schüsseln und Trichterrandschüsseln. Auch das Dekorationsschema der umlaufenden Bänder – bevorzugt aus kurzen schrägen Einstichen oder in Form von Tannenzweigmustern – tritt dort auf (Abb. 16).

Durch die gezeigten Verknüpfungen mit anderen Fundorten ist wohl genügend nachgewiesen, dass die Ausprägung der Ergoldinger Keramik einen eigenen chronologischen Horizont am Ende der Entwicklung von Oberlauterbach/SOB widerspiegelt. Es deutet sich bei dem Vergleich sogar die Möglichkeit an, diese Spätphase noch zu untergliedern. Einen Hinweis für den Charakter des Komplexes LA 26 als Übergangsstufe zur nachfolgenden Münchshöfener Kultur sind Gefäße, die mit Mustern in Doppelstichtechnik der Münchshöfener Art verziert sind (Abb. 13,1).

Für eine späte chronologische Einordnung sprechen auch die Tonlöffel. Diese Form galt lange als typisch für die Münchshöfener Kultur. Bayerlein hat sie noch nicht in das Oberlauterbacher Formenspektrum mit aufgenommen. Erst durch einen Fundkomplex wie LA 26 war klar, dass sie zum späten Oberlauterbacher Formengut zählen. Auch sie gehören zu den Formen und Merkmalen, die schon den Übergang zu Münchshöfen andeuten, wenn auch die Form und Größe der Oberlauterbacher Löffel von denen der Münchshöfener Kultur abweicht. Genauso spricht das Fehlen eines typischen Oberlauterbacher Elements – nämlich der charakteristischen Hörnchen auf dem Gefäßumbruch – für die Spätdatierung. Innerhalb dieser Spätphase zeichnet sich die Möglichkeit einer zeitlichen Untergliederung ab: An einigen Fundorten fehlen steilwandige Becher, Gefäße mit Doppelstichzier der Münchshöfener Art, Becher mit

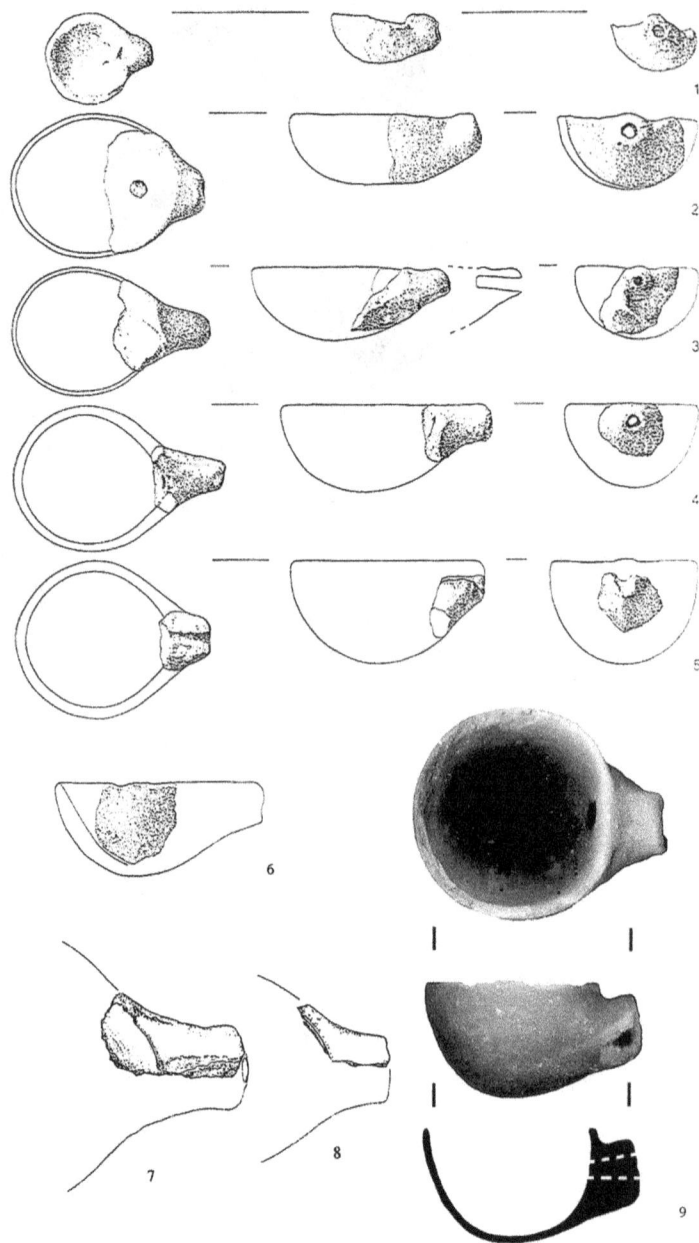

Abb. 10. Löffel, 1–6 Ergolding LA 26, 7–8 Aldersbach-Kriesdorf (Riedhammer/Schmotz 1999, Abb. 18,7–8), 9 Eichendorf-Baierlhof (Eibl u. a. 2014, Abb. 3,2) (Maßstab uneinheitlich).

scharfem Umbruch beziehungsweise Dellen und Knubben auf dem Umbruch. Möglicherweise sind diese Fundkomplexe etwas älter als Ergolding.

Es gibt im Fundkomplex LA 26 aber nicht nur Hinweise auf die nachfolgende Münchshöfener Kultur, sondern auch Bezüge, zu den Epirössener Kulturgruppen in Südwestdeutschland. Das Becherfragment mit tiefem Furchenstichmuster ist sehr ähnlich einem Bischheimer Becher aus Schwieberdingen (Abb. 14). Dort sind auch Gefäße mit Stacheldrahtmuster und eine kalottenförmige Schüssel gefunden worden, die ihrerseits vergleichbar sind mit Formen aus Ergolding LA 26. Blattzweigmuster verweisen ebenso in den Bischheimer Bereich. Einen Bezug zur Schwieberdinger Gruppe stellen die Fenstermuster (Abb. 17) her. Die Gefäßformen sind unterschiedlich, aber die Anordnung der Muster ist ähnlich. Den Hinweis, dass auch Verzierungsmotive der Schwieberdinger Gruppe im späten Oberlauterbacher Zusammenhang

	Steilwandige Gefäße	Kalottenf. Schüsseln	Trichterrand-schüsseln	Profilierte Schüsseln	Töpfe mit scharfem Umbruch	Tonlöffel	Kleine Becher	Flachboden Schüssel
LA 26	X	X	X	X	X	X	X	X
Kriesdorf	X		X	X	X	X	X	
Bayerbach					X		X	
Baierlhof	X	X	X		X	X	X	X
Lichtenhaag	X	X	X		X	X	X	
Leberskirchen	X	X	X		X		X	
Geiselh.-Süd		X	X				X	X
Hienh. 1115		X		X			X	
Hienh. S18		X	X		X			
Galeriehöhle		X				X	X	
Max-Glan	X				X		X	

Abb. 11. Vorkommen einzelner Formen an verschiedenen Fundplätzen.

	Geißfuß-einstiche	Strich-bündel	Strichbündel begleitet von Einstichen	Umlaufende Reihen kurze Ritzlinien	Stachel-draht-muster	Tannen-zweig-muster	Feiner Furchen-stich	Dellen oder Knubben auf Umbruch	Rand-kerbung
LA 26	X	X	X	X	X	X	X	X	X
Kriesdorf	X	X	X	X	X	X	?	X	X
Bayerbach								X	
Baierlhof	X	X	X	X				X	X
Lichtenhaag	X	X	X	X	X	X	?	X	X
Leberskirchen		X	X	X	X	X			X
Geiselh.-Süd	X	X	X	X	X	X			X
Hienh. 1115	X	X	X	X	X				
Hienh. S18	X	X	X	X	X	X			X
Galeriehöhle	X	X	X	X			X		X
Max-Glan	X	X	X				X	X	X

Abb. 12. Vorkommen einzelner Verzierungsarten an verschiedenen Fundplätzen.

anklingen hat schon Bayerlein gegeben. Allerdings auch mit der Einschränkung, dass die Gefäßformen sich von den Schwieberdinger Formen eindeutig unterscheiden.

Bevor ich die chronologische Frage abschließe möchte ich auf die Tierknochenuntersuchung eingehen.

Tierknochen

Die Untersuchung der Tierknochen wurde bereits 1993 von A. von den Driesch vorgenommen. Sie kam zu dem Ergebnis, das trotz des hohen Haustieranteils, der Ergolding LA 26 von anderen Oberlauterbacher Fundplätzen abhebt, dieser auf Zufall beruhen könnte, und somit keine Abweichung zu anderen Oberlauterbacher Fundplätzen bestehe.

Ein Vergleich mit den Tierknochen von Eichendorf-Baierlhof zeigt allerdings verblüffende Übereinstimmungen (Abb. 18). Von Ergolding lagen 140 Knochen zur Bearbeitung vor, von Eichendorf-Baierlhof 128. Somit ist die Menge vergleichbar. Auch in Eichendorf-Baierlhof ist der Anteil der Haustierknochen überproportional hoch. Rinder dominieren in Ergolding eindeutig mit etwa 50 %, in Eichendorf-Baierlhof beträgt ihr Anteil sogar 64 %. Gemeinsam ist den Rindern an beiden Fundorten, dass sie besonders groß sind, die Schafe und Ziegen dagegen vergleichsweise klein. In beiden Fällen liegen fast ausschließlich Knochen von weiblichen Tieren vor.

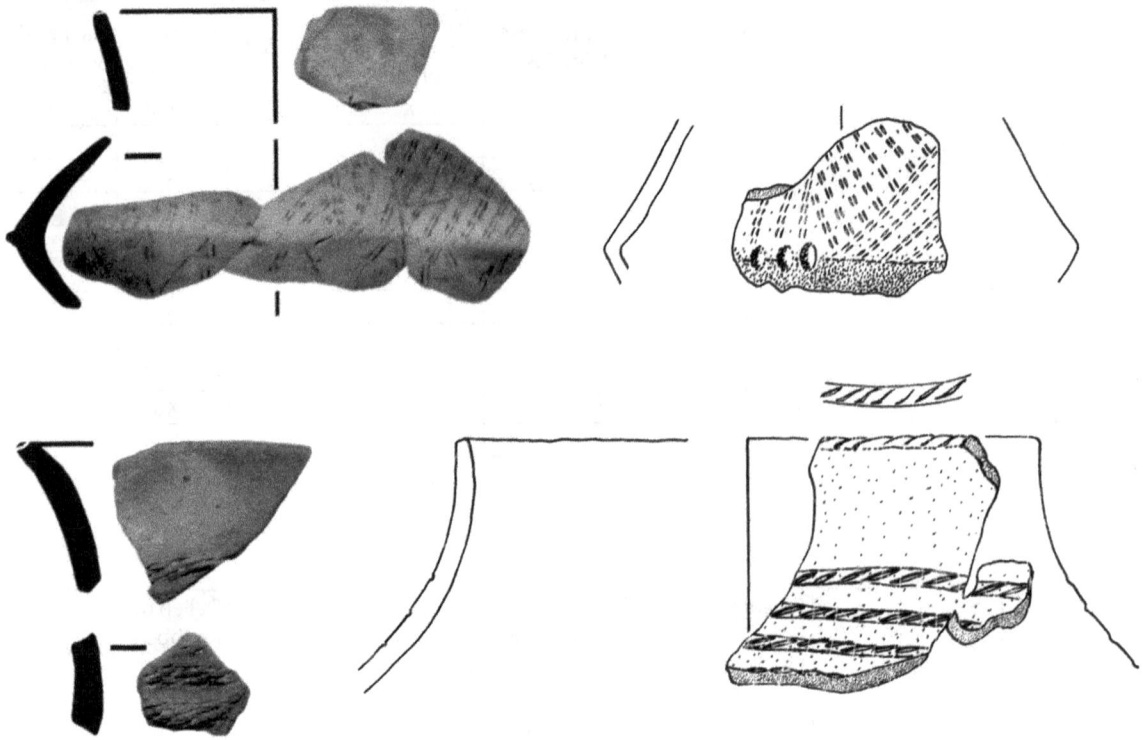

Abb. 13. Vergleich Ergolding LA 26 (Strichzeichnungen) und Eichendorf-Baierlhof (Fotos, Eibl u. a. 2014, Abb. 11, 1a–b und 2a–b) (M. 1:3).

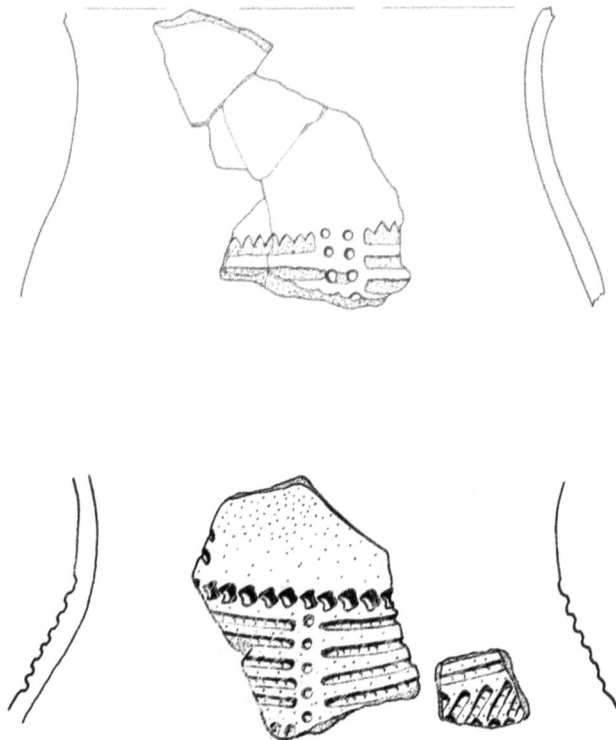

Abb. 14. Vergleich Ergolding LA 26 (unten) und Schwieberdingen (oben, Spatz 1996, Taf. 149,8) (M. 1:3).

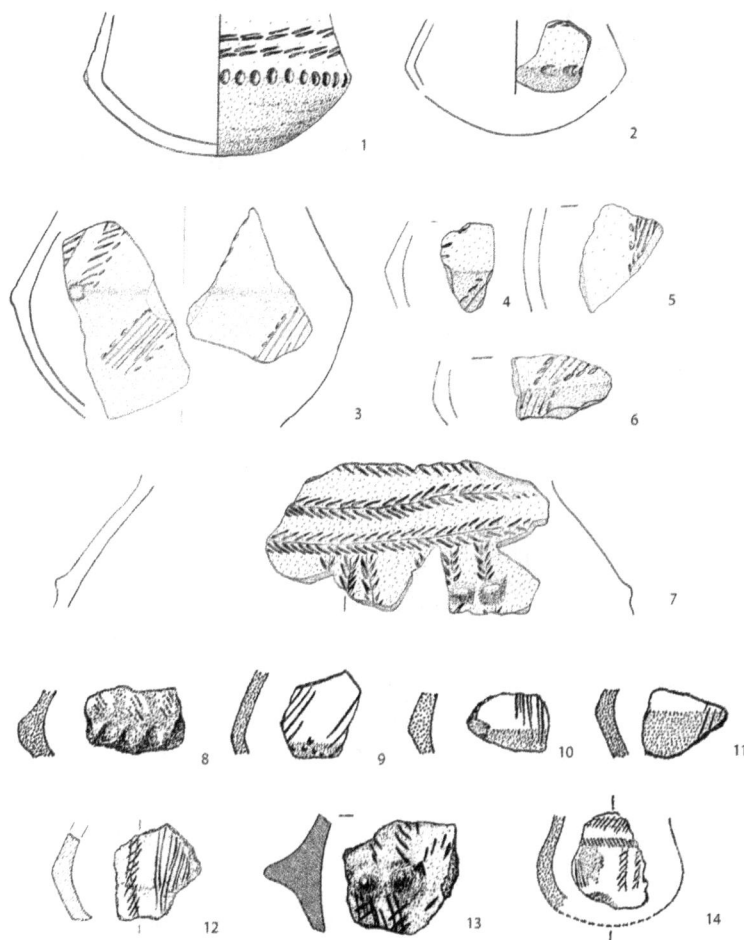

Abb. 15. Vergleich von Verzierungen auf Bechern; 1–7 Ergolding LA 26, 8–10, 14 Lichtenhaag-Meiselsöd (Schötz 1978, Abb.7,25; Abb. 818,19.22), 11 Schalkham-Leberskirchen I (Schötz 1978, Abb. 25,3), 12–13 Aldersbach-Kriesdorf (Riedhammer/Schmotz 1999, Abb. 16,8 und 17,9) (M. 1:2).

Bei so vielen Gemeinsamkeiten an beiden Fundplätzen kann man vermuten, dass der hohe Haustieranteil kein Zufall ist, sondern eine typische Komponente der Spätphase der Gruppe Oberlauterbach darstellt. Als Vergleichsfunde wurden im Fall von Eichendorf-Baierlhof jungneolithische Fundkomplexe als besonders ähnlich zitiert. Dies unterstützt die Vermutung, dass man in Ergolding LA 26 auf dem Weg war, sich vom Mittelneolithikum zu verabschieden und in eine neue Zeit Richtung Jungneolithikum aufzubrechen. Dies ist nur eine vorläufige These. Der Vergleich mit anderen, älteren und zeitgleichen Fundplätzen steht noch aus.

Um die chronologische Fragestellung „woher – wohin" abzuschließen, möchte ich zunächst auf die Chronologietabelle von F. Eibl verweisen. Er setzt den Fundkomplex von Eichendorf-Baierlhof in seine Stufe KG 7, also an das Ende der Oberlauterbacher Entwicklung. Sie steht parallel neben spätem Rössen nach H. Spatz. Auch H. Spatz sieht in einigen Fundkomplexen seines späten Rössen eine Vermischung mit Epirössener Material, wie zum Beispiel in der oben angeführten Siedlung von Schwieberdingen mit Bischheimer Elementen. Die Chronologietabelle von K. Riedhammer weicht vom Vorschlag F. Eibls insofern ab, als sie Ergolding LA 26 und Eichendorf-Baierlhof mit mittlerem Rössen parallelisiert und mit Beginn des späten Rössen enden läßt. Ihre Datierung untermauert sie durch einige ^{14}C-Daten, die allerdings für Südwestdeutschland in diesem Zeitraum nicht besonders belastbar sind. Diese Datierung könnte zwar auf den Fundkomplex Geiselhöring-Süd zutreffen, der auch in seiner Keramikzusammensetzung etwas

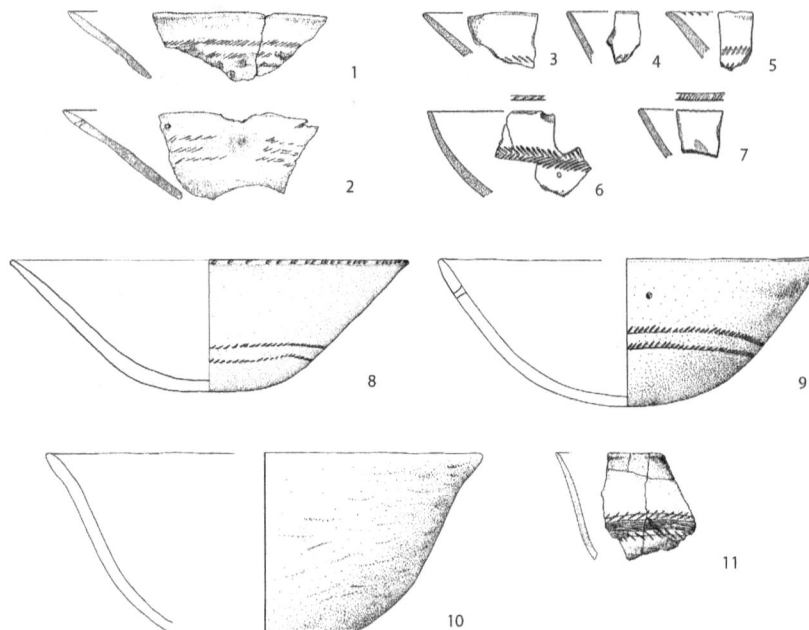

Abb. 16. Vergleich von Formen und Verzierungen auf Schüsseln, 1–2 und 11 Aldersbach-Kriesdorf (Riedhammer/Schmotz 1999, Abb. 15,2–4), 3–5 Lichtenhaag-Meiselsöd (Schötz 1978, Abb. 8,2–4), 6–7 Schalkham-Leberskirchen I (Schötz 1978, Abb. 25,5–6), 8–10 Ergolding LA 26 (M. 1:3).

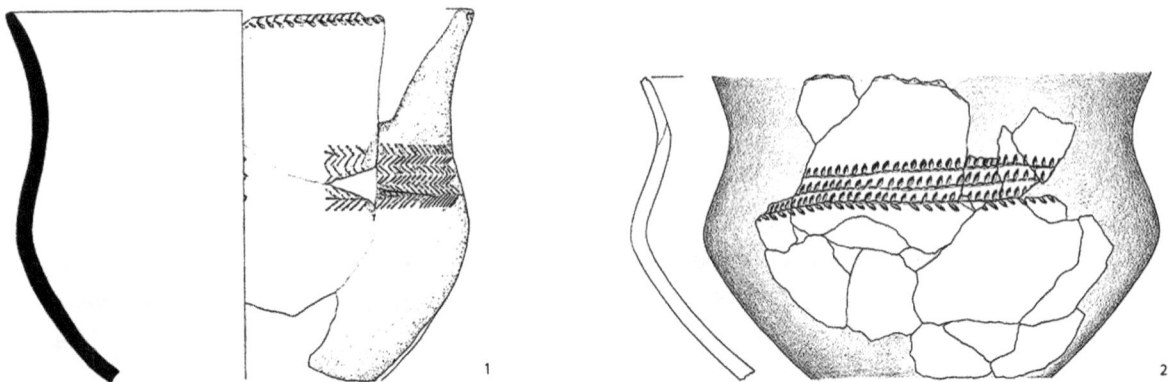

Abb. 17. Vergleichsfunde der Schwieberdinger Kultur, 1 Aldingen (Keefer/Joachim 1999, Abb. 28 B2), 2 Schernau (Lüning 1981, Taf. 49,2) (M. 1:3).

älter wirkt als Ergolding LA 26. Rein stilistisch betrachtet würde ich mich allerdings F. Eibl anschließen und Ergolding LA 26 neben spätes Rössen setzen. Wie dies von der Bewertung der ^{14}C-Daten aus zusammenpasst ist für mich vorläufig noch offen. Die Diskussion um die Rössen nachfolgenden Kulturgruppen ist sicher noch nicht endgültig abgeschlossen. Die Verknüpfungen, die sich mit spätem Rössen, insbesondere über die Bischheimer Elemente ergeben und auch das Auftreten erster Merkmale, die später für Münchshöfen charakteristisch sind, erlauben jedenfalls doch eher, an eine zeitliche Einordnung neben spätem Rössen zu denken.

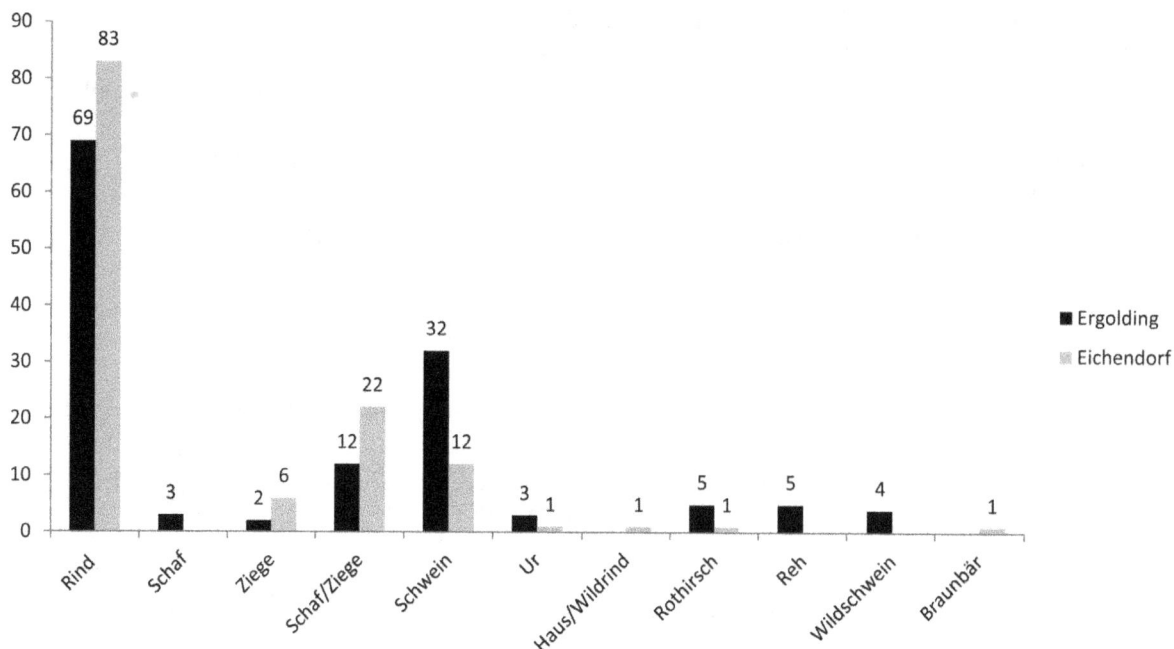

Abb. 18. Anteile der Tierarten an den Knochen in Ergolding LA 26 und Eichendorf-Baierlhof.

Ein Problem ergibt sich mit Dekorationselementen, die in Richtung Schwieberdinger Gruppe deuten, welche deutlich jünger als Ergolding LA 26 einzuordnen ist. Allerdings muss man nicht immer an eine zeitliche Parallelisierung denken. Möglich ist auch, dass ein Entwicklungsprozess, der dann letztlich zur Entstehung jungneolithischer Kulturgruppen wie zum Beispiel der Schwieberdinger Gruppe führte, im späten bayerischen Mittelneolithikum seinen Anfang nahm. Im Keramikspektrum treten neue Elemente hinzu, wie Tonlöffel und steilwandige Gefäße, in denen man möglicherweise Vorläufer der Münchshöfener Fußbecher sehen kann. Auch die feinen Verzierungen in Doppelstichtechnik ähneln der Münchshöfener Verzierungsweise, und in einigen Formen und Verzierungen der kleinen Becher kann man Vorläufer der sogenannten Schulterbandbecher vermuten. Daneben scheint sich auch die Wirtschaftsweise zu verändern, wie die Zusammensetzung der Tierknochen zeigt. Ein Wandel nimmt in dieser Zeit in kleinen Schritten seinen Anfang, die sicher nicht alle gleichzeitig einsetzen, aber am Ende zum Beginn einer neuen Epoche führen. Damit wären die Träger der späten Oberlauterbacher Gruppe die „Trendsetter" gewesen, die eine Entwicklung angestoßen haben, die zur Genese des Jungneolithikums führte und schließlich auch die damaligen Bewohner Südwestdeutschlands und Nordbayerns beeinflusst haben.

Literatur

BAYERLEIN 1985: P. M. Bayerlein, Die Gruppe Oberlauterbach in Niederbayern. Materialh. bayer. Vorgesch. 53 (Kallmünz 1985).

EIBL U. A. 2014: F. Eibl/S. Gruber/L. Kreiner/S. Trixl, An der Schwelle zur Kupferzeit: Ritualbefunde aus der Spätphase der mittelneolithischen Gruppe Oberlauterbach von Eichendorf-„Baierlhof" (Lkr. Dingolfing-Landau). In: L. Husty/W. Irlinger/J. Pechtl (Hrsg.), „…und es hat doch etwas gebracht!" Festschrift für Karl Schmotz zum 65. Geburtstag. Int. Arch. Studia honoraria 35 (Rahden/Westf. 2014) 91–108.

ENGELHARDT 1988: B. Engelhardt, Ergolding (Lkr. Landshut). Fundchronik für das Jahr 1986. Bayer. Vorgeschbl. Beih. 2, 1988, 26–27 Abb. 22.

FIEDLER/RICHTER 2016: S. Fiedler/T. Richter, Die alt- und mittelneolithische Siedlung mit Siedlungsbestattungen von Bayerbach-Prücklfeld. Lkr. Landshut. In: L. Husty/K. Schmotz (Hrsg.), Vorträge des 34. Niederbayerischen Archäologentages (Rahden/ Westf. 2016) 119–146.

HELL 1954: M. Hell, Salzburg in vollneolithischer Zeit. Die Münchshöfener Kultur. Arch. Austriaca 14, 1954, 11–34.

Keefer/Joachim 1988: E. Keefer/W. Joachim, Eine Siedlung der Schwieberdinger Gruppe in Aldingen, Gde. Remseck am Neckar, Kreis Ludwigsburg. Fundber. Baden-Württemb. 13, 1988, 1–114.

Moddermann 1986: J. P. R. Moddermann, Die neolithische Besiedlung bei Hienheim, Ldkr. Kelheim II–IV. Materialh. bayer. Vorgesch. 57 (Kallmünz 1986).

Lüning 1981: J. Lüning, Eine Siedlung der mittelneolithischen Gruppe Bischheim in Schernau, Ldkr. Kitzingen. Materialh. bayer. Vorgesch. 44 (Kallmünz 1981).

Nadler 1994: M. Nadler, Die Stratigraphie der Galeriehöhle II. In: H.-J. Beier (Hrsg.), Der Rössener Horizont in Mitteleuropa. Beitr. Ur- u. Frühgesch. Mitteleuropa 6 (Wilkau-Hasslau 1994) 176–182.

Riedhammer u. a. 1999: K. Riedhammer/K. Schmotz/W. Wandling, Zwei ungewöhnliche Siedlungsbefunde des mittleren Neolithikums im östlichen Niederbayern. In: K. Schmotz (Hrsg.), Vorträge des 17. Niederbayeischen Archäologentages (Rahden/ Westf. 1999) 15–53.

Riedhammer 2017: K. Riedhammer, Typologie und Chronologie des Südostbayerischen Mittelneolithikums. Unpublizierte Dissertation Universität Bern 2017.

Riedmeier-Fischer 1994: E. Riedmeier-Fischer, Die „große Grube" aus der Mittelneolithischen Siedlung von Ergolding-LA 26. In: H.-J. Beier (Hrsg.), Der Rössener Horizont in Mitteleuropa. Beitr. Ur- u. Frühgesch. Mitteleuropa 6 (Wilkau-Hasslau 1994) 145–153.

Riedmeier-Fischer 1998: E. Riedmeier-Fischer, Tonlöffel – eine Innovation am Ende des südostbayerischen Mittelneolithikums. In: B. Fritsch/M. Maute/I. Matuschik/J, Müller/C. Wolf (Hrsg.), Tradition und Innovation. Prähistorische Archäologie als historische Wissenschaft. Festschrift für Christian Strahm. Internat. Arch. Stud. honoraria 3 (Rahden/Westf. 1998) 51–62.

Schötz 1978: M. Schötz, Erste Ergebnisse einer systematischen archäologischen Flurbegehung des mittleren Vilstals. Der Storchenturm 26, 1978, 1–42.

Spatz 1996: H. Spatz, Beiträge zum Kulturenkomplex Hinkelstein – Großgartach – Rössen. Der keramische Fundstoff des Mittelneolithikums aus dem mittleren Neckarland und seine zeitliche Gliederung. Materilah. Arch. Baden-Württemberg 37 (Stuttgart 1996).

Erika Riedmeier-Fischer
Köglmüllerweg 12
84048 Mainburg
riedmeier-fischer@web.de

L. Husty / T. Link / J. Pechtl (Hrsg.), Neue Materialien des Bayerischen Neolithikums 2 – Tagung
im Kloster Windberg vom 18. bis 20. November 2016. Würzburger Studien zur Vor- und
Frühgeschichtlichen Archäologie 3 (Würzburg 2018) 141–153.

Vilsbiburg – Lidl-Neubau.
Eine Mineralbodensiedlung der Altheimer Kultur

Thomas Richter und Markus Wild

Zusammenfassung
Bei Grabungen zur Erweiterung eines Supermarktes in der Stadt Vilsbiburg, Lkr. Landshut, wurde im
Bereich der hochwassersicheren Terrasse, etwa 1,5–2 m oberhalb des heutigen Flussniveaus der Vils, eine
umzäunte Siedlung der Altheimer Kultur gefunden. Aufgrund des modernen Baubestandes konnte die
Siedlung leider nicht in ihrer vollen Ausdehnung erfasst werden. Innerhalb der Siedlung können mindestens zwei Häuser rekonstruiert werden, deren Datierung in die Altheimer Kultur durch Keramikfunde
aus einzelnen Pfosten gesichert ist. Zwei weitere Häuser konnten aufgrund fehlender Pfostenlöcher nur
spekulativ rekonstruiert werden. Sich überlagernde Hausgrundrisse deuten ebenso wie die Lage verschiedener Gruben eine Mehrphasigkeit der Siedlung an. Etwa 25 m außerhalb dieser Siedlung, bereits
im Schwemmbereich der Vils, fand sich ein weiteres Gebäude, für das eine altheimzeitliche Datierung
wahrscheinlich gemacht werden kann.

Abstract
During excavations in the town of Vilsbiburg, district Landshut, a fenced settlement of the Altheim
culture was found. The settlement is situated in the area of the flood-proof terrace, about 1.5–2 m above
the current river level of the Vils. Unfortunately, due to existing buildings in the immediate vicinity, the
settlement could not be fully excavated. Within the settlement at least two houses can be reconstructed.
The dating of these houses in the Altheim culture is secured by ceramic finds from two postholes. Two
more houses could only be reconstructed speculatively due to missing postholes. Overlying houses as well
as the location of various pits indicate a multi-phased character of the settlement. About 25 m outside of
this settlement, already in the alluvial area of the Vils, another building was found for which a dating to
the Altheim culture seems likely.

Im Jahre 2015 plante die Firma Lidl Dienstleistungs GmbH & Co. KG aus Straubing die Vergrößerung des
bestehenden Marktes an der Frontenhausener Straße am nordöstlichen Ortsausgang der Stadt Vilsbiburg,
Ldkr. Landshut. Südlich eines bestehenden Geschäftsgebäudes der Firma Lidl, das teilweise abgebrochen
und verkleinert für einen Getränkemarkt wiederhergestellt werden sollte, war ein Neubau auf bisher
unbebauter Fläche geplant. Auf dem Grabungsareal befand sich vorher eine Pferdekoppel sowie – am
nordöstlichen Rand – ein geschotterter Feldweg (Abb. 1). Bereits 1984 waren auf der überplanten Fläche Lesefunde vorgeschichtlicher Keramik gemeldet worden, die zur Ausweisung des Bodendenkmals
D-2-7540-0099 „Siedlung vor- und frühgeschichtlicher Zeitstellung" geführt hatten. Daher wurde dem
Bauherrn von der Kreisarchäologie Landshut die Auflage bauvorgreifender archäologischer Ausgrabungen
in den bisher unbebauten Flächen gestellt. Die bereits bebauten Flächen im Bereich des ehemaligen Lidl-
Markts und der zugehörigen Parkplätze sowie unter der bestehenden Straße waren bereits tiefgründig
gestört. Die archäologischen Ausgrabungen führte die Firma Dig it! Company GbR im Zeitraum vom
14. 4. 2015 bis 29. 4. 2015 an insgesamt elf Arbeitstagen durch.

Der nordwestliche Teil der Fläche liegt auf der unteren Flussterrasse der Vils während der südwest-
liche sich bereits im Schwemmbereich der Vils befindet. Dies verdeutlicht auch eine dauerfeuchte Mulde,

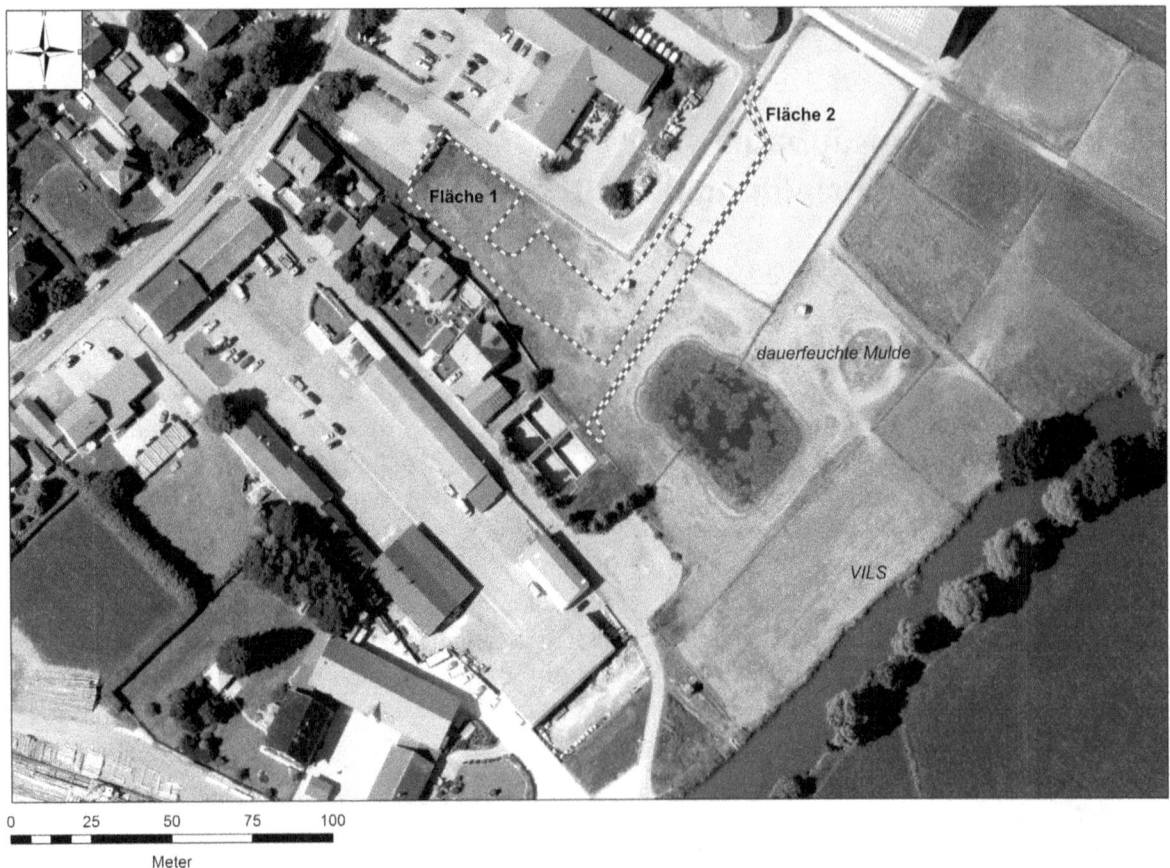

Abb. 1. Luftbild der Grabungsflächen vor Beginn der Arbeiten (Luftbild: Bayerische Vermessungsverwaltung, Kartierung: Th. Richter).

die etwa 7,5 m südöstlich der Fläche 2 liegt (Abb. 1). Das Gelände steigt nach Nordwesten zur Frontenhausener Straße mäßig steil an, der Höhenunterschied beträgt auf einer Länge von circa 80 m in NW-SO-Richtung etwa 1,50 m. Die im Nordwesten angrenzende Frontenhausener Straße sowie das dahinter liegende, leicht ansteigende Gelände liegen bereits auf der nächsthöheren Flussterrasse. Auf dieser wurden rund 180 m westlich der hier vorgestellten Fundstelle in den Jahren 1979–1987 die Ausgrabungen der alt- bis jüngerneolithischen Fundstelle von Vilsbiburg – Lerchenstraße durchgeführt (Steuber 1989, 6–7). Vilsbiburg – Lerchenstraße erbrachte Funde der Linienbandkeramik, der Stichbandkeramik, der Gruppe Oberlauterbach, der Münchshöfener Kultur und auch der Altheimer Kultur (Steuber 1989, 121–122). Während jedoch aus den übrigen genannten archäologischen Kulturgruppen jeweils eine größere Anzahl von unterschiedlichen Befunden in der Siedlung ausgegraben werden konnte, beschränkten sich die Siedlungsspuren der Altheimer Kultur auf zwei Gruben im „mittleren bis südöstlichen Bereich" der Grabungsfläche (Steuber 1989, 119). Beide Befunde lieferten insgesamt nur 60 Gefäßeinheiten und damit unter 7 % des gesamten keramischen Inventars der Grabung (Steuber 1989, 98). Steuber merkte jedoch an, dass aus ihrer Sicht „weitere Funde und Befunde […] außerhalb des Grabungsareals zu vermuten" sind (Steuber 1989, 98). Ob es sich bei den Siedlungsspuren der Grabung von Vilsbiburg – Lerchenstraße und Vilsbiburg – Lidl-Neubau um Reste einer zusammengehörenden Siedlung handelt, kann basierend auf den vorliegenden Erkenntnissen nicht beantwortet werden. Sicher ist indes, dass die Grenzen der altheimzeitlichen Siedlung von Lidl-Neubau nur im Südosten erreicht wurden. Zur weiteren Erstreckung der altheimzeitlichen Siedlung an der Lerchenstraße merkt Steuber (1989, 119) an: „Bezieht man die unterschiedliche Siedlungsstruktur der Altheimer Gruppe in die Betrachtung mit ein, besteht die Möglichkeit, einen Siedlungsschwerpunkt in der Niederung des Vilstals anzunehmen […]".

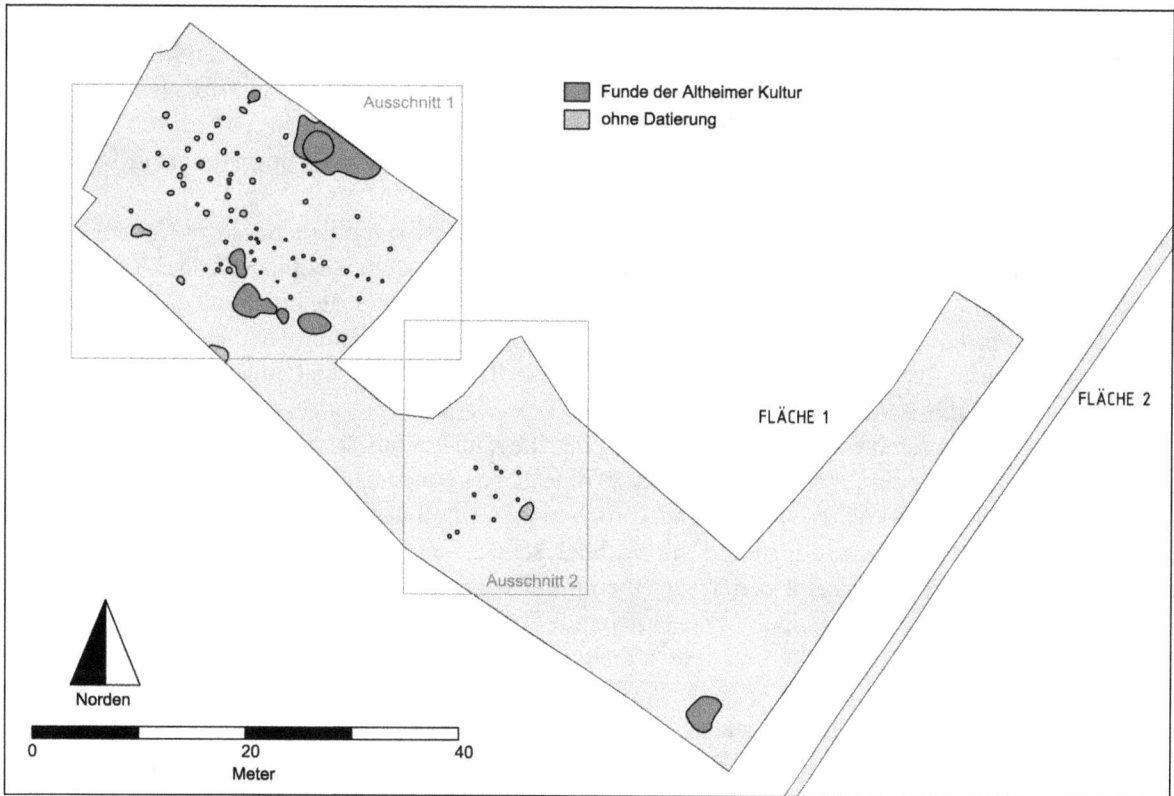

Abb. 2. Grabungsplan mit den anhand der Keramik datierbaren Befunden in rot (Plan: S. Zawadzki, Kreisarchäologie Landshut).

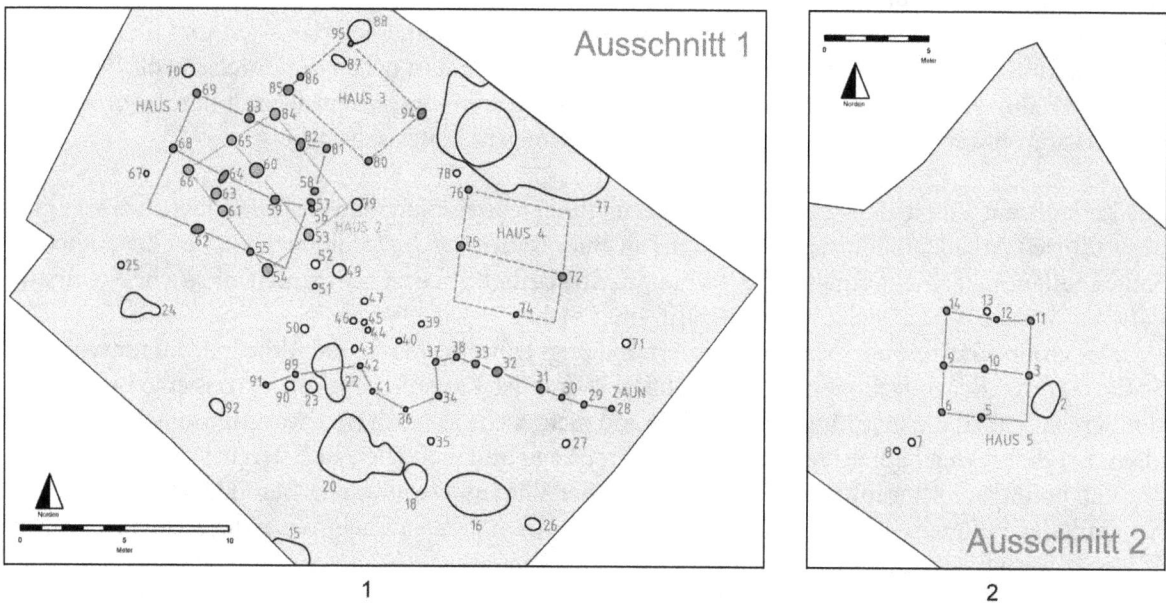

Abb. 3. Ausschnitt 1: Grabungsplan mit rekonstruierten Häusern und Zaun auf der Flussterrasse; Ausschnitt 2: im Schwemmbereich der Vils (Plan: S. Zawadzki, Kreisarchäologie Landshut).

Die Fläche der Ausgrabungen im Jahr 2015 umfasste insgesamt 1.800 m². In diesem relativ kleinen Ausschnitt wurde die Siedlung, wie bereits oben erwähnt, nicht vollständig ergraben. Die Befunde setzen sich mit großer Wahrscheinlichkeit nach Norden, Westen und Süden fort. Konkret wurde die Grube Befund 15 am Südwestrand der Fläche nur partiell erfasst (Abb. 2–3). Im Osten, Südosten und

Nordosten dürfte das Ende des Siedlungsareals erreicht worden sein. In einem Graben für die Verlegung einer Hochspannungsleitung (Abb. 1, Fläche 2) etwa 5–6 m außerhalb des neuen Marktgebäudes wurden keine weiteren Befunde beobachtet. Durch die Nähe zur Vils, das zum Fluss abfallende Gelände und die damit verbundene steigende Hochwassergefährdung wurden diese Bereiche wohl selbst von den bekanntermaßen nicht wasserscheuen Siedlern der Altheimer Kultur als ungeeignet zur Bebauung betrachtet.

Auf der Grabungsfläche wurden 95 Bodeneingriffe dokumentiert, von denen sich im Verlauf der Arbeiten sieben als vermutlich nicht anthropogenen Ursprungs herausstellten. Bei den übrigen 88 Befunden handelt es sich um 12 Gruben und 76 – teilweise nur wenige Zentimeter tief erhaltene – Pfostengruben (Abb. 2). Die Verteilung der Befunde ist abhängig von ihrer Lage: Die Hauptmasse liegt im Bereich der hochwassersicheren Terrasse (Abb. 3, Ausschnitt 1). Ein weitaus kleinerer Teil findet sich im Schwemmbereich der Vils (Abb. 3, Ausschnitt 2).

Unter den Gruben sind vor allem mehrere tiefe Eingriffe mit Durchmessern von 1,5–4 m und sehr steilen Grubenwänden wie die Befunde 1, 15, 16, 18, 20 oder 22 zu nennen. Diese Gruben können mit einiger Sicherheit als Keller- oder Vorratsgruben angesprochen werden. Eine andere Funktion hatte vermutlich die langgestreckte, relativ unförmige und mit reichlich schwach organischem Aushubmaterial verfüllte Grube Befund 77. Hierbei handelt es sich um einen mindestens 9 m langen und 4 m breiten Eingriff am Nordrand der Fläche, der zum Teil unter die bestehende Straße reichte und daher nicht vollständig ergraben werden konnte. Bei diesem Befund deuten die Form sowie Art der Verfüllung auf eine Funktion als Materialentnahmegrube hin. Nach Ende der Ausbeutung wurde die Struktur als Abfallgrube verwendet, wie die große Menge an Siedlungsmaterial aus der Verfüllung belegt. Andere Gruben wie die Befunde 2, 24 oder 88 lassen sich anhand ihrer Form und Verfüllung funktional nicht genauer ansprechen. Ihre Verwendung und ihre Bedeutung im Siedlungsgeschehen müssen daher offen bleiben.

Die zahlenmäßig größte Befundgruppe stellen die Pfostengruben mit 76 mehr oder weniger sicher ansprechbaren Befunden dar. Die Pfostengruben variieren in Form, Tiefe und Verfüllung stark. Neben steilwandigen Pfosten mit gerader Basis treten Pfosten mit steilen Wänden und gerundeter Basis oder halbrunde Pfosten in jeweils unterschiedlichen Erhaltungstiefen auf. Bemerkenswert und für die spätere Interpretation der baulichen Strukturen der Fundstelle interessant ist neben den unterschiedlichen Tiefen der Pfosten ihre verschiedenartige Verfüllung, die teils aus gelb-braun-grauem, lehmig-humosem Material, teils aus grau-braun bis fast schwärzlichem, humos-lehmigem Material besteht.

Die Keramik aus Vilsbiburg – Lidl-Neubau lässt mit ihren teilweise sorgfältig, teilweise aber auch sehr grob ausgeführten Arkadenrändern keinen Zweifel an einer Datierung der Siedlung in die Zeit der Altheimer Kultur aufkommen. Verzierungselemente, die einzelne Befunde in eine andere archäologische Kulturstufe datieren würden, finden sich im gesamten Inventar nicht.

Der größte Teil der Scherben ist unverziert und zeigt teilweise den für die Altheimer Kultur typischen Schlickauftrag. Bei einigen Stücken ist die äußere Wand der Keramik abgelöst, so dass eine Beurteilung der Beschaffenheit der ursprünglichen Gefäßwand nicht mehr möglich ist. Diese Ablösung lässt sich vor allem bei Artefakten beobachten, die anhand ihrer Lage im tiefer gelegenen Bereich der Grabungsfläche den periodisch schwankenden Wasserständen der Vils ausgesetzt waren. Besonders betroffen ist die Keramik des Befundes 1 ganz im Süden der Grabungsfläche. Vermutlich führte die Lage im (Grund-) Wasserbereich hier zu einer partiellen Zerstörung der Keramik.

Die Magerung lässt sich anhand makroskopischer Betrachtung in grob, mittel und fein unterteilen. Organische Einschlüsse in der Magerung konnten nicht beobachtet werden. Die Magerung besteht, soweit dies makroskopisch zuordenbar war, aus Sand, Granit oder Quarzit.

Aus 24 der 88 Befunde (27 %) konnten insgesamt 1201 Keramikfragmente geborgen werden. Die Anzahl der aus diesen Fragmenten rekonstruierbaren Gefäßeinheiten wurde im Rahmen der vorliegenden Untersuchung nicht ermittelt.

Bei 70 Funden (6 %) handelt es sich um Randscherben, die in 44 Fällen (63 %) eine Verzierung des Randes auf der Außenseite des Gefäßes aufweisen (Abb. 4). Diese Randverzierung wurde nach der Typologie von Chapmann (1995, 63) erfasst:

1. Arkaden- bzw. Fingertupfenleisten
2. Daumeneindrücke
3. Werkzeugabdrücke
4. Ohne Verzierung
5. Schräg gestellte Arkadenleisten
8. unbestimmbar

Die Typen 6 und 7 nach Chapman kommen im Vilsbiburger Inventar nicht vor. Die 70 Randscherben der Altheimer Siedlung von Vilsbiburg – Lidl-Neubau lassen sich folgenden Typen zuordnen: Häufigste Randart ist mit 26 Exemplaren (37 %) der unverzierte Rand. Daumeneindrücke kommen auf 19 Randscherben vor (27 %), klassische Arkadenleisten auf 12 (17 %). Eine untergeordnete Rolle spielen die Werkzeugeindrücke mit nur vier Exemplaren (6 %) und die schräg gestellten Arkadenleisten mit fünf Stück (7 %). Vier Ränder (6 %) konnten aufgrund der oben skizzierten, schlechten Erhaltung der Keramik aus grundwasserbeeinflusstem Boden nicht bestimmt werden.

Eine Konzentration einzelner Verzierungsarten in bestimmten Bereichen der Grabungsfläche oder in einzelnen Gruben ist nicht zu beobachten. Alle Verzierungsarten kommen über die gesamte Grabungsfläche verteilt ohne nennenswerte Schwerpunkte vor. Weitere typologisch ansprechbare Stücke neben den verzierten Randscherben im Inventar sind zwei Henkelfragmente, eine breite Öse, eine Knubbe und eine Wandscherbe mit Henkelansatz.

Wie der recht geringe Anteil der verzierten Randscherben am Inventar nahelegt (rund 3 %), ist die Zahl der anhand der Keramik datierbaren Befunde verhältnismäßig klein. Nur neun der 88 Befunde (10 %) konnten aufgrund der Funde relativ datiert werden. Dabei handelt es sich um sieben Gruben und zwei Pfostenlöcher. In jedem Fall war eine sichere typologische Einordnung in den Kontext der Altheimer Kultur möglich (Abb. 2).

Wie bereits bei der Bearbeitung anderer jungsteinzeitlicher Siedlungen im Landkreis Landshut festgestellt, (Fiedler/Richter 2015, 28) so ist auch in der Fundstelle Vilsbiburg – Lidl-Neubau das Silexinventar – gemessen am keramischen Inventar – verhältnismäßig klein. Insgesamt konnten 14 Silexartefakte aus fünf Gruben geborgen werden. Aufgrund der geringen absoluten Anzahl der Silexartefakte wird im Folgenden auf eine Darstellung der prozentualen Anteile sowie auf eine statistische Auswertung der Artefaktmerkmale verzichtet. Häufigste Grundform im Inventar von Vilsbiburg – Lidl-Neubau ist der Abschlag mit fünf Exemplaren, gefolgt von Plattensilex und Klingen mit je vier Artefakten. Bei einem Artefakt handelt es sich um ein artifizielles Trümmer. Diese Zusammensetzung des Grundformeninventars kann als typisch für die Altheimer Kultur im Landshuter Raum bezeichnet werden (Richter 2014, 62–65). Als Rohmaterialien für die Artefaktproduktion wurden – soweit bestimmbar – meist Materialien des Kelheimer Raumes, beispielsweise Baiersdorfer oder Abensberg-Arnhofener Hornstein, verwendet. Die nicht bestimmbaren Artefakte wiesen eine Patina der alten artifiziellen Kluftflächen auf, die vermutlich durch die Lagerung im periodisch feuchten Boden entstanden war. Eine makroskopische Ansprache des Rohmaterials bei diesen Artefakten ist nicht möglich. Spuren thermischer Veränderung zeigten sich an keinem Artefakt.

Unter den 14 Silexartefakten finden sich sechs Geräte, darunter eine vollständig erhaltene Altheimer Sichel aus Baiersdorfer Hornstein (Abb. 4,7). Bei den übrigen Geräten handelt es sich um zwei Messer aus Plattensilex, die durch die bifazielle Retusche einer der Bruchkanten der Grundform hergestellt wurden und zwei Lateralretuschen, von denen eine an einer Klinge, die andere an dem artifiziellen Trümmer hergestellt wurde. Fast schon als typisch für die Altheimer Kultur kann der einzige Kratzer des Inventars beschrieben werden: Zur Herstellung des Kratzers wurde das solide, distale Ende eines mit Kortex bedeckten Abschlages aus Baiersdorfer Hornstein zur Kratzerkappe umgearbeitet. Kratzer dieses Typs finden sich in großer Zahl auch im Inventar der namensgebenden Fundstelle von Altheim (Richter 2014, 67–68).

Die sonstigen Steinartefakte des Inventars sollen an dieser Stelle nur kursorisch behandelt werden. Es handelt sich dabei um vier Felsgesteinbruchstücke, die jeweils eine geschliffene Oberfläche aufweisen und bei denen es sich wohl um Fragmente von Äxten oder Beilen handelt. Bei einem dieser Artefakte ist die ursprüngliche Beilform noch zu erahnen. Bei zwei Artefakten aus Felsstein handelt es sich um

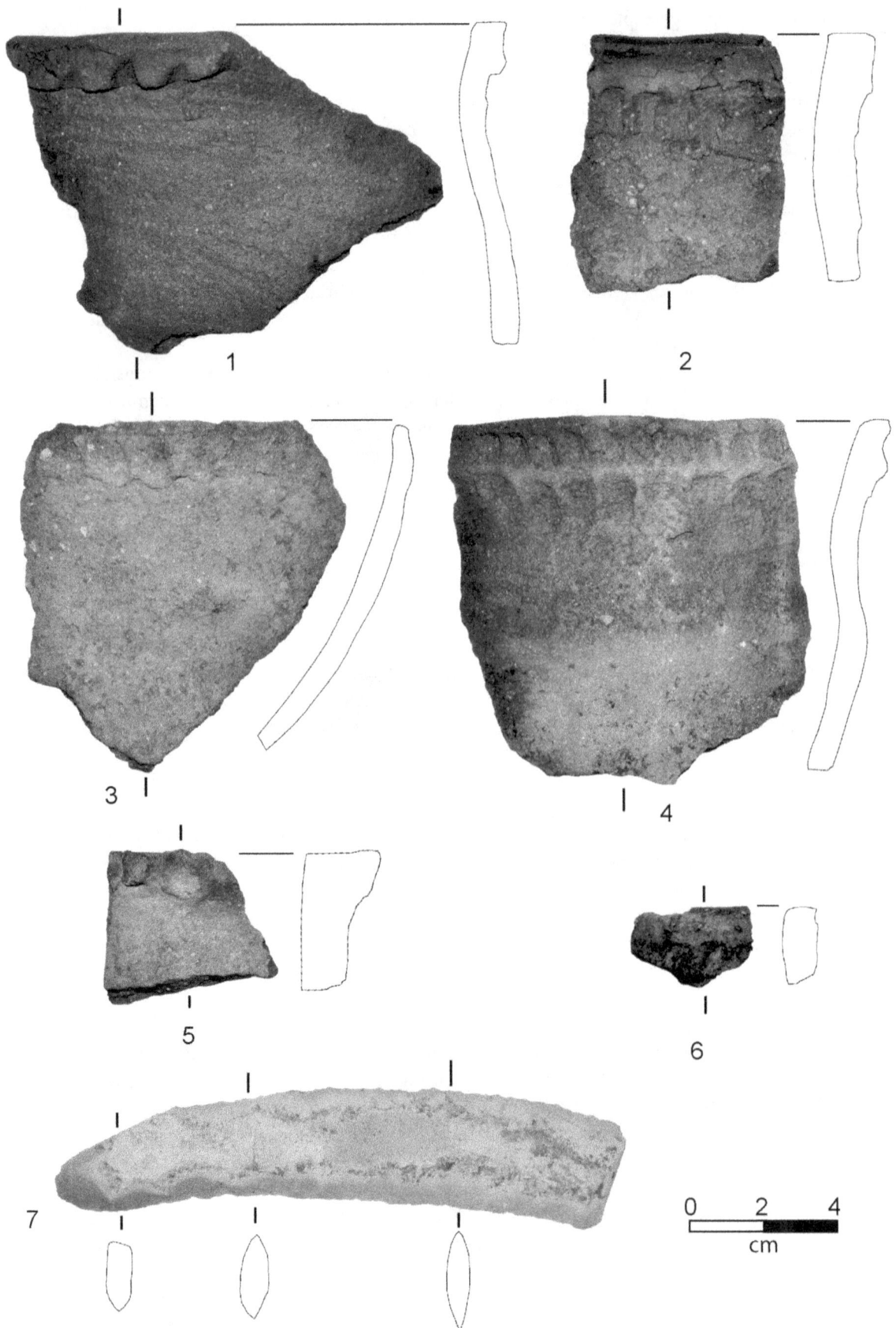

Abb. 4. 1–6: verzierte Randfragmente aus der Siedlung Vilsbiburg – Lidl-Neubau, 7: Sichel der Altheimer Kultur aus der Siedlung Vilsbiburg – Lidl-Neubau (Th. Richter).

Fragmente eines Mahlsteins. Eines dieser Mahlsteinfragmente zeigt Spuren großer Hitzeeinwirkung. Deutliche Spuren von Hitzeeinwirkung finden sich auch auf neun Flusskieseln, die als Kochsteine interpretiert werden können. Ein weiterer Flusskiesel weist keinerlei Bearbeitungs- oder Hitzespuren auf und ein Flusskiesel trägt am distalen Ende deutliche Pickspuren, die als Hinweis auf die Verwendung als Schlagstein interpretiert werden müssen. Ein Artefakt ist aus Sandstein und kann möglicherweise als Pfeilschaftglätter interpretiert werden.

Abb. 5. Fragment eines Webgewichts (Th. Richter).

An sonstigen Funden ist das Fragment eines Spinnwirtels sowie ein großes, hornförmiges, im Querschnitt annähernd rundes Objekt von 15 cm Länge und 7 cm Durchmesser an der dicksten Stelle zu nennen (Abb. 5). Das Artefakt besteht aus verziegeltem Lehm, ist nur fragmentarisch erhalten und weist an der abgerundeten, vollständig erhaltenen Seite eine Durchbohrung auf. Bei dem Artefakt handelt es sich wohl um das Fragment eines Webgewichtes (frdl. mündl. Mittlg. M. Nadler).

Um die relativchronologische Datierung anhand der gefundenen Keramik abzusichern, wurden zwei ^{14}C-Daten an Holzkohle gemessen[1], die aus den Befunden 2 und 22 geborgen werden konnte. Beide Messungen bestätigen die Datierung der Fundstelle in die Altheimer Kultur. Befund 2 datiert 4781 ±29 BP (3584 ±42 calBC; calpal; MAMS 33822), Befund 22 kann auf 4855 ±30 BP (3662 ±19 calBC; calpal; MAMS 33823) datiert werden. Damit umreißen die ^{14}C-Daten eine Belegung des Fundplatzes im 37. und der ersten Hälfte des 36. Jahrhunderts vor Christus.

Wie bereits oben ausgeführt, stellen die Pfostengruben mit 76 mehr oder weniger sicher ansprechbaren Befunden die zahlenmäßig größte Befundgruppe dar. Aus diesen Befunden lassen sich, wie im Folgenden zu zeigen ist, mehrere, zum Teil überschneidende Hausgrundrisse sowie ein Zaun rekonstruieren. Da aus keinem der Befunde Funde stammen, die nicht in die Altheimer Kultur datiert werden können, oder die dieser Datierung wiedersprechen, ist als sicher anzunehmen, dass die rekonstruierbaren Häuser ebenso wie der Zaun in die Altheimer Kultur zu datieren sind. Die Möglichkeit, eine Siedlung dieser Zeit auf Mineralboden zu rekonstruieren, ist insofern überraschend, als das Siedlungswesen der Altheimer Kultur abseits der Feuchtbodensiedlungen des Lechgebietes mit ihren bekannten Fundstellen von Pestenacker, Gde. Weil, Lkr. Landsberg/Lech und Unfriedshausen, Gde. Geltendorf, Lkr. Landsberg/Lech (zusammenfassend: Schönfeld 1997, 81–87) bislang weitestgehend unbekannt ist. Einziger, mit der vorliegenden Fundstelle vergleichbarer Befund ist die Fundstelle von Köfering – Lidl (Eibl/Raßhofer 2015, 19–62).

Auffälligste Struktur im nördlichen Bereich der Grabungsfläche (Abb. 3,1) ist die Reihe der Befunde 28–33, 37, 38, sowie 42, 89 und 91, die sich in den Befunden 34, 36 und 41 halbkreisförmig nach Süden fortsetzt. Mit einem Durchmesser zwischen 25 cm und 45 cm sind diese Befunde deutlich kleiner als die übrigen Pfostengruben der Fläche. Der Abstand der einzelnen Pfosten beträgt 80–120 cm. Zwischen den Pfosten 42 und 89 ist vermutlich mindestens ein weiterer Pfosten zu rekonstruieren, der bei der Anlage des Befundes 22 zerstört wurde. Pfostenstandspuren konnten in keiner der Pfostengruben beobachtet

---

1   Für die Möglichkeit der ^{14}C-Datierung gilt großer Dank Herrn Dr. Christoph Steinmann (BLfD, Außenstelle Regensburg).

werden, jedoch ist die Form des Pfostens 34 bemerkenswert (Abb. 6). Der Pfosten ist im Profil von eckiger Grundform, in etwa 12 cm Tiefe unter Planum 1 findet sich ein Absatz. Darunter setzt sich der Pfosten schmaler, aber immer noch mit einer kastenförmigen Grundform fort. Im oberen Bereich beträgt die Breite des Pfostenloches 26 cm, im unteren 14 cm. Befund 34 ist zugleich mit einer Tiefe von rund 26 cm etwas tiefer als die übrigen Befunde der Struktur, die mehrheitlich Tiefen von 12–20 cm aufweisen. Versteht man die Breite der eckigen Form unterhalb des Absatzes des Befundes 34 als Hinweis auf die Dicke des einstigen Pfostens, so ist wohl ein maximaler Durchmesser von 10 cm anzunehmen.

Deutliche Parallelen zu der hier beschriebenen Struktur lassen sich im Zaun der Feuchtbodensiedlung von Pestenacker erkennen. Dort wird der, die Siedlung der Phase IA und IB umgebende Zaun wie folgt beschrieben: „Auf der dem Siedlungs-inneren zugewandten Seite waren Pfosten mit Durchmessern um 5 cm unmittelbar hinter den Schwellen in einem Abstand

Abb. 6. Profilfoto des Pfostens Befund 34 (Foto: M. Wild).

von 0,7–1,1 m eingedreht. [...] Um die Pföstchen waren etwa gleichdicke, ca. 3 m lange Weichhölzer geflochten. An der Außenseite der Schwellhölzer standen in Abständen von ca. 0,5–0,9 m dicke Eichen-pfosten mit Durchmessern von über 10 cm" (Schönfeld 2009, 143). Die äußere Reihe dickerer Pfosten diente wohl nur der Stabilisierung der Konstruktion, wenn auch dafür kein archäologischer Nachweis erbracht werden konnte (ebd.).

Wir möchten die in den Befunden 28–33, 38, 39 sowie 42, 89 und 91 erkennbare Struktur somit als Rest eines Zaunes interpretieren, der einst die altheimzeitliche Siedlung von Vilsbiburg – Lidl-Neubau umgab. Der Abstand der Pfosten entspricht etwa denen der Zaunpfosten in Pestenacker und die rekon-struierbare Dicke der Pfosten scheint zwischen den eigentlichen Zaunpfosten und den Sicherungspfosten in Pestenacker gelegen zu haben. Anders als in Pestenacker lässt sich in Vilsbiburg keine doppelte Pfos-tenreihe erkennen. Diese Unterschiede in der Bauausführung sind vermutlich dem unterschiedlichen Untergrund der Siedlungen von Vilsbiburg und Pestenacker geschuldet. Wahrscheinlich war es im Löss-boden von Vilsbiburg schlicht nicht notwendig, die Standfestigkeit des Weidenzauns durch eine weitere Pfostenreihe abzusichern. In seiner Form entspricht der nach Süden ausgreifende, halbrunde Fortsatz des Zaunes (Befunde 41, 36 und 34) der in Pestenacker beobachteten Torsituation (Schönfeld 2009, Abb. 12; Quadranten F4 und F5) und soll daher ebenfalls analog interpretiert werden.

Als eindeutigste Hausstruktur der Grabung ist im mittleren Bereich der Grabungsfläche (Abb. 3,2) das zweischiffige Haus 5 zu rekonstruieren. Der ursprüngliche 9-Pfostenbau besteht aus den Befunden 3, 5, 6, 9, 10, 11, 12 und 14. Der südöstliche Eckpfosten ist nicht erhalten. Die Firstrichtung wird West-Ost-verlaufend rekonstruiert. Grundlage dieser Rekonstruktion ist die Beobachtung, dass die Firstpfosten altheimzeitlicher Grubenhäuser, die den Hauptteil der Dachlast getragen haben, stärker eingetieft waren, als die Eckpfosten, wie dies Eibl und Raßhofer (2015, 37–38 sowie bes. Abb. 5). an zahlreichen Gruben-häusern der Altheimer Kultur nachweisen konnten. So zeigt das Beispiel eines Grubenhauses von Nie-dertraubling, dass die Firstpfosten etwa die 1,5-fache Tiefe der Eckpfosten erreichten. Diese Beobachtung lässt sich auch bei Haus 5 teilweise nachvollziehen. Die Tiefe der Eckpfosten beträgt im Mittel 16 cm, die der beiden hier als Firstpfosten rekonstruierten Befunde 9 und 3 jeweils 25 cm (Abb. 7). Dies entspricht etwa dem von Eibl und Raßhofer skizzierten Verhältnis. Die Maße des so rekonstruierten Hauses sind 4 x 4,6 m, die Grundfläche beträgt rund 18 m².

Südöstlich an das Haus 5 schließt die Grube Befund 2 an, aus der leider keine datierbare Keramik geborgen werden konnte. Gestützt wird eine Zuordnung des Hauses zur Altheimer Kultur jedoch durch die bereits genannte ^{14}C-Datierung von Holzkohle aus Befund 2 auf 3584 ±42 calBC (MAMS 33822; calpal).

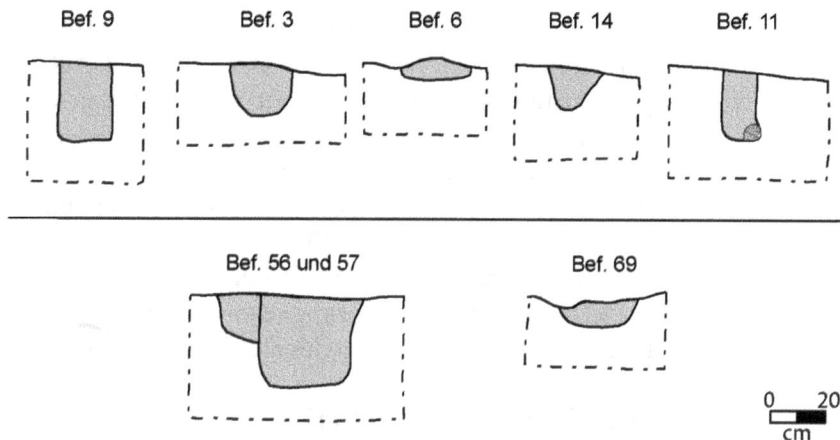

Abb. 7. Oben: Umzeichnung exemplarischer Pfosten des Hauses 5. Die als Firstpfosten rekonstruierten Befunde 9 und 3 sind deutlich massiver ausgeführt als die übrigen Pfostenbefunde. Unten: Umzeichnung eines exemplarischen Firstpfostens (Bef. 56 und 57) sowie eines Eckpfostens (Bef. 69) des Hauses 1 (Umzeichnung Th. Richter).

Deutlich komplexer ist die Rekonstruktion der Hausgrundrisse im nördlich des Zauns liegenden Areal (Abb. 3,1). Vor allem im direkt an den Zaun anschließenden Teil der Grabungsfläche, im Bereich der Befunde 43–47 und 49–52 konnten wir dabei im Rahmen dieses Berichts nicht alle Pfosten Bebauungsstrukturen zuweisen. An dieser Stelle scheint es uns sehr wahrscheinlich, dass weitergehende Analysen der Befundverteilung zur Rekonstruktion weiterer Häuser führen.

Pfostenbauten der Altheimer Kultur sind aus Pestenacker (Schönfeld 2009) sowie aus Köfering – Lidl (Eibl/Raßhofer 2015) bekannt. Eine weitere Hausform, die hinsichtlich der Altheimer Siedlungen im Mineralbodenbereich gemeinhin als typisch gilt (siehe hierzu beispielsweise Limmer 2010, 88–94) soll in den folgenden Vergleich nicht mit einbezogen werden, da sie im ergrabenen Siedlungsausschnitt der Fundstelle Vilsbiburg – Lidl-Neubau nicht nachgewiesen werden konnte: die Grubenhäuser. Zusammenfassend sei hier die Einschätzung von Eibl/Raßhofer referiert, die zu dem Schluss kommen, dass „die in der Literatur tatsächlich in Abbildungen greifbaren Befunde […] bisher keine allzu reichhaltige Diskussionsgrundlage [bieten] […]. Vorhandenen Gemeinsamkeiten in Grundform, Größe und Orientierung stehen Unterschiede hinsichtlich Zahl und Anordnung der Pfosten gegenüber, wobei letztere freilich stark von den Erhaltungs- und Fundbedingungen abhängen" (Eibl/Raßhofer 2015, 27).

Für die Fundstelle von Pestenacker beschreibt Schönfeld (2009, 144–145) das Haus 1a als 10-Pfostenbau, mit vier Eckpfosten, zwei Firstpfosten und zwei weiteren Pfostenpaaren jeweils etwa auf der Höhe eines Drittels der Gesamtlänge des Hauses. Die Maße des Hauses betragen 8 x 3,9 m bei einer Fläche von 31,2 m². Ähnliche Formen und Maße lassen sich auch bei den übrigen Häusern Pestenackers beobachten (Schönfeld 2009, 148–150). So sind die Dimensionen von Haus 2a mit 8,13 x 3,78 m und einer Fläche von 31,5 m² denen von Haus 1a sehr ähnlich. Etwas kleiner sind die Häuser 3a mit 6 x 3,6 m und einer Fläche von 21,6 m² und 4 mit 6,8 x 3,7 m und einer Fläche von 25,2 m². Limmer (2010, 94) fasst zusammen, dass es sich bei allen betrachteten Gebäuden um relativ einheitliche Wohngebäude mit einer Wohnfläche von 20,5–36 m² handelt. Bezogen auf ihr Längen-Breiten-Verhältnis lassen sich in Pestenacker zwei Haustypen unterscheiden. Die kleineren weisen ein Verhältnis von 1:1,7–1:1,8 auf, die größeren eines von 1:2,05– 1:2,15. Alle Häuser, auch die kleinen Gebäude, können damit als eher langschmal bezeichnet werden.

Zur Fundstelle von Köfering – Lidl schreiben Eibl/Raßhofer (2015, 32–33): „Am Fundort, der sich in deutlicher Entfernung zu der als Siedlungsterrain begehrten Bachterrasse befindet, liegen nämlich keinerlei Hinweise auf eine Siedlungstätigkeit in anderen Zeitepochen [als der Altheimer Kultur] vor. Soweit aus den Siedlungsgruben keramisches Fundmaterial geborgen werden konnte, datiert dieses ausschließlich in die Zeit der Altheimer Kultur". Auf der Grabungsfläche rekonstruieren sie insgesamt vier einschiffige Pfostenbauten; drei kleinere und ein größeres. Das größere Gebäude wurde aus deutlich mehr Pfosten errichtet als das Haus 1a in Pestenacker (Eibl/Raßhofer 2015, 32–33 mit Abb. 10). Auf dem Plan sind 15 Pfosten zu zählen; bei vollständiger Erhaltung wären wohl mindestens 18 Pfosten anzunehmen. Obwohl das Gebäude mit 10,3 x 4,7 m auch größer ist als die oben genannten Häuser aus Pestenacker, stimmt sein Längen-Breiten-Verhältnis mit 1:2,19 gut mit jenem der dortigen Häusern 1a und 2a überein. Bis auf eine Ausnahme trifft dies auch auf die kleineren Häuser zu. Hierbei handelt es sich jeweils um 6-Pfostenbauten mit Maßen von 5,6 x 3,2 m, 5,4 x 3,3 m und 5,3 x 3,8 m (Eibl/Raßhofer 2015, 32). Das Längen-Breiten-Verhältnis der erstgenannten beträgt 1:1,75 beziehungsweise 1:1,64 und ist dem der Häuser 3a und 4 aus Pestenacker ähnlich. Lediglich das letztgenannte, trapezförmig rekonstruierte Haus weicht mit einem Längen-Breiten-Verhältnis von 1:1,39 deutlich von der langschmalen Form der übrigen Häuser ab.

Klar wird in diesem kurzen Vergleich der bislang bekannten Häuser der Altheimer Kultur, dass sich die Gebäude aus Pestenacker doch recht deutlich in ihrer Bauweise von denen aus Köfering unterscheiden. So weisen die Häuser aus Pestenacker andere Pfostenanzahlen auf und wurden mit Firstpfosten errichtet. Diese zweischiffige Bauweise mit Firstpfosten ist in Köfering nicht zu beobachten, dafür ist die Anzahl der Pfosten auch im Verhältnis zur Hausgröße deutlich höher. Diese Unterschiede in der Bauweise dürfen unserer Meinung nach nicht typologisch interpretiert werden. Vielmehr liegt die Vermutung nahe, es handle sich um eine Anpassung der Bauweise an unterschiedliche Baugründe. So führt Luley (1992, 15) zur Bauweise im Feuchtboden aus: „Die Art der Gebäudefundamentierung ist in erster Linie abhängig von den Eigenschaften des Baugrundes. [...] Die [...] Bauwerkslasten müssen durch richtig bemessene Gründungen eine gleichmäßige Bodenpressung bewirken. Diese Aufgabe erfüllen Streifenfundamente und durchgehende Grundplatten, die die Lasten des Gebäudes auf eine größere Grundfläche verteilen. Derartige Fundamente, sog. Flachgründungen, finden ihren Einsatz insbesondere auf wenig tragfähigem Baugrund". Erwartungsgemäß wurden die Wände in Pestenacker oft mit Schwellhölzern errichtet, beispielsweise bei Haus 1a (Schönfeld 2009, 146). Diese Art der lastverteilenden Konstruktion ist bei Bauten auf Mineralböden nicht notwendig, was wiederum zu einer größeren Zahl von Pfostenlöchern führt. Interessant scheint in diesem Zusammenhang das für beide Siedlungen zitierte Längen-Breiten-Verhältnis, bei dem sich eine gewisse Regelhaftigkeit abzuzeichnen scheint. Wobei auch diesbezüglich anzumerken ist, dass aus lediglich zwei beobachteten Siedlungen sicherlich keine allgemeingültige typologische Beobachtung abgeleitet werden kann. Wie sich unten zeigen wird, entsprechen beispielsweise die Häuser aus Vilsbiburg weder den hier für Pestenacker noch den für Köfering zitierten Maßen oder Längen-Breiten-Verhältnissen.

Unter Beachtung dieser Argumente stellt sich die Frage, ob beim aktuellen Kenntnisstand der Bauweise altheimzeitlicher Häuser ein typologischer Ansatz zu ihrer Bestimmung zielführend ist. Bereits bei Betrachtung des Hauses 5 aus Vilsbiburg wird klar, dass das nahezu rechteckige Gebäude mit seinem Längen-Breiten-Verhältnis von 1:1,5 weder in seinen absoluten Maßen noch in seiner Grundform mit den Gebäuden aus Pestenacker und Köfering übereinstimmt. Gleichwohl zeigt das Datum der ^{14}C-Analyse, dass für das Gebäude eine altheimzeitliche Datierung anzunehmen ist. Erfreulicherweise stammen aus den beiden Pfostenlöchern Befund 60 (Abb. 4,6) und Befund 81 (Abb. 4,5) jeweils einzelne Keramikscherben, die aufgrund ihrer typischen Arkadenränder klar der Altheimer Kultur zugeordnet werden können.
   Die Rekonstruktion zweier Häuser wird möglich, da sich die Befunde im Bereich der Häuser 1 und 2 (Abb. 3,1) hinsichtlich ihrer Verfüllung klar in zwei Gruppen einteilen lassen. Pfostenlöcher mit gräulicher Verfüllung unterscheiden sich von jenen mit schwärzlicher Verfüllung. Auch die Verfüllung der beiden anhand der Keramikfunde datierbaren Befunde 60 und 81 stellt sich unterschiedlich dar. Die Verfüllung des Befundes 60 ist eher gräulich, die des Befundes 81 schwärzlich-braun (Abb. 8).
   Kartiert auf den Grabungsplan führt dieser Unterschied in der Farbe des Sedimentes zur Rekonstruktion zweier sich überschneidender Hausgrundrisse. Dabei zeichnen sich die Pfosten des Hauses 1 durch eine dunkelbraun-schwärzliche Verfüllung aus, die des Hauses 2 durch eine eher gräuliche. Bei beiden Gebäuden handelt es sich um zweischiffige 12-Pfostenbauten die, daran sei nochmals erinnert, anhand

Abb. 8. Profilfotos der Befunde 60 (zu Haus 2) und 81 (zu Haus 1). Deutlich ist die stark unterschiedliche Verfüllung zu erkennen (Fotos: M. Wild).

der gefundenen Keramik mit hoher Wahrscheinlichkeit in die Altheimer Kultur datiert werden können. Bei keinem der beiden Fälle sind alle Pfosten der ehemaligen Gebäude überliefert beziehungsweise auf der Grabung als solche erkannt worden. Die Bestimmung der Firstrichtung erfolgte analog der Vorgehensweise für Haus 5. Auch bei den Häusern 1 und 2 zeigte sich, dass die angenommenen Firstpfosten deutlich solider ausgeführt sind, als die mutmaßlichen Eckpfosten der Gebäude. Exemplarisch wird dies für das Haus 1 in Abb. 7 dargestellt. Die rekonstruierbaren Maße des Hauses 1 betragen 6,6 x 5,7 m, die Grundfläche ist etwa 38 m². Haus 2 hat die Außenmaße 5,5 x 4,8 m bei einer Grundfläche von rund 26 m². Beide Häuser entsprechen somit in ihren Maßen nicht den oben zitierten Befunden aus Pestenacker oder Köfering. Auch ihr Längen-Breiten-Verhältnis stellt sich mit 1:1,16 beziehungsweise 1:1,15 gänzlich anders dar als in den beiden genannten Siedlungen. In ihrer Grundfläche sind sie jedoch vergleichbar. Alle Häuser aus Vilsbiburg weisen eine eher quadratische Grundform auf. Bezüglich der Wohnfläche ist das Haus 1 von Vilsbiburg größer als die von Limmer angeführte maximale Wohnfläche von 36 m² (Limmer 2010, 94), die Wohnfläche des Hauses 2 liegt innerhalb der dort angegeben Spannweite.

Als bauliches Element fallen bei Haus 1 die drei in Reihe liegenden Pfosten 56, 57 und 58 auf. Bei den Befunden 56 und 57 handelt es sich entgegen der Befundansprache im Planum 1 nur um einen Pfosten mit Standspur, der wie gezeigt werden konnte, der Firstpfosten des Gebäudes ist. Daher liegt die Vermutung nahe, Befund 58 im Sinne eines Konstruktionselementes zu interpretieren, möglicherweise einer Tür.

Neben den beiden Häusern 1 und 2 wurden noch zwei weitere Häuser (3 und 4) rekonstruiert, was jedoch als spekulativ zu bezeichnen ist. Beiden hier rekonstruierten Gebäuden konnten jeweils nur fünf beziehungsweise vier Pfosten zugeordnet werden; aufgrund der unsicheren Datenbasis sind die Häuser 3 und 4 in der Rekonstruktion (Abb. 3.1) nur mit gestrichelter Linie dargestellt. Die rekonstruierten Maße der Häuser betragen 5 x 3,4 m (17 m²) bei Haus 3 und 5,1 x 5,1 m (26 m²) bei Haus 4.

Unabhängig von den Hausrekonstruktionen 3 und 4 konnten in Vilsbiburg – Lidl-Neubau drei Häuser rekonstruiert werden, von denen zwei sicher aufgrund einer typologischen Bestimmung der Keramikfunde in die Altheimer Kultur zu datieren sind. Bei einem weiteren machen die Ergebnisse einer ^{14}C-Analyse eine Datierung des Gebäudes in die Altheimer Kultur wenigstens wahrscheinlich.

Im direkten Vergleich der bisher bekannten baulichen Strukturen der Altheimer Kultur wird deutlich, dass die Definition eines typischen Hauses der Altheimer Kultur wenigstens auf der vorliegenden Datenbasis nicht möglich ist. So unterscheiden sich die Häuser der drei untersuchten Fundstellen sowohl hinsichtlich ihrer Maße als auch ihres Längen-Breiten-Verhältnisses und damit ihrer Proportionen. Tendenziell ähnlich sind die Grundflächen, die sich in allen Fällen zwischen geringfügig weniger als 20 m² und etwas mehr als 35 m² bewegen. Welche Ursachen diese Unterschiede in der Bauweise der Häuser haben, bleibt leider unklar. Uns scheint es am wahrscheinlichsten, die Hauptursache in den unterschiedlichen Böden und damit auch Baubedingungen zu suchen. Einen funktionalen Unterschied können wir – basierend auf dem eher mäßigen Informationsstand zur Bauweise auf Mineralböden im Vergleich zu den Feuchtbodensiedlungen – nicht erkennen. Eine interne funktionale Gliederung der Häuser entsprechend der Befunde aus Pestenacker (Schönfeld 2009, 147–154) ist rein anhand der Pfostenstellungen auch für Vilsbiburg durchaus denkbar.

Unklar – da im archäologischen Befund nicht erkennbar – muss bleiben, ob es in Vilsbiburg – Lidl-Neubau einen Weg gab, der mit dem in Pestenacker beobachteten vergleichbar ist. Allerdings legen die Lage der Häuser 1 und 4 sowie die Orientierung des als Eingang des Zaunes rekonstruierten Fortsatzes (Abb. 3,1) einen derartigen Weg nahe. Gegen diese Interpretation spricht die zu rekonstruierende Breite des Weges, die mit etwa 7 m deutlich größer ist als die in Pestenacker beobachtete Breite von 2,2 m (Schönfeld 2009, 143). Hierbei gilt jedoch zu bedenken, dass der Weg in Pestenacker aus einer aufwendigen Holzkonstruktion errichtet werden musste, die eine dauerhafte Begehbarkeit des sumpfigen Areals gewährleistet (Schönfeld 2009, 143–144). Dies war in Vilsbiburg nicht notwendig. Grundsätzlich wäre es beim vorliegenden Lössboden auch denkbar, dass es sich bei einem Weg durch die Siedlung schlicht um einen Trampelpfad auf dem anstehenden Boden gehandelt haben könnte. Wir möchten daher den Bereich zwischen den rekonstruierten Häusern 1 und 2 sowie 4 als Weg im Inneren der Siedlung deuten.

Kurz soll an dieser Stelle noch auf die Lage der einzelnen Abfallgruben und die daraus zu ziehenden Schlüsse zur Besiedlungsdauer eingegangen werden. Keine der Gruben im Inneren der Siedlung, das heißt nördlich des Zaunes, ist mit einem der Häuser in Verbindung zu bringen. Grube 22 wird von dem Zaun überlagert. Die Grubenbefunde 20, 18 und 16 schließen direkt südlich an den rekonstruierten Zaun an und würden, folgt man der vorgeschlagenen Rekonstruktion, den Eingang verschließen. Gleichwohl konnten sie anhand der Keramik sicher in die Altheimer Kultur datiert werden. Diese Beobachtungen legen die Vermutung nahe, dass die Siedlung von Vilsbiburg mehrphasig gewesen sein muss. Als deutlicher Hinweis hierauf sind auch die beiden sich überlagernden Häuser 1 und 2 zu verstehen, wobei eine feinchronologische Datierung der einzelnen Siedlungsphasen basierend auf der bisher bekannten, leider nur groben typologischen Untergliederung der Altheimer Kultur durch Limmer (2014, 91–118) nicht möglich ist. Gemäß dieser Arbeit lässt sich die Keramik allgemein eher in die frühere Phase der Altheimer Kultur stellen. Dies deckt sich mit der ^{14}C-Datierung der Fundstelle.

Zusammenfassend ergibt sich aus der Grabung von Vilsbiburg – Lidl-Neubau folgendes Bild: Im Bereich der hochwassersicheren Terrasse, etwa 1,5–2 m oberhalb des heutigen Flussniveaus lag eine umzäunte Siedlung der Altheimer Kultur, die gemäß den Ergebnissen der ^{14}C-Datierung im 37. und der ersten Hälfte des 36. Jahrhunderts vor Christus bestand. Innerhalb der Siedlung konnten zwei Häuser rekonstruiert und anhand der in Pfostengruben gefundenen Keramik sicher in die Altheimer Kultur datiert werden. Die Häuser überlagern sich und belegen, zusammen mit der Lage der Gruben eine Mehrphasigkeit der Siedlung. Die Rekonstruktion zweier weiterer Häuser innerhalb des Zaunes muss spekulativ bleiben. Insgesamt bleibt das zeitliche Verhältnis aller Häuser zueinander unklar.

Etwa 25 m außerhalb dieser Siedlung fand sich ein weiteres Gebäude bereits im Schwemmbereich der Vils. Das ^{14}C-Datum aus einer direkt am Gebäude liegenden Grube legt auch für dieses Haus eine altheimzeitliche Datierung nahe.

Vergleicht man die Ergebnisse der vorliegenden Auswertung mit dem bekannten Siedlungswesen der Altheimer Kultur, so scheint sich die Einschätzung von Schönfeld (2001, 19) zu bestätigen, die dieser bereits vor fast 20 Jahren getroffen hatte: „An diesen Beobachtungen lässt sich die zentrale These […] knüpfen, dass die Altheimer Gruppe in ihrem Siedlungswesen eine ausgesprochen homogene Struktur entwickelte. Nach diesem Modell erscheinen Mineral- und Feuchtbodensiedlungen als zwei Seiten ein und derselben Medaille, als unterschiedliche Ausdrucksform einer einheitlichen Tradition, die lediglich ihre spezifische Ausprägung durch örtliche Gegebenheiten und durch das Substrat erfuhr".

Literatur

CHAPMAN 1995: B. Chapman, Die Altheimer Keramik. In: B. Ottaway, Ergolding, Fischergasse – Eine Feuchtbodensiedlung der Altheimer Kultur in Niederbayern. Materialh. Arch. Bayern 68 (Kallmünz/Opf. 1995) 52–86.

EIBL/RASSHOFER 2015: F. Eibl/G. Raßhofer, Ein Grubenhaus und eine Bestattung der Altheimer Kultur von Niedertraubling, Lkr. Regensburg. In: L. Husty/K. Schmotz (Hrsg.), Vorträge des 33. Niederbayerischen Archäologentages (Rahden/Westf. 2015) 19–62.

FIEDLER/RICHTER 2015: S. Fiedler/Th. Richter, Eine alt- und mittelneolithische Siedlung in Bayerbach b. Ergoldsbach. Arch. Jahr Bayern 2014 (2015) 27–28.

LIMMER 2010: B. Limmer, Altheimzeitliche Siedlungs- und Hausstrukturen in Ostbayern sowie im westlichen Oberbayern und Schwaben – Ein Vergleich. Fines Transire 19, 2010, 81–98.

LIMMER 2014: B. Limmer, Die Siedlungskammer von Pestenacker und ihre Stellung innerhalb des bayerischen Jungeneolithikums – eine chronologische Skizze. In: L. Husty/K. Schmotz (Hrsg.), Vorträge des 32. Niederbayerischen Archäologentages (Rahden/Westf. 2014) 91–118.

LULEY 1992: H. Luley, Urgeschichtlicher Hausbau in Mitteleuropa. Universitätsforsch. Prähist. Arch. 7 (Bonn 1992).

RICHTER 2014: Th. Richter, (K)ein Kampf um Altheim – Das Silexinventar der Grabungen 1914 und 1938 im namengebenden Erdwerk der Altheimer Kultur von Holzen, Gem. Essenbach, Lkr. Landshut. In: L. Husty/K. Schmotz (Hrsg.), Vorträge des 32. Niederbayerischen Archäologentages (Rahden/Westf. 2014) 59–90.

SCHÖNFELD 1997: G. Schönfeld, Im Tal des verlorenen Baches: Siedlungen der Jungsteinzeit in feuchten Talauen Bayerns. In: H. Schlichterle (Hrsg.), Pfahlbauten rund um die Alpen. Arch. Deutschland Sonderh. (Stuttgart 1997) 81–87.

SCHÖNFELD 2001: G. Schönfeld, Bau- und Siedelstrukturen der Altheimer Kulturgruppe. Ein Vergleich zwischen Feuchtboden- und Mineralbodensiedlungen. In: L. Husty/K. Schmotz (Hrsg.), Vorträge des 19. Niederbayerischen Archäologentages (Rahden/Westf. 2001) 17–62.

SCHÖNFELD 2009: G. Schönfeld, Die altheimzeitliche Feuchtbodensiedlung von Pestenacker. Ber. Bayer. Bodendenkmalpfl. 50, 2009, 137–156.

STEUBER 1989: M. Steuber, Die neolithische Siedlung von Vilsbiburg – Lerchenstraße. Unpubl. Magisterarbeit Univ. Freiburg, 1989.

Thomas Richter
Kreisarchäologie Landshut
Veldener Str. 15
84036 Landshut
thomas.richter@landkreis-landshut.de

Markus Wild
Dig it! Company GbR
Kellererstr. 23
82256 Fürstenfeldbruck
wild@digit-company.de

L. Husty / T. Link / J. Pechtl (Hrsg.), Neue Materialien des Bayerischen Neolithikums 2 – Tagung im Kloster Windberg vom 18. bis 20. November 2016. Würzburger Studien zur Vor- und Frühgeschichtlichen Archäologie 3 (Würzburg 2018) 155–177.

Abgerollt: Zur sogenannten „Mattenrauhung" auf Keramik der endneolithischen Goldberg III-Gruppe

Helmut Schlichtherle

Zusammenfassung

Gefäßoberflächen mit textilhaft wirkenden Abdrücken, sogenannte „Mattenrauhung", sind für Keramikkomplexe der südwestdeutschen Goldberg III-Gruppe typisch. Sie gehören darüber hinaus zum Verzierungsspektrum weiterer endneolithischer Kulturgruppen (Cham, Wartberg, Burgerroth, Bernburg u. a.). Die Herstellungstechnik der spezifischen Gefäßrauhungen war lange Zeit rätselhaft und es wurden unterschiedlichste Vorstellungen zum Abdruck von Geflechten und anderer organischer Materialien entwickelt. In der jüngeren Forschung hat sich die Annahme durchgesetzt, dass es sich überwiegend um Schnurabrollungen in der feuchten Tonoberfläche handelt. Eingehende experimentelle Untersuchungen gehen im Rahmen der vorliegenden Arbeit der Frage nach, welche Schnurtypen und Schnurwicklungen Verwendung fanden und wie ihre Abrollungen von Abdrücken und Abrollungen anderer Materialien unterschieden werden können. Die Experimente liefern einen Musterkatalog, mit dessen Hilfe künftig Schnurabrollmuster besser erkannt, beurteilt und differenziert werden können. Sie beschäftigen sich auch mit Fragen der Abrolltechnik, Rollrichtung und Mehrfachrollung und nehmen Bezug auf ähnliche Untersuchungen und Musterkataloge zu den Schnurabrollungen der Woodland Indians und der Jomonkultur.

Abstract

Vessel surfaces exhibiting textile-like impressions, also called fabric-impressed decorations ("Mattenrauhung") are characteristic of the pottery assemblages assigned to the Goldberg III group in south-western Germany. Moreover fabric-impressed decorations are associated with the array of decorations of other Final Neolithic cultural groups (Cham, Wartberg, Burgerroth, Bernburg amongst others.). The manufacturing technique used to obtain these specific roughened surfaces remained enigmatic for a long time and very different ideas were developed with regard to the impressions made with braids or other organic materials. It was widely accepted by recent research that in most cases these were roulette decorations made on wet clay. Detailed experimental studies carried out within the present work explore the types of cords and cord windings that were used and how their rouletting can be distinguished from the impressions and rouletting of other materials. The experiments led to a pattern catalogue that will be helpful to better identify, assess and differentiate between roulette patterns. These experiments also examine the various aspects of roulette technique, the direction of rouletting and multiple rouletting and refer to similar analyses and pattern catalogues of roulette decorations of the Woodland Indians and the Jomon culture.

1 Einführung

Als wir 1979 in der Seeufersiedlung am Schreckensee (Lkr. Biberach, Baden-Württemberg) auf erste Keramikfragmente mit schnurartigen Abdrücken stießen, dachten wir zunächst an Schnurkeramik. Auf größeren Stücken zeigte sich dann allerdings der flächige und nicht selten unsystematische und sich überkreuzende Verlauf der schnurhaften Eindrücke (Schlichtherle 1981, 86). Christian Strahm und Wolfgang Pape haben uns bei einem Grabungsbesuch schnell eines Besseren belehrt und den Begriff der „Mattenrauhung" ins Spiel gebracht. Nächste Vergleichsfunde gab es auf dem Goldberg im Nördlinger Ries, aber auch in Siedlungen der Chamer Kultur in Bayern, nördlich von Baden-Württemberg vor allem in Burgerroth und in Siedlungen der Wartberggruppe und der Bernburger Kultur. Irenäus Matuschik (1999) hat die mitteleuropäische Verbreitung entsprechender Oberflächenrauhungen zusammenfassend diskutiert und auf weitere Funde in den kulturellen Zusammenhängen von Jevišovice und Řivnáč, in der Bernburger Kultur und im Keramikbestand von Ig im Laibacher Moor hingewiesen. Elisabeth Ruttkay (2000) veröffentlichte „Mattenrauhung" aus einer Siedlung der Mödling-Zöbing-Gruppe der späten Jevišovice-Kultur. Thomas Link (2016, 113 f.) beschrieb Neufunde von Burgerroth und nannte weitere Fundorte mit „Mattenrauhung". Auf Vorkommen in der Kugelamphorenkultur, in der Schnurkeramischen Kultur und in verschiedenen Frühbronzezeitgruppen des Karpatenbeckens hatte bereits Wolfgang Pape (1978, 149) hingewiesen und die Diskussionen um eine mögliche Herleitung der Verzierungstechnik aus osteuropäischen „Steppenkulturen" zusammengefasst[1].

Waldtraut Schrickel (1969, 71) hatte auf ein vereinzeltes Vorkommen in der hessischen Galeriegrab-Gruppe aufmerksam gemacht. In Oberschwaben zeigte sich mit unseren neuen Untersuchungen in den Feuchtgebieten ab den 1980er-Jahren eine ganze Gruppe von endneolithischen Siedlungen mit entsprechender Ware, die sich unter dem Begriff der Goldberg III-Gruppe zusammenfassen ließ (Schlichtherle 1999). Umfangreichere Fundkomplexe lieferten vor allem die Stationen Wolpertswende-Schreckensee und Seekirch-Achwiesen (Schlichtherle 1981; 1999; 2004). Nach Süden bis zum Bodensee und an den Zürichsee versprengte Keramiken der Goldberg III-Gruppe in Kontexten der Horgener Kultur und das Auftauchen von „Mattenrauhung" im Zusammenhang mit Schnurkeramik wurden damit als Kontaktphänomen zur Goldberg III-Gruppe in Oberschwaben verständlich (Schlichtherle 1999, 45; Köninger/Schlichtherle 1990, 158; Köninger 2002; Hopert u. a. 1998, 102; Baeriswyl/Junkes 1995; de Capitani 1993, Taf. 7.1). Zudem ließ sich das Vorkommen vereinzelter Stücke in Cazis-Petrushügel am Hinterrhein und bis auf die Rocca di Rivoli bei Verona, also entlang einer transalpinen Route, darstellen (Köninger/Schlichtherle 2001; Mottes u. a.2002). Auch wenn eine gesamthafte Kartierung noch aussteht, so erwies sich die „Mattenrauhung" damit als ein endneolithisches[2] Phänomen des 3. Jt. v. Chr., vereinzelt auch noch ausstrahlend bis in die Bronzezeit. Die spezifische Oberflächenzier hat einen Verbreitungsschwerpunkt im Karpatenbecken und ein westlich anschließendes mitteleuropäisches Verbreitungsgebiet vom baden-württembergischen Alpenvorland bis nach Hessen, Franken, Bayern, Sachsen-Anhalt, Westböhmen und Niederösterreich sowie eine diesen Raum umgebende Peripherie von Einzelfunden. Da bronzezeitliche Vorkommen von „Mattenrauhung" im Raum nördlich der Alpen nur sehr selten zu verzeichnen sind, kann die charakteristische Oberflächenbehandlung der Keramik hier geradezu als ein „Leitfossil" zur Erkennung endneolithischer Ware in stark zerscherbten und gemischten Fundinventaren verwendet werden. In der Praxis hat sich aber gezeigt, dass einem ungeübten Auge die Identifikation und sichere Ansprache sogenannter „mattengerauhter" Keramikfragmente schwer fällt. Auch für erfahrene Kenner bleiben auf der Ebene des formalen Vergleiches immer wieder Fragen offen. Erst durch eingehende Experimente und textilkundlich fundierte Analysen der Musterungen kann man tiefer in die Geheimnisse der spezifischen Keramikoberflächenbehandlung vordringen.

---

1   Zu anderen Nachweisen in der Kugelamphorenkultur: Beier 1988, 28 ff. Hier auch weitere Literaturangaben zur Diskussion der Herstellungsweise.

2   Der Begriff des Endneolithikums wird hier im Sinne des süddeutschen Periodisierungssystems nach J. Driehaus und R. A. Maier verstanden (Vgl. die Schlussdiskussion zum Rundgespräch Hemmenhofen 1998, in: Schlichtherle/Strobel 1999, 96.)

2 Erste technologische Beobachtungen

Mit „Mattenrauhung" wurde vor allem der untere Teil von Kochkeramik versehen. Sie überzieht die Gefäße in der Regel flächig und oft in verschiedenen Richtungen. Analog zur Schlickrauhung und Besenstrichrauhung diente sie zu einer Erhöhung der Griffigkeit, vor allem aber zu einer Vergrößerung der Keramikoberfläche und damit zur Erhöhung der Wärmeaufnahmefähigkeit der Gefäße. Zudem trägt die Musterung zur ästhetischen Gestaltung der Gefäße bei. Die Rauhung wurde am Ende des Keramikherstellungsprozesses durch mehr oder weniger tiefe Eindrücke in die noch weiche Tonoberfläche erzielt. Sehr flache oder in späterer Zeit korrodierte Eindrücke sind heute mitunter nur noch im Streiflicht identifizierbar. Darüber, wie die textilartige Eindruckzier hergestellt wurde, gibt es von verschiedenen Autoren ganz unterschiedliche Auffassungen, die Wolfgang Pape (1978, 149) und Dirk Spennemann (1984, 107) bereits zusammengestellt haben. Sie reichen vom Abdruck geflochtener Matten, Binsen, Grasbüschel, Reisigbündel, von Textilien im Allgemeinen bis zur Abrollung von Hirschgeweih sowie von Schnüren und Lederriemen, einzeln oder um ein Formpaddel gewickelt. Karl Schlabow (1958; 1960; 1971) glaubte gar aus den Abdrücken mitteldeutscher Textil- und Mattenkeramik verschiedene Stoffe in Sprang- und Webtechnik erkennen zu können.

Im Zuge ihrer Vorlage der Funde vom Wartberg in Hessen kam Waltraut Schrickel der tatsächlichen Herstellungstechnik der Mattenabdrücke durch Experimente näher, die von Mitgliedern der Fritzlarer Arbeitsgemeinschaft für Ur- und Frühgeschichte durchgeführt wurden (Schrickel 1969, 67, Anm. 253). Sie ließen im Vergleich mit den Originalfunden erkennen, dass es sich nicht um platte Abdrücke, sondern um Abrollungen von Schnüren, Wickelschnüren und vielleicht auch anderen Materialien gehandelt haben musste. Sie beobachtete zutreffend, „dass die Musterung aus breiteren, jedoch relativ kurzen Streifen bzw. Zonen besteht, die waagrecht, senkrecht oder schräg verlaufen. Es fehlt eine scharfe Begrenzung der einzelnen systemlos ineinendergreifenden Zierzonen. Diese Eigenart könnte sehr gut dadurch erklärt werden, dass ein kürzerer Gegenstand in unterschiedlicher Richtung vor dem Brand auf der Gefäßoberfläche hin- und hergerollt worden ist, z.B. ein Stab, der mit verschiedener Umwicklung versehen sein konnte. Teilweise bestand die Umwicklung aus dicker, gedrehter Schnur. Derartige Abdrücke sind vielfach in sich reihenweise geordnet und sehr deutlich und regelmäßig. Bei locker gedrehter und unregelmäßig um den Stab gewickelter Schnur sind die Abdrücke dementsprechend verwaschener, sie lassen aber immer noch die Struktur des gedrehten Fadens erkennen" (Schrickel 1969, 67). Sie ersetzte den Begriff der „Mattenrauhung" deshalb durch „abgerollte Abdruckzier" und sprach, angesichts der zahlreichen vom Wartberg vorliegenden Funde, von der „Wartbergzier" (Schrickel 1969, 71). Nicht alle Abdrücke mochte sie jedoch solchen Schnurabrollungen zuweisen und verwies auf die Möglichkeit der Abrollung von Geweihabschnitten: „Bei einem Versuch mit Rehgehörn zeigte sich in der Tat eine Übereinstimmung, jedoch weniger mit Abdrücken des stark strukturierten unteren Teils des Gehörns, als vielmehr mit solchen der oberen Gehörnpartie. Die so hergestellten Eindrücke und abgerollten Muster ähneln aber weniger den oben genannten tiefen, kantigen Eindrücken. Die Abrollungen sind vielmehr relativ flach und weich sowie von geringerer Länge…" (Schrickel 1969, 68). Winrich Schwellnus (1979, 36) hielt die ihm vorliegenden „Mattenabdrücke" der Wartberggruppe aufgrund experimenteller Vergleiche für das Resultat einer Abrollung von Geweihsprossen. Dirk Spennemann (1984, 107) führte ebenfalls Abrollungsexperimente durch und schloss sich für die entsprechenden Funde von Burgerroth der Auffassung von Schrickel an, dass es sich um Schnurabrollungen handelt, sah in einer sich überkreuzenden Struktur jedoch einen echten Mattenabdruck. Irenäus Matuschik (1999, 72) der ebenfalls mit Musterabrollungen experimentierte, kommt gleichfalls zum Schluss, die spezifische Musterung von Gefäßen der Chamer Kultur „als eine Abdruckrollung zu beurteilen, zu der schnurumwickelte oder umflochtene Hölzchen oder aber kleinstückige Flechtwerke verwendet worden sein müssen".

Nicht zuletzt der Vergleich mit ethnologischen Analogien, nämlich der Musterung afrikanischer Keramik in Abrolltechnik und eigene Beobachtungen und Befragungen von Töpfern im Jemen, bestärkten Irenäus Matuschik in dieser Auffassung (Matuschik 1999, 72 mit Literaturverweisen). Seinen ethnographischen Parallelen kann die textilhafte Abrollverzierung von Gefäßen aus Togo hinzugefügt werden (Vermot-Mangold 1977), die durch Abrollung eines schlauchförmigen Grasgeflechtes erzielt wird (Abb. 1). Auf

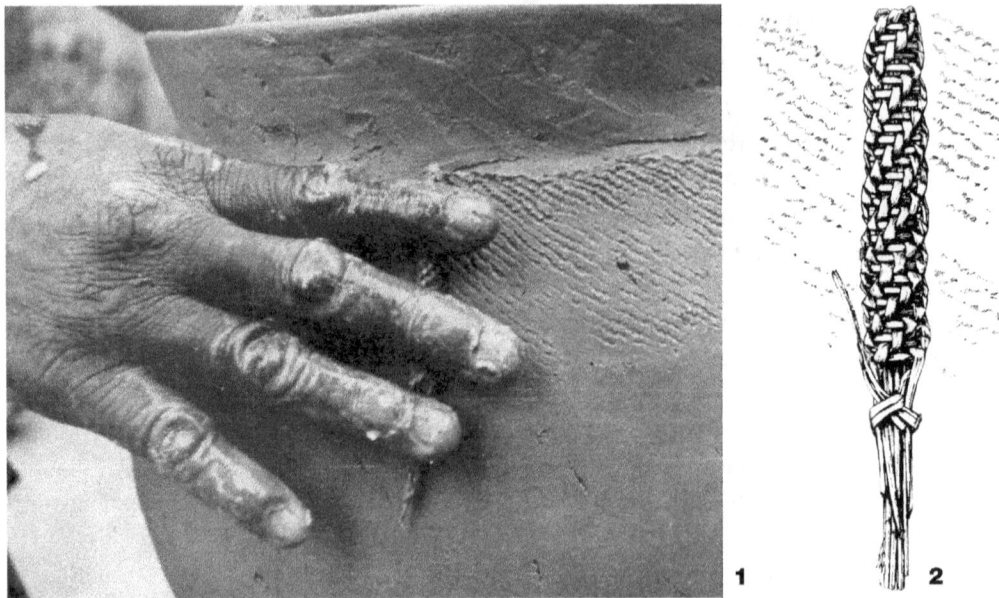

Abb. 1. Abrollung (1) und Flechtform (2) des bei den Kabre in Nord-Togo verwendeten „mbilissi" zur Erzielung einer Keramik-Oberflächenrauhung (nach Vermot-Mangold 1977, Fig. 1 u. Abb. 12).

Schnurabrollmuster in der japanischen Jomon Kultur und bei den „Woodland Indians" in Nordamerika verweist hingegen William M. Hurley (1979). Er liefert in seiner Arbeit vor allem einen umfangreichen Musterkatalog unterschiedlicher Schnurabrollungen, der zur Beurteilung auch der mitteleuropäischen Funde von Bedeutung ist. Er umfasst 271 experimentell erstellte Abrollmuster unterschiedlichster Schnüre und Schnurwicklungen auf Stöcken und als Wickelschnüre, die textiltechnisch genau definiert und fotografisch dokumentiert sind.

3 Neue Experimente

Zur Beurteilung von Fundstücken ist Autopsie am Originalmaterial, zumindest die Heranziehung von Fotos erforderlich. Zeichnungen, die die Feinheiten der Musterung in der Regel nicht wiedergeben, sind hierzu nicht geeignet. Empfehlenswert ist m. E. auch für jeden Bearbeiter entsprechender Fundkomplexe die Durchführung eigener Experimente. Dies weniger um die von Hurley schon getätigte Grundlagenarbeit zu wiederholen, sondern um eine Einfindung in die Phänomene der Abrolltechnik zu erreichen und vor allem um ein Gefühl für die große Variabilität der möglichen Musterungen zu gewinnen. Selbst bei Verwendung der gleichen Schnur oder Schnurwicklung kann der Effekt in Abhängigkeit von der Intensität der Abrollung, der Weichheit der Tonoberfläche und bei Verwendung von Schnurwicklungen von der Art der Rollbewegung, von Richtungsänderungen und wiederholter Überrollung der gleichen Flächen, von der Wicklung (gerade, schräg links, schräg rechts verlaufende, dichte oder lockere Zwischenräume lassende Wicklungen) unterschiedlich sein. Zudem bedarf die Frage der Verwendung von Geweihabschnitten oder anderer Rollstempel einer Überprüfung.

Im Folgenden gehe ich auf Beobachtungen aus eigenen Versuchsreihen ein, die ich unter Verwendung verschiedener Schnüre aus Lindenbast, in einzelnen Fällen auch von Schnüren aus Hanf, Raffia, Sisal und Kunstfaser gemacht habe (Abb. 2), und ich vergleiche die Ergebnisse mit Abrollungen und Abdrücken von Geweih und anderen Materialien, schließlich auch mit echten Mattenabdrücken, wozu ich Repliken aus Lindenbast und Raffia verwenden konnte. Bei der Herstellung von Schnurwicklungen auf Stäben bereitet die Fixierung der Schnurrolle auf dem Stab Schwierigkeiten. Diese wurden dadurch gelöst, dass am Anfang der Wicklung das Schnurende untergeschlagen und durch die nächsten Umwindungen festgehalten wurde und am Ende der Wicklung die Schnur geteilt wurde, sodass sie hier mit einem Knoten festgezurrt

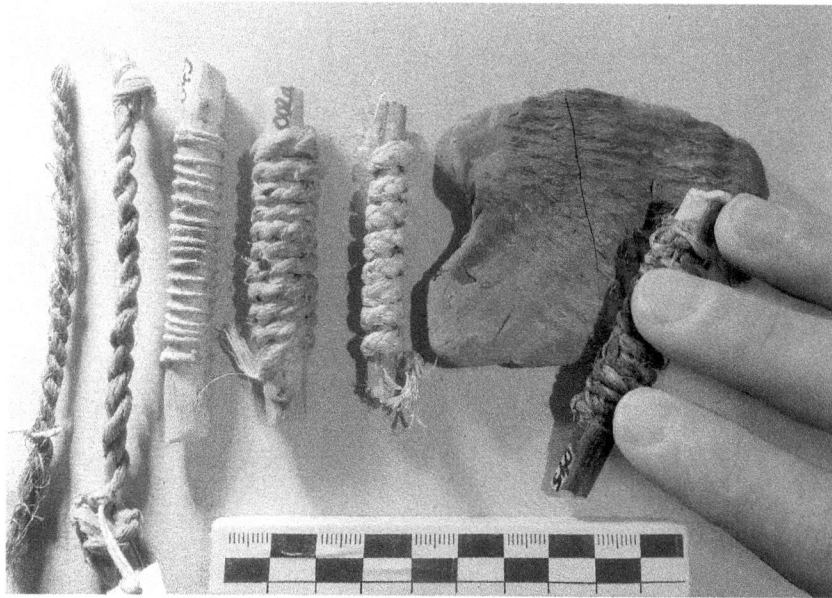

Abb. 2. Auswahl von Schnüren und auf Stäbe gewickelter Schnüre zur Erzeugung von Abrollmustern im Rahmen der neuen Experimente. Ganz automatisch wird die Musterrolle, wie bei den Kabre, mit Zeige-, Mittel- und Ringfinger geführt.

werden konnte. Steinzeitliche Schnurwicklungen dürften in ähnlicher Weise festgebunden worden sein, da sich in einzelnen Fällen Knoten am Wicklungsende in den Abrollmustern erkennen lassen. Natürlich konnten auch Klebungen, etwa mit Fischleim oder Birkenteer helfen, die Schnur auf der Rolle zu halten, was sich auch im Versuch erproben ließ. Die Abdrücke und Abrollungen wurden in Ton, Plastilin und handelsüblichen Modelliermassen vorgenommen („Fimo", „Pluffy"). Die Abdrucksammlung ist zusammen mit den verwendeten Schnüren und Schnurrollen im Archiv der Dienststelle Hemmenhofen des Landesamtes für Denkmalpflege Baden-Württemberg hinterlegt.

Die Experimente umfassten die einfache Abrollung ungezwirnt gedrehter Stränge (Abb. 3,3) sowie gezwirnter Fäden und Schnüre (Abb. 3,4–6), vor allem aber auf Stäbe gewickelter Schnüre (Abb. 4,2). Die Wicklung auf einen Stab ist der Verwendung von „Wickelschnüren", also der Wicklung auf eine Schnur vergleichbar. Stabwicklungen sind jedoch im Prozess der Abrollung in Ton erheblich praktikabler, weil sie einen höheren Druck, eine gezieltere Führung und ein schnelleres Arbeiten erlauben. Wickelschnüre hingegen bleiben elastisch und sind mühsamer über die feuchte Tonoberfläche zu bewegen. Wickelschnüre hinterlassen deshalb eine gewellte Oberfläche des Tonabdruckes (vgl. Hurley 1979, 106). Die Experimente beschäftigten sich auch mit der Abrollung von Geweihabschnitten von Reh und Hirsch (Taf. 5,50–56) und mit einzelnen, probeweise vorgenommenen Abrollungen berindeter Zweigabschnitte, unter anderem von Waldrebe und Holunder, also von Gehölzen, deren Zweige eine stark reliefierte Rinde aufweisen (Taf. 4,42–5,49). Zudem kamen Flechtschnüre in Form von Zöpfen (Taf. 4,34) und afrikanischen „mbilissi" (Abb. 1; Taf. 4,35–37) zur Anwendung. Letztere sind zum Zweck der Keramikverzierung gefertigte, schlauchförmige Geflechte, die von Ruth Vermot-Mangold (1977, 38; Fig. 1; Abb. 224) für die Keramik der zeitgenössischen Kabre in Togo gut dokumentiert sind. Schließlich wurden auch tatsächliche Mattenabdrücke hergestellt (Taf. 4,38–41), für die experimentell aus Bast gefertigte Geflechte und Maschenstoffe nach neolithischen Vorbildern zur Verfügung standen[3]. Die in den Abbildungen gegebenen Beispiele stellen eine Auswahl der durchgeführten Experimente dar. Experimentiert wurde vor allem auch mit der flächigen Abrollung und mehrfachen Überrollung der Muster (Taf. 3). Die Versuche ergaben eine Ergänzung und

---

3   Frau Annemarie Feldtkeller und Frau Anne Reichert danke ich für die experimentelle Fertigung der Geflechte nach Originalfunden aus Bodenseepfahlbauten.

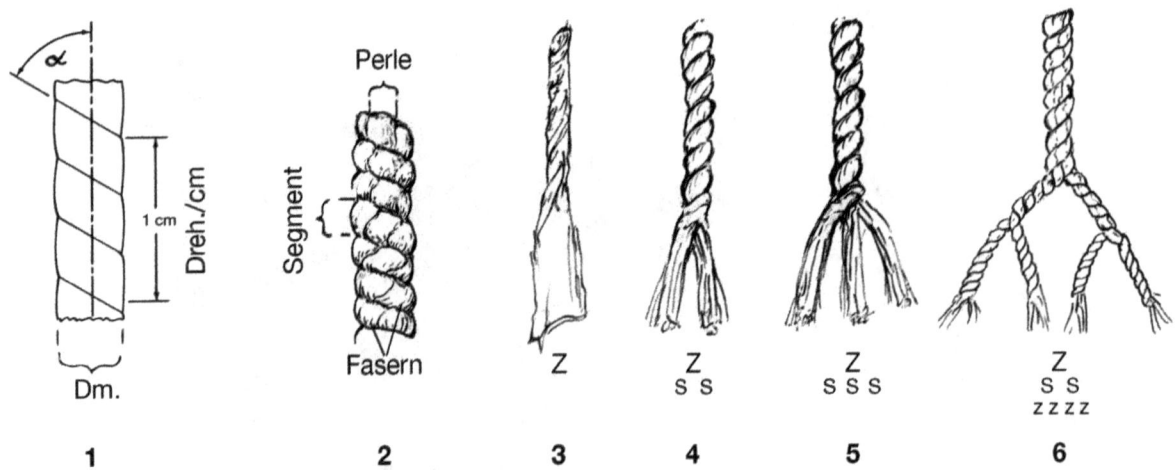

Abb. 3. Textiltechnische Termini und Skizzen verschiedener Schnüre. 1 Schema zur Vermessung einer Schnur, α Drehwinkel, Dm. Durchmesser, Dreh./cm Drehungen pro Zentimeter; 2 Benennung von Schnurteilen am Beispiel einer Wickelschnur; 3 einsträngig gedrehter Baststreifen; 4 gezwirnte Schnur aus zwei Strängen; 5 aus drei Strängen; 6 aus vier Strängen, dabei zunächst je zwei verdrillt. Z Linksdrehung, S Rechtsdrehung.

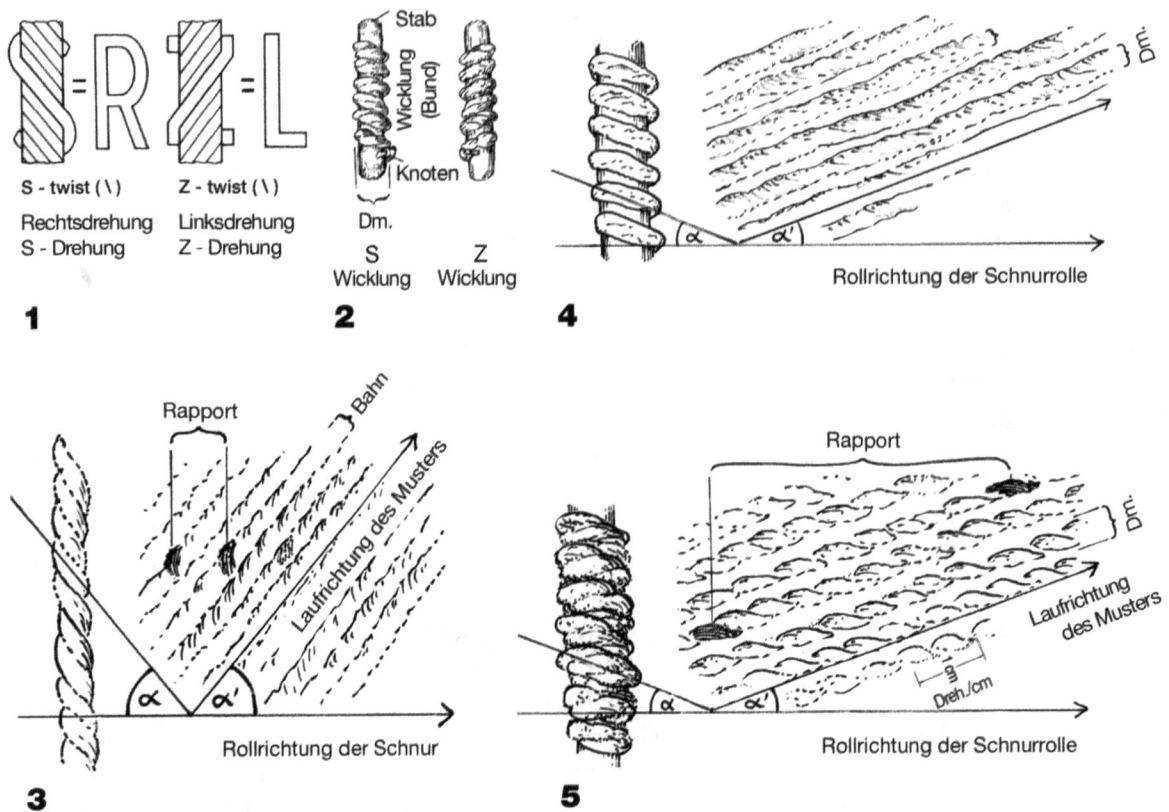

Abb. 4. Technische Termini zur Drehrichtung der Schnüre (1), zur Wicklung von Schnüren auf Stäbe (2), zur Identifikation und Bemaßung von Abrollungen einer gezwirnten Schnur (3), zur Abrollung einer Schnurwicklung mit einsträngiger Schnur (4) und zur Abrollung einer Schnurwicklung mit gezwirnter Schnur (5). (1 nach Emery 1966).

Erweiterung des von Hurley gegebenen Musterkatalogs. Vor allem ging es darum, der Varianz unserer endneolithischen Musterungen nachzuspüren. Um eine gewisse Vergleichbarkeit mit Hurley herzustellen, werden in Ergänzung der Tafeln textiltechnische Angaben zur Fertigung der experimentell verwendeten Schnüre und Schnurwicklungen gemacht.

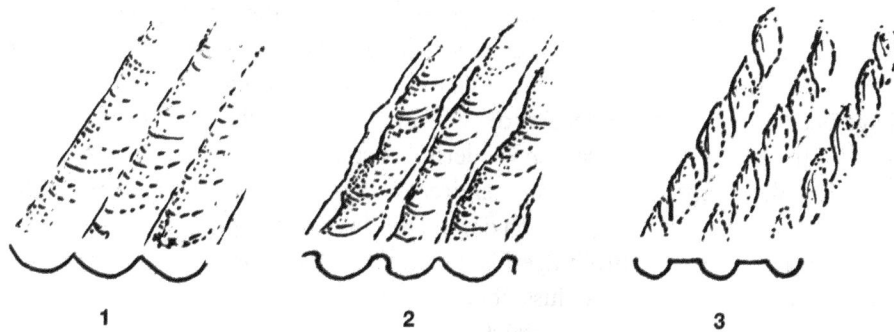

Abb. 5. Typische Querschnitte der Abrollspuren einer gezwirnten Schnur (1), einer gewickelten, einsträngigen Schnur (2) und einer gewickelten, gezwirnten Schnur (3).

4 Technische Bemerkungen

Zunächst ist festzuhalten, dass die Abdrücke ein Spiegelbild darstellen und deshalb die textilen Windungen seitenverkehrt wahrgenommen werden: Eine Z-gedrehte Schnur erscheint im Abdruck als S-gedreht, eine S-gedrehte im Abdruck als Z-Schnur. Zur Beschäftigung mit den textilen Abrollungen ist es unumgänglich, sich mit der textiltechnischen Terminologie vertraut zu machen[4]. Eine Zusammenstellung der verwendeten Termini und Kriterien geben die Abbildungen 3–5. Die Gestalt, Drehrichtung und Dimensionierung der verwendeten Schnüre kann aus den Abdrücken rekonstruiert werden. Dies ist, anders als bei der textiltechnischen Beobachtung einfacher Schnurabdrücke (wie z. B. bei der Schnurkeramik), aber nicht in direkter Weise möglich.

So erscheint bei achsialer Abrollung einer gezwirnten Schnur nicht ein Abbild der Schnur, sondern es zeichnen sich die einzelnen Stränge als eigene Bahnen ab. Zudem unterscheiden sind die Rollrichtung der Schnur und die Laufrichtung des erzeugten Musters (Abb. 4,3). Dabei entspricht der Winkel zwischen Schnurachse und Laufrichtung des Musters dem Drehwinkel der Schnur. Die Schnurachse kann durch Beobachtung des abgedrückten Faserverlaufes bestimmt werden, der bei Zwirnen weitgehend achsial verläuft. Die Breite eines Schnursegmentes kann vom Abdruck abgenommen werden. Der Durchmesser der Schnur ist nicht direkt zu ermessen, kann aber aus dem Rapport der Abdrücke und dem damit messbaren Schnurumfang errechnet werden. Zur Rekonstruktion der Schnur stehen zudem die bemessbare Segmentbreite, der erschließbare Drehwinkel und die Zahl der Drehungen pro Zentimeter (Abb. 3,1) zur Verfügung.

Bei Wickelschnüren bzw. auf Stäbe gewickelten Schnüren wird die Schnur hingegen der Länge nach abgerollt und es erscheint ein tatsächliches Abbild der einschäftig (aus einem Strang) gedrehten Schnur (Abb. 4,4) oder der gezwirnten, also aus zwei oder mehreren Strängen gedrehten Schnur (Abb. 4,5). In beiden Fällen bedingt die Art der Schnurwicklung eine Abweichung der Rollrichtung von der Laufrichtung des Musters. Wird die Schnur in stärkeren Z- oder S-Windungen um den Stab gewickelt, ergibt sich ein entsprechender Winkel zwischen Stabachse und Musterverlauf (Abb. 4,4–5). Bei schwach aufgewundenen, nahezu quer zum Stab verlaufenden Schnurwicklungen ist dieser Winkel gering und die Laufrichtung des Musters entspricht weitgehend der Rollrichtung. Der Drehwinkel der Schnur und die Schnurbreite können direkt vom Abdruck der Schnurbahn abgenommen werden. Dies gilt auch für die Dimensionen in gleicher Weise abgerollter Flechtschnüre oder flach abgedrückter Geflechte.

In günstigen Fällen kann der Durchmesser einer Schnurrolle (Wickelschnur oder einer Stabwicklung) am Abdruck rekonstruiert werden, nämlich dann, wenn die Wiederholung eines charaktertistischen Markers (z. B. eine fehlerhafte Schnurwindung, ein Abschlussknoten etc.) sich als Rapport im Muster zeigt. Die Distanz zwischen der Musterwiederholung in Laufrichtung des Musters gibt dann den Umfang der

---

4   Zur textiltechnischen Terminologie vgl. Emery 1966, Seiler-Baldinger 1973, Rast-Eicher/Dietrich 2015 und Hurley 1979.

Musterrolle, aus dem sich ihr Durchmesser errechnen lässt. Bei der Suche nach solchen Musterrapporten ist zu beachten, dass – bedingt durch die Spiralgestalt der gewickelten Musterrolle – die Musterwiederholung immer in der nächsten und nicht in der gleichen Schnurabrollbahn erscheint (Abb. 4,5).

Die Lage des Rapports ist von der Art der Schnur, bzw. der Schnurrolle abhängig. Bei einfacher Abrollung einer Schnur um ihre Längsachse wiederholt sich bei einer aus zwei Strängen gezwirnten Schnur der Abdruck in jeder zweiten Abrollbahn, bei drei Strängen in jeder dritten Abrollbahn usw. (Abb. 4,3). Bei Schnurrollen muss der Rapport, je nach deren Durchmesser, in größerer Distanz gesucht werden. Die Suche nach dem Rapport der Abrollungen ist bei vollständigen Gefäßen und großen Gefäßfragmenten lohnend, weil sich so weiterer Aufschluss über die Art der abgerollten Schnur bzw. der Schnurrolle und über deren Führung über die Gefäßoberfläche gewinnen lässt.

5 Archäologisches Fundmaterial und Experimente im Vergleich

Zum Vergleich lagen mir Scherbenfunde der Goldberg III-Siedlungen in Oberschwaben vor, vor allem umfangreichere Keramikkomplexe vom Schreckensee und von Alleshausen-Achwiesen am Federsee, deren Sondiergrabungen noch in meiner Amtszeit erfolgten. Die Goldberg III-Keramik aus Oberschwaben wird derzeit im Rahmen einer Basler Dissertation bearbeitet. Philipp Gleich danke ich für die Bereitstellung exemplarischer Stücke und für eingehende Diskussion[5]. Die Funde konnten mit den im Experiment erzielten Abroll- und Abdruckmustern direkt verglichen werden. Zudem erfolgte ein Abgleich mit dem Musterkatalog von Hurley (1979, 16 ff.)

5.1 Abrollung einzelner Schnüre

Mit Hurley (1979, Kap. 3 und 4) ist zunächst die Abrollung einzelner Schnüre um ihre Längsachse von der Abrollung gewickelter Schnüre zu unterscheiden. Den Anfang der Experimentreihe bilden einfach gedrehte, also einsträngige, unverzwirnte Bast- und Rindenstreifen (Abb. 3,3). Solche Stränge rollen sich gerne wieder auf, wenn sie nicht gleich weiterverarbeitet oder in Rollen zum Trocknen hingelegt werden. Passable Resultate ließen sich durch Verwendung baumfrischer Faserstränge mit anhaftender Rinde erzeugen. Die Abrollung solcher Stränge um die eigene Achse ergibt ein scharf gezeichnetes, die Kanten der Faserstränge nachzeichnendes Bild (Taf. 1,1–2). Auch im Zuge der Abrollung drohen so gedrehte Schnüre sich schnell wieder zu entrollen. Zur Herstellung von Gefäßrauhungen sind sie somit kaum geeignet und im Goldberg III-Fundmaterial in dieser Form nicht nachweisbar.

Werden zwei solcher Bast oder Rindenstreifen unter leichter Drehung der Einzelstränge verzwirnt, so entsteht eine haltbarere, aber sehr grobe Schnur. Ihre Abrollung zeigt ein einfaches, durch die Bahnen der flachen Rindensegmente und die scharfen Kanten der Einzelstränge geprägtes Bild (Taf. 1,3–4). Auch hierzu gibt es im Fundmaterial keine Entsprechungen.

Die Abrollungen besser gezwirnter und aus besseren Fasersträngen gedrehter Schnüre, wiederum um ihre eigene Achse, bringt eine ebenmäßigere und sehr charakteristische Musterung hervor. Diese entspricht den Mustern von Hurley Nr. 1–2.12.24–30. Es zeigen sich weitgehend gerade nebeneinander liegende Bahnen der einzelnen Segmente (Abb. 4,3; Taf. 1,5–10). Die Begrenzung der Bahnen wird durch gratförmige Kanten gebildet (Abb. 5,1). In den Bahnen sind die Faserverläufe der Segmente zu erkennen. Völlig übereinstimmende Abrollmuster sind im endneolithischen Fundmaterial der Wartberggruppe nachweisbar (z. B. Schrickel 1969, Taf. 2,1), mir jedoch im oberschwäbischen Goldberg III-Material nicht aufgefallen.

Komplexer gezwirnte Schnüre erzeugen bei Abwicklung um die eigene Achse entsprechend komplexere Abrollmuster. Hier bildet vor allem die Perlung der Schnur deutliche Perlenabdruckreihen (Taf. 1,11–14). Davon ist im Goldberg III-Material bislang nichts sichtbar.

5   Meiner Nachfolgerin im Amt, Frau Dr. Renate Ebersbach danke ich herzlich für die freundlich gewährte Unterstützung und die Hilfestellung für den Abschluss der Arbeiten in der Arbeitsstelle Hemmenhofen des Landesamtes für Denkmalpflege Baden-Württemberg. Für die Bildbearbeitung und die Bildmontage der Tafeln danke ich Boris Burakov.

5.2 Abrollung von Schnurwicklungen

Der weitaus größte Teil unserer endneolithischen Abrollmuster ist auf Schnurwicklungen, entweder als Wickelschnüre oder als Stabwicklungen, zurückzuführen. Hier wird die Schnur um eine Achse aufgewickelt, wobei im Falle der Wickelschnur ein Schnurabschnitt als „Seele" fungiert, oder bei der Stabwicklung auf einen Stab aufgerollt wird (Abb. 4,2.4–5).

Der einfachste Fall sind Wicklungen eines einfach gedrehten Stranges, also eines einfachen Garnes bzw. einer einsträngigen Schnur (wie Abb. 3,3) um einen Stab. Je nachdem ob die Wicklung eng oder lose um den Stab geführt wird, entstehen im Rollabdruck enger oder weiter nebeneinanderliegende Abrollbahnen. Diese zeigen das Abbild der einsträngigen Schnur, also des einfach gedrehten Stranges (Abb. 4,4). Die undeutlichen Segmente dieses Schnurabdruckes, zusammen mit dem gerne etwas ondulierenden Verlauf der einzelnen Bahnen sind charakteristisch (Taf. 2,15-17; 3,30.33). Vor allem aber sind die Zwischenräume zwischen den Schnurabdrücken wulstförmig (Abb. 5,2) und bei distanter Wicklung auch als Stege ausgebildet (ähnlich Abb. 5,3, aber ohne gezackte Kanten). Das Abrollbild entspricht in etwa dem weitgehend ungedrehter, jedenfalls unverzwirnter und unregelmäßig auf einen Stab gewickelter Faserstränge bei Hurley (Nr. 215). Abrollmuster aufgewickelter, einsträngiger Schnüre sind auf Goldberg III-Keramik häufig zu finden (z. B. Abb. 7,1–5) und lassen sich – wenn die Abbildungen nicht trügen – auch im Fundmaterial von Burgerroth (z. B. Link 2016, Abb. 9,2) ausmachen.

Aufgewickelte, gezwirnte Schnüre geben in der Abrollung ein anderes Muster. Ihre Abrollbahnen zeigen wiederum ein getreues Abbild der Schnur, nun aber mit deutlich ausgeprägten Segmenten. Die Segmente haben, je nach Drehrichtung der Schnur, eine s- oder z-förmig geschwungene Form (Abb. 4,5; Taf. 2,18–25; 3,27–28.30.32). Die Räume zwischen den Bahnen sind stegförmig ausgebildet (Abb. 5,3), wobei deren Kanten – bedingt durch die Segmenteindrücke – eine gezackte Form haben. Es finden sich im Fundmaterial der Goldberg III-Gruppe Abdrücke von Schnüren mit unterschiedlichem Durchmesser und unterschiedlichem Drehwinkel. Unterschiede bestehen auch in der Dichte der Wicklung, was durchaus verschiedene Abrollbilder erzeugt. Die Abrollmuster solcher gleichsinnig aufgerollten, einfach gezwirnten Schnüre entsprechen Hurley Nr. 216–222.

Im Gegensatz zur Jomon-Kultur und zu den Woodland Indians scheinen Wicklungen komplizierter gedrillter oder gewickelter Schnüre mit komplexeren Abrollmustern und meist deutlich ausgeprägter Perlung (z. B. Abb. 3,6; Taf. 1, 11–14; 2,26) im endneolithischen Fundmaterial Mitteleuropas kaum eine Rolle zu spielen. In einzelnen Fällen bedarf dies jedoch weiterer Nachprüfung. Eine Ausnahme bilden im Kontext der älteren Horgener Kultur gefundene Keramikfragmente mit Abdrücken von Zopfschnüren, die vielleicht als Kontaktfunde zur Luboner Gruppe der Trichterbecherkultur in Polen aufzufassen sind (Köninger 1999, 29; ders. 2009, 107 f.). Die aus drei Strängen hergestellten Zopfschnüre sind hier einzeln in die Tonoberfläche eingedrückt und nicht wie im vorliegenden Experiment (Taf. 4,34) als Wickelschnur aufgerollt worden. Dies lässt sich an den ungleichen Enden der Zopfabdrücke leicht erkennen. Im neolithischen Textilfundmaterial der Pfahlbauten sind Flechtschnüre eher selten. Es kommen jedoch gezopfte Schnüre vor, die als Kettstränge in Zwirngeflechten Verwendung fanden (z. B. Schlichtherle 1990, Taf. 51.1076–1078; Lübke 2009, Taf. 21,175). In den Keramikabdrücken der Goldberg III-Gruppe spielen sie keine Rolle.

Den Schnurabrollungen weitgehend vergleichbare Abrollmuster erzeugen die afrikanischen „mbilissi" (Vermot-Mangold 1977) (Abb. 1), deren Flechtprinzip für die Experimente übernommen und nachgemacht wurde (Taf. 4,35–37). Bei ihnen drücken sich nur die verzwirnten Kanten im Ton ab, so dass der Charakter des schlauchförmigen Geflechtes allenfalls in der distanten Lage der scheinbaren „Zwirnabrollungen" zum Ausdruck kommt. Von Abrollungen distant gezwirnter Schnüre ist das nur schwer zu unterscheiden. Da wir aus den neolithischen Pfahlbausiedlungen über einen umfangreichen Bestand an Textilfunden verfügen (z.B. Vogt 1952; Rast Eicher/Dietrich 2015; Médard 2010; Bazzanella u. a. 2003), der eine gute Übersicht über die hergestellten Schnüre und Geflechte bietet, wissen wir indessen, dass komplexere Flechtschnüre bzw. schlauchförmige Geflechte in der Art der „mbilissi" in Mitteleuropa nicht zu erwarten sind. Auch unter den Textilfunden der Goldberg III-Siedlung Seekirch-Achwiesen gibt es

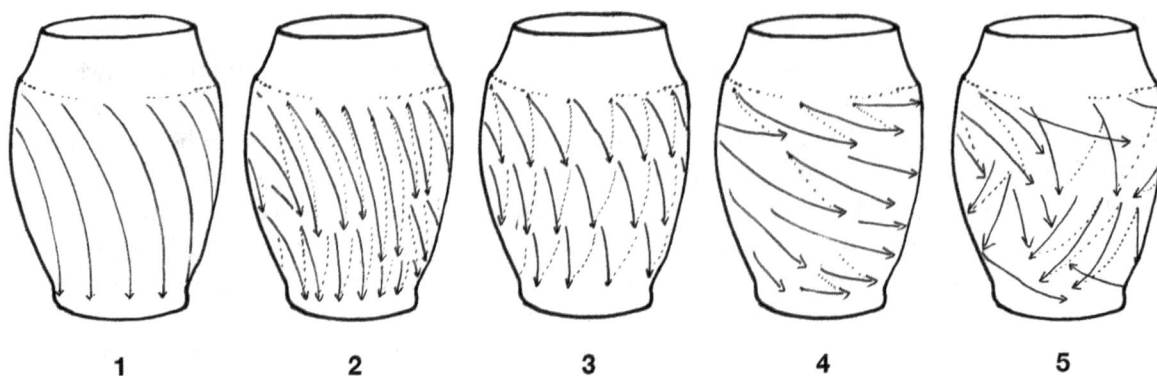

Abb. 6. Skizzen zu verschiedenen Rolleffekten auf Keramikgefäßen. Rollbewegung geradlinig parallel ohne Überdeckung (1), im Zickzack und partiell überdeckend in vertikaler Richtung (2), in Etagen im Zickzack (3), im Zickzack und partiell überdeckend in horizontaler Richtung (4), mehrfach überdeckend und überkreuzend (5).

nichts Vergleichbares (Feldtkeller 2004). Die afrikanischen Flechtschnüre bieten also keine Erklärung für die Herstellung der Musterungen auf der Goldberg III-Keramik.

Wie die Versuche gezeigt haben, ist für das Erscheinungsbild nicht zuletzt die Art und Weise der Rollenführung über die Gefäßoberfläche entscheidend. Außer regelmäßig nebeneinander gesetzten, weitgehend parallel ausgerichteten Rollenbahnen, die eine ornamentale Wirkung haben (Abb. 6,1), erscheinen sich überschneidende und überrollende Musterungen, die einzig das Ziel einer flächendeckenden Oberflächenrauhung verfolgten. Hier ist mehrfach nachweisbar, dass die Rolle in einer Zickzackbewegung über die Gefäßoberfläche bewegt wurde (Abb. 6, 2–3). Mehrfach sind auch schwächere (Abb. 6,4) und stärkere Richtungswechsel (Abb. 6,5) bis zu stark überkreuzten Abrollungen festzustellen. So zeigt z. B. eine Scherbe aus dem Olzreuter Ried (Schlichtherle 2011, 90 Abb. 50) eine vergleichbare Struktur wie im Versuch (Taf. 3, 30).

Der Rapport eines geknoteten Rollenendes auf einem Gefäß von Seekirch-Achwiesen (Abb. 8,1) zeigt exmplarisch an, wie man hier die Abrollzier etagenweise in Zickzackbewegungen flächendeckend aufgebracht hatte, indem die Rolle offenbar unter Druck nach unten bewegt und dann unter geringem Druck wieder hochgezogen wurde, wobei sie etwas neben der Ausgangsposition dann wieder kraftvoll nach unten rollte usw. Auf den Scherben dieses Gefäßes lässt sich auch der Rapport, also die Wiederholung des Musters in Rollrichtung beobachten. Somit kann der Durchmesser der Schnurwickelrolle rekonstruiert werden. Mit dieser Information lässt sich auf der Scherbe der Rollabdruck auf einer Plastilinrolle gleichen Durchmessers wieder in Rollbewegung abformen (Abb. 8,2–3). Damit wird ein plastisches Bild der realen Schnurwicklung gewonnen: Sie hatte eine Bundbreite von 2,2 cm, umfasste sieben Umgänge und hatte einen Durchmesser von etwa 2 cm. Kleinere Keramikfragmente und stark überrollte Musterungen, wie sie häufig vorkommen, lassen eine solch detaillierte Rekonstruktion nicht zu. Das Beispiel zeigt jedoch, wie weit man in einzelnen Fällen mit der Analyse der Abdruckmuster kommen kann.

5.3 Geweihabrollungen

Die Experimente mit Geweihabschnitten ließen erkennen, dass sich damit bei Überrollungen durchaus ähnliche Effekte wie mit der Schnurrolle erzielen lassen. Schaut man genauer hin, sind die Abrollungen der Geweihperlung jedoch nicht mit dem textilen Habitus von Schnurabrollungen zu verwechseln. Die Perlung von Rehgeweihen erzeugt unregelmäßige Eintiefungen und lineare, leistenartige Eindrücke (Taf. 5,52–53). Ausschließlich lineare Musterungen lassen sich durch die Abrollung von Rehgeweihabschnitten aus dem oberen Stangen-bzw. Endsprossenbereich erreichen, die keine Perlung, sondern leistenförmige Erhebungen besitzen (Taf. 5,54–56). Solche Abdrücke bieten vielleicht eine Erklärung für einen Teil der sogenannten Besenstrichrauhung (siehe unten). Stangenabrollungen von Hirschgeweihen zeigen immer einen starken Wechsel von Perlungen mit perlenlosen, im Geweih tiefer eingegrabenen Bahnen, die vom

10 cm

Abb. 7. Keramikfragmente von Wolpertswende-Schreckensee mit den Abrollmustern gewickelter, einsträngiger Schnüre (1–5) und einer gewickelten, gezwirnten Schnur in mehrfacher Überrollung (6).

10 cm

Abb. 8. Gefäßfragment von Seekirch-Achwiesen mit dem Abrollmuster einer gewickelten, gezwirnten Schnur (1). Die Abrollung erfolgte im Zickzack in mehreren Etagen, kenntlich am Rapport eines Knotens (rot markiert) am Ende der Schnurwicklung. Abnahme vollständiger Rollspuren auf Plastilinstäben (2–3). Damit wurde ein positives Bild der Schnurwicklung gewonnen, die einen Durchmesser von ca. 2 cm hatte und aus sieben Windungen mit abschließendem Knoten bestand.

Verlauf der Blutgefäße in der Oberhaut des Geweihs herrühren (Taf. 5,51). Lediglich Hirschgeweihsprossen, vor allem Augsprossen und Mittelsprossen liefern ein durchgängigeres, flauen Schnurabrollungen ähnliches Bild (Taf. 5,50). Auch ihm fehlt jedoch die Systematik der Schnurabrollungen. Geweihsprossen und Schnurwicklungen können – wie eingangs erwähnt – ähnliche Bilder erzeugen, die bei Musterüberrollungen nicht immer klar unterschieden werden können. Vor allem dann nicht, wenn nur kleinere Keramikfragmente zur Beurteilung vorliegen. Im Fundmaterial der Goldberg III-Gruppe in Oberschwaben sind mir keine klaren Geweihabdrücke bekannt, doch ist deren Existenz im Hinblick auf entsprechende Bestimmungen in der Wartberggruppe (Schwellnus 1979, 36) im Auge zu behalten. Soweit die gegebenen Fotos und Zeichnungen eine Beurteilung zulassen, sind hier allerdings Zweifel angebracht. Die Materialien bedürfen einer neuen Durchsicht.

5.4 Andere Abrollmuster

Als Ergänzung der Versuchsreihe sind einige Äste von Gehölzen mit stark reliefierter Rinde abgerollt worden. Die Äste und Zweige der meisten mitteleuropäischen Arten haben im Gegensatz zu alten Stämmen in der Regel noch kein markantes Rindenrelief ausgebildet. Die Äste von Eiche, Buche, Hasel, Linde und Ulme, um nur einige zu nennen, sind bei einem Durchmesser von 1–2 cm weitgehend glatt und als Musterrolle ungeeignet. Holunderäste zeigen eine charakteristische flache Perlung (Taf. 4,42), die nicht mit Schnurabrollungen zu verwechseln ist. Efeu hat bei etwa 2 cm dicken Ranken eine strukturierte Rinde, deren Abdrücke jedoch relativ schwach sind (Taf. 5,49), Buchs weist zahlreiche Knötchen in der Rinde auf, die bei Abrollung entfernt der Perlung eines Rehgeweihs ähneln (Taf. 5,47). Jugendliche Zweige von Tanne und Fichte zeigen – durch die hier noch ausgeprägten Nadelansätze – eine stark strukturierte Oberfläche, die im Abrollbild eine schöne, unverwechselbare Musterung ergibt (Taf. 4,44). All dies ist bei genauer Betrachtung aber auf den strukturierten Keramikoberflächen der Goldberg III-Gruppe nicht zu finden. Feldahorn bildet an jungen Trieben schöne Korkleisten aus, die bei Abrollung eine lineare Musterung erzeugen (Taf. 5,45). Bei mehrfacher Überrollung (Taf. 5,46) ergeben sich damit durchaus ähnliche Effekte wie bei Schnurabrollungen, doch fehlt den einzelnen Abdrücken bei genauem Hinsehen die Torsion der textilen Faser. Ranken der Waldrebe haben eine tiefe Furchung. Hiermit lässt sich in der Abrollung eine geradlinige Eindruckfolge erzielen (Taf. 4,45), die Rehgeweihabrollungen aus dem oberen Stangen- oder Sprossenbereich ähnlich ist. In beiden Fällen würde man solche Oberflächenmusterungen als Archäologe eher dem Besenstrich zuordnen, vor allem auch dann, wenn sie mehrfach überrollend oder kreuzweise geführt sind. Daraus lernen wir, dass auch sogenannter „Besenstrich" einer genaueren Betrachtung der Keramikoberflächen unterzogen werden muss. Die abgerollten Strukturen haben einen die Keramikoberfläche verdichtenden Effekt, während echter Besenstrich die Keramikoberhaut aufrauht und anritzt. Zusammenfassend muss jedoch beim augenblicklichen Kenntnisstand gesagt werden, dass im Fundmaterial der Goldberg III-Gruppe bislang keine eindeutigen Abrollungen von Geweihen oder Zweigabschnitten aufgefallen sind. Von Ingrid Burger (1988, Taf. 74) fotografisch abgebildete Keramikproben aus Dobl legen nahe, dass dort neben Schnurabrollungen auch andere Abrollstempel aus organischem Material, vielleicht auch Zweige zur Anwendung kamen. Bei einer Revision des Fundmaterials wird man den Phänomenen nun mit geschärftem Blick nachgehen können.

5.5 Echte Mattenabdrücke

Das Spektrum der im mitteleuropäischen Neolithikum hergestellten Textilien lässt sich aus den reichen Pfahlbaufunden ganz gut abschätzen. Aus Baumbasten gefertigte Zwirngeflechte sind hier in der großen Überzahl. Erst in der zweiten Hälfte des 4. Jt. v. Chr. scheint sich die Verarbeitung von Flachs zu intensivieren, was aus archäobotanischen Befunden abzuleiten ist (Maier/Schlichtherle 2001). Aus der großen Zahl nachgewiesener Bindungsvarianten sind im Experiment nur einige wenige Abdrücke hergestellt worden. Da plane Geflechte die gewölbten Formen der Keramik nicht gut umschließen können, muss beim Abdruck solcher Geflechte immer wieder neu angesetzt und angepresst werden. Dies führt zu einem „patchwork" der Mustereindrücke, wie es im Fundmaterial nicht zu beobachten ist. Zudem drücken bei lockeren Zwirngeflechten nicht nur die schnurabdruckähnlichen Zwirnbindungen, sondern auch die Kettstränge auf die Keramik durch (Taf. 4,38). Beim Abdruck dichter Zwirngeflechte (Taf. 4,39–40) bleiben die Kettstränge unsichtbar, dafür machen sie sich aber durch die gleichförmig lineare Anordnung der Zwirnbindungen bemerkbar und erzeugen ein Abdruckbild, das mit Schnurabrollungen nicht verwechselt werden kann. Unter den Keramikabdrücken der Goldberg III-Gruppe sind definitiv keine solchen Geflechtabdrücke zu finden. Auch Abformungen anderer Geflechte, wie Spiralwulstgeflechte, Kettenstoffe, köper- und leinwandbindige Geflechte, sind definitiv nicht auf unserer Keramik zu finden, mit Ausnahme von gelegentlichen Abdrücken auf dem Gefäßboden, die mit der Positionierung der Gefäße auf Textilstücken im Zuge der Herstellung zu erklären sind.

6 Fazit

Das Gros der „Mattenrauhungen", die wir auf den Gefäßen und Keramikfragmenten der Goldberg III-Gruppe beobachteten, ist zweifellos als Abrollmuster von Schnüren, Wickelschnüren oder um Stäbe gewickelten Schnurwicklungen zu verstehen. Wie schon Schrickel, Matuschik und Beier feststellten, ist hier anstatt „Mattenrauhung" also zutreffender von „abgerollter Abdruckzier", „Abrollrauhung", „Abdruckrauhung" und im Falle eindeutiger Schnurabrollung auch von „Schnurabrollzier" zu sprechen.

Schnüre in einfacher, achsialer Abrollung sind im Fundmaterial der Goldberg III-Gruppe bislang nicht nachgewiesen und zumindest selten. Meist sind Wickelrollen, also als Wickelschnur oder auf Stäben aufgewickelte Schnüre zur Herstellung der Oberflächenrauhungen verwendet worden. Anzeichen für die Verwendung echter Wickelschnüre, also von Schnurwicklungen um den eigenen Strang, sind im Fundmaterial schwer auszumachen. In der Regel dürfte es sich um Schnurwicklungen um einen Stab gehandelt haben, wie sie auch für die japanische Jomon-Kultur und die nordamerikanischen Waldindianer zu rekonstruieren ist. Zur Anwendung kamen in der Goldberg III-Gruppe einfach gedrehte Stränge, vor allem aber aus zwei Strängen gezwirnte Schnüre. Dies entspricht der Masse an Textilfunden aus den Pfahlbauten, deren Schnüre meist aus zwei Strängen gedrillt oder gedreht sind, bei dickeren Kordeln auch aus drei Strängen. Die Verwendung komplexerer Schnüre ist zur Erklärung abweichender Keramikabdrücke in Einzelfällen diskutabel. Im Vergleich mit den Keramiken der Jomon-Kultur und der „Woodland Indians" wird aber schnell klar, dass die abgerollten Schnüre meist einfach gezwirnt und unkompliziert gewickelt waren. Die Musterungen der Goldberg III-Keramik sind also weniger variantenreich und vor allem weniger auf ornamentale Effekte angelegt, als dort. Im Vordergrund stand für die Goldberg III-Keramikproduktion offenbar der technische Zweck einer Oberflächenrauhung in Verbindung mit einer Verdichtung der Keramikoberfläche. Technologisch gesehen war dies effektiver und stabilisierender, als die Anbringung einer die Oberfläche ritzenden Besenstrichrauhung. Wie weit im Bereich der Goldberg III-Gruppe auch andere Materialien, vor allem Geweihabschnitte als Musterrollen zur Anwendung kamen, war im Rahmen der vorliegenden Studie nicht endgültig zu klären, doch war dies – wenn überhaupt – nur selten der Fall. Bei eingehender Bearbeitung der südwestdeutschen Goldberg III-Keramikkomplexe kann der Frage der Geweihabrollung weiter nachgegangen werden und natürlich würde sich auch eine Revision der „Mattenrauhungen" in Komplexen der Wartberggruppe, der Chamer Kultur usw. lohnen. Die experimentellen Beispiele sind geeignet, hierzu den Blick zu schärfen.

Die japanischen und nordamerikanischen Forschungen waren in der Lage, durch eingehende Analyse der Schnurabdrücke chronologische Horizonte, unterschiedliche Traditionen und Fundprovinzen zu unterscheiden. Die von Hurley (1979, 134 ff.) für Wisconsin herausgearbeiteten geographischen Kartierungen unterschiedlicher Schnurtypen zeigen differenzierte, die Diskussion um Kulturgrenzen und Migrationsprozesse der „Woodland Indians" unterstützende Verbreitungsbilder. Die Schnurabrollkeramik des mitteleuropäischen Endneolithikums ist weniger variantenreich. Es ist deshalb fraglich, ob sich eine eingehende textiltechnische Studie der Schnüre auf unseren Keramikfunden in ähnlicher Weise lohnen wird, aber vielleicht müsste man das doch einmal versuchen. Vor allem wenn auch andere Musterrollen, evtl. aus Geweihen und weiteren organischen Materialien identifiziert und klassifiziert werden können, ließen sich im intra- und interkulturellen Vergleich gegebenenfalls unterschiedliche Musterungsprovinzen und Provenienzen unterscheiden. Die vorliegenden Experimente sollen hierzu als Anregung verstanden werden.

Technische Angaben zu den auf den Tafeln abgebildeten Abroll- und Abdruckmustern

Mit Rast-Eicher/Dietrich (2015) und Médard (2010) wird nach offenen Fäden (ungedrehte Faser), einfach gedrehten Einzelsträngen und aus zwei oder mehr Einzelsträngen gezwirnten Fäden/Schnüren unterschieden. Bei Zwirnung wird nach verdrillt (gedrillt, franz. cablé, aus der freien Hand gemacht) oder gedreht (seilereitechnisch gedreht) unterschieden. Die Drehrichtung wird entsprechend Abb. 4,1 mit S und Z angegeben. Die Drehrichtung nachgeordneter, also der abschließenden Zwirnung vorausgehender Verdrillungen oder Zwirnungen werden mit den Kleinbuchstaben s und z notiert, zudem wird die Zahl der jeweils beteiligten Stränge vorangestellt. Verwendete Abkürzungen: Dm. Durchmesser; Dreh./cm Drehungen pro Zentimeter; Drehw. Drehwinkel; Die Nummerierung bezieht sich auf die Bezifferung der Objekte auf den Tafeln und in Klammern auf die Experimentnummer.

1 (088a) Einfach gedrehter Strang, S, Dm. 3,2–4 mm, Dreh./cm ca. 0,7, Drehw. ca. 15°, gedreht aus einem zusammenhängenden Strang mehrlagigen Lindenbastes. Abrollung um die eigene Längsachse. Das Abrollmuster zeigt lange Bahnen, die durch die scharfen Kanten des Faserstranges gezeichnet werden (Taf. 1).

2 (088b) Einfach gedrehter Strang wie 1 (088a), aber stärker gedreht, mit geschwungenem Verlauf der Kanten und Fasern im Abrollmuster (Taf. 1).

3 (008) Schnur, S, Dm. 3–5 mm, Dreh./cm 0,7–1,2, Drehw. 25–38°, gezwirnt aus zwei ungedrehten Rindenstreifen (Rinde und anhaftender Bast von jungem, grünem Lindenzweig). Abrollung um die eigene Längsachse. Das unregelmäßige Abrollmuster zeigt die scharfen Kanten der Rindenstreifen (Taf. 1).

4 (018) Schnur, S, Dm. 2–3 mm, Dreh./cm 0,9–1,2, Drehw. 31–38°, gezwirnt aus zwei ungedrehten Rindenstreifen wie oben. Abrollung um die eigene Achse, Abrollmuster wie oben, aber feiner (Taf. 1).

5 (060) Schnur, Z 2s, Dm. 5 mm, Dreh./cm 2, Drehw. 45°, gedrillt aus zwei Baststrängen (Fasern nicht vereinzelt). Abrollung um die eigene Längsachse. Regelmäßiges Abrollmuster mit Nachzeichnung der Fasern in den Bahnen, Begrenzung der Bahnen gratförmig, weitgehend scharf und gradlinig (Taf. 1).

6 (001) Schnur, S 2z, Dm. 5 mm, Dreh./cm 1,5, Drehw. 35°, gedrillt aus zwei Baststrängen (Fasern nicht vereinzelt). Abrollung um die eigene Längsachse. Abrollmuster wie oben (Taf. 1).

7 (002) Schnur, Z 3s, Dm. 5 mm, Dreh./cm 1,5, Drehw. 28°, gedreht aus drei Fasersträngen (Fasern unvollständig vereinzelt). Abrollung um die eigene Längsachse. Abrollmuster wie oben (Taf. 1).

8 (003) Schnur S 2z, Dm. 5 mm, Dreh./cm 1,6, Drehw. 35°, gedreht aus zwei Fasersträngen (grobes Fasermaterial, Kokos, Sisal?). Abrollung um die eigene Längsachse. Abrollmuster wie oben, mit sehr deutlichen Faserabdrücken (Taf. 1).

9 (716) Schnur, Z 2s, Dm. 3–3,5 mm, Dreh./cm 3, Drehw. 38°, gedrillt aus zwei Baststrängen (Fasern nicht vereinzelt). Abrollung um die eigene Längsachse. Abrollmuster wie oben (Taf. 1).

10 (716a) Schnur wie oben. Abrollung um die eigene Längsachse in überdeckender (links) und überkreuzender (rechts) Mehrfachrollung. Abrollmuster mit dicht liegenden und sich kreuzenden Bahnen (Taf. 1).

11 (114) Seil, Z 3s 12z, Dm. 11 mm, Dreh./cm 1,1, Drehw. 44–46°, gedreht aus drei gedrehten Schnüren, diese aus je vier Fasersträngen (Fasern unvollständig vereinzelt). Abrollung um die eigene Längsachse. Abrollmuster mit breiten Bahnen und deutlicher Perlung, Begrenzung der Bahnen gratförmig, gradlinig (Taf. 1).

12 (717) Schnur, S 2z 4s, Dm. 5 mm, Dreh./cm. 0,75, Drehw. 19–21°, gedreht aus zwei gedrillten Schnüren, diese aus je zwei Baststrängen wie Abb. 3,6 (Fasern nicht vereinzelt). Abrollung um die eigene Längsachse. Abrollmuster mit distanten Reihen und markanter Perlung (Taf. 1).

13 (718) Schnur, S 3z 6s, Dm. 5,5 mm, Dreh./cm 1, Drehw. 23°, gedreht aus drei gedrillten Schnüren, diese je aus zwei Baststrängen (Fasern nicht vereinzelt). Abrollung um die eigene Längsachse. Abrollmuster mit engliegenden Reihen von Perleindrücken. Einzelne Perlung walzenförmig (Taf. 1).

14 (007a) Schnur, S 2z 4s, Dm. 5 mm, Dreh./cm 1, Drehw. 27–30°, in einem Vorgang gedrillt aus zwei gedrillten Schnüren, diese aus je zwei Baststrängen wie 12 (717) (Fasern nicht vereinzelt). Die verdrillten Schnüre sind von unterschiedlichem Durchmesser (2,5 u. 3mm). Abrollung um die eigene Längsachse. Abrollmuster mit abwechselnd breiteren und schmaleren Bahnen von Perleindrücken. Einzelne Perlung walzenförmig (Taf. 1).

15 (040) Einfach gedrehter Strang (einsträngige Schnur), S, Dm. 2–3 mm, Dreh./cm ca. 1, Drehw. 22–30°, aus einem einzigen Baststreifen gedreht (baumfrisch, Faser nicht vereinzelt), unregelmäßige Drehung. Aufgerollt um einen Stab, etwas unregelmäßige distante Rollung, Rolle Dm. 17 mm. Abrollung um die Stabachse. Abrollmuster mit etwas distanten, unregelmäßigen Bahnen, in denen Abdrücke der Faserstränge sichtbar sind. Begrenzung der Bahnen wulstförmig, unregelmäßig wellig (Taf. 2).

16 (050) Einfach gedrehter Strang (einsträngige Schnur), S, Dm. 2–3 mm, Dreh./cm ca. 0,5–0,8, Drehw. 25–40°, aus einem einzigen Baststreifen gedreht (baumfrisch, Faser nicht vereinzelt). Aufgerollt um einen Stab, partiell distante Wicklung, Rolle Dm. 10–11 mm. Abrollung um die Stabachse. Abrollmuster mit eng liegenden Bahnen in denen die Abdrücke von Fasersträngen sichtbar sind. Begrenzung der Bahnen wulstförmig, unregelmäßig wellig (Taf. 2).

17 (008a) Einfach gedrehter Strang (Rindenstreifen mit Bastfaser) wie 2 (088b). Aufgerollt auf einen Stab, Rolle Dm.13–15 mm. Abrollung wie oben. Abrollmuster mit sehr unregelmäßigen Bahnen und den scharfen Kanten des Rindenstreifens (Taf. 2).

18 (005) Schnur, S 2z, Dm. 2–3 mm, Dreh./cm 1,6, Drehw. 25–28°, gedrehte Schnur aus zwei Strängen (Fasern unvollständig vereinzelt). Aufgerollt um einen Stab, lückenhafte Wicklung, Rolle Dm. 11 mm. Abrollung um die Stabachse. Abrollmuster mit Bahnen des Schnurabdruckes, einzelne Segmentabdrücke z-förmig geschwungen, Stege zwischen den Bahnen mit gewellten Rändern (Taf. 2).

19 (004) Schnur, Z 3s wie 7 (002). Aufgerollt auf einen Stab, leicht S-förmige Wicklung, Rolle Dm. 13,5 mm. Abrollung und Abrollmuster wie oben, einzelne Segmente s-förmig (Taf. 2).

20 (060a) Schnur, Z 2s wie 5 (060). Aufgerollt auf einen Stab, leicht z-förmige Wicklung, Rolle Dm. 17–18 mm. Abrollung und Abrollmuster wie oben (Taf. 2).

21 (117) Schnur, S 2z , Dm. 3,5–4 mm, Dreh./cm 1,25, Drehw. 28°, gedrehte Schnur aus zwei Fasersträngen (Fasern weitgehend vereinzelt, weich). Aufgerollt auf einen Stab, leicht z-förmige Wicklung, Rolle Dm. 14–15 mm. Abrollung wie oben. Abrollmuster mit Bahnen des Schnurabdruckes, einzelne Segmente flach gedrückt und kaum differenzierbar. Stege durch Verpressung nur partiell ausgeprägt, wellenförmige Ränder (Taf. 2).

22 (117) Schnur und Wicklung wie oben, aber in überdeckender Mehrfachabrollung. Abrollmuster mit verunklarten, sich überkreuzenden Bahnen (Taf. 2).

23 (010) Schnur, Z 2s, Dm. 3,5 mm, Dreh./cm 2, Drehw. 34°, gedrillte Schnur aus zwei Fasersträngen (Bastfasern nicht vereinzelt). Aufgerollt auf einen Stab, dichte Wicklung, Rolle Dm. 14 mm. Abrollung und Abrollmuster ähnlich 20 (060a) (Taf. 2).

24 (118) Faden, S 2z, Dm. 1 mm, Dreh./cm 6, Drehw. 40°, gedrehter Faden aus zwei Fasersträngen (Fasern vereinzelt). Aufgerollt auf einen Stab, lockere Wicklung, Rolle Dm. 12 mm. Abrollung wie oben. Abrollmuster mit breiten Stegen, die Wellenform kommt durch die beweglichen Fäden der lockeren Wicklung zustande (Taf. 2).

25 (006) Schnur, Z 2s, Dm. 2–3 mm, Dreh./cm 2, Drehw. 28°, gedrehte Schnur aus zwei Strängen (Fasern weitgehend vereinzelt). Aufgerollt auf einen Stab, dichte Wicklung, Rolle Dm. 12–13 mm. Abrollung und Abrollmuster wie oben, jedoch mit s-förmigen Segmentabdrücken (Taf. 2).

26 (007b) Schnur, S 2z 4s wie 14 (007a). Aufgerollt auf einen Stab, Rolle Dm. 16 mm. Abrollung wie oben. Abrollmuster mit z-geschweiften Schnursegmenten, diese zeigen eine deutliche Perlung (Taf. 2).

27 (006c) Schnur, Z 2s wie 5 (060). Aufgerollt auf einen Stab, dichte Wicklung, Rolle Dm. 12–13 mm. Abrollung in nebeneinander gesetzten Bahnen. Abrollmuster mit klarem Abdruck des ganzen Bundes, ein Knoten des Rollenendes aufscheinend (Taf. 3).

28 (045a) Schnur, Z 2s, Dm. 3,5 mm, Dreh./cm. 1,8–2, Drehw. 30–34°, gedrillte Schnur aus zwei Baststrängen (Lindenast, baumfrisch mit anhaftender Rinde). Aufgerollt um einen Stab, Rolle Dm. 13,5 mm. Abrollung um die Achse des Stabes, partiell überdeckende Mehrfachrollung in Etagen. Abrollmuster mit Bahnen des Schnurabdruckes in parallel liegenden, teils auch schräg dazu verlaufenden Bünden, Etagen am Rapport des Knotenabdrucks vom Rollenende gut zu erkennen (Taf. 3).

29 (050b) Einfach gedrehter Strang, S, wie 16 (050). Aufgerollt um einen Stab, Rolle Dm. 13,5 mm. Abrollung um die Achse des Stabes in stark divergierenden Zickzackbewegungen. Abrollmuster mit den Bahnen sich überkreuzender Bünde (Taf. 3).

30 (049a) Faden, S 2z, Dm. 1 mm, Dreh./cm 6, Drehw. 40°, gedrehter Faden (ähnlich 24 [118]) aus zwei Fasersträngen (Fasern vereinzelt). Aufgerollt auf einen Stab, lockere Wicklung, Rolle Dm. 12 mm. Abrollung in stark divergierenden Zickzackbewegungen, teils mehrfach überrollend. Abrollmuster mit den Bahnen sich überkreuzender Bünde (Taf. 3).

31 (059a) Einfach gedrehter Strang, S, Dm. 2–3 mm, Dreh./cm ca. 0,5–0,8, Drehw. 25–40°, aus einem einzigen Baststreifen gedreht (einsträngige Schnur). Aufgerollt um einen Stab, distante Wicklung, Rolle Dm. 11 mm. Abrollung in Zickzackbewegungen. Abrollmuster mit überkreuzten Bahnen (Taf. 3).

32 (060a) Schnur, Z 2s wie 5 (060), aufgerollt wie 20 (060a). Abrollung im Zickzack, partiell überdeckend. Abrollmuster mit undeutlichen, sich partiell überdeckenden Bahnen des Bundes (Taf. 3).

33 (040a) Einfach gedrehter Strang, S, Dm. 2–3 mm, Dreh./cm ca. 1, Drehw. 27–30°. Aufgerollt um einen Stab wie 15 (040), Rolle Dm. 17 mm. Abrollung in wenig divergierendem Zickzack und in kurzen Etagen. Abrollmuster mit parallel liegenden Bahnen des Bundes und häufigem Rapport des Anfangsknotens (Taf. 3).

34 (079) Flechtschnur, Zopf aus drei Fasersträngen, Breite 5 mm. Aufgerollt um einen Stab, Rolle Dm. 10 mm. Abrollung um die Achse des Stabes. Abrollmuster mit Bahnen des Zopfabdruckes (Taf. 4).

35 (072) Flechtschnur in der Art eines „mbilissi", enge Flechtung, 6 Flechtstränge, unregelmäßig geflochten, Dm. 8,5 mm. Abrollung um die Längsachse. Abrollmuster mit Reihen z-förmig geschwungener Abdrücke (Taf. 4).

36 (071) Flechtschnur in der Arte eines „mbilissi", distante Flechtung, 5 Flechtstränge. Abrollung um die Längsachse. Abrollmuster mit distanten Reihen z-förmiger Abdrücke (Taf. 4).

37 (070) Flechtschnur wie oben, distante Flechtung, 7 Flechtstränge. Abrollung und Abrollmuster wie oben (Taf. 4).

38 (011) Zwirngeflecht aus Baststrängen, distante Bindung, Bindung z-förmig, Einzelstränge der Bindung Dm. 2,5–3,5 mm. Platter Abdruck. Das Abdruckmuster zeigt die Bindung als S-Zwirn und bildet zudem die Kettstränge ab (Taf. 4).

39 (313) Zwirngeflecht aus Baststrängen, enge Bindung, Bindung s-förmig, Einzelstränge der Bindung Dm. 1,5–3 mm. Platter Abdruck. Das Abdruckmuster zeigt die Bindung als eng liegende z-Zwirne, die Kettstränge sind nicht sichtbar, sie zeichnen sich jedoch in der gleichförmig gestaffelten Lage der Zwirnbindungen ab (Taf. 4).

40 (312) Grobes Zwirngeflecht aus Rohrkolben, enge Flechtung, Bindung s-förmig, Einzelstränge der Bindung ca. 3,5–4,5 mm. Platter Abdruck. Abdruckmuster wie oben, aber gröber (Taf. 4).

41 (313) Maschenstoff in Sprangtechnik, aus z-Zwirnen Dm. 1,2 mm. Platter Abdruck. Das Abdruckmuster zeichnet die doppelschlaufig verhängten Verschlingungen nach (Taf. 4).

42 (214) Abrollung eines zweijährigen Holunderzweiges (Sambucus), Dm. 16 mm. Das Abrollmuster zeichnet die unregelmäßige Perlung der Rinde nach (Taf. 4).

43 (203) Abrollung einer zehnjährigen Ranke der Waldrebe (Clematis), Dm. 16 mm. Das Abrollmuster zeichnet die scharfe Längsriefung der Rinde nach (Taf. 4).

44 (216) Abrollung eines dreijährigen Fichtenzweiges (Picea), Dm. 9 mm. Das Abrollmuster zeichnet die regelmäßige Musterung ehemaliger Nadelabgänge nach (Taf. 4).

45 (211) Abrollung eines einjährigen Zweiges des Feldahorns (Acer campestre), Dm. 9 mm. Das Abrollmuster zeichnet die einseitig stark ausgeprägten Korkleisten der Rinde nach (Taf. 5).

46 (210a) Zweig wie 211, Abrollung mehrfach überdeckend. Das Abrollmuster zeichnet die Verdichtung der Korkleistenabdrücke nach (Taf. 5).

47 (213) Abrollung eines eines 7–10-jährigen Buchszweiges, Dm. 15 mm. Das Abrollmuster zeigt die unregelmäßige, tief einstechende Perlung der Rindenoberfläche (Taf. 5).

48 (212) Abrollung eines ein- bis zweijährigen Zweiges des Spindelbaums (Euonymus), Dm. 11,5 mm. Das Abrollmuster zeigt die strikt linearen, sich flach abzeichnenden Kanten des Zweiges (Taf. 5).

49 (215) Abrollung einer vierjährigen Efeuranke (Hedera), Dm. 16mm. Das Abrollmuster zeichnet die Rindenstruktur mit partiellen Haftwurzelansätzen nach (Taf. 5).

50 (805) Abrollung einer Hirschgeweihsprosse, Mittel- oder Augsprosse, Dm. 18–19 mm. Das Abrollmuster zeigt die unregelmäßige Perlung der Geweihoberfläche, Gefäßbahnen sind hier nur schwach ausgeprägt (Taf. 5).

51 (802d) Abrollung eines Hirschgeweihabschnittes aus dem unteren Stangenbereich, Dm. 45–47 mm. Das Abrollmuster zeigt die unregelmäßige Perlung des Geweihs und die tiefen Bahnen der Gefäße in der Oberhaut des Geweihs nach (Taf. 5).

52 (819) Abrollung eines Rehgeweihs, unterer Stangenbereich, Dm. 13–15 mm. Das Abrollmuster zeigt die tief eingedrückte Perlung und die leistenförmigen Verdickungen der Geweihoberfläche (Taf. 5).

53 (820) Abrollung eines Rehgeweihs, mesialer Stangenbereich, Dm. 16–18 mm. Abrollmuster wie oben (Taf. 5).

54 (821) Abrollung eines Rehgeweihs, oberer Stangenbereich zwischen Aug- und Endsprossen, Dm. 11–14 mm. Abrollmuster mit den Abdrücken der leistenförmigen Verdickungen, partiell mit schwacher Perlung (Taf. 5).

55 (821a) Rehgeweih wie 821, aber Mehrfachrollung in verschiedenen Richtungen (Taf. 5).

56 (818) Abrollung eines Rehgeweihs, oberster Bereich der Sprossung, Dm. 7–12 mm. Abrollmuster mit den Abdrücken der leistenförmigen Verdickungen, aber ohne Spuren einer Perlung (Taf. 5).

Literatur

Baeriswyl/Junkes 1995: A. Baeriswyl/M. Junkes, Der Unterhof in Diessenhofen. Von der Adelsburg zum Ausbildungszentrum. Arch. Thurgau 3 (Frauenfeld 1995).

Bazzanella u. a. 2003: M. Bazzanella/A. Mayr/L. Moser/A. Rast-Eicher (Hrsg.), Textiles. Intrecci e tessuti della preistoria europea (Trento 2003).

Beier 1988: H.-J. Beier, Die Kugelamphorenkultur im Mittelelbe-Saale-Gebiet und in der Altmark. Veröff. Landesmus. Vorgesch. Halle 41 (Halle/Saale 1988).

Burger 1988: I. Burger, Die Siedlung der Chamer Gruppe von Dobl, Gemeinde Pruttin, Landkreis Rosenheim und ihre Stellung im Endneolithikum Mitteleuropas. Materialh. Bayer. Vorgesch. A 56 (Fürth i. Bay. 1988).

de Capitani 1993: A. de Capitani, Maur ZH-Schifflände. Die Tauchuntersuchungen der Ufersiedlung 1989 bis 1991. Jahrb. Schweizer. Ges. Ur- u. Frühgesch. 76, 1993, 45–70.

Emery 1966: I. Emery, The Primary Structure of Fabrics (New York 1966).

Feldtkeller 2004: A. Feldtkeller, Die Textilfunde von Seekirch-Achwiesen. In: H. Schlichtherle/J. Köninger/A. Feldtkeller/U. Maier/R. Vogt/E. Schmidt/K. Steppan, Ökonomischer und ökologischer Wandel am vorgeschichtlichen Federsee. Hemmenhofener Skripte 5 (Freiburg i. Br. 2004) 56–70.

Hopert u. a. 1998: S. Hopert/H. Schlichtherle/G. Schöbel/H. Spatz/P. Walter, Der „Hals" bei Bodman. Eine Höhensiedlung auf dem Bodanrück und ihr Verhältnis zu den Ufersiedlungen des Bodensees. In: H. Küster/A. Lang/P. Schauer (Hrsg.), Archäologische Forschungen in urgeschichtlichen Siedlungslandschaften. Festschr. für Georg Kossack zum 75. Geburtstag. Regensburger Beitr. prähist. Arch. 5 (Regensburg 1998) 91–154.

Hurley 1979: W. M. Hurley, Prehistoric Cordage. Identification of Impressions on Pottery. Aldine Manuals Arch. 3 (Washington 1979).

Köninger 1999: J. Köninger, Nussdorf-Strandbad – Das Fundmaterial der Horgener Siedlung an der Liebesinsel, Überlingen-Nussdorf, Bodenseekreis. In: Schlichtherle/Strobel 1999, 19–30.

Köninger 2002: J. Köninger, Reusenreste und Scherben mattengerauter Ware – abschließende Tauchuntersuchungen im Ostteil der Ufersiedlungen von Ludwigshafen-Seehalde, Gde. Bodman-Ludwigshafen, Kreis Konstanz. Arch. Ausgr. Baden-Württemberg 2002, 53–56.

Köninger 2009: J. Köninger, Funde und Befunde aus den Tauchsondagen und Rettungsgrabungen unter Wasser in den Flächen 1 und 3 an der Hafeneinfahrt und im Osten der Station. In: C. Lübke/J. Köninger/K. Steppan/A. Galik/A. Billamboz, Tauchsondagen und Rettungsgrabungen unter Wasser in der jung- und endneolithischen Seeufersiedlung Wallhausen-Ziegelhütte, Kreis Konstanz. Hemmenhofener Skripte 8 (Freiburg i. Br. 2009) 83–127.

Köninger/Schlichtherle 1990: J. Köninger/H. Schlichtherle, Zur Schnurkeramik und Frühbronzezeit am Bodensee. Fundber. Baden-Württemberg 15, 1990, 149-173.

Köninger/Schlichtherle 2001: J. Köninger/H. Schlichtherle, Foreign Elements in South-West German Lake-Dwellings: transalpine Relations in the Late Neolithic and Early Bronze Ages. Preistoria Alpina 35, 1999 (2001), 43–53.

Link 2016: T. Link, Zwei endneolithische Grubenhäuser auf dem „Alten Berg" bei Burgerroth (Lkr. Würzburg, Unterfranken). In: J. Pechtl/T. Link/L. Husty (Hrsg.), Neue Materialien des Bayerischen Neolithikums. Tagung im Kloster Windberg vom 21.–23. November 2014. Würzburger Stud. Vor- u. Frühgesch. Arch. 2 (Würzburg 2016) 99–126.

Lübke 2009: C. Lübke, Funde und Befunde aus den Unternehmungen der Jahre 1982 und 1998–2000 unter Steg 2. In: C. Lübke/J. Köninger/K. Steppan/A. Galik/A. Billamboz, Tauchsondagen und Rettungsgrabungen unter Wasser in der jung- und endneolithischen Seeufersiedlung Wallhausen-Ziegelhütte, Kreis Konstanz. Hemmenhofener Skripte 8 (Freiburg i. Br. 2009) 9–82.

Maier/Schlichtherle 2011: U. Maier/H. Schlichtherle, Flax cultivation and textile production in Neolithic wetland settlements on Lake Constance and in Upper Swabia (south-west Germany). Vegtation History and Archaeobotany 20,6, 2011, 567–578.

Matuschik 1999: I. Matuschik, Riekofen und die Chamer Kultur. In: Schlichtherle/Strobel 1999, 69–95.

Médard 2010: F. Médard, L'art du tissage au Néolithique (Paris 2010).

Mottes u. a. 2002: E. Mottes/F. Nicolis/H. Schlichtherle, Kulturelle Beziehungen zwischen den Regionen nördlich und südlich der Zentralalpen während des Neolithikums und der Kupferzeit. In: Über die Alpen – Menschen, Wege, Waren. Kat. Ausst. Arch. Landesmus. Konstanz. ALManach 7/8 (Stuttgart 2002) 119–135.

Pape 1978: W. Pape, Bemerkungen zur relativen Chronologie des Endneolithikums am Beispiel Südwestdeutschlands und der Schweiz. Tübinger Monogr. Urgesch. 3 (Tübingen 1978).

Rast-Eicher/Dietrich 2015: A. Rast-Eicher/A. Dietrich, Neolithische und bronzezeitliche Gewebe und Geflechte. Die Funde aus den Seeufersiedlungen im Kanton Zürich. Monogr. Kantonsarch. Zürich 46 (Zürich, Egg 2015).

RUTTKAY 2000: E. Ruttkay, KG Oberndorf bei Raabs, SG Raabs an der Thaya, VB Waidhofen an der Thaya. Fundber. Österreich 39, 2000, 561–568.

SCHLABOW 1958: K. Schlabow, Vergleich jungsteinzeitlicher Textilfunde mit Webarbeiten der Bronzezeit. Germania 36, 1958, 6–9.

SCHLABOW 1960: K. Schlabow, Abdrücke von Textilien an Tongefäßen der Jungsteinzeit. Jahresschr. mitteldt. Vorgesch. 44, 1960, 51–56.

SCHLABOW 1971: K.Schlabow, Textileindrücke auf Tongefässen der Jungsteinzeit. In: K. Gripp/R. Schütrumpf/H. Schwabedissen (Hrsg.), Frühe Menschheit und Umwelt I. Festschr. A. Rust. Fundamenta A2 (Köln, Wien 1971) 419–422.

SCHLICHTHERLE 1981: H. Schlichtherle, Neolithische Ufersiedlungen auf der Halbinsel im Schreckensee, Wolpertswende, Kreis Ravensburg. Fundber. Baden-Württemberg 6, 1981, 73–92.

SCHLICHTHERLE 1990: H. Schlichtherle, Die Sondagen 1973–1978 in den Ufersiedlungen Hornstaad-Hörnle I. Siedlungsarchäologie im Alpenvorland I. Forsch. u. Ber. Vor- u. Frühgesch. Baden-Württemberg 36 (Stuttgart 1990).

SCHLICHTHERLE 1999: H. Schlichtherle, Die Goldberg III Gruppe in Oberschwaben. In: Schlichtherle/Strobel 1999, 35–48.

SCHLICHTHERLE 2004: H. Schlichtherle, Große Häuser – kleine Häuser. Archäologische Befunde zum neolithischen Siedlungswandel am Federsee. In: Ökonomischer und ökologischer Wandel am vorgeschichtlichen Federsee. Hemmenhofener Skripte 5 (Freiburg i. Br. 2004) 13–56.

SCHLICHTHERLE 2011: H. Schlichtherle, Endneolithische Siedlung und bronzezeitliche Hölzer – Fortsetzung der Sondagen im Olzreuter Ried. Arch. Ausgr. Baden-Württemberg 2011, 87–91.

SCHLICHTHERLE/STROBEL 1999: H. Schlichtherle/M. Strobel (Hrsg.), Aktuelles zu Horgen – Cham – Goldberg III – Schnurkeramik. Rundgespräch Hemmenhofen 26. Juni 1998. Hemmenhofener Skripte 1 (Freiburg i. Br. 1999).

SCHRICKEL 1969: W. Schrickel, Die Funde vom Wartberg in Hessen. Kasseler Beitr. Vor- u. Frühgesch. 1 (Marburg 1984).

SCHWELLNUS 1979: W. Schwellnus, Wartberg-Gruppe und hessische Megalithik. Mat. Vor- u. Frühgesch. Hessen 4 (Wiesbaden 1979).

SEILER-BALDINGER 1991: A. Seiler-Baldinger, Systematik der Textilen Techniken. Basler Beiträge zur Ethnologie (Basel 1991). Spennemann 1984: D. Spennemann, Burgerroth. Eine neolithische Höhensiedlung in Unterfranken. BAR Internat. Ser. 219 (Oxford 1984).

VERMOT-MANGOLD 1977: Ruth Vermot-Mangold, Die Rolle der Frau bei den Kabre in Nord-Togo. Basler Beitr. Ethnologie 17 (Basel 1977).

VOGT 1952: E. Vogt, Geflechte und Gewebe der Steinzeit. Monographien zur Ur- und Frühgeschichte der Schweiz 1 (Basel 1952).

Helmut Schichtherle
Landesamt für Denkmalpflege im Regierungspräsidium Stuttgart
Dienstsitz Hemmenhofen
Fischersteig 9
78343 Gaienhofen-Hemmenhofen
helmut.schlichtherle@rps.bwl.de

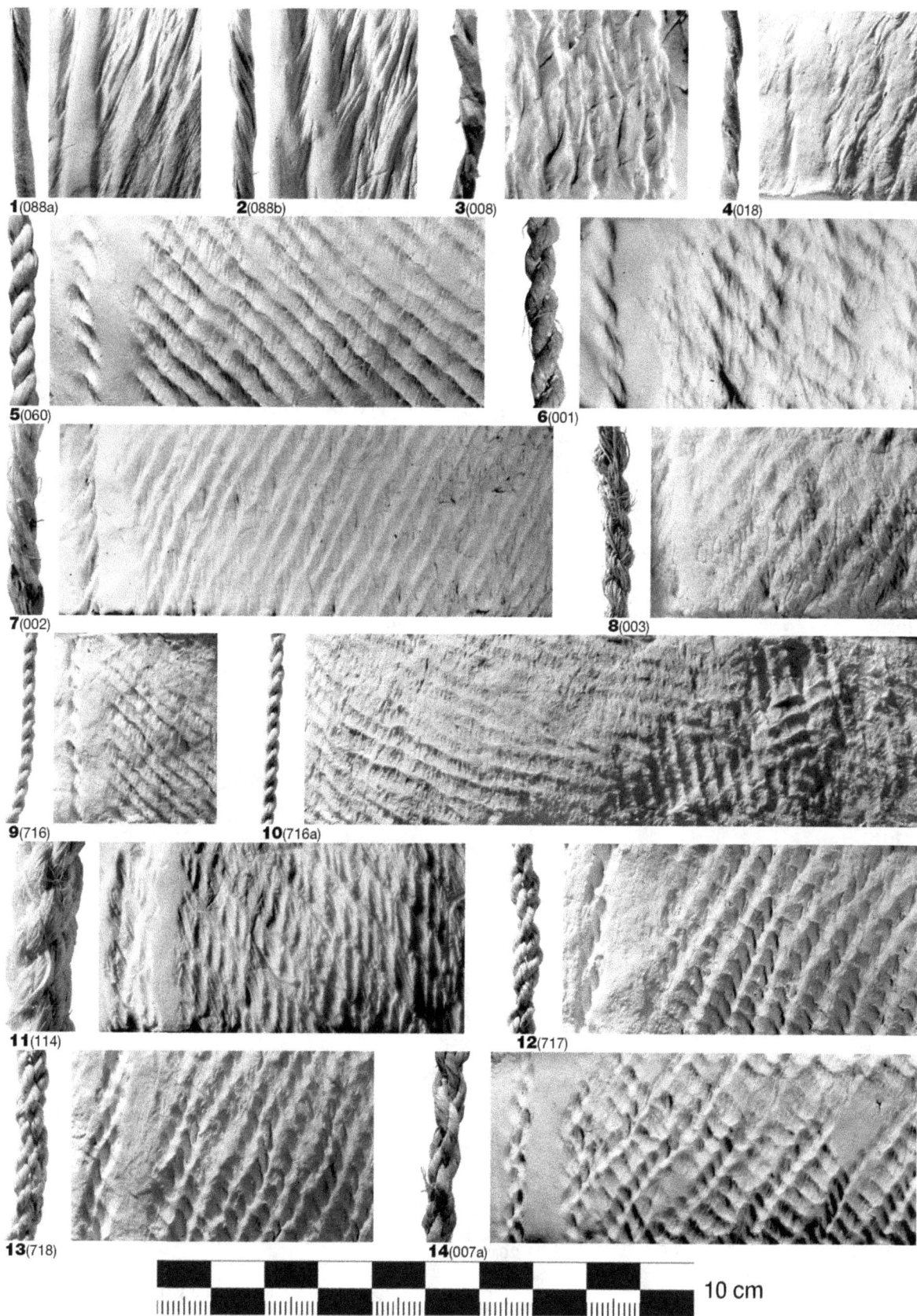

Taf. 1. Abrollung von Schnüren um die eigene Achse.

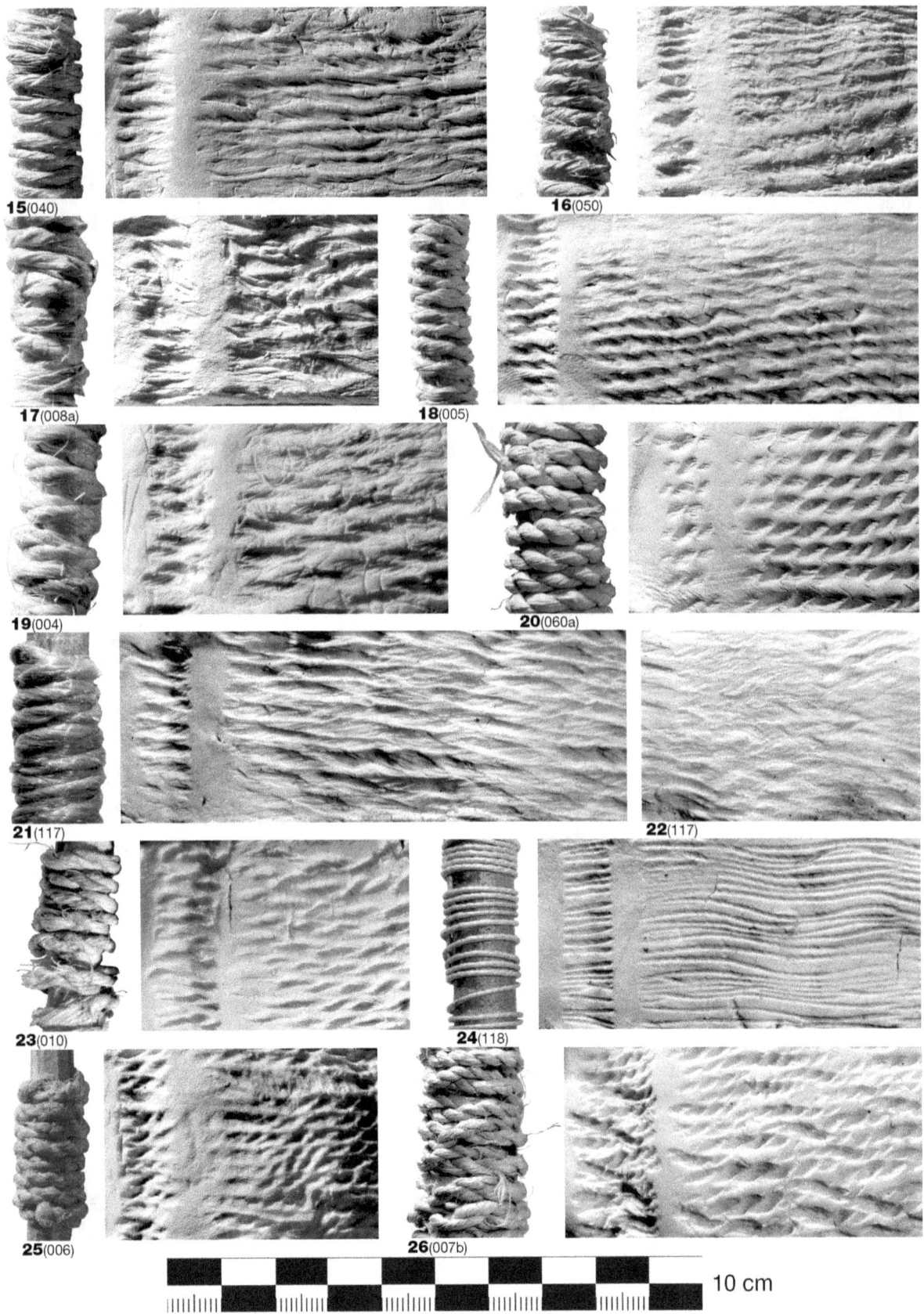

15(040)

16(050)

17(008a)

18(005)

19(004)

20(060a)

21(117)

22(117)

23(010)

24(118)

25(006)

26(007b)

10 cm

Taf. 2. Abrollung gewickelter Schnüre.

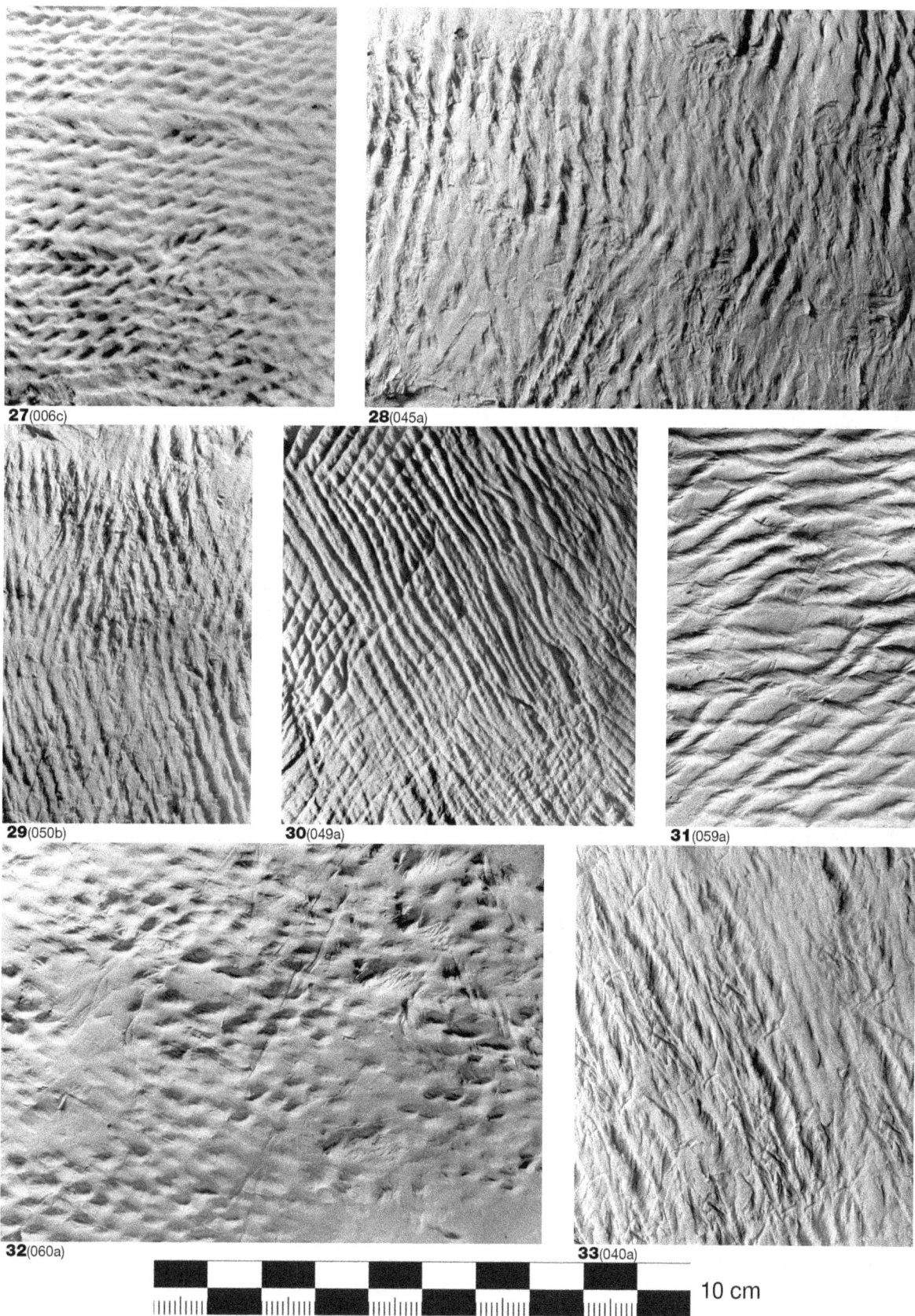

27(006c)

28(045a)

29(050b)

30(049a)

31(059a)

32(060a)

33(040a)

10 cm

Taf. 3. Abrollmuster bei unterschiedlicher, teils überdeckender Rollenführung.

34(079)

35(072)

36(070)

37(071)

38(011)

39(313)

40(312)

41(311)

42(214)

43(203)

44(216)

10 cm

Taf. 4. Abrollung von Flechtschnüren (34–37), Abdrücke von Geflechten (38–40), eines Maschenstoffes in Sprangtechnik (41) und Abrollung von berindeten Astabschnitten (42–44).

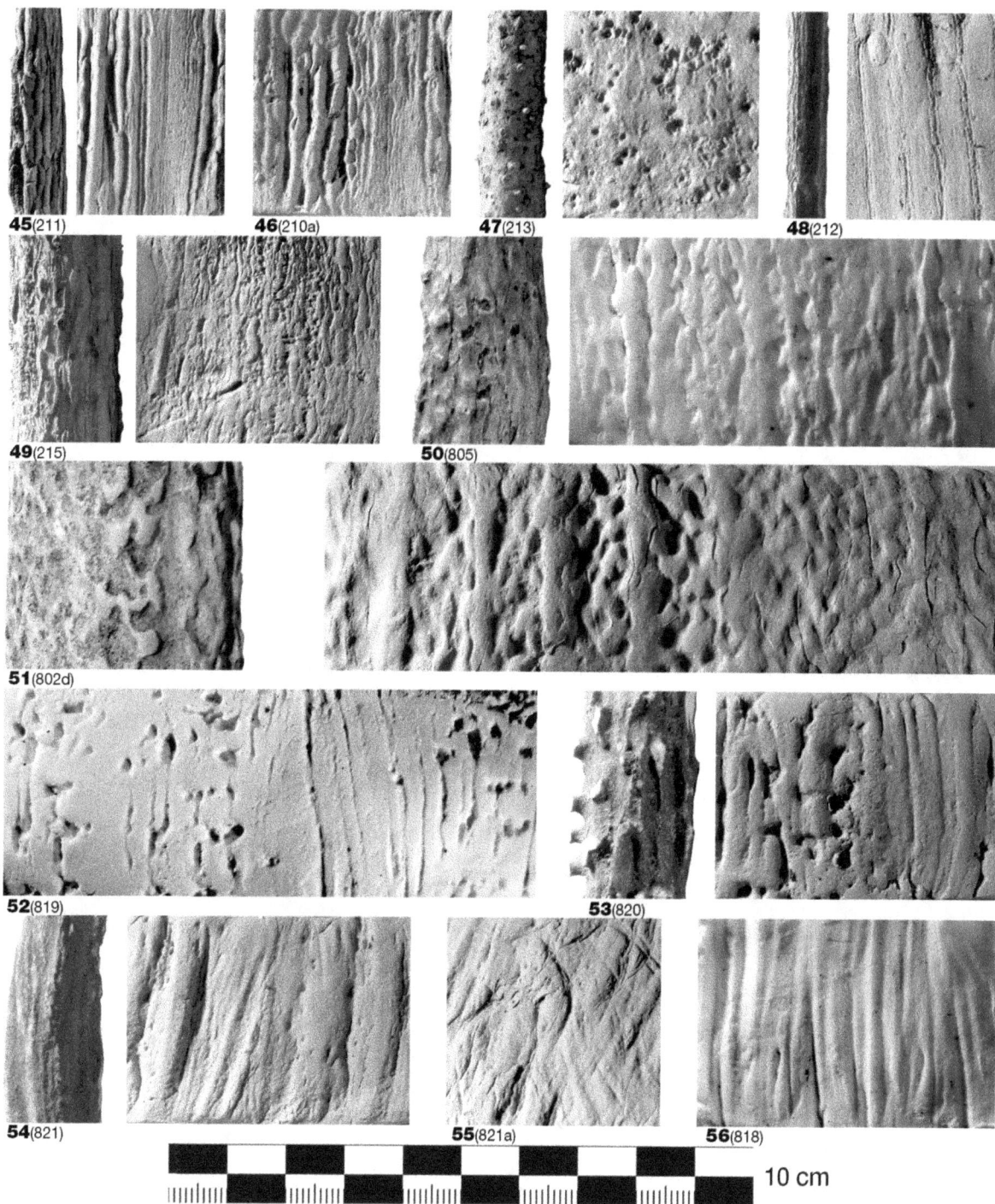

45(211)   **46**(210a)   **47**(213)   **48**(212)

49(215)   **50**(805)

51(802d)

52(819)   **53**(820)

54(821)   **55**(821a)   **56**(818)

10 cm

Taf. 5. Abrollung berindeter Astabschnitte (45–49) und Abrollung von Geweihabschnitten vom Hirsch (50–51) sowie vom Reh (52–56). (Bildmontage Taf. 1–5: B. Burakov).

L. Husty / T. Link / J. Pechtl (Hrsg.), Neue Materialien des Bayerischen Neolithikums 2 – Tagung im Kloster Windberg vom 18. bis 20. November 2016. Würzburger Studien zur Vor- und Frühgeschichtlichen Archäologie 3 (Würzburg 2018) 179–198.

Eine mehrphasige Grabenanlage des 3. Jahrtausends v. Chr. in Burgerroth, Lkr. Würzburg

Thomas Link

Zusammenfassung

Auf dem Alten Berg bei Burgerroth (Lkr. Würzburg) wurde bei einer Magnetometer-Prospektion neben spätneolithischen Grubenhäusern eine Grabenanlage entdeckt, die als Abschnittsbefestigung quer über den Bergsporn verläuft. Der dicht benachbarte und sich an einer Stelle überlagernde Verlauf von mindestens zwei Gräben legt eine Mehrphasigkeit der Anlage nahe. Eine Sondagegrabung im Sommer 2014 zeigte eine komplexe Stratigraphie mit drei bis vier Phasen. Nach der ursprünglichen Anlage wurde der Graben mindestens ein weiteres Mal ausgeräumt, wobei auch die zuvor bestehenden Grabendurchlässe abgebaut wurden. Die intentionelle Zusetzung mit einer Steinpackung erfolgte erst deutlich später, wie einige eisenzeitlichen Scherben aus der oberen Verfüllungsschicht nahelegen. Ein menschliches Skelett, das in gestreckter Rückenlage quer im Graben lag, gehört ebenfalls dieser Phase an. Das Fundmaterial datiert zum überwiegenden Teil in das Spätneolithikum bzw. frühe Endneolithikum und zeigt Verwandtschaft zu den benachbarten Kulturgruppen Goldberg III, Cham, Wartberg, Bernburg und Řivnáč. Anders als in den 2013 sondierten Grubenhäusern tritt aber keine schnurkeramische Siedungsware auf, was für eine etwas ältere Zeitstellung des Grabens spricht. Starke Bezüge in den südwestdeutsch-schweizerischen Raum belegen mehrere Geweih-Zwischenfutter. Drei der insgesamt vier an botanischen Makroresten gewonnenen ^{14}C-Daten streuen im Zeitraum 2867–2469 cal BC; das vierte fällt dagegen ins zweite Viertel des 4. Jahrtausends und lässt zusammen mit einer einzelnen jungneolithischen Scherbe eine ältere Vorbesiedlung des Areals möglich erscheinen.

Abstract

Magnetic prospections on the 'Alter Berg' ('Old Hill') near Burgerroth (Lkr. Würzburg) did not only reveal late neolithic sunken floor houses but also a ditch system, running transversely across the hill. Two or more closely adjacent ditches, which in one place even overlap each other, indicate a multi-phased construction. Sondage excavations in summer 2014 revealed a complex stratigraphy with three to four phases. After its primary construction, the ditch has been dug out at least one more time and passages that existed before have been removed. Intentional backfilling with a compact stone packing took place considerably later, as demonstrated by several iron age sherds from the upper backfill layer. A human skeleton in supine position lying transversely in the ditch belongs to this late phase, too. The find material predominantly dates to the Late Neolithic or Early Final Neolithic respectively and shows relations to the neighbouring cultural groups Goldberg III, Cham, Wartberg, Bernburg and Řivnáč. In contrast to the sunken floor houses explored in 2013, no Corded Ware settlement pottery has been found, thus indicating a slightly older date of the ditch. Close relations to the region of southwestern Germany and Switzerland are indicated by several antler sleeves. Three out of a total of four radiocarbon dates that have been measured on macro-botanical remains range between 2867–2469 cal BC. The fourth of them however dates back to the second quarter of the fourth millennium BC. In combination with a single sherd of the Young Neolithic this indicates a possible previous occupation of the place.

Der Alte Berg bei Burgerroth (Stadt Aub, Lkr. Würzburg) ist in der Forschung zum Spät- und Endneolithikum Süddeutschlands seit langem einer der am meisten diskutierten Fundplätze. Es handelt sich um
eine Höhensiedlung auf einem an drei Seiten steil ins Tal der Gollach abfallenden Sporn eines Muschel-
kalkplateaus (vgl. Link/Herbig 2016, Abb. 1–2). Große Teile des Bergsporns wurden leider schon Anfang
des 20. Jahrhunderts durch Steinbrüche unbeobachtet zerstört, in den Jahren 1919–21 konnten aber in fünf
Grabungskampagnen unter Leitung von Georg Hock und Josef Maurer umfangreiche Flächen archäologisch
untersucht werden. Die wichtigsten Befunde dieser Grabung sind mehrere in den anstehenden Muschelkalk eingetiefte Grubenhäuser, die ein ausgesprochen reichhaltiges Fundmaterial des späten Neolithikums
erbrachten. Ein ebenfalls neolithischer Graben war durch die mittelalterliche Wallanlage überprägt, die
noch heute als flache Erhebung im Gelände vor der romanischen Kunigundenkapelle erkennbar ist. 1969
wurde bei neuerlichen Steinbrucharbeiten ein eindeutig neolithischer Graben angeschnitten. Die Funde

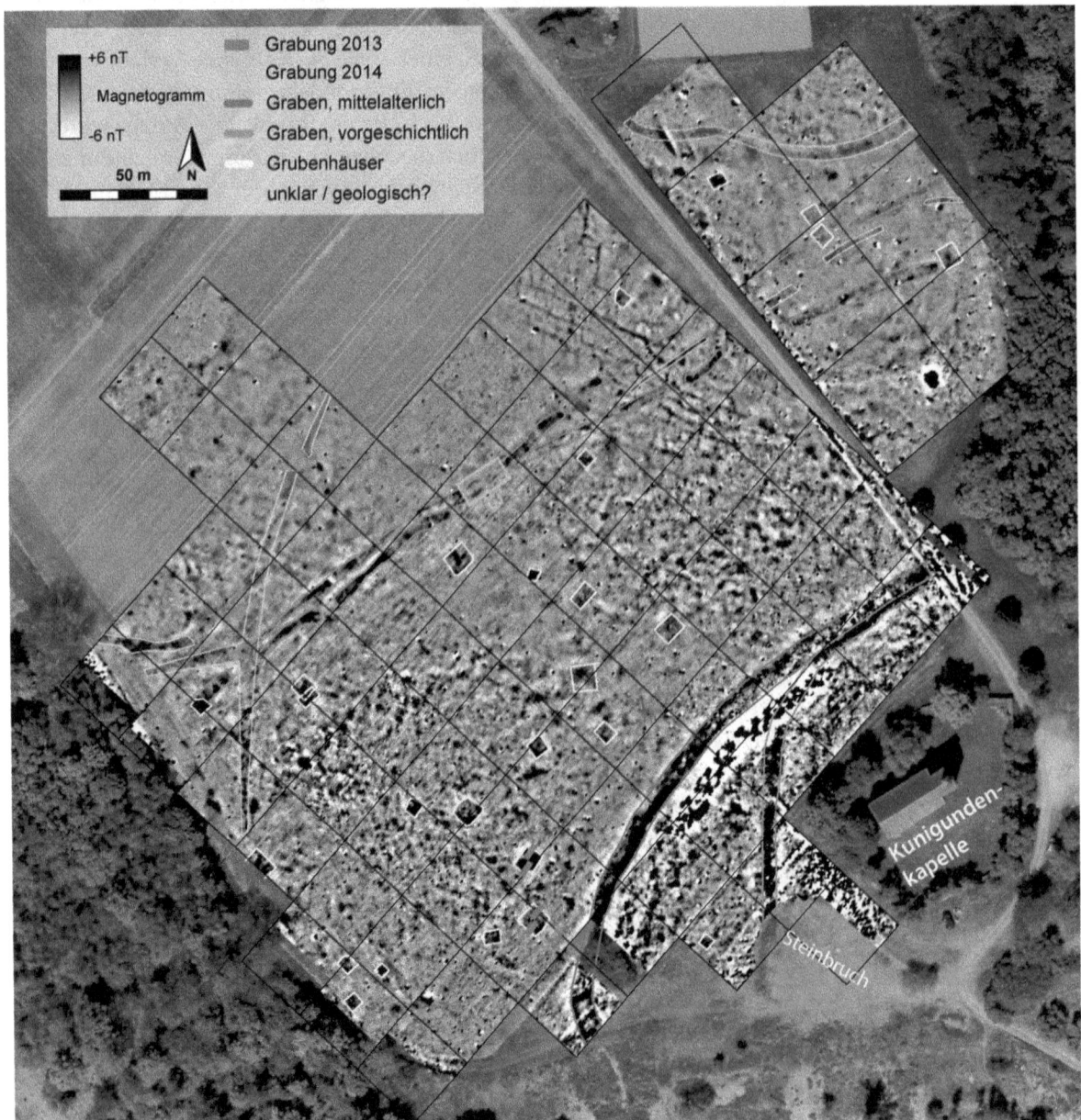

Abb. 1. Magnetogramm mit interpretierender Umzeichnung und Lage der Grabungsflächen 2013 und 2014. Dual-Fluxgate-
Gradiometer Bartington Grad 601-2, Dynamik ± 6 nT in 256 Graustufen, Messpunktdichte 12,5 x 50 cm (interpoliert auf 12,5
x 25 cm), 20 m- bzw. 30 m-Gitter. (Luftbild © Bayerische Vermessungsverwaltung, www.geodaten.bayern.de, Grafik T. Link).

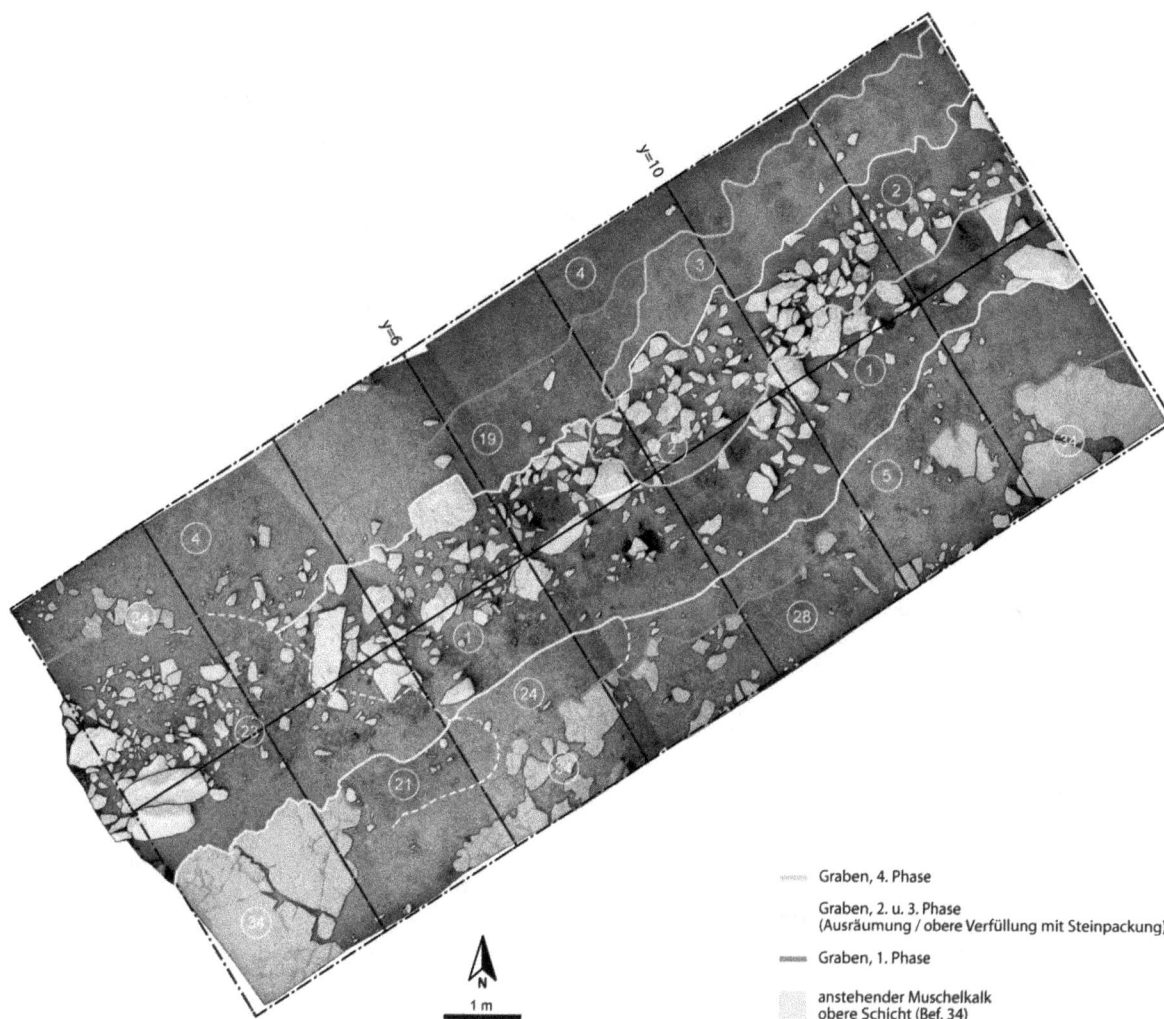

Abb. 2. Planum 1 mit Umzeichnung der Grabenphasen und Steinbefunde (Steine in der Verfüllung grau unterlegt, anstehender Muschelkalk blau) (Grafik T. Link).

und Befunde der Altgrabungen legte Dirk Spennemann in seiner 1984 veröffentlichten Magisterarbeit vor (Spennemann 1984; ausführlicher zur Forschungsgeschichte Link/Herbig 2016, 100 f.).

Eine im Winter 2012/13 vom Lehrstuhl für Vor- und Frühgeschichtliche Archäologie durchgeführte Magnetometer-Prospektion (Abb. 1) erbrachte einige überraschende neue Erkenntnisse, die das Gesamtbild des Fundplatzes deutlich veränderten (Link/Herbig 2016, 101–103). Etwa 80 m außerhalb des Grabens der mittelalterlichen Wallanlage verlaufen weitere lineare Strukturen, bei denen es sich um eine weitere Grabenanlage handeln dürfte. Innerhalb dieser Anlage zeigen sich zahlreiche rechteckige bis quadratische Anomalien, die in Form und Ausmaßen den Grubenhäusern der Altgrabung gleichen. Auch der weitere Verlauf des inneren, vom mittelalterlichen Wall überlagerten neolithischen Grabens konnte weitgehend geklärt werden.

2013 wurden zwei der quadratischen Anomalien in einer dreiwöchigen Testgrabung sondiert, wodurch deren Deutung als spät- bis endneolithische Grubenhäuser verifiziert werden konnte (Link 2013; Link/Herbig 2016). Die Gruben waren circa 30–40 cm in den anstehenden Muschelkalk eingetieft und hatten einen Durchmesser von 5–6 m. Im Zentrum befand sich in beiden Fällen eine flache, 10–20 cm tiefe Mittelgrube – ein charakteristisches, auch von anderen Fundorten bekanntes Merkmal spät- und endneolithischer Grubenhäuser. Beide Hausbefunde erbrachten sehr reichhaltiges Fundmaterial, wobei besonders die große Anzahl und gute Erhaltung von Knochen- und Geweihgeräten hervorzuheben ist.

Graben, 4. Phase

Graben, 2. u. 3. Phase
(Ausräumung / obere Verfüllung mit Steinpackung)

Graben, 1. Phase

Muschelkalk
auf 2. Schicht abgetragen (Bef. 35)

anstehender Muschelkalk
obere Schicht (Bef. 34)

Abb. 3. Planum 2 mit Umzeichnung der Grabenphasen und Steinbefunde (Steine in der Verfüllung grau unterlegt, anstehender Muschelkalk blau) (Grafik T. Link).

Im Keramikspektrum treten neben in spätneolithischer Tradition stehenden Elementen auch bereits charakteristische Merkmale der endneolithischen Schnurkeramik auf (flache Leisten mit Fingertupfen, Fragmente von Strichbündelamphoren, Schnurverzierung). Die eher bereits endneolithische als spätneolithische Zeitstellung konnte auch durch zwei ^{14}C-Daten bestätigt werden, die in den Zeitraum des 27.–24. Jahrhunderts v. Chr. fallen (s. u.).

Nachdem 2013 somit die endneolithische Zeitstellung der Grubenhäuser verifiziert worden war, wurde im Spätsommer 2014 mit einer weiteren vierwöchigen Grabungskampagne die Untersuchung auf die neu entdeckte äußere Grabenanlage ausgedehnt. Hierbei stand neben den Fragen nach Deutung, Datierung und Erhaltungszustand der Befunde auch die stratigraphische Relation der einzelnen Gräben zueinander im Mittelpunkt des Interesses. Deshalb wurde die Grabungsfläche in dem Bereich angelegt, in dem sich, nach dem Magnetogramm zu urteilen, mindestens zwei Grabenanlagen überlagern (Abb. 1).

Die Grabenanlage

Die 14 x 6 m (84 m²) messende Grabungsfläche wurde in 2 x 3 m große Quadranten nach einem alternierenden System ausgegraben, um ein durchgehendes Längsprofil und mehrere Querprofile zu gewinnen. Der Oberbodenabtrag erfolgte maschinell. Beim weiteren Abtiefen wurde teils nach natürlichen Schichten,

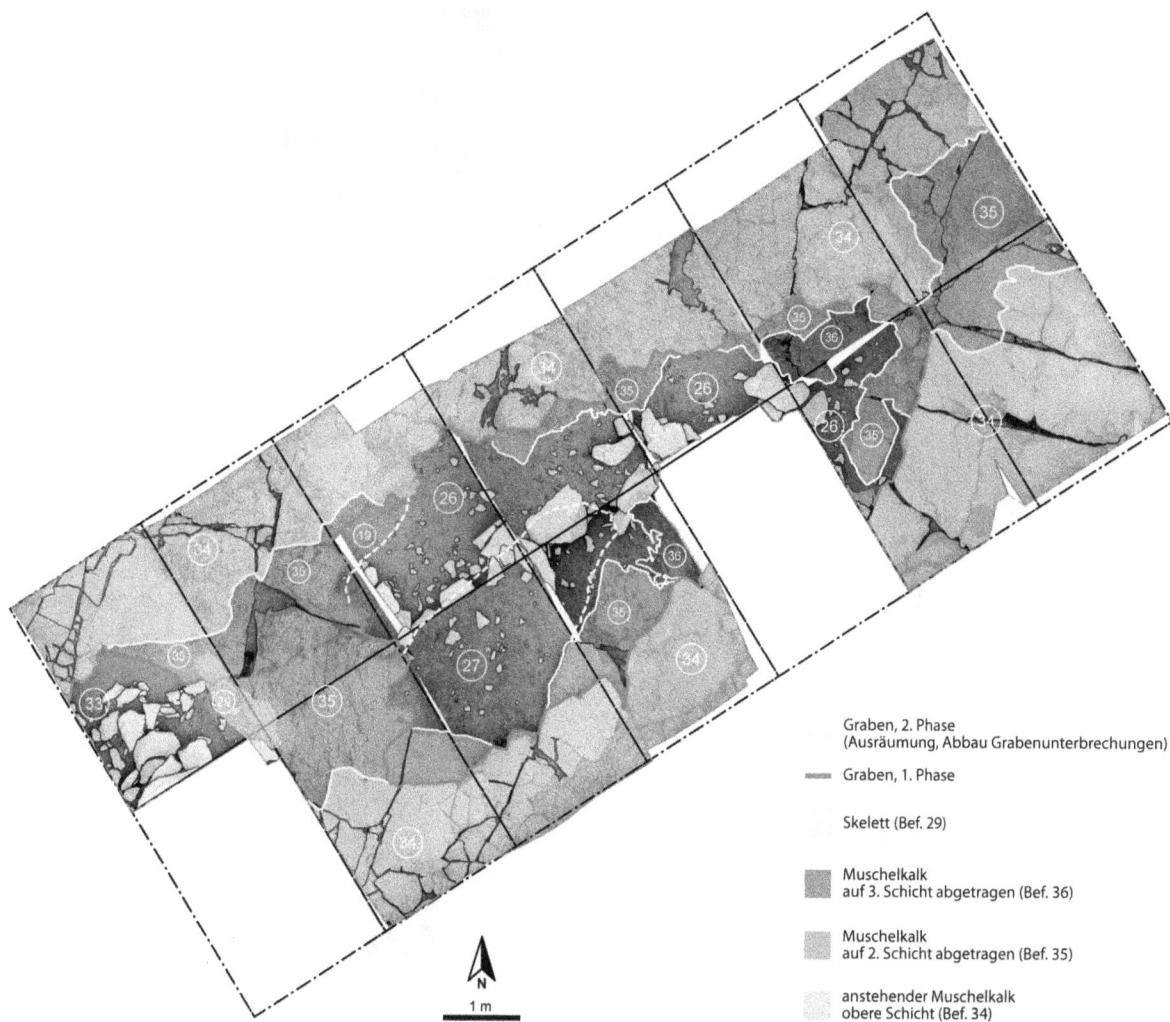

Abb. 4. Planum 3 mit Umzeichnung der Grabenphasen und Steinbefunde (Steine in der Verfüllung grau unterlegt, anstehender Muschelkalk blau) (Grafik T. Link).

teils nach künstlichen Abhüben mit einer Mächtigkeit von maximal 20 cm vorgegangen. Bis auf zwei Quadranten wurde die Grabungsfläche auf den anstehenden Muschelkalk abgetragen.

Wie die Grubenhäuser der Grabung 2013 war auch der Graben in den anstehenden Muschelkalk eingetieft und erreichte eine Tiefe von maximal 80 cm unter der heutigen Ackeroberfläche. Seine Breite lag bei 2,5–3,5 m.

Bereits beim Oberbodenabtrag kamen im Bereich des zu vermutenden Grabenverlaufs größere Steinblöcke zutage. Auf Planum 1 (Abb. 2) tritt der Graben als lineare Konzentration von Muschelkalk-Blöcken in Erscheinung, die sich in Längsrichtung durch die Grabungsfläche zieht. Vom Hauptteil der Grabenverfüllung (Bef. 1 bzw. Bef. 23 im SW-Teil) ist im Norden der Grabungsfläche Bef. 2 zu separieren, der sich durch Format und Anordnung der Steine sowie ein helleres Füllmaterial absetzt und Bef. 1 zu schneiden scheint.

Auf Planum 2 (Abb. 3) ist zu beiden Seiten des Grabens bereits in weiten Teilen der anstehende Muschelkalk erreicht (Bef. 34). Der in den Muschelkalk eingetiefte Graben zeichnet sich nun sehr deutlich ab. Die Grabenkante verläuft unregelmäßig, was offensichtlich durch die natürliche Klüftung des Muschelkalks bedingt ist, die nicht dem beabsichtigten SW-NO-Verlauf des Grabens entspricht, sondern quer dazu verläuft. Die nun vollständig freigelegte Steinpackung in der Mitte des Grabens weist eine Breite von etwa 1,2–1,6 m auf und besteht durchweg aus lokalem Muschelkalk. Im Gegensatz zum anstehenden

Muschelkalk weisen viele dieser Blöcke jedoch verrundete Kanten auf und machen einen verwitterten Eindruck, was darauf hindeutet, dass sie einige Zeit offen an der Oberfläche gelegen haben. An den Rändern des Grabens setzen sich zu beiden Seiten weitgehend steinfreie Bereiche deutlich von der Steinpackung ab (Bef. 3, 5, 19, 21, 24 und 26). Diese Randbereiche sind maximal 1–1,2 m breit und mit relativ homogenem, mittel- bis dunkelbraunem, tonig-schluffigem Sediment verfüllt. Am äußeren, südöstlichen Rand des Grabens fällt ein dunklerer Bereich auf (Bef. 21 und 24), der von der oberen Grabenverfüllung (Bef. 1 bzw. 23) geschnitten wird. Eine ^{14}C-Probe datiert in das zweite Viertel des 4. Jahrtausends v. Chr. (s. u.). Jungneolithisches Fundmaterial ist in diesem Befund allerdings nicht vorhanden.

Auf Planum 3 (Abb. 4) sind große Teile der Steinpackung entfernt und teilweise bereits die Grabensohle erreicht. Die steinfreie Verfüllung der Randbereiche aus Planum 2 zieht als muldenförmige Schicht unter die Steinpackung in der Grabenmitte (Bef. 26, 27, 33). Diese untere Schicht der Grabenverfüllung ist dunkler und deutlich steinärmer ist als die obere (Bef. 1, 23).

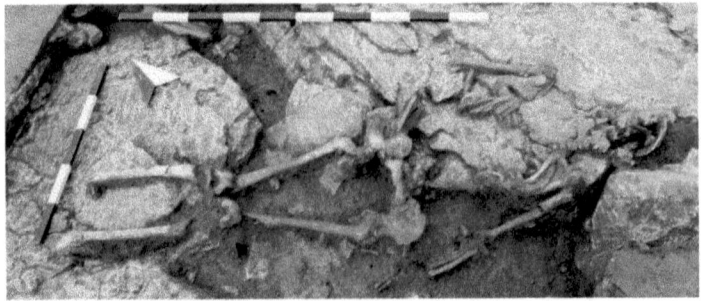

Abb. 5. Skelett (Bef. 29). Die rechte Körperhälfte liegt auf dem Rand einer Grabenunterbrechung, die linke über der unteren Grabenverfüllung (Bef. 33) (Foto T. Link).

Abb. 6. Detail der Grabenwand beim Abtiefen auf Planum 4. Im Hintergrund der anstehende Muschelkalk (Bef. 34), rechts und links die obere Muschelkalkstufe (Bef. 35), im Vordergrund die Grabensohle (Bef. 36), teilweise noch von Resten der unteren Grabenverfüllung bedeckt (Foto T. Link).

Im SW der Grabungsfläche wurde auf Planum 3 ein menschliches Skelett freigelegt (Abb. 5). Es liegt quer zum Grabenverlauf in gestreckter Rückenlage, leicht nach links verkippt unmittelbar auf der Kante einer Grabenunterbrechung (s. u.). Nach einer ersten Begutachtung handelt es sich um ein wohl juveniles Individuum[1]; eine detaillierte anthropologische Untersuchung konnte bislang leider noch nicht durchgeführt werden. Stratigraphisch ist das Skelett der oberen Grabenverfüllung zuzuweisen; es liegt auf der dunklen Füllschicht (Bef. 33) und wird unmittelbar von der Steinpackung (Bef. 23) überdeckt. Eindeutige Beigaben liegen nicht vor, weniger als 1 m südwestlich wurden jedoch Fragmente eines späthallstatt-/frühlatènezeitlichen Gefäßes (Abb. 9,1) gefunden.

Die Grabenflanken fallen zumeist in zwei Stufen ab, die den Schichten des anstehenden Muschelkalks entsprechen. Nach dem Abtrag der oberen Muschelkalk-Schicht (Bef. 34) blieb an vielen Stellen eine bis zu 1 m breite Stufe in der Grabenflanke stehen (Bef. 35), nur stellenweise wurde der Graben auf gleicher Linie senkrecht weiter abgetieft. Die Grabensohle folgt zumeist der Oberkante der nächst tieferen Muschelkalkschicht (Bef. 36) und wurde auf Planum 4 freigelegt (Abb. 6). An der Sohle ist der Graben 1,6–3,2 m breit, an der Oberkante bis zu 3,6 m.

---

1   Freundl. Mitt. Ferdinand M. Neuberger, Institut für Paläoanatomie der Ludwig-Maximilians-Universität München.

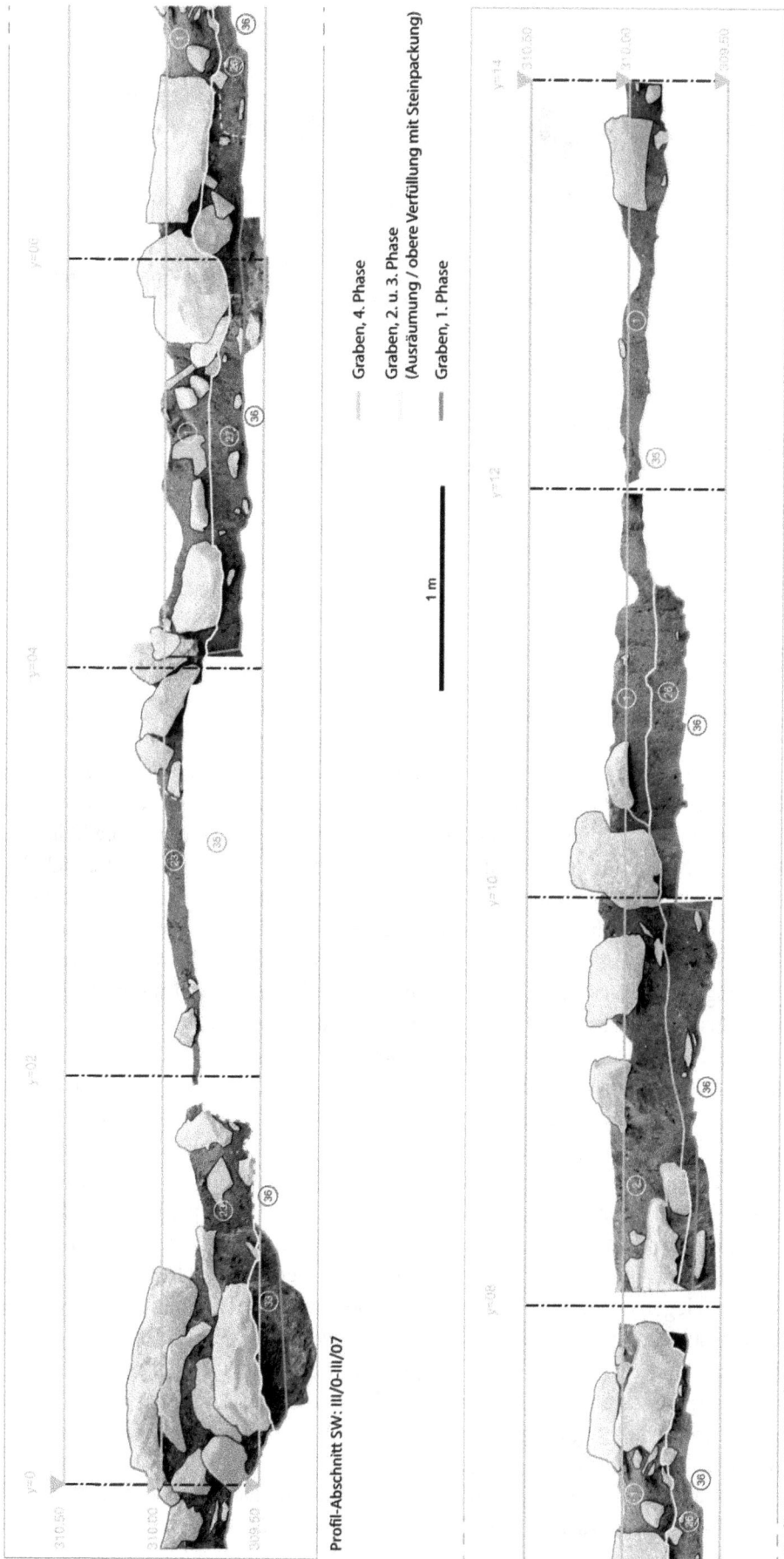

Profil-Abschnitt SW: III/0-III/07

Graben, 4. Phase

Graben, 2. u. 3. Phase
(Ausräumung / obere Verfüllung mit Steinpackung)

Graben, 1. Phase

1 m

Profil-Abschnitt NO: III/07-III/14

Abb. 7.　Längsprofil (SW-NO; in zwei Abschnitte geteilt) mit Umzeichnung der Grabenphasen und Steinbefunde (Steine in der Verfüllung grau unterlegt) (Grafik T. Link).

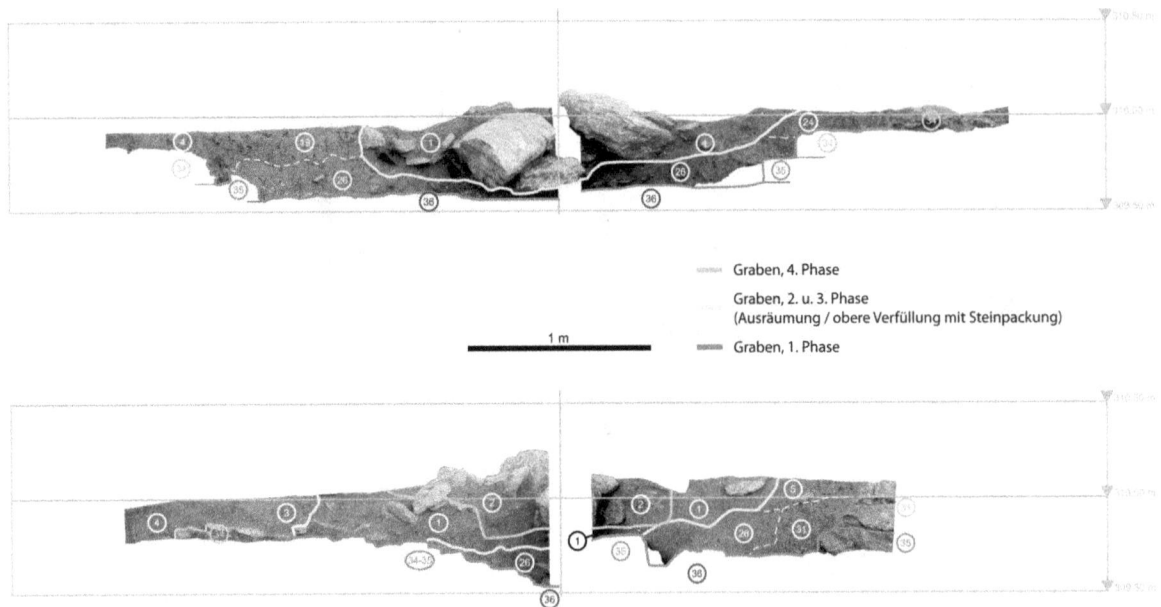

Graben, 4. Phase

Graben, 2. u. 3. Phase
(Ausräumung / obere Verfüllung mit Steinpackung)

1 m

Graben, 1. Phase

Abb. 8. Querprofile (NW-SO) bei y=6 (oben) und y=10 (unten), Blickrichtung NO; zur Position vgl. Abb. 2 und 7 (Grafik T. Link).

An zwei Stellen im SW und NO der Grabungsfläche (vgl. Längsprofil Abb. 7) wurde jedoch lediglich die obere Muschelkalk-Schicht abgetragen, wodurch Lücken im Grabenverlauf entstehen. Im SW setzt er sich nach einer rund 2 m breiten Unterbrechung fort. Im NO ist die Fortsetzung des Grabens nicht ganz klar, scheint aber kurz vor dem Rand der Grabungsfläche anzusetzen. Die untere, dunkle Verfüllschicht (Bef. 26, 27, 33) zieht nicht über diese Grabenunterbrechungen hinweg, sondern bleibt auf die tieferen Bereiche beschränkt und zieht nur an den seitlichen Grabenrändern nach oben. Im Bereich der Befunde 21 und 24, die ebenfalls randlich hochziehende Teile der unteren Schicht darstellen, wird außerdem deutlich, dass die obere Grabenverfüllung in die untere einschneidet. Die Befundsituation deutet insgesamt darauf hin, dass die Grabenunterbrechungen ursprünglich bis zur Oberfläche reichten und erst bei einer erneuten Ausräumung des bereits teilweise (mit dem dunklen Material der unteren Schicht) verfüllten Grabens die obere Muschelkalk-Schicht in diesen Bereichen abgebaut wurde.

Die Stratigraphie der Grabenanlage erwies sich somit als relativ komplex und lies mindestens vier Phasen zu erkennen: Neben der ursprünglichen Anlage des Grabens und der zugehörigen unteren Verfüllung (Phase 1) mindestens eine weitere Ausräumung (Phase 2) und die wohl erst deutlich später erfolgte Zusetzung mit einer Steinpackung (Phase 3). Auffällig ist, dass die Steinkonzentration in der oberen Verfüllung auf die Mitte des Grabens beschränkt bleibt, wogegen seine Seiten weitgehend steinfrei sind. In den Profilen (Abb. 7–8) zeigt sich, dass die Steinpackung zumeist auch nicht bis auf die Grabensohle hinab reicht. Die untere Verfüllschicht zieht unter der Steinpackung hindurch; sie enthält ausschließlich neolithisches Material (Phase 1). Vereinzelte eisenzeitliche Scherben aus der oberen Verfüllschicht mit der Steinpackung (Phase 3) legen dagegen nahe, dass der Graben nach seiner neolithischen Nutzung längere Zeit offen stand und erst viel später intentionell mit Steinen zugesetzt wurde. Zwischen beiden Ereignissen wurde der Graben mindestens ein weiteres Mal ausgeräumt und dabei die obere Muschelkalkschicht in den beiden Grabendurchlässen abgebaut (Phase 2). Eine weitere Phase (4) repräsentiert Bef. 2, der von Norden her in die obere Verfüllung eingreift. Der zeitliche Abstand dieses Ereignisses zur Grabenausräumung und zur Steinsetzung bleibt allerdings unklar; die ähnliche Verfüllung mit Steinsetzung spricht aber für eine enge Relation mit Phase 3. Das überraschend alte ^{14}C-Datum (s. u.) aus dem südöstlichen Randbereich des Grabens (Bef. 21) schließlich lässt möglich erscheinen, dass noch ältere, jungneolithische Befunde angeschnitten wurden.

Das Fundmaterial

Das Fundmaterial setzt sich zum überwiegenden Teil aus Keramik- und Knochenfragmenten zusammen, hinzu treten in geringerer Zahl Brandlehm, Felsgestein und Silex. Eine katalogartige Aufstellung der Einzelobjekte würde den Rahmen sprengen; die Abbildungen 9–14 geben aber einen repräsentativen Überblick. Im Falle der Keramik ist der größte Teil der Scherben mit diagnostischen Merkmalen (Profilverlauf, Verzierung) abgebildet, gleiches gilt für die Steingeräte; aus der Vielzahl der Knochen- und Geweihartefakte wurde eine Auswahl charakteristischer Stücke getroffen.

Keramik

Insgesamt wurden in der Funddatenbank 1855 Keramikobjekte mit einem Gesamtgewicht von 9864 g aufgenommen. Das sich hieraus errechnende Durchschnittsgewicht von 5,3 g zeigt einen starken Fragmentierungsgrad des Materials an; es liegen aber dennoch einige größere Scherben vor, und auch Anpassungen von Gefäßfragmenten waren in einigen Fällen möglich (Abb. 9,1.13; 10,3–4).

Die Machart der Keramik entspricht weitgehend derjenigen der Altgrabungen (Spennemann 1984, 97–112 mit einer ausführlichen Charakterisierung bezüglich Machart, Magerung und Herstellungstechnik) und der Funde aus den 2013 sondierten Grubenhäusern (Link/Herbig 2016, 108–116). Die Keramik ist überwiegend relativ grob und stark gemagert, wobei als Magerungsmittel neben Sand häufig ein Gesteinsgrus aus dem lokalen Kalkstein (seltener auch aus Quarz) zum Einsatz kam. Die Oberflächen sind meist nur grob verstrichen, bei einigen Stücken aber auch feiner geglättet (z. B. am Oberteil des Gefäßes Abb. 10,4).

Aus der oberen Grabenverfüllung stammen einige Stücke mit einer deutlich feineren Machart und gut geglätteten Oberflächen (Abb. 9,1–3.5). Ein Gefäßfragment aus mehreren Scherben (Abb. 9,1) fand sich in unmittelbarer Nachbarschaft des Skeletts (s. o.) und dürfte aufgrund der Gefäßform wohl in die Späthallstatt-/Frühlatène-Zeit datieren. Gleiches gilt für zwei weitere Stücke (Abb. 9,2–3). Die fraglichen Funde stammen allesamt aus der oberen Grabenverfüllung; die unteren Füllschichten erbrachten kein nach-neolithisches Material.

Zu den Formen der neolithischen Keramik sind aufgrund des hohen Fragmentierungsgrades kaum Aussagen möglich. Die wenigen zu größeren Teilen rekonstruierbaren Profile beschränken sich auf Töpfe mit relativ steiler, geschwungener Wand ohne ausgeprägten Umbruch (Abb. 9,13; 10,3–4), aber deutlicher Unterscheidung zwischen Gefäßober- und -unterteil. Der Schulterbereich wird durch einen teils leicht abgesetzten Profilverlauf, plastische Leisten oder den Wechsel von aufgerautem Unter- zu glattem Oberteil hervorgehoben. Mehrere Bodenscherben belegen Flachböden, wobei der Übergang zur Gefäßwand oft kantig ausgeprägt ist und teils einen leicht abgesetzten Fußbereich aufweist (Abb. 9,14).

Die Ränder sind einfach gerundet oder leicht abgeflacht. Durchlochungen unterhalb des Randes, wie sie in verschiedenen Kulturgruppen des Spät- bzw. frühen Endneolithikums geläufig sind, treten lediglich einmal auf (Abb. 9,11). Singulär ist ein stark verdickter Arkadenrand, der durch 2–3 mm tiefe Kerben gegliedert wird (Abb. 9,9). Der Randabschluss ist breit und flach. Auch wenn die sehr starke Ausprägung des Arkadenrandes ungewöhnlich erscheint, lässt sich das Stück dem Jungneolithikum zuweisen. Die Präsenz dieser Epoche auf dem Sporn von Burgerroth ist bereits durch einige Funde der Michelsberger Kultur aus der Altgrabung belegt und wird auch durch ein ins 4. Jahrtausend v. Chr. fallendes Radiokarbondatum aus dem Graben (s. u.) angedeutet.

Häufig ist eine Aufrauung der Oberfläche durch sog. „Mattenrauung" bzw. Schnurabrollung (vgl. Beitrag Schlichtherle in diesem Band) zu beobachten (Abb. 9,6–7; 10,3–7; 11,2); mit zwei Fällen ist auch Besenstrich belegt (Abb. 11,1.3), Schlickauftrag tritt einmal auf (Abb. 9,13). Die Rauung beschränkt sich, soweit dies an dem stark fragmentierten Material nachvollziehbar ist, auf die Gefäßunterteile. Ebenfalls häufig sind plastische Leisten, die mit Fingertupfen oder Kerben verziert sind und zumeist in Kombination mit Oberflächenrauung als deren oberer Abschluss auftreten (Abb. 9,6; 10,2–4; 11,2). Bei einem zu größeren Teilen erhaltenen Gefäß (Abb. 10,4) lässt sich die Herstellung der Rauung durch Schnurabrollung anhand mehrerer ‚Rapporte', wiederkehrender Abdrücke von charakteristischen Stellen der verwendeten Schnurrolle, nachvollziehen (Abb. 12; vgl. Beitrag Schlichtherle in diesem Band).

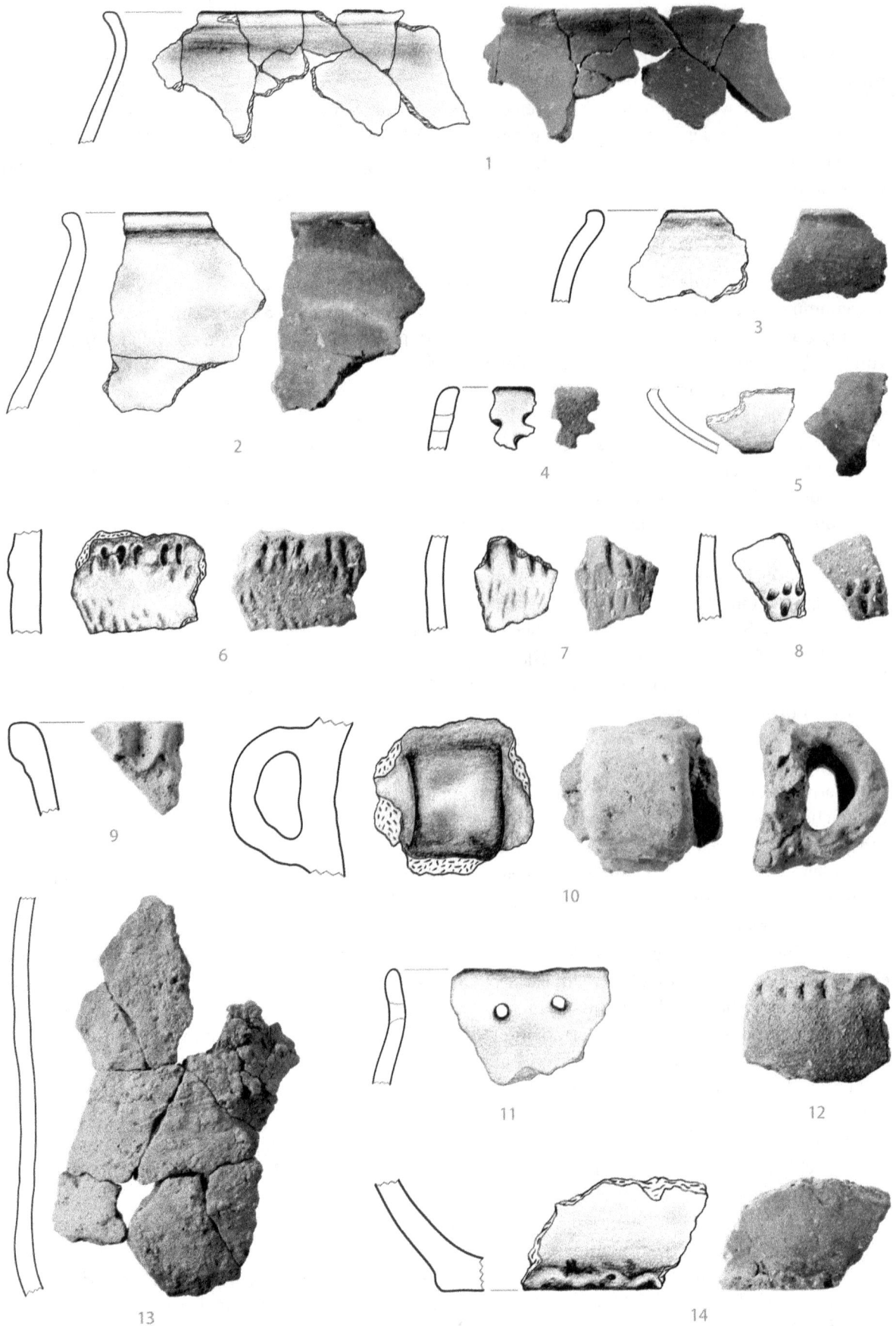

Abb. 9. Keramik aus der oberen Grabenverfüllung. 1–2, 13 M. 1:3, sonst M. 1:2 (Zeichnungen P. Schinkel, Fotos T. Link).

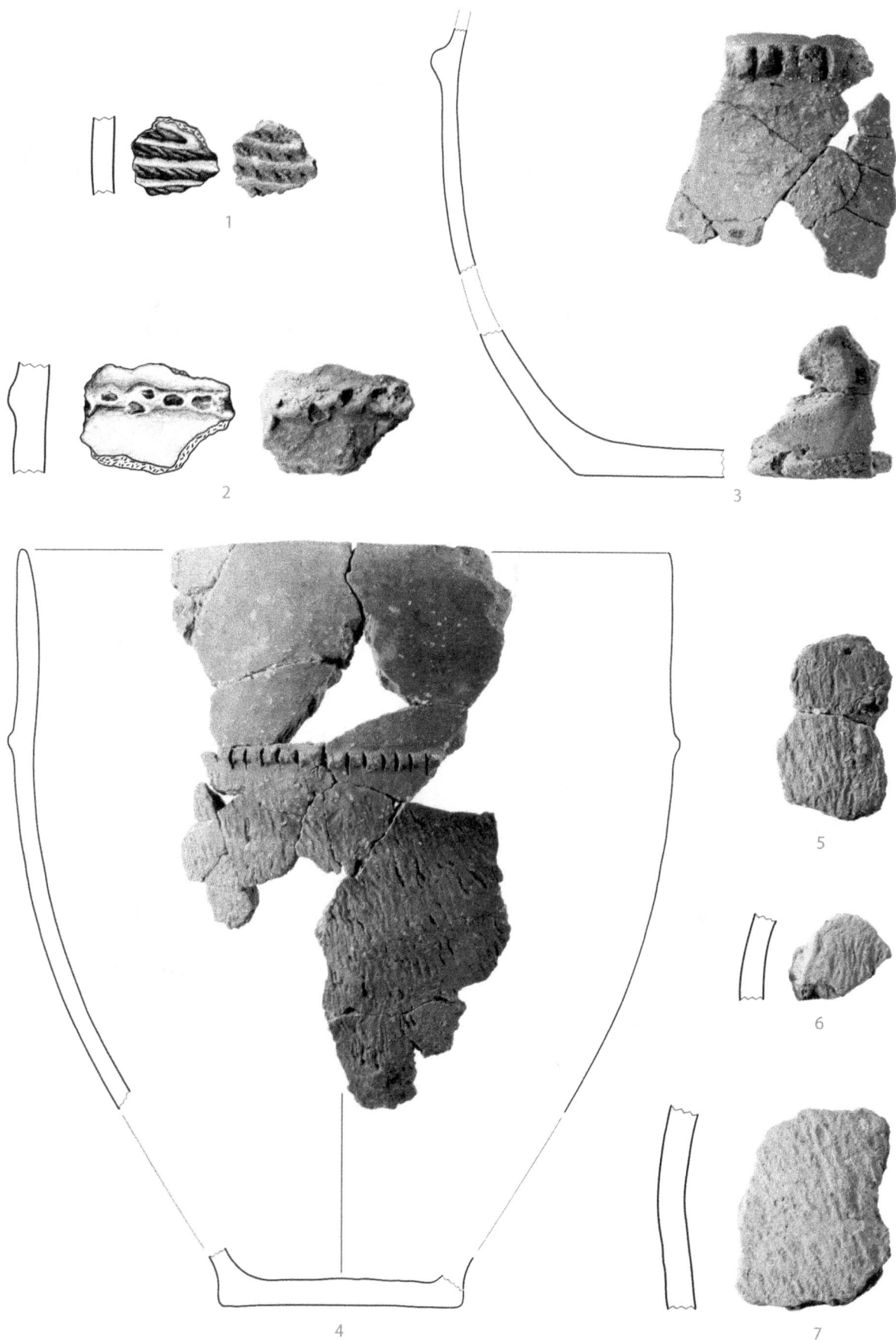

Abb. 10. Keramik aus der unteren Grabenverfüllung. 4–5 M. 1:3, sonst M. 1:2 (Zeichnungen P. Schinkel, Fotos T. Link).

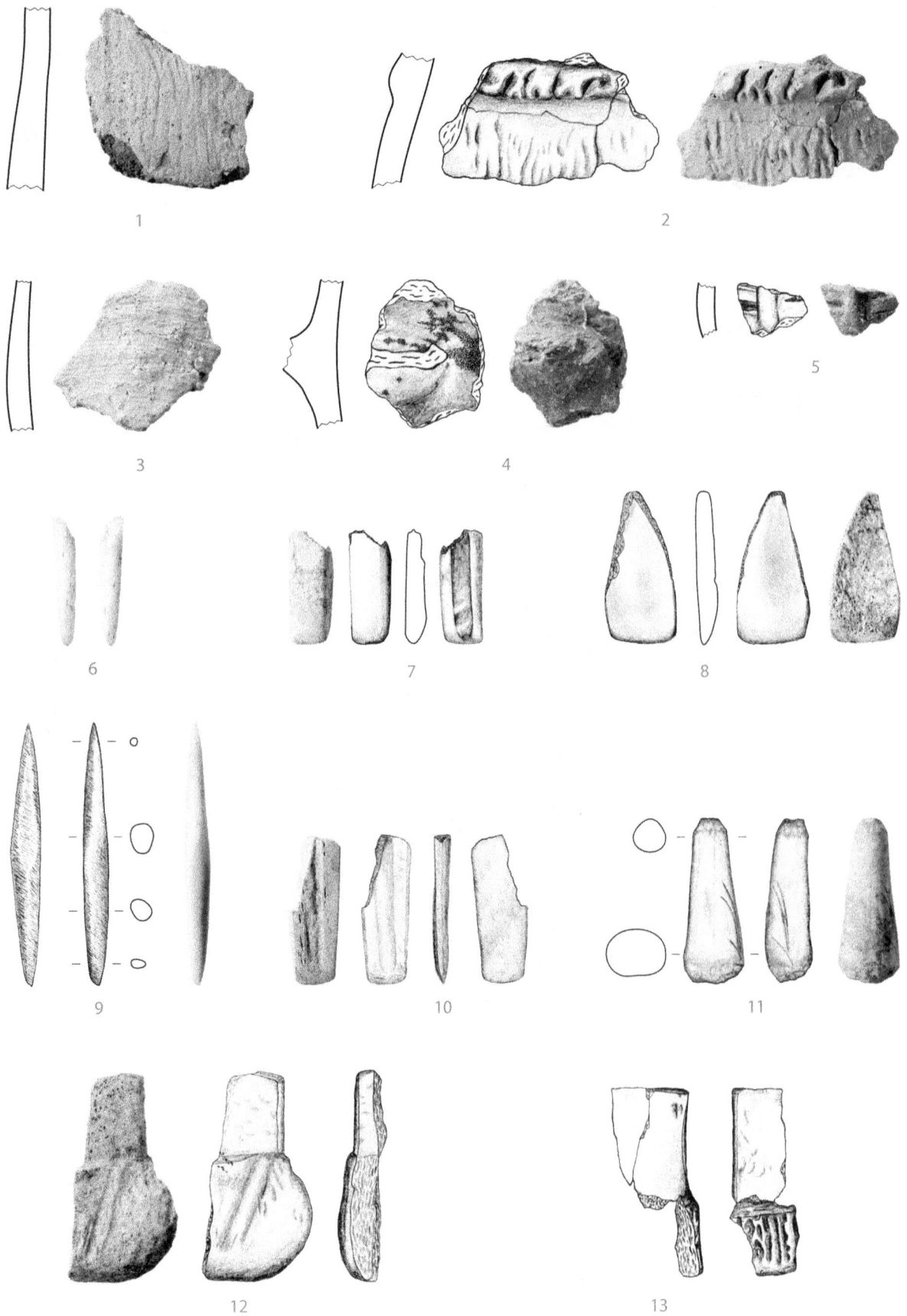

Abb. 11. 1–5 Keramik aus der unteren Grabenverfüllung; 6–10 Knochengeräte; 11–13 Geweihgeräte. M. 1:2 (Zeichnungen P. Schinkel, Fotos T. Link).

Henkel sind mit einem vollständigen Exemplar belegt (Abb. 9,10). Es handelt sich um einen circa 3,5 cm breiten und 1,6 cm dicken Bandhenkel, der an der Schulter eines Gefäßes saß, wie das leicht abknickende Profil zeigt. Bei einem weiteren Fragment dürfte es sich um einen Henkelansatz handeln (Abb. 11,4). Eine nähere kulturelle Einordnung der Stücke ist kaum möglich – vergleichbare Bandhenkel sind im Spätneolithikum weit verbreitet und treten auch im Endneolithikum noch auf, etwa an schnurkeramischen Amphoren.

Zu den aufsehenerregendsten Funden der Grabung 2013 gehörten zwei gut erhaltene Siebgefäße, die in der Mittelgrube eines der beiden sondierten Grubenhäuser gefunden wurden (Link/ Herbig 2016, Abb. 11,5–6). Auch 2014 kamen in der Verfüllung des Grabens ein sicheres (Abb. 9,4) und ein weiteres mögliches Siebgefäß-Fragment zutage, beide allerdings sehr klein und stark verwittert.

Abb. 12. ‚Rapporte' der Schnurabrollung auf dem Gefäß Abb. 10,4. In einer Abrollung zusammengehörige Rapporte sind jeweils gleichfarbig dargestellt. M. 1:2 (Foto T. Link).

Außer den angesprochenen plastischen Elementen treten kaum weitere Verzierungen auf. Für eine nähere typochronologische Einordnung sind die meisten verzierten Stücke zu fragmentarisch erhalten oder zu unspezifisch. Schnurverzierung ist einmal belegt (Abb. 10,1); sie lässt einen schnurkeramischen Zusammenhang vermuten, kann aber auch schon in den vorangehenden Kulturgruppen auftreten. Ritzlinien, die an eine dünne plastische Leiste anschließen (Abb. 11,5) sind schon aus dem Material der Burgerrother Altgrabungen bekannt (Spennemann 1984, Taf. 47,382–383); überregionale Vergleiche finden sich vor allem in der Řivnáč-, vereinzelt aber auch in der Chamer Kultur (Matuschik 1990, 471; 489). Eine Reihe länglicher Kerben (Abb. 9,12) dürfte, da sie von einer nur im Ansatz erhaltenen plastischen Applikation unterbrochen wird, horizontal zu orientieren und an der Gefäßschulter zu lokalisieren sein. Weiterhin zu erwähnen sind eine Scherbe mit einer Doppelreihe tiefer, runder Einstiche (Abb. 9,8) sowie ein Stück mit breiten, kerbartigen Rillen (Abb. 9,7).

Knochen und Geweih

Unter den insgesamt 1527 Knochen- und Geweihobjekten mit einem Gesamtgewicht von 7250 g entfallen mindestens 330 Knochenfragmente mit einem Gewicht von etwa 1237 g auf das menschliche Skelett aus Bef. 29. Die rund 1200 tierischen Knochen und Geweihstücke sind überwiegend stark fragmentiert (das Durchschnittsgewicht liegt mit ca. 5,8 g im selben Bereich wie dasjenige der Keramik), wurden jedoch im kalkreichen Boden kaum zersetzt und sind in fester Konsistenz erhalten. Wie auch die menschlichen Knochen konnten sie bislang leider noch keiner osteologischen Untersuchung unterzogen werden.

Unter den Knochen- und Geweihfunden befindet sich auch eine Reihe von Artefakten. Das Spektrum ist jedoch deutlich kleiner als beim Fundmaterial aus den Grubenhäusern und umfasst vor allem verschiedene zugeschliffene Spitzen sowie meißelartige Geräte mit unterschiedlich breiter Schneide (Abb. 11,6–8.10). Im Burgerrother Inventar bislang singulär ist eine etwa 9 cm lange, vollständig überschliffene

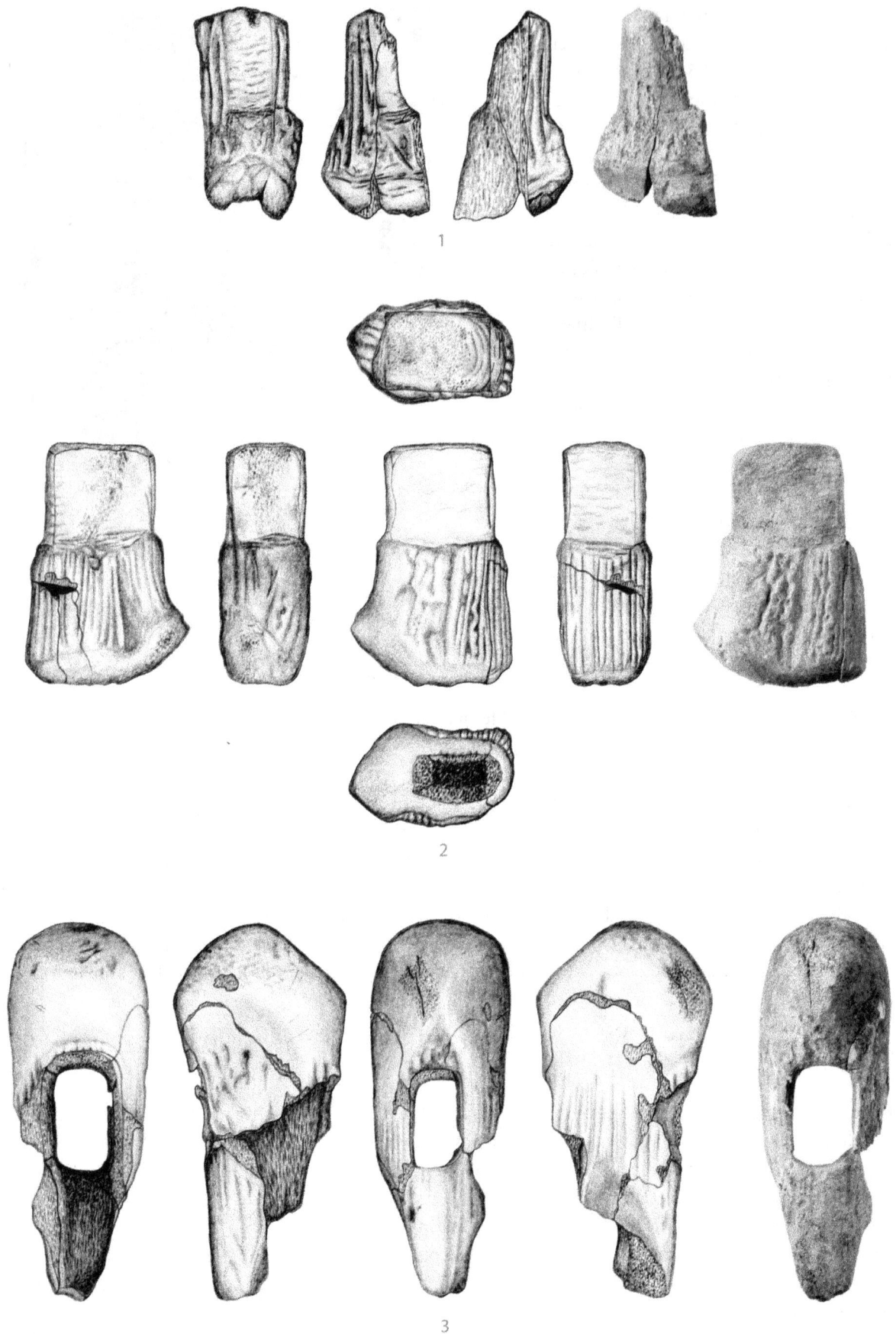

Abb. 13. Geweihgeräte. M. 1:2 (Zeichnungen P. Schinkel, Fotos T. Link).

Doppelspitze aus Knochen (Abb. 11,9). Sie könnte eventuell als Querangel zu deuten sein (vgl. Torke 1993, 52–55); allerdings weist das Objekt keine Spuren der Befestigung einer Schnur auf.

Besondere Erwähnung verdienen außerdem ein vollständiges und drei fragmentarische Geweihzwischenfutter (Abb. 11,12–13; 13,1–2). Das häufige Auftreten von Zwischenfuttern ist ein Charakteristikum des Fundplatzes Burgerroth, das diesen eng an den südwestdeutsch-schweizerischen Kulturraum anbindet; im näheren regionalen Umfeld Frankens ist diese Objektgattung ebenso wie in Bayern und Hessen ausgesprochen selten. Die Stücke aus Burgerroth gehören allesamt einem Typ mit einfachem, rechteckigem Zapfen, umlaufendem Absatz und Kranz ohne Dorn an (Billamboz/Schlichtherle 1985, 164 Abb. 1), der am Ende der Entwicklung der neolithischen Zwischenfutter steht und in Oberschwaben und der Schweiz in Horgener, Goldberg III- und schnurkeramischen Kontexten in großer Zahl auftritt (ebd. Abb. 2; 9–10; Schlichtherle 1999, 42–45; Abb. 11; Hafner/Suter 2003, 12–14). Eine Geweihhacke oder -axt mit rechteckigem Schaftloch (Abb. 13,3) findet Vergleiche ebenfalls vor allem in den Seeufersiedlungen des Voralpenraumes (z. B. aus den Horgener Schichten von Zürich-Mozartstrasse: Gross u. a. 1992, Taf. 176,7–9 oder Nidau am Bielersee: Hafner/Suter 2000, 121; Taf. 39,1–2; vgl. auch Hafner/ Suter 2003, 14 f.).

Zahlreiche weitere Geweihstücke zeigen Benutzungs- und Bearbeitungsspuren (Abb. 14,1–3). Ein Sprossenfragment mit an beiden Enden stumpf abgearbeiteten Kanten kann als Retuscheur oder Ähnliches gedient haben (Abb. 11,11). Neben zahlreichen nicht näher einzuordnenden Schnitt- und Verrundungsspuren ist in einigen Fällen auch die Abtrennung der Rosette von der Geweihstange (Abb. 14,3) beziehungsweise eine Zerlegung der Stange dokumentiert; dies wird besonders an einem Stück mit Spuren einer unvollendeten Zerlegung deutlich (Abb. 14,1). In den Graben gelangten somit zusammen mit anderem Siedlungsabfall offenbar auch zahlreiche Abfallstücke der Geweihverarbeitung, die eine entsprechende Tätigkeit vor Ort belegen.

Silex und Felsgestein

Neben Keramik und Knochen wurden bei der Grabung 35 Silices (32,6 g) und 101 Objekte aus Felsgestein (5463 g) geborgen. Insbesondere bei Letzteren handelt es sich jedoch zu einem großen Teil nicht um Artefakte, wie sich im Laufe der Fundreinigung und -bearbeitung erwies. Aber auch unter den Silices dominieren Fragmente aus lokal vorkommendem Chalcedon (eine Reliktbildung aus dem oberen Keuper: Haunschild 1997, 14; 18; 55 f.), bei denen es sich nicht um Artefakte handelt (Abb. 14,4). Das einzige eindeutig als solches ansprechbare Silexartefakt ist ein unregelmäßiger Hornstein-Abschlag mit bilateraler und bifazieller Kantenretusche (Abb. 14,7). Daneben liegen zwei weitere, unmodifizierte Hornstein-Fragmente vor, bei denen es sich um Abfallstücke handeln dürfte (Abb. 14,5–6).

Mindestens drei Objekte aus gelblichem Keuper-Sandstein können aufgrund charakteristischer Formveränderungen und glatt verschliffener Arbeitsflächen als Bruchstücke von Schleif- beziehungsweise Reibsteinen angesprochen werden (Abb. 14,12–14). Ein nur knapp 3 cm großer Abspliss eines Steinbeils mit einem Rest der geschliffenen Oberfläche besteht aus grünlich-dunkelgrauem Gestein, vermutlich Amphibolit (Abb. 14,11).

Auffällig sind insgesamt 18 Muschelkalk-Stücke mit meist ungleichmäßigen, unterschiedlich starken Rotfärbungen, die wahrscheinlich als Spuren von Hitzeeinwirkung zu deuten sind. In allen Fällen handelt es sich um lose Steine aus der Grabenverfüllung, bis auf einen stammen sie aus der unteren Schicht. Am anstehenden Fels treten die Verfärbungen nicht auf. Es ist also nicht anzunehmen, dass im Graben Feuer gebrannt hätte, sondern vielmehr, dass die gebrannten Steine aus dem Siedlungsbereich stammen und zusammen mit anderen Abfällen in die Grabenverfüllung gelangten. Auch in der Verfüllung der beiden 2013 sondierten Grubenhäuser traten zahlreiche Steine mit Spuren von Hitzeeinwirkung auf, waren aber auch dort nicht mit dem Standort von Feuerstellen in Verbindung zu bringen (Link/Herbig 2016, 107).

14 Objekte mit einem Gesamtgewicht von 1587 g wurden als ‚Rötel' angesprochen; zur Verifikation und Präzisierung dieser Ansprache wäre allerdings eine detaillierte Materialanalyse erforderlich. Es handelt sich um ein relativ poröses, leicht sandig abbröckelndes Material, das auf Papier einen deutlichen dunkelroten Strich hinterlässt (Abb. 14,8–9).

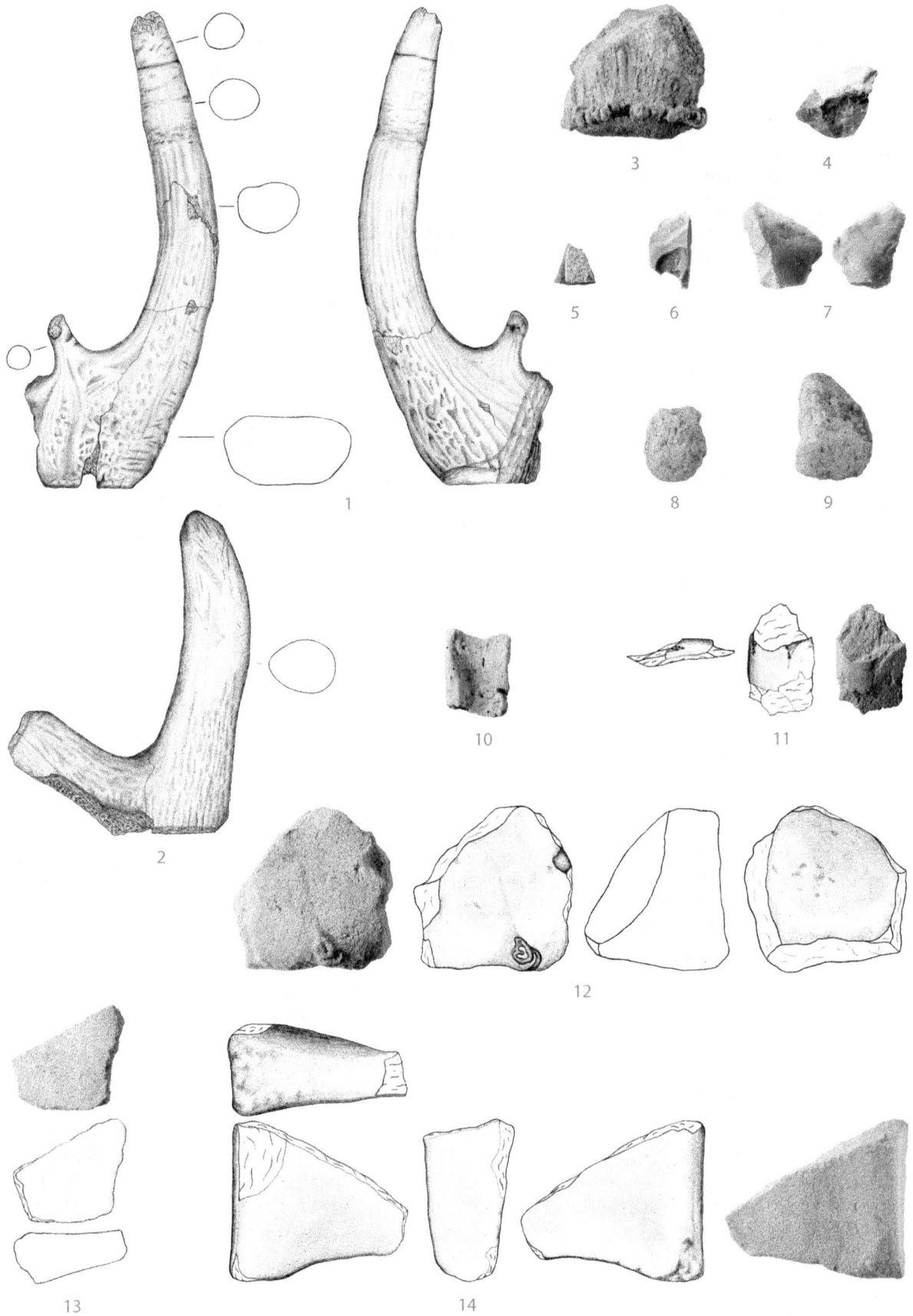

Abb. 14. 1–3 Geweih mit Bearbeitungsspuren; 4–7 Silex; 8–9 Rötel (?); 10 Brandlehm; 11 Steinbeil-Fragment; 12–14 Schleif-
steinfragmente. 1–3 M. 1:3, sonst M. 1:2 (Zeichnungen P. Schinkel, Fotos T. Link).

Brandlehm

Brandlehm liegt mit 278 Objekten und einem Gesamtgewicht von 1381 g ebenfalls relativ zahlreich vor. Obwohl auch er stark fragmentiert ist (durchschnittliches Gewicht ca. 5,0 g) sind auch einige größere Stücke vorhanden, die teils sogar Negativabdrücke von Hölzern oder Ähnlichem erkennen lassen (Abb. 14,10). Das Vorkommen von gebranntem Lehm in signifikanter Menge in der Grabenverfüllung spricht dafür, dass dieser als Abfall beziehungsweise Schutt aus der benachbarten Siedlung in den Graben gelangte; ob dies unbeabsichtigt im Rahmen der alltäglichen Siedlungsaktivitäten oder in Form einer gezielten Verfüllung erfolgte, muss dabei offen bleiben.

Datierung und kulturelle Einordnung

Das Fundmaterial lässt sich, wie auch dasjenige aus den Grubenhäusern, in das ausgehende Spätneolithikum beziehungsweise frühe Endneolithikum einordnen. Parallelen finden sich in den benachbarten, süd- und mitteldeutschen Kulturguppen Goldberg III, Cham, Bernburg und Wartberg, aber auch in der böhmischen Řivnáč-Kultur. Schnurkeramische Bezüge lassen sich dagegen, anders als bei den 2013 sondierten Grubenhäusern, nicht eindeutig belegen. Die einzige 2014 gefundene schnurverzierte Scherbe (Abb. 10,1) ist hierfür kein hinreichendes Indiz, da Schnurverzierung bereits in den Vorgängergruppen der Schnurkeramik vorkommt. Die in den Grubenhäusern mit mehreren Exemplaren belegte, leistenverzierte schnurkeramische Siedlungsware fehlt im Graben ganz. Insgesamt deutet sich somit eine etwas ältere Datierung des Fundmaterials aus dem Graben gegenüber demjenigen aus den 2013 sondierten Grubenhäusern an.

Starke Bezüge in den südwestdeutsch-schweizerischen Raum belegen die Geweih-Zwischenfutter (s. o.), die sowohl in Bayern als auch in Mitteldeutschland ausgesprochen selten vorkommen, in Burgerroth aber sowohl in den Altgrabungen als auch den neuen Sondagen der Jahre 2013 und 2014 in großer Zahl auftreten.

Radiokarbondaten

Bereits bei der Nachgrabung an einem Profil des inneren Grabens konnte Spennemann in den 1980er-Jahren ein ^{14}C-Datum gewinnen, das aufgrund seiner hohen Standardabweichung allerdings nicht allzu aussagekräftig ist. Drei weitere Datierungen wurden an botanischen Makroresten aus den 2013 sondierten Grubenhäusern erstellt (vgl. Link/Herbig 2016, 122 f.). Zwei von ihnen datieren in die Mitte des 3. Jahrtausends v. Chr.; das junge Datum der dritten Probe um oder kurz nach 2000 v. Chr. ist wohl auf Vermischung der aus mehreren Makroresten bestehenden Probe mit jüngerem Material zurückzuführen.

Für die Grabung 2014 konnten an botanischen Makroresten[2] (v. a. Getreidekörnern) aus der Grabenverfüllung vier weitere ^{14}C-Datierungen vorgenommen werden (Abb. 15). Drei der Daten fallen schwerpunktmäßig ebenfalls in die Zeit kurz vor der Mitte beziehungsweise ins zweite Viertel des 3. Jahrtausends (Erl-20204: 2640–2469 cal BC, 88,8%; Erl-20206: 2867–2566 cal BC, 91,6%; MAMS-25468: 2857–2569 cal BC, 93,2%). Wie bereits bei den Daten aus den Grubenhäusern ist die für den durch spätneolithische Merkmale geprägten Kontext sehr junge Zeitstellung bemerkenswert, die eine zeitliche Parallelität zur beginnenden Schnurkeramik vermuten lässt. Das vierte ^{14}C-Datum dagegen datiert deutlich älter in die Zeit des Jungneolithikums (Erl-20205: 3762–3534 cal BC, 95,4%). Sehr wahrscheinlich ist dieses Datum durch Einmischung und Umlagerung älteren Materials zu erklären. Es ist aber auch nicht ausgeschlossen, dass hier der Rest eines vom spätneolithischen Graben gestörten jungneolithischen Befundes aus der ersten Hälfte des 4. Jahrtausends erfasst wurde. Jungneolithische Präsenz ist in Burgerroth durch einige Michelsberger Scherben aus den Altgrabungen grundsätzlich belegt und deutet sich auch in der Grabung 2014 wieder durch den Arkadenrand (s. o., Abb. 9,9) an, sodass das Vorhandensein von Getreideresten aus dieser Zeit nicht allzu überraschend ist.

2 Archäobotanische Analysen Dr. Christoph Herbig, Rodenbach.

OxCal v4.3.2 Bronk Ramsey (2017); r:5 IntCal13 atmospheric curve (Reimer et al 2013)

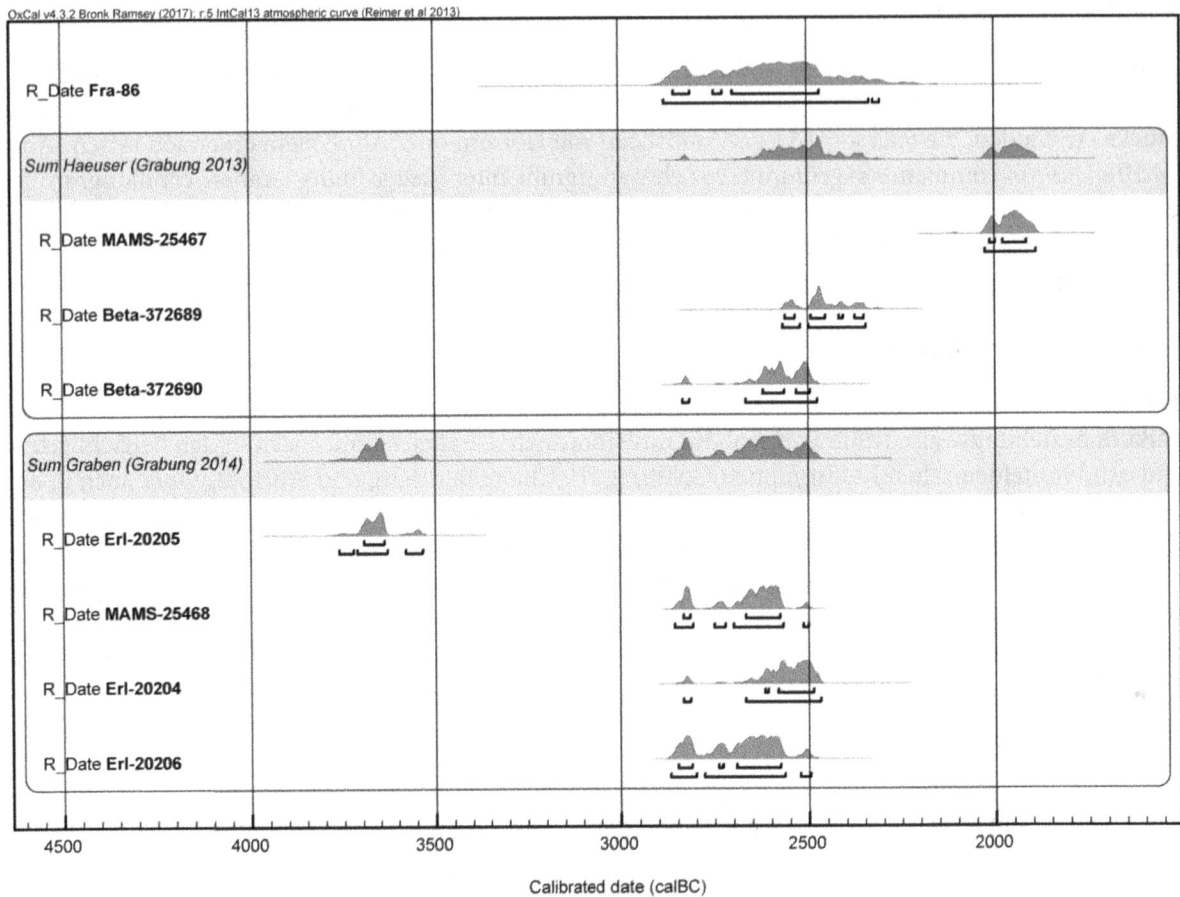

Probe	unkalibriert	kalibriert 1σ (68,2%)	kalibriert 2σ (95,4%)	Kontext	Befund	Probenmaterial
Fra-86	4040 ± 100	2856–2467	2881–2306	Innerer Graben (Spennemann 1984)		Holzkohle
MAMS-25467	3598 ± 27	2013–1916	2026–1891	Haus 1, untere Schicht über Mittelgrube	Fl. 1, D5; Pl. 6-7; Bef. 13	Getreide, Hainbuche, Hülsenfrüchte
Beta-372689	3950 ± 30	2562–2351	2568–2346	Haus 1, Verfüllung der Mittelgrube	Fl. 1, D5; Pl. 9-10; Bef. 18	Getreide
Beta-372690	4050 ± 30	2620–2495	2835–2476	Haus 2, untere Schicht	Fl. 2, E3; Pl. 2-3; Bef. 14	Getreide
Erl-20205	4871 ± 43	3697–3638	3763–3534	Graben, Randbereich untere Grabenfüllung	Fl. 3, V-VI/03-04; Pl. 1-2; Bef. 21	Getreide
MAMS-25468	4091 ± 27	2835–2578	2859–2501	Graben, Randbereich untere Grabenfüllung	Fl. 3, IV-VI/03-04; Pl. 2A-2B; Bef. 21	Haselnussschalen, Getreide
Erl-20204	4036 ± 39	2618–2488	2836–2469	Graben, untere Füllschicht	Fl. 3, IV/05-06; Pl. 3-4; Bef. 26	Getreide
Erl-20206	4098 ± 40	2850–2577	2870–2497	Graben, untere Füllschicht	Fl. 3, IV/11; Pl. 3-4; Bef. 26	Getreide

Abb. 15. Übersicht der ^{14}C-Daten aus Burgerroth. Kalibration mit OxCal v4.3.2 (Bronk Ramsey/Lee 2013; Reimer u. a. 2013).

Fazit

Das reichhaltige Fundmaterial zeigt eindeutig die spätneolithische bis frühendneolithische Zeitstellung der bei der Magnetometerprospektion neu entdeckten Grabenanlage. Das Ziel, mit der Sondage die Abfolge der beiden im Magnetogramm sichtbaren Grabenzüge zu klären, wurde allerdings nur teilweise erreicht – die Stratigraphie erwies sich als unerwartet komplex und weist mindestens drei bis vier Phasen der Grabenanlage beziehungsweise Verfüllung auf. Die älteste Grabenverfüllung ist eindeutig spätneolithisch bis frühendneolithisch, gleiches gilt wohl auch noch für die zweite Ausräumungsphase des Grabens mit dem Abbau der Durchlässe. Eine Scherbe mit Arkadenrand und ein Radiokarbondatum aus dem 4. Jahrtausend lassen aber möglich erscheinen, dass die ursprüngliche Anlage des Grabens bis ins Jungneolithikum zurück reicht, wozu auch die zu rekonstruierende Konstruktionsweise der ältesten Phase mit Durchlässen beziehungsweise Erdbrücken gut passen würde. Da auch noch jüngere Eingriffe in den Graben vorzuliegen scheinen und seine endgültige Zusetzung mit Steinen wohl erst in der Eisenzeit erfolgte, ist die Geschichte des Grabenwerkes wesentlich länger als erwartet.

Trotz zahlreicher noch offener Fragen ergibt sich als Fazit der Sondage für den spät- bis endneolithischen Fundort auf dem Alten Berg bei Burgerroth ein neues Bild: Man darf ihn eindeutig als befestigte Höhensiedlung ansprechen, die in ihrer Spornlage durch zwei Abschnittsbefestigungen vom Hinterland abgetrennt war. Während die innere, bereits von Spennemann dokumentierte Grabenanlage, deren Verlauf durch die Magnetikprospektion ebenfalls weitgehend geklärt werden konnte, eine Fläche von circa 1–1,5 ha umschließt, erweitert das äußere Grabenwerk die Siedlungsfläche auf rund 4 ha[3]. Die zeitliche Relation beider Anlagen zueinander bleibt zwar bis auf weiteres unklar, die lange Geschichte des äußeren Grabens lässt aber annehmen, dass beide zumindest zeitweise parallel Bestand hatten.

Zur internen Siedlungsentwicklung lassen sich beim derzeitigen Forschungsstand noch keine Aussagen treffen. Das Auftreten schnurkeramischer Siedlungsware in den 2013 sondierten Grubenhäusern sowie der Altgrabung und deren Fehlen im 2014 untersuchten Grabenabschnitt lassen eine ältere Datierung des Grabens vermuten und deuten eine zeitliche Tiefe an, die allerdings auf der bisherigen Datenbasis noch nicht näher präzisiert werden kann.

Neben den beiden Grabenanlagen ist das derzeitige Bild der Siedlung auf dem Alten Berg vor allem durch die zahlreichen Grubenhäuser geprägt, die sich als Anomalien im Magnetogramm abzeichnen. Dass es sich bei diesen um die eigentlichen Wohnbauten der Siedlung handelt, erscheint aber fraglich; andere, bislang nicht erkannte Bauformen können daneben existiert haben. Ebenerdige Pfostenbauten wären in der Magnetik allerdings wohl nicht erkennbar und, sofern die Pfosten nicht nennenswert in den Muschelkalk eingetieft waren, heute wahrscheinlich nur noch oberflächlich oder womöglich auch gar nicht mehr als Befund erhalten. Das Bild der Siedlung ist mit Sicherheit sehr lückenhaft und einseitig durch die Überlieferungsbedingungen und den aktuellen Forschungsstand geprägt. Dennoch bietet Burgerroth wie kaum ein anderer Fundplatz das Potential, weitere neue Erkenntnisse zum Siedlungswesen der ersten Hälfte des dritten Jahrtausends v. Chr. zu gewinnen.

---

3   Aufgrund der Zerstörung durch die Steinbruchtätigkeit sind nur näherungsweise Aussagen zur ursprünglichen Fläche des Bergsporns und der Besiedlung in diesem Bereich möglich.

Literatur

BILLAMBOZ/SCHLICHTHERLE 1985: A. Billamboz/H. Schlichtherle, Les gaines de hache en bois de cerf dans le Néolithique du sud-ouest de l'Allemagne. Contribution à l'histoire de l'emmanchement de la hache au nord des Alpes. In: H. Camps-Fabrer (Hrsg.), L'industrie en os et bois de cervidé durant le Néolithique et l'âge des métaux. Troisième réunion du Groupe de travail no. 3 sur l'industrie de l'os préhistorique, Aix-en-Provence, 26, 27, 28 octobre 1983 (Paris 1985) 162–189.

BRONK RAMSEY/LEE 2013: C. Bronk Ramsey/S. Lee, Recent and Planned Developments of the Program OxCal. Radiocarbon 55, 4, 2013, 720–730.

GROSS U. A. 1992: E. Gross/E. Bleuer/B. Hardmeyer/A. Rast-Eicher/C. Ritzmann/B. Ruckstuhl/U. Ruoff/J. Schibler, Zürich «Mozartstrasse». Neolithische und bronzezeitliche Ufersiedlungen. Band 2: Tafeln. Ber. Zürcher Denkmalpfl. Monogr. 17 (Egg, Zürich 1992).

HAFNER/SUTER 2000: A. Hafner/P. J. Suter, -3400. Die Entwicklung der Bauerngesellschaften im 4. Jahrtausend v. Chr. am Bielersee aufgrund der Rettungsgrabungen von Nidau und Sutz-Lattrigen (Bern 2000).

HAFNER/SUTER 2003: A. Hafner/P. J. Suter, Das Neolithikum in der Schweiz. Journal Neolithic Arch. 5, 2003, 1–75.

HAUNSCHILD 1997: H. Haunschild, Geologische Karte von Bayern 1:25000. Erläuterungen zum Blatt Nr. 6426 Aub (München 1997).

LINK 2013: T. Link, Neues vom Alten Berg – Untersuchungen auf einer spätneolithischen Höhensiedlung bei Burgerroth, Stadt Aub, Landkreis Würzburg, Unterfranken. Arch. Jahr Bayern 2013, 37–40.

LINK/HERBIG 2016: T. Link/C. Herbig, Zwei endneolithische Grubenhäuser auf dem „Alten Berg" bei Burgerroth (Lkr. Würzburg, Unterfranken). In: J. Pechtl/T. Link/L. Husty (Hrsg.), Neue Materialien des Bayerischen Neolithikums. Tagung im Kloster Windberg vom 21. bis 23. November 2014. Würzburger Stud. Vor- u. Frühgesch. Arch. 2 (Würzburg 2016) 99–126.

MATUSCHIK 1990: I. Matuschik, Die neolithische Besiedlung in Riekofen-„Kellnerfeld" – Beiträge zur Kenntnis des Spätneolithikums im südlichen Bayern (Freiburg 1990).

REIMER U. A. 2013: P. J. Reimer/E. Bard/A. Bayliss/J. W. Beck/P. G. Blackwell/C. Bronk Ramsey/P. M. Grootes/T. P. Guilderson/H. Haflidason/I. Hajdas/C. Hatté/T. J. Heaton/D. L. Hoffmann/A. G. Hogg/K. A. Hughen/K. F. Kaiser/B. Kromer/S. W. Manning/M. Niu/R. W. Reimer/D. A. Richards/E. M. Scott/J. R. Southon/R. A. Staff/C. S. M. Turney/J. van der Plicht, IntCal13 and Marine13 Radiocarbon Age Calibration Curves 0–50,000 Years cal BP. Radiocarbon 55, 4, 2013, 1869–1887.

SCHLICHTHERLE 1999: H. Schlichtherle, Die Goldberg III Gruppe in Oberschwaben. In: H. Schlichtherle/M. Strobel (Hrsg.), Aktuelles zu Horgen – Cham – Goldberg III – Schnurkeramik in Süddeutschland. Rundgespräch Hemmenhofen 26. Juni 1998. Hemmenhofener Skripte 1 (Freiburg 1999) 35–48.

SPENNEMANN 1984: D. R. Spennemann, Burgerroth. Eine spätneolithische Höhensiedlung in Unterfranken. BAR Internat. Ser. 219 (Oxford 1984).

TORKE 1993: W. Torke, Die Fischerei am prähistorischen Federsee. Arch. Korrbl. 23, 1993, 49–66.

Thomas Link
Landesamt für Denkmalpflege im Regierungspräsidium Stuttgart
Ref. 82 – Denkmalfachliche Vermittlung
Berliner Straße 12
73728 Esslingen am Neckar
thomas.link@rps.bwl.de

L. Husty / T. Link / J. Pechtl (Hrsg.), Neue Materialien des Bayerischen Neolithikums 2 – Tagung im Kloster Windberg vom 18. bis 20. November 2016. Würzburger Studien zur Vor- und Frühgeschichtlichen Archäologie 3 (Würzburg 2018) 199–213.

Zur Typologie von Beilen, Dechseln und Äxten – Anwendbarkeit und Validität

Michaela Schauer

Zusammenfassung

Sowohl für Beile und Dechsel als auch für Äxte gibt es eine Vielzahl von Typologien, welche geschliffene Steingeräte teils nach ähnlichen, teils nach verschiedenen Merkmalen kategorisieren. Bei der Bearbeitung von Fundkomplexen oder Oberflächensammlungen führt diese Tatsache zu der Problematik, dass zu entscheiden ist, welche Typologie auf ein spezifisches Material angewendet werden soll. Besonders schwierig wird es, wenn für den untersuchten Raum keine bereits erarbeitete, lokale Gliederung vorliegt. Um mit diesem Problem umgehen zu können, wurde bei der Bearbeitung der Oberflächenfunde aus dem Maindreieck (Sammlung Schindler) zunächst jedes Objekt anhand einer größeren Anzahl von Typologien bestimmt. In einem zweiten Schritt erfolgte durch Korrespondenzanalyse und Seriation eine statistische Ordnung dieser Typologien in neue Gruppen, welche eine Zusammenfassung der Gliederungssysteme darstellt. Die Geräte der Sammlung Schindler konnten so in einer neuen Typologie gegliedert werden, die sich aus den Typen beziehungsweise Typologien verschiedener Autoren zusammensetzt. Setzt man diese Typologie beziehungsweise die ihr zugrunde liegenden Typologien aus der Literatur in Bezug zu experimentalarchäologischen Untersuchungen, so zeigt sich, dass die für die Arbeits- und Wirkungsweise der Geräte besonders relevanten Kriterien wie Schneidenwinkel und Schneidenwölbung nicht mit einbezogen wurden. Weitere Arbeiten müssen demnach noch zeigen, welchen Bezug zur vermuteten prähistorischen Realität die aktuell existierenden Typologien aufweisen.

Abstract

Concerning adzes, hatchets and axes many typologies can be found in the literature. Some of the criteria used are identical, others differ. To define polished ground stone artifacts of a site or of surface collections, these different ways of describing the same object cause some problems as how to identify the right typology for the material in question. It gets even more complicated if there is no local typology at hand which easily can be used on the material. To cope with these difficulties, the strategy to handle the objects of the surface collection of Günter Schindler in the lower Franconian Main area was to identify each object by different typologies. In a second step, correspondence analysis and seriation were used to build a new typology based on the ones given by the literature. This new typology is basically a summary of the former and described by them. Every object of the Sammlung Schindler can be placed in these types. Results of Experimental Archaeology – used to define the practical use of these stone tools – suggest that the most important features relevant in this respect are currently not included in any typology. More research needs to be done to identify in which way the existing typologies relate to the meaning and purpose the stone tools may have had in prehistory.

Einleitung

Geschliffene Steingeräte sind zwar definierende Objekte des Neolithikums, doch wird diese Geräteklasse selbst oft kaum behandelt, wenn neolithische Kulturen beschrieben werden. Dies ist vor allem der Tatsache geschuldet, dass ohne Fundkontext geborgene Felsgesteingeräte nicht eindeutig einer archäologischen Periode zuzuweisen sind, da sie das gesamte Neolithikum hindurch in beinahe allen Kulturen genutzt werden. Auch die Erstellung einer Feinchronologie ist daher sehr schwierig, da es sich überwiegend um universelle Formen handelt. Dennoch sind Felsgesteingeräte als wichtige Werkzeuge, insbesondere zur Holzbearbeitung, eine essenzielle Gerätegruppe. Im Bewusstsein dieser Problematiken beschäftigt sich dieser Artikel mit den Felsgesteingeräten der Oberflächenaufsammlung Günter Schindlers aus dem Maindreieck. Bei dem Versuch einer typologischen Gliederung des Materials wurde rasch klar, dass es nahezu unmöglich ist, schon vorab aus der Vielzahl von zur Verfügung stehenden Typologien auszuwählen, welche das Material am besten beschreiben wird. Es wurde deshalb ein empirischer Ansatz gewählt, welcher darauf basiert, jedes Gerät mit einer Vielzahl an bekannten Typologien zu bestimmen und deren interne Zusammenhänge statistisch auszuwerten. Auf diese Weise wurde versucht, eine Vereinheitlichung der Typologien zu erzielen und zu bestimmen, welcher Detailgrad für eine solche typologische Gliederung für Steingeräte aus Oberflächensammlungen nötig ist[1].

Datenaufnahme

Die Felsgesteingeräte der Sammlung Schindler wurden nach den gängigen Kriterien und mit den üblichen, als relevant erachteten Merkmalen aufgenommen: Erhaltene Partien, Form des Gerätes in der Draufsicht (Umriss) sowie Besonderheiten in der allgemeinen Erscheinung, Form des Querschnitts, Nackenform und Schneidenform. Als wichtige Maße wurden Nackenhöhe, Nackenbreite, Schneidenlage, Schneidenhöhe und Schneidenlänge sowie Länge (L), Breite (B), Höhe (H) und die Lage am Gerät der letzten beiden Strecken festgehalten[2]. Alle diese Werte sind dem Schema Böhners (1997) folgend abgenommen. Als relevante metrische Verhältnisse wurden Breiten-Höhen-Index (BHI) berechnet als (B/H)*10, Höhen-Breiten-Index (HBI) berechnet durch (H*100)/B (Spatz 1999, 84–85) und Breiten-Längen-Index (BLI) berechnet durch (100*B)/L (Modderman 1970, 185) herangezogen.

Datensatz

Die Anzahl der Felsgesteingeräte beziehungsweise Steingerätfragmente der Sammlung Schindler beläuft sich auf insgesamt 580 Objekte. 38 % des gesamten Spektrums nehmen die Dechselfragmente (222 Objekte) ein, wobei vollständig erhaltene Dechsel mit 19 % (113 Objekte) den zweitgrößten Anteil am gesamten Inventar bilden. Beile bilden hingegen mit 11 % (65 Objekte) und Beilfragmente mit 12 % (71 Objekte) eine in sich recht homogene und im Vergleich zu den Dechseln kleine Einheit (23 %). Ausschließlich in Fragmenten überliefert sind Äxte (40 Objekte) mit einem Gesamtanteil von 7 %.

Typologische Bestimmung und Auswertung

Bestimmungskriterien

Für die typologische Einordnung der Steingeräte der Sammlung Schindler wurden mehrere Typologien verwendet. Das Ziel hierbei war, einen Vergleich der typologischen Ansätze zu schaffen und zu ermitteln, welchen Detailgrad eine solche Typologie für die Behandlung von Oberflächenfunden benötigt. Um herauszufinden, welche Merkmale der unterschiedlichen Felsgesteingeräte in der Forschung bisher als definierend gelten, wurde für jede Materialgruppe eine Vergleichstabelle der pro Autor verwendeten Merkmale erstellt.

---

1   Das Folgende beruht, wenn nicht anders vermerkt, im Wesentlichen auf Schauer 2017.
2   Vgl. Schietzel 1965, 30; Brandt 1967, 133; Modderman 1970, 185; Farruggia 1977, 266–270; Fiedler 1979, 121; Engelhardt 1981, 34–36; Dohrn-Ihmig 1983, 74–77; Burger 1988, 62; Nieszery 1995, 142–153; 247; Böhner 1997, 51–61; Neth 1999, 245; Spatz 1999, 85–110; Lönne 2000, 112; 115; 116; Willms 2012, 858; 859; Reiter 2013, 32–38.

In Folge dieser Analyse wurde für die Bestimmung der Steingeräte das optische Verfahren präferiert, da die für ein Material definierenden, mathematischen Parameter in den bisher bestehenden Typologien immer nach einer optischen Einordnung nachträglich ergänzt wurden. Bei einem auf Metrik basierenden Vorgehen würde man demnach einen stark künstlichen Filter über das Material legen, dem unterstellt werden kann, dass sich so keine ‚natürliche' Formentrennung beschreiben lässt. Die Anwendung einer mathematischen Typendefinition würde demnach den Prozess der Erstellung einer Gliederung umkehren und somit ein hohes Risiko einer material- und realitätsfernen Einteilung bergen. Zudem kann davon ausgegangen werden, dass eine intuitive Gliederung nach Umriss und Querschnitt näher an der prähistorischen Realität orientiert ist als eine Auswertung basierend auf mathematischen Parametern. Zusätzlich beinhalten einige Typologien keine metrischen Definitionen, weshalb sie bei einem Schwerpunkt auf diesen nicht verwendbar wären. Um einen Verlust von einbeziehbaren Typologien sowie eine künstliche Unterteilung vermeiden zu können, erschien deshalb als Basis eine intuitive Bestimmung der Objekte sinnvoll. Für die exakte Bestimmung der Geräte wurden Typentafeln verwendet, welche die Definition der Form nach Autoren und Gerätegruppen enthalten, und – soweit möglich – maßstabsgetreue Abbildungen.

Korrespondenzanalyse und Seriation

Um herauszufinden, welche aus der Literatur stammenden Typen dieselben Geräte oder Gerätegruppen bezeichnen und welche Gruppierungen sich auf Grund der Bestimmung der Objekte durch verschiedene Typologien ermitteln lassen beziehungsweise welche Formen zusammengefasst werden können, wurde auf Korrespondenzanalyse und Seriation zurückgegriffen. Diese Methoden gelten als Weiterentwicklung der typlogisch-vergleichenden Studien. Ein archäologischer Datensatz besitzt regelhaft mehr als eine Dimension, es können sich darin z. B. soziale, ideologische, chronologische, aber auch technologische Aspekte verbergen, die sich zudem gegenseitig beeinflussen. Eine Seriation schafft in den Daten eine allgemeine, eindimensionale Ordnung, sichtbar in der in einer Tabelle erzeugten Diagonalstruktur. Die Korrespondenzanalyse hingegen ordnet die Daten nach ihrer Ähnlichkeit und stellt diese mehrdimensional dar. Ein besonderer Vorteil dabei ist, dass diese Darstellungen explorativ getestet werden können (Müller 1997, 3–7). Im Idealfall zeigt sich auf dem ersten Eigenvektor die dominante Erklärungsdimension, während auf dem zweiten oder dritten geometrisch zu deutende Anordnungen zu finden sind (Zimmermann 1997, 10). Bei der Projektion in die Ebene des ersten und zweiten Faktors (Eigenvektor) ergibt sich dabei nur dann eine Parabelstruktur, wenn eine Normalverteilung der erzeugten Typen und ihrer Zusammensetzung in den Auswertungseinheiten vorliegt. Diese Art der Verteilung ist bei archäologischen Daten nahezu inexistent; andere Verteilungsmuster, dargestellt durch verschiedene Cluster, sind deutlich wahrscheinlicher (Müller 1997, 6). Zeigt sich auf den ersten beiden Eigenvektoren keine Parabel, sondern eine Clusterung der Werte mit wenigen Ausreißern, so ist dies meist auf ‚Sonderfälle' in den Daten, nicht auf einen grundlegenden Fehler zurückzuführen (Zimmermann 1997, 10–11). Die Entstehung der jeweiligen Punktwolke ist dadurch beeinflusst, dass jedem Eigenvektor eine eigene Bedeutung zu Grunde liegt, sei diese chronologisch, funktionell oder anderweitig bedingt, sodass die vom Betrachter gewünschte Ordnung nicht zwingend auf dem ersten Eigenvektor zu liegen kommt (Baumeister/Van Willigen 1997, 81).

Auf Grund der oben angeführten Argumentation scheint die Korrespondenzanalyse als primäres Analyseinstrument für den Vergleich der verschiedenen Typologien besonders geeignet. Hierfür wurde zunächst eine Anwesenheitsmatrix für jede Gerätegruppe erstellt, bestehend aus den Inventarnummern sowie den zugehörigen Typen, und anschließend mit der Software CAPCA (Version 2.2.1; T. Madsen 2005–2012; 06.2013) ausgewertet. Für jede Analyse sind sämtliche Typen (Object) und Inventarnummern (Variable) ohne Ausschluss relevant.

Rechnerische Typendefinition

Nach Abschluss der optischen Gruppierung der Geräte der Sammlung Schindler wurde ein Abgleich dieser Gerätegruppen mit den in der Literatur verwendeten mathematischen Typendefinitionen für die jeweiligen neuen Typen durchgeführt. Das heißt, die mathematischen Kriterien der aus der Literatur stammenden Typen, die nun gemeinsam einen neuen Typ definieren, wurden nun über das Material gelegt. Es zeigte sich, dass die Geräte auf diese Weise oftmals nicht der Gerätegruppe zugehörig erschienen, in die sie optisch eingeordnet wurden. So umfassen einige Typen mathematisch beinahe das gesamte Material, beispielsweise können durch die metrische Definition des Typs IV nach Farruggia (1977, 272) 262 von 335 Objekten angesprochen werden, also nahezu 78 %. Ähnliches gilt für die Typen 3.2.1 nach Weller (2014, 66) und 2 nach Ramminger (2007, 181), die jeweils knapp 52 % der Geräte bezeichnen. Bei der optischen Bestimmung der Sammlung Schindler treten sie hingegen selten auf, da es sich um sehr allgemeine Typen handelt, welche für die Einordnung der Geräte deshalb als nicht besonders relevant erachtet wurden. Sie kamen nur zum Einsatz, wenn keine genauere Ansprache durch detailreichere Typologien möglich war.

Da die ursprüngliche Typenzuweisung auf Grund von optischen, nicht mathematischen Kriterien erfolgte, funktionieren alle Analysen, welche sich direkt auf erstere beziehen, einwandfrei. Mit dem Versuch einer mathematischen Definition wurde jedoch ein methodischer Fauxpas begangen: Durch zuvor festgelegte Metrik (in diesem Falle der aus der Literatur entnommenen) können die optischen Gruppen nicht greifbar gemacht werden, sie können stattdessen allein durch die Maße der zuvor zugewiesenen Geräte untermauert werden. Es ist deshalb mit den aktuell in der Literatur vorhandenen, metrischen Ansätzen nicht anzunehmen, dass ein auf reiner Metrik beruhender Ansatz präferiert werden kann.

Beile

Nach der allgemein gültigen Definition handelt es sich bei Beilen um nicht durchlochte, parallelgeschäftete Geräte. Zur Typenbildung ziehen fast 47 % der Autoren Unterschiede im Querschnitt als Hauptkriterium heran. Insgesamt 80 % verwenden dieses Merkmal in ihrer Definition. Beinahe ebenso relevant ist die Umrissform (73 %), auch wenn nur knapp 13 % diese als typdefinierend einstufen. Nacken- und Schneidenform werden von 47 % genutzt, gelten aber nur für 27 % beziehungsweise 13 % der Autoren als definierend. Zwei Autoren verwenden Maßverhältnisse. Es scheint demnach angemessen, für die Bestimmung von Beilen in erster Linie die Form von Querschnitt und Umriss zu nutzen, auch da die allgemeine Form bei Bruchstücken meist gut zu erkennen ist. Die Nackenform spielt hingegen eine untergeordnete Rolle, da sich im Laufe der Arbeit herausstellte, dass Schneidenbruchstücke mit knapp 70 % aller Bruchstücke überwiegen und somit eine auf dem Nacken beruhende Typologie nur bedingt zielführend wäre. Dennoch wurde die Bestimmung des Nackens – wann immer möglich – durchgeführt.

Für die exakte Bestimmung der Geräte der Sammlung Schindler wurden die Typologien von Jacob-Friesen 1924, Schietzel 1965, Brandt 1967, Lichardus-Itten 1980, Burger 1988, Böhner 1997, Grisse 2013, Kinne 2013, Reiter 2013 und Weller 2014 verwendet[3]. In der Praxis zeigte sich, dass die Typologie Brandts mit 23 % am häufigsten Anwendung findet, dicht gefolgt von Jacob-Friesen (18 %), Böhner (16 %) und Reiter (14 %). Auch Burger (10 %) und Weller (9 %) werden vergleichsweise oft genutzt. Betrachtet man die Anzahl der bestimmten Typen je Autor, so wird deutlich, dass die vier am häufigsten verwendeten Autoren die komplexesten Typologien erstellt haben und somit logischerweise auch die größte Typenvielfalt liefern. Dennoch ist es die Typologie Reiters, die sich interessanterweise mit insgesamt fünf von sechs Typen nahezu vollständig im Material findet. Sie könnte deshalb als besonders gut nutzbar gelten, wäre sie nicht häufig zu wenig eindeutig. Anhand der hier ermittelten Kriterien ist anzunehmen, dass für die Bestimmung der Beile eine feine Typologie durchaus verwendbar, wenn nicht sogar von Vorteil ist, da dadurch Objekte besser erkannt und exakter angesprochen werden können.

Die Korrespondenzanalyse aller für die Definition der Geräte der Sammlung Schindler aus der Literatur verwendeten Beiltypen ergab nach 122 Iterationen einen kanonischen Korrelationskoeffizienten (KKK-Wert)[4] des ersten Eigenvektors von 0,82, des zweiten Eigenvektors von 0,69 und des dritten Eigenvektors von 0,60. Es zeigt sich, dass der gesuchte Zusammenhang beziehungsweise die größte Ähnlichkeit der Datensätze in der Kombination von erstem und drittem Eigenvektor sichtbar wird, wo sich drei große

---

3   Jacob-Friesen 1924, 20–25; 27; 28; Reinerth 1923, 43; Schietzel 1965, 43; Taf. 6; Brandt 1967, 127; 128; 133; 134; 140–143; Taf. 13–26; Lichardus-Itten 1980, 51; Abb. 15; Burger 1988, 62; Taf. 60; Böhner 1997, 57–63; Taf. 33–35; 39–43; Grisse 2013, 79; Abb. 17; Kinne 2013, 82; Reiter 2013, 64–72; 74; 75; Weller 2014, 65–68.

4   Näheres hierzu z. B. bei Zimmermann 1997, 10.

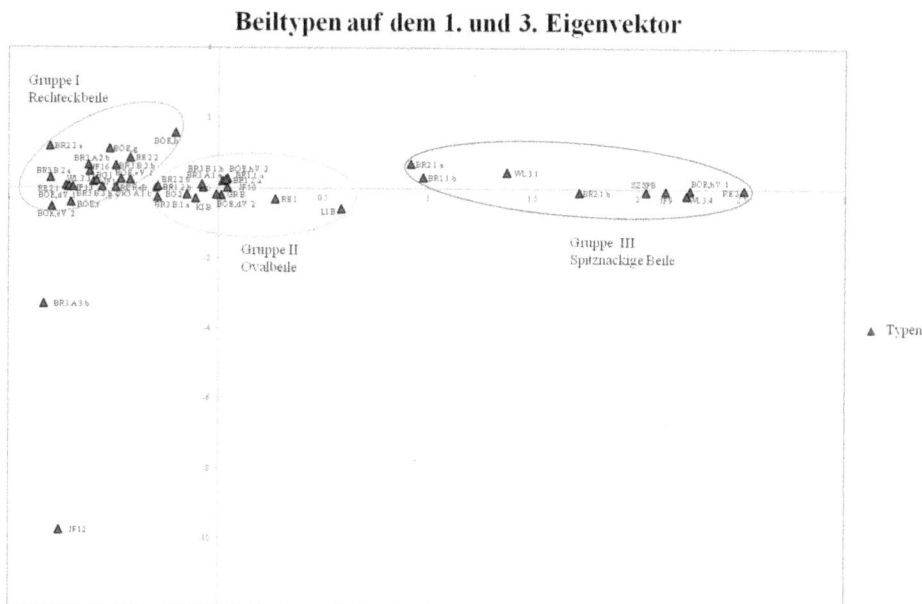

Abb. 1. Korrespondenzanalyse der Beile.

Gruppen (I–III) trennen lassen. Eine Auswertung erfolgte anhand der erkennbaren Cluster im Diagramm (Abb. 1) sowie den in der Seriation sichtbaren Zusammenhängen. Die Seriation wurde auf chronologische Relevanz überprüft, welche jedoch nicht verifiziert werden konnte. Um die so getroffenen Aussagen zu verifizieren, wurde pro Gruppe eine Typentafel erstellt und es wurden die Beschreibungen der Typen zusammengeführt sowie auf Gemeinsamkeiten getestet. Da viele Geräte bei der Zuordnung durch die beiden angeführten Analysemethoden in Übergangsgruppen eingestuft werden mussten, wurde zur Überprüfung zudem nachträglich eine unabhängige, zweite optische Gliederung der Geräte durchgeführt.

Die so ermittelten Beilgruppen lassen sich wie folgt ansprechen: Gruppe I - Rechteckbeile, Gruppe II - Ovalbeile, und Gruppe III - spitznackige Beile. Diese Gliederung entspricht exakt der Typenansprache nach Reinerth (1923, 43), aber auch jener von Weller (2014, 65–68). Letzteres deutet daraufhin, dass die anhand des Materials der Sammlung Schindler erstellte Gliederung mit der aktuellen Forschungstendenz einer eher groben Einteilung konform geht. Anzumerken ist, dass bei der hier vorgenommenen Typenbildung kein einheitliches Unterscheidungskriterium zu benennen ist. Gruppe I und II sind durch den Querschnitte, Gruppe II und III aber anhand der Nackenform zu unterscheiden.

Für Gruppe I (Abb. 2) können auf Basis der optischen Gliederung weitere Unterscheidungen vorgenommen werden. Bei Geräten der Gruppe I.1 handelt es sich um Rechteckbeile mit geraden bis leicht gewölbten Seiten. Anhand von metrischen Kriterien kann diese Gruppe in Typ I.1.1 – kleine rechteckige Rechteckbeile (Länge kleiner 75 mm, HBI kleiner 55) und Typ I.1.2 – große rechteckige Rechteckbeile (Länge größer 75 mm, HBI größer 55) gegliedert werden. Gruppe I.2 – trapezoide Rechteckbeile unterscheiden sich von Gruppe I.1 optisch durch ihren trapezförmigen Umriss. Typ I.2.1 – kleine trapezförmige gerade Rechteckbeile (Länge kleiner 50 mm, HBI größer 30) sind von der Metrik her identisch mit Typ I.2.2. Aus dieser Perspektive ist demnach keine Trennung der Formen anzunehmen. Es kann jedoch argumentiert werden, dass die Wölbung der Seiten Einfluss auf die spanabhebende Funktion und somit auf die Verwendung der Geräte hat. So bewirkt z. B. eine starke Wölbung der Unterseite, wie charakteristisch für Typ I.2.2 (kleine trapezförmige gewölbte Rechteckbeile), dass der Span stärker abgedrückt wird, was wiederum eher auf ein Fäll- als ein Behauwerkzeug hinweist (Elburg u. a. 2015; ders. pers. Mitt. per E-Mail, 08. 06. 2015). Typ I.2.3 – Große trapezförmige Rechteckbeile (Länge größer 50 mm, HBI kleiner 30, BLI kleiner 70, Breite größer 40 mm) zeichnen sich vor allem durch ihre größeren Dimensionen aus.

Gruppe II bezeichnet annähernd glockenförmige beziehungsweise trapezförmige Geräte mit leicht bis stärker gewölbten Seiten (Abb. 2). Besonders charakteristisch sind der gewölbte Nacken sowie ein

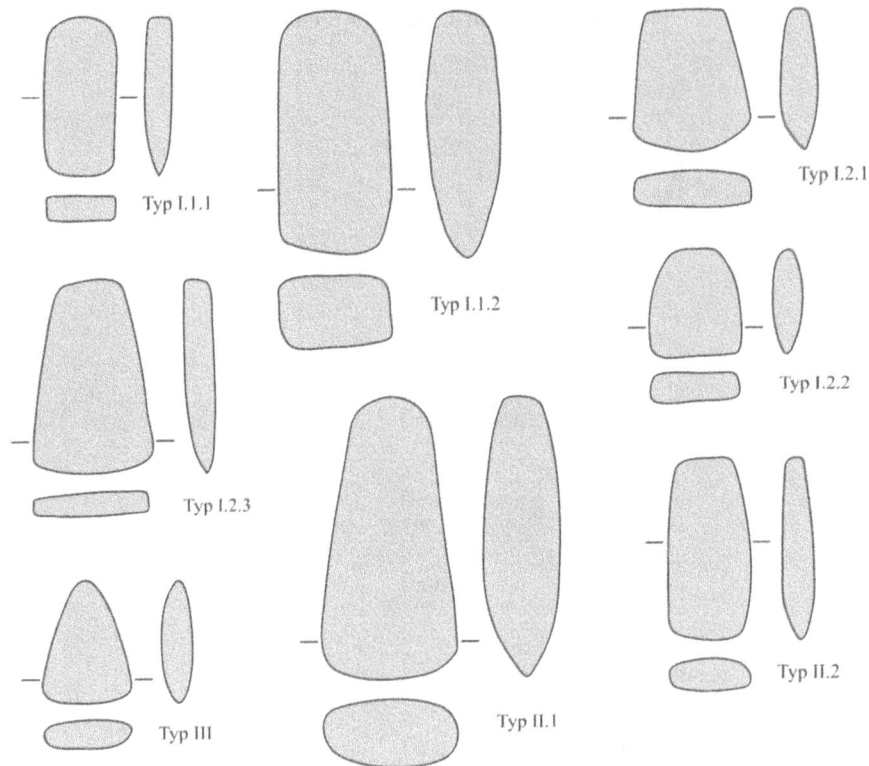

Abb. 2. Schematische Darstellung der Beilgruppen I bis III mit Unterformen (ohne Maßstab).

rundovaler, ovaler, flachovaler oder rechteckig-ovaler Querschnitt. Typ II.1 – glockenförmige Ovalbeile (Länge kleiner 60 mm, HBI größer 45) mit trapez- beziehungsweise glockenförmigem Umriss sind mittig stark aufgewölbt und besitzen eher stark gewölbte Seiten. Typ II.2 – trapezförmige bis rechteckige Ovalbeile (Länge größer 60 mm, HBI kleiner 45) sind hingegen flacher mit nur leicht gewölbten Seiten.

Gruppe III, spitznackige Beile, besitzen einen auffallend spitzen Nacken (Abb. 2). Die Schmalseiten sind überwiegend leicht gewölbt beziehungsweise gekrümmt, der Querschnitt schwankt zwischen rundoval und flachoval. Maße und Maßverhältnisse sind nicht näher relevant, da nur zwei Geräte komplett erhalten sind.

Betrachtet man die aktuellen Datierungen, so fällt Gruppe I als typisch mitteleuropäisches Gerät in einen Zeitraum zwischen 4.700 und 2.200 v. Chr., Gruppe II datiert zwischen 4.700 und 3.500 v. Chr. und Gruppe III zwischen 4.500 und 3.800 v. Chr. Gruppe I ist vor allem in der Rössener, Baalberger, älteren ganggrabzeitlichen Trichterbecherkultur und Einzelgrabkultur im Mittel- bis Endneolithikum erfasst. Gruppe II findet sich in der Rössener, Cortaillod- und Michelsberger Kultur im Mittel- bis Jungneolithikum und Gruppe III in der Ertebølle- und frühen Trichterbecherkultur (Weller 2014, 66–67). Eine chronologische Abfolge ist demnach nicht eindeutig, ebenso wenig eine kulturelle Zuweisung. Es ist allerdings anzumerken, dass Schier im mainfränkischen Raum spitznackige Beile als jungneolithisch, trapezoide, kleine, sowie rechteckige, facettierte Beile als endneolithisch einstuft (Schier 1990, 71).

Zusammenfassend lässt sich sagen, dass der zunächst optisch erstellten Typologie zur genaueren Definition mathematische Parameter zugewiesen werden können, die sich durch die zugewiesenen Geräte und Fragmente ergeben. Betrachtet man die ermittelten Maße in der Zusammenschau, so erscheinen die Geräte der Sammlung Schindler als eher kurze und kompakte Geräte von relativ geringer Höhe. Der Vergleich der metrischen und optischen Methode zur Erstellung einer Typologie zeigt, dass eine grobe Einteilung des Materials durch erstere möglich ist, wohingegen eine feinere Gliederung durch letztere erzielt werden kann. Eine Kombination beider ist demnach durchaus zielführend und kann den Arbeitsprozess erheblich erleichtern. Die Reihenfolge, in der diese beiden Methoden angewendet werden, bestimmt hierbei maßgeblich den Detailgrad und die Unabhängigkeit der dadurch erstellten Typologie.

Dechseltypen auf dem 1. und 3. Eigenvektor

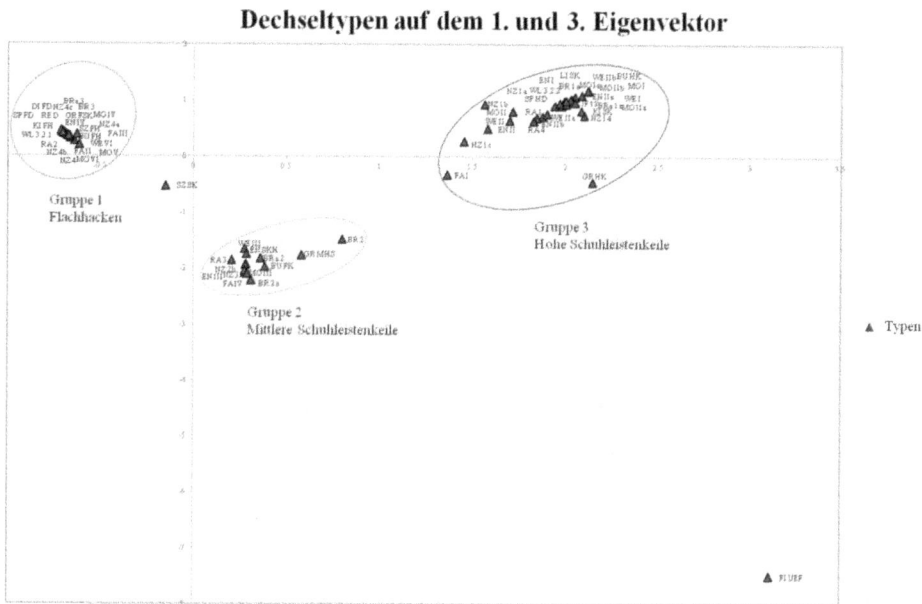

Abb. 3. Korrespondenzanalyse der Dechsel.

Die vorliegenden Analysen bestätigen, dass typologische Gruppen zwar ein wichtiges Hilfsmittel der Archäologie, jedoch nicht in allen Fällen eindeutig sind. So handelt es sich bei den erzeugten Gruppen um Zusammenfassungen von Geräten mit einigen Gemeinsamkeiten, doch zeigt sich in der optischen Varianz ebenfalls, dass es sich wohl nicht um immer wieder reproduzierte, nach Schablonen maßgefertigte Objekte handelt. Eher ist anzunehmen, dass eine von der gewünschten Funktion abhängige Formgebung geprägt durch bestehende Traditionen stattfand, die jedoch durch die Nutzung häufig verändert wurde. Zudem ist zu überlegen, ob z. B. ein rechteckiger oder ovaler Querschnitt tatsächlich, wie in der modernen Kategorisierung nach Formenmerkmalen angenommen, einen typendefinierenden Unterschied darstellt oder ob sich hier nicht ein ganz anderes Phänomen zeigt. Zu überlegen ist außerdem, ob sich eher funktionelle Unterschiede oder Bedeutungsunterschiede als Erklärung anbieten, als eine chronologische oder kulturell basierte Interpretation.

Dechsel

Als Dechsel werden im Längs- und Querschnitt asymmetrische – und daher wohl quergeschäftete –, nicht durchlochte Beilformen verstanden. Die wichtigsten Unterscheidungsmerkmale sind Querschnitt und Umrissform. Der Querschnitt wird von 70 % der Autoren, die Umrissform von 60 % als Merkmal in der jeweiligen Typenbeschreibung verwendet. Fast 78 % der Autoren, die dieses Merkmal nutzen, verwenden den Querschnitt als typendefinierendes Kriterium, 74 % den Umriss. Die verschiedenen Maße und Maßverhältnisse, die von fast 45 % als Hauptmerkmal genutzt und von annähernd der Hälfte verwendet werden, nehmen ebenfalls einen wichtigen Platz ein. Erwähnenswert ist, dass 12 der 27 verwendeten Typologien Umriss und Querschnitt als Hauptkriterien kombinieren und die Hälfte dieser zudem Maßverhältnisse nutzt. Schneiden- und Nackenform scheinen hingegen selten typendefinierend, werden aber in der allgemeinen Beschreibung sehr häufig verwendet, in der auch die Oberflächenbehandlung von knapp 30 % der Autoren erwähnt wird. Für die Bestimmung der Dechsel der Sammlung Schindler wurde zunächst die Längsachsensymmetrie überprüft. Für die weitere Unterteilung sind in erster Linie Querschnitt, Umriss und ergänzend Maßverhältnisse relevant.

Die Korrespondenzanalyse aller aus der Literatur stammenden und für die Typenbildung verwendeten Dechseltypen ergab nach 365 Iterationen einen KKK-Wert des ersten Eigenvektors von 0,96, des zweiten Eigenvektors von 0,89 und des dritten Eigenvektors von 0,88. Auch hier ist in der Kombination von

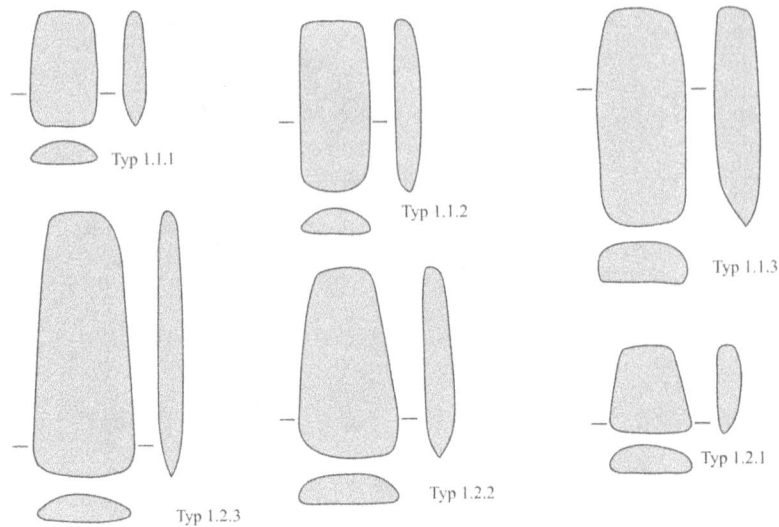

Abb. 4. Schematische Darstellung der Dechselgruppe 1 mit Unterformen (ohne Maßstab).

erstem und drittem Eigenvektor der gesuchte Zusammenhang beziehungsweise die größte Ähnlichkeit der Datensätze sichtbar. In diesem Falle wird die Qualität der verwendeten Daten durch eine deutlich sichtbare Parabel hervorgehoben (Abb. 3). Ähnlich wie bei den Beilen lassen sich drei Gruppen deutlich erkennen, nämlich flache Dechsel (Gruppe 1), mittlere Dechsel (Gruppe 2) und hohe Dechsel (Gruppe 3). Ihre Definition erfolgte durch die Auswertung der erkennbaren Cluster im Diagramm sowie anhand der in der Seriation sichtbaren Zusammenhänge. Im Falle dieser Seriation ist es möglich, dass sich neben der eindeutigen Zuordnung der einzelnen Objekte zu der jeweiligen Gruppe auch eine zeitliche Komponente fassen lässt.

Um eine weitere Unterteilung innerhalb der Gruppen zu erzielen, ist eine zweite Korrespondenzanalyse mit Seriation pro Cluster sinnvoll. Je nach Dechselgruppe fiel das Ergebnis mehr oder weniger zufriedenstellend aus. Im zweiten Schritt sind Jitterplots als Vergleichsgrundlage der Maße Länge, Breite, Höhe, HBI, BHI und BLI relevant. Sie geben einen Eindruck davon, ob unerkannte, mathematische Operatoren auch bei der optischen Typenzuweisung eine Rolle gespielt haben.

Zur genauen Einordnung der einzelnen Geräte wurden die Typologien nach Jacob-Friesen 1924, Buttler 1938, Schietzel 1965, Brandt 1967, Modderman 1970, Wegner 1976, Farruggia 1977, Lichardus-Itten 1980, Engelhardt 1981, Dohrn-Ihmig 1983, Brandt 1995, Nieszery 1995, Spatz 1999, Ramminger 2007, Grisse 2013, Kinne 2013, Reiter 2013 und Weller 2014 verwendet[5]. Es zeigte sich, dass die Typologien Moddermans (13 %) sowie Brandts 1967, Buttlers (je 12 %), Wegners, Nieszerys und Rammingers (je 10 %) am häufigsten angewendet wurden, doch auch Brandt 1995 (9 %) sowie Schietzel (7 %) und Engelhardt (6 %) sind oft vertreten. Es ist offensichtlich, dass die häufige Verwendung Moddermans, Brandts und Buttlers darauf zurückzuführen ist, dass sich ihre Typendefinition optisch besonders gut erfassen lässt. Dasselbe gilt, wenn auch weniger prägnant, für Wegner, Nieszery und Ramminger. Schietzel (1965, Taf. 5) ist für eine aus nur zwei Typen bestehende Typologie sehr häufig vertreten, aber vor allem weil anhand seiner Abbildungen der Schuhleistenkeile nahezu jedes Objekt dort eingeordnet werden kann. Engelhardt (1981, Taf. 55; 61) hingegen ist etwas schwieriger zu verwenden, da sich seine Typen II und III stark ähneln. Ein vergleichbares Problem besteht mit nahezu allen Typen nach Farruggia (1977, 37) oder

---

5　Jacob-Friesen 1924, 20–25; 27; 28; Reinerth 1923, 43; Schietzel 1965, 43; Taf. 6; Brandt 1967, 127; 128; 133; 134; 140–143; Taf. 13–26; Lichardus-Itten 1980, 51; Abb. 15; Burger 1988, 62; Taf. 60; Böhner 1997, 57–63; Taf. 33–35; 39–43; Grisse 2013, 79; Abb. 17; Kinne 2013, 82; Reiter 2013, 64–72; 74; 75; Weller 2014, 65–68.

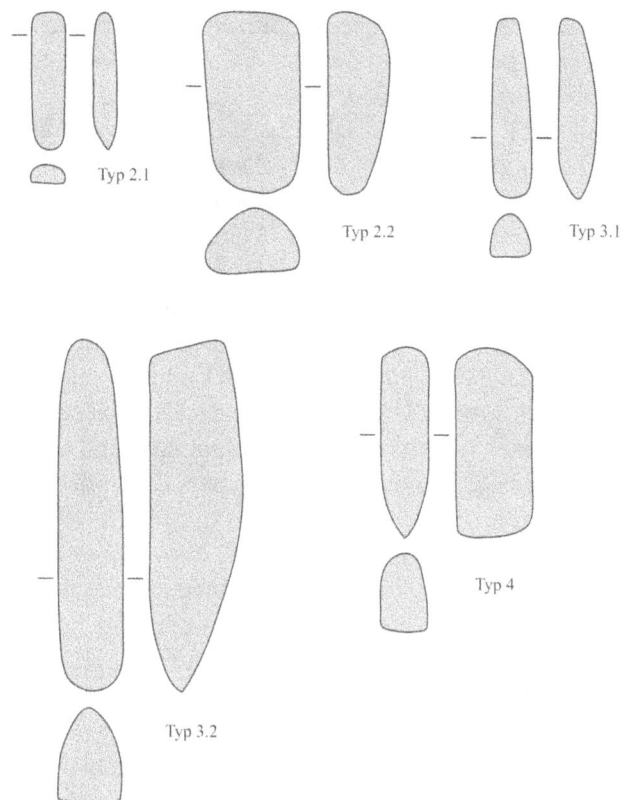

Abb. 5. Schematische Darstellung der Dechselgruppen 2 und 3 mit Unterformen (ohne Maßstab). Sonderform Typ 4 wird im Text nicht thematisiert (vgl. Schauer 2017, 109).

Grisse (2013, Abb. 17), welche nur sehr schematisch abgebildet sind. In Dohrn-Ihmigs, Jacob-Friesens, Lichardus-Ittens, Spatz', Kinnes, Reiters oder Wellers Abbildungen finden sich wiederum einige Formen nicht wieder, was zu einer seltenen Verwendung führt.

Mathematisch sind den Dechselgruppen 1 bis 3 eindeutige Definitionen zuweisen: Flachhacken (Gruppe 1) haben in der Regel einen HBI von weniger als 50, mittlere Schuhleistenkeile (Gruppe 2) einen zwischen 50 und 70, hohe Dechsel (Gruppe 3) liegen hingegen über 70. Eine ähnlich klare Trennung ist auch anhand des BHIs nachzuvollziehen. Gruppe 1 erreicht in der Regel Werte zwischen 20 und 50, Gruppe 2 zwischen 15 und 20, wohingegen Gruppe 3 meist unter 15 zu finden ist. Längen, Breiten und Höhenwerte aller Gruppen überschneiden sich. Es sind demnach die Relationen, nicht die absoluten Werte relevant. Generell sind die Geräte dieser Sammlung recht klein und zierlich.

Gruppe 1 (Abb. 4), flache Dechsel oder Flachhacken, kann anhand der optischen Erscheinung und unterstützend über metrischen Werte gegliedert werden. Unter Gruppe 1.1 werden Geräte zusammengefasst, die in der Aufsicht einen rechteckigen Umriss besitzen, und die weiter unterteilt werden können in große (1.1.3 - Länge 75-95 mm, Breite 35-70 mm), mittlere (1.1.2 - Länge 65-75 mm) und kleine (1.1.1 - Länge 30-65 mm, Höhe 5-15 mm) Geräte. Hinzu kommen große (1.2.3 - Länge 80-115 mm), kleine (1.2.1 - Länge 20-60 mm, Höhe 5-15 mm) und mittlere (1.2.2 - Länge 60-80 mm) im Umriss trapezförmige Geräte. Diese Einteilung basiert auf Unterschieden der Länge. Auch wenn nach einigen Autoren dieser Wert am meisten vom Nachschliff betroffen ist, wird die Länge dennoch auch in der Literatur nicht selten als Definitionskriterium herangezogen. Sind wenig Schleifspuren im Schneidenbereich die auf Nachschärfen hindeuten zu fassen, wie es bei dem Material der Sammlung Schindler der Fall ist, so wird zudem davon ausgegangen, dass die erhaltene Länge der Ursprünglichen entspricht (Niezery 1995, 142). Demnach scheint es gerechtfertigt, innerhalb der Flachhacken eine Gliederung anhand der Länge vorzunehmen. Die hier neu definierten Gruppen sind nicht eindeutig mit den zuvor bestimmten

Formen der Literatur in Einklang zu bringen. Dies ist zum einen der Tatsache geschuldet, dass viele Beschreibungen nur sehr allgemein gehalten und damit auf alle hier erstellten Gruppen anwendbar sind, zum anderen sind einige Abbildungen nicht eindeutig.

Gruppe 2 (Abb. 5), mittelhohe Dechsel, lässt sich anhand der Korrespondenzanalyse gut fassen. Durch die optische Bestimmung können kleine mittelhohe Dechsel (2.1 – Länge 45–58 mm, Breite 13–22 mm, Höhe kleiner 12 mm) mit einem deutlich gedrungenen D-förmigem Querschnitt von massiven, großen mittelhohen Dechseln (2.2 – Länge 49–82 mm, Breite 21–55 mm, Höhe 13–40 mm) unterschieden werden. Die Zuweisung der aus der Literatur bestimmten Typen erweist sich für Typ 2.1 als nahezu unmöglich. Deshalb überrascht die beinahe ausschließliche Verwendung einiger Formen für die Definition von Typ 2.2, auch da es sich dabei um Typen handelt, die optisch zwischen flachen und hohen Dechseln stehen. Die Gliederung der mittelhohen Dechsel in die die Typen 2.1 und 2.2 scheint durch die wahrscheinlich unterschiedliche Funktion und die großen Unterschiede in der Dimension angemessen.

Gruppe 3 (Abb. 5), hohe Dechsel, ist mathematisch sehr gut fass- und auswertbar. Die an dieser Stelle erstellte Seriation zeigt eine eindeutige Trennung in zwei Typen. Die optisch bestimmten hohen, kleinen Schuhleistenkeile (3.1 – Länge kleiner 75 mm, Breite 20–31 mm, Höhe 8–16 mm) und die hohen massiven Schuhleistenkeile (3.2 – Länge größer 80 mm, Breite 29–70 mm, Höhe 18–59 mm) lassen sich sowohl anhand ihrer Maße als auch der Formen aus der Literatur eindeutig beschreiben.

Eine genauere Datierung der Geräte dieser Sammlung kann möglicherweise nach einer Durchsicht der Keramik erfolgen. Für den Moment ist der in der Literatur angegebenen, groben Chronologie zu folgen. Hier sind flache Dechsel von 5.500 bis 4.400 v. Chr. und hohe beziehungsweise mittlere Dechsel für dieselbe Zeit erfasst. Dies bedeutet, dass ein Zeitraum vom frühen bis ins mittlere Neolithikum mit den Kulturen Bandkeramik, Stichbandkeramik und Rössen abgedeckt wird. Eine mögliche Abfolge von flachen zu hohen Dechseln wird in der Forschung noch diskutiert (Weller 2014, 66–67).

Zusammenfassend kann für die Dechseltypologie eine ähnliche Aussage wie für jene der Beile getroffen werden. Die vorliegende Auswertung belegt die zuvor getätigte Annahme, dass eine Verwendung von Umriss und Querschnitt als typendefinierende Kriterien die besten Voraussetzungen für eine in der Praxis verwendbare Typologie bietet. Eine feine Untergliederung ist hierbei durchaus möglich und macht offensichtlich eine Nutzung sehr attraktiv. Aber auch eine grobe Gliederung mit nur drei Typen, wie z.B. von Brandt 1967 vorgenommen, kann ebenso nützlich und ausreichend sein. Wie exakt eine Typologie sein muss, sollte demnach von Fall zu Fall für jeden untersuchten Komplex und je nach Fragestellung ermittelt werden, wenn auch universell gültige, allgemeine Kriterien wünschenswert wären. Es bleibt analog zur für die Beiltypologie verwendeten Argumentation zu bemerken, dass die Aussagekraft der hier erstellten Typologie eher schwierig zu beurteilen ist. Es ist zwar möglich, das Material der Sammlung Schindler eindeutig zu bestimmen und zu gliedern, aber es kann keine Verbindung zu Chronologie oder Funktion erstellt werden. Außerdem ist zu bedenken, dass verschiedene Geräteformen z. B. auch Ausdruck handwerklicher Spezialisierung sein können (Schietzel 1965, 28). Demnach handelt es sich bei dieser Typologie um ein theoretisches Konstrukt, dessen Bezug zur prähistorischen Realität (noch) nicht belegt ist.

Um zu überprüfen, ob es möglich gewesen wäre, eine Typologie aus der Literatur direkt anzuwenden und dasselbe Ergebnis zu erzielen, wurde auf die zuvor erwähnte Vergleichstabelle zurückgegriffen: Betrachtet man in der Vergleichstabelle die jeweils pro Dechselgruppe verwendeten Formen, so zeigt sich, dass einzig die Typologie Moddermans exakt der hier erzeugten Trennung entspricht. Es ist demnach anzunehmen, dass eine Bearbeitung der Sammlung auf Basis seiner Gliederung zu einem sehr ähnlichen Ergebnis geführt hätte.

Neben dem Versuch, anhand der Optik eine möglicherweise eindeutig anwendbare Typologie zu finden, eröffnet sich durch die metrischen Definitionen eine weitere Vergleichsmöglichkeit. Hierfür wurde vor allem auf das wichtigste Definitionskriterium, den HBI, sowie den häufig angewandten Vergleich von HBI zu maximaler Breite zurückgegriffen. Das Diagramm des HBIs der vollständigen Geräte lässt sich gut mit jenem der Objekte Rammingers vergleichen, welche zudem interessanterweise aus Gräbern stammen (Ramminger 2007, 165). Betrachtet man das Streudiagramm von HBI zu maximaler Breite der vollständigen Geräte, so zeigt sich, dass dieses sehr gut der Typentrennung nach Engelhardt entspricht (Engelhardt 1981, 34–35; 44–45), eine Unterscheidung bei HBI 50 oder 75 beziehungsweise 95, wie von diversen anderen Autoren angegeben, lässt sich hingegen nicht fassen. Die allgemeine Lage der Punktwolke kann zwar mit jener Rammingers verglichen werden (Ramminger 2007, 166), es wird aber deutlich, dass einige Objekte von ihren Definitionen nicht erfasst werden. Ein Abgleich des Histogramms des BHIs der vollständigen Dechsel z. B. mit den Angaben nach Spatz (1999, 87) oder Ramminger (2007, Abb. 157,1) ergibt keine Übereinstimmung. Es ist möglich, wie Schietzel (1965, 31) eine Trennung der Formen bei einem Wert von circa 20 zu postulieren, die Unterscheidung nach Farruggia (1977, 270–275) lässt sich hingegen am bearbeiteten Material nicht nachvollziehen. Wird das Streudiagramm von maximaler Breite zu Höhe der vollständigen Geräte herangezogen, zeigt sich, dass im Allgemeinen, wenn auch nicht im Detail, die Abbildung Nieszerys (1995, 144) als Vergleich genutzt werden kann. Die gleiche Darstellung aller Dechsel findet hingegen ihre beste Parallele in der Auswertung Rammingers (2007, 170). Es bleibt also zu bemerken, dass die Geräte der Sammlung Schindler je nachdem, welches metrische Kriterium als Vergleich herangezogen wird, in verschiedenen Typologien, im vorliegenden Fall jenen Engelhardts, Farruggias, Nieszerys und Rammingers, die besten Vergleichsmöglichkeiten finden. Vor allem Ramminger kann sehr häufig herangezogen werden, aber trotzdem nicht als exakte Parallele gelten.

Äxte

Unter dem Begriff Äxte werden durchlochte Schlaggeräte verstanden. Innerhalb der Gruppe der Äxte wird überwiegend nach Querschnitt und Nackenform unterschieden. Beide Merkmale werden in der Forschung von jeweils 25 % der Autoren als Hauptmerkmale angeführt, zieht man jedoch alle Autoren hinzu, so sind es 50 %, die sie als relevant erachten. Eine Einstufung nach Nackenform ist überwiegend in der älteren Literatur zu finden. Gefolgt werden diese Kriterien von Umriss- und Schneidenform sowie einigen Maßverhältnissen mit jeweils knapp 17 % der Autoren. Die neuere Forschung orientiert sich eher an letzteren. Querschnitt, Umriss und Nackenform treten zu gleichen Teilen und häufig kombiniert in Definitionen auf, Schneidenform und Maßverhältnisse sind seltener relevant. Demnach scheint es angemessen, für die Einordnung der Äxte der Sammlung Schindler vor allem Umriss, Querschnitt und, wenn bekannt, die Nackenform heranzuziehen.

Zur näheren Einteilung wurden die Typologien nach Jacob-Friesen 1924, Buttler 1938, Brandt 1967 und 1995, Lichardus-Itten 1980, Engelhardt 1981, Nieszery 1995, Spatz 1999, Grisse 2013, Kinne 2013 und Weller 2014 genutzt[6].

Es zeigt sich, dass vor allem Brandt besonders häufig verwendet wurde (27 %). Weller (19 %) und Jacob-Friesen (17 %) folgen mit deutlichem Abstand, wurden aber vergleichsweise häufig genutzt, da sie eine recht umfassende Darstellung des Formengutes der Sammlung Schindler liefern. Auch Spatz und Engelhardt sind auf Grund des Auftretens ihrer Formen mit 11 % und 10 % Anteil gut vertreten. Das gleiche gilt für Buttler (9 %) und Kinne (8 %).

Sämtliche den Äxten zuzuweisende Stücke sind nur fragmentarisch überliefert, ganze Objekte finden sich nicht. Es wurde deshalb jedes Gerät nach den vorhandenen Kriterien, meist Umriss und/oder Querschnitt, bestimmt. Ein einheitliches metrisches Vorgehen wie bei Beilen und Dechseln war hier nicht möglich.

Auch für die Äxte wurde eine Korrespondenzanalyse durchgeführt, wobei hier Sonderformen entfernt wurden, da sie einzelne Objekte bezeichnen und so das Bild stark verzerren. Die Auswertung der übrigen Formen ergab nach 34 Iterationen einen KKK-Wert des ersten Eigenvektors von 1,0 sowie des zweiten Eigenvektors von 0,90 und des dritten Eigenvektors von 0,54. Der gesuchte Zusammenhang beziehungsweise die größte Ähnlichkeit der verschiedenen Typen aus der Literatur zeigt sich auf dem ersten und zweiten Eigenvektor. Ähnlich wie bisher, lassen sich drei Gruppen fassen, in diesem Falle donauländische Äxte (Gruppe A – symmetrische, annähernd dreieckige Geräte mit parallel zur Schneide liegender Durchlochung, abgeschrägtem Nacken und gerundet-rechteckigem oder ovalem Querschnitt), durchlochte Flachhacken (Gruppe B – flache bis mittelhohe, im Querschnitt D-förmige, quer zur Schneide

---

6   Näheres hierzu z. B. bei Zimmermann 1997, 10.

durchlochte, trapezförmig bis rechteckige Geräte, die bei mittiger Durchlochung dort aufgewölbt erscheinen) und durchlochte Schuhleistenkeile (Gruppe C – im Querschnitt hoch D-förmige, schlanke, parallel zur Schneide durchlochte Geräte). Die exakte Definition erfolgte anhand der Auswertung der erkennbaren Cluster in Diagramm und Seriation, wobei sich die drei Gruppen in beiden Darstellungen deutlich zeigen. Die Seriation wurde ohne Ergebnis auf chronologische Relevanz überprüft.

Zur zeitlichen Gliederung lässt sich lediglich anführen, dass Gruppe B einzig im Altneolithikum vorkommt. Zeitlich folgend sind die Gruppen A und C zwischen 5.000 und 3.900 v. Chr. anzusiedeln. Sie sind im Mittel- bis Jungneolithikum in der späten Lengyelkultur, der mittleren und vor allem späten Stichbandkeramik, Bischheimer, Hinkelstein, Großgartacher, Rössener sowie Gaterslebener Kultur erfasst. Die Sonderformen der Gruppe D hingegen decken jeweils einen zeitlich deutlich jüngeren Horizont ab (Weller 2014, 38–39).

Zusammenfassend ist eindeutig, dass für die Steingeräte dieser Sammlung die für neolithisches Material übliche Typenzahl von drei beziehungsweise (zieht man die mögliche innere Unterteilung der Gruppe B hinzu) sechs ausreichend ist.

Experimentelle Archäologie – Praktische Handhabung von Steingeräten

Die vorgestellten Analysen basieren auf der aktuellen, literarischen Quellenlage. Im Lauf der Auswertung zeigte sich jedoch mehr und mehr, dass die Erstellung einer Typologie, die Bezug zur prähistorischen Realität beziehungsweise zur Funktion der Geräte besitzen soll, ohne praktische Erfahrung nicht sinnvoll ist. Ein Ausflug in die experimentelle Archäologie ist hier unumgänglich: Bei der Diskussion über die Funktion geschliffener Steingeräte wird auf Basis ihrer formalen Unterschiede auf verschiedene Funktionen beziehungsweise Verwendungsbereiche der Geräte geschlossen und auch die Handhabung ist je nach Gerät unterschiedlich (Elburg/Hein 2011, 20). So wird z. B. mit hohen schmalen Schuhleistenkeilen (Walter u. a. 2012a, 92) etwa auf Brust- bis Kopfhöhe steil von oben geschlagen, was es unmöglich macht, die untersten Späne abzutrennen. Es entsteht ein borsten- oder rasierpinselartiger Stumpf wobei die gerundete Oberseite der Klinge bei nur ganz geringer Eindringtiefe den Span abdrückt (Elburg/Hein 2011, 23) beziehungsweise die Faser zerquetscht (Walter u. a. 2012b, 184). Ihre eher spaltende Wirkung wird durch den stumpferen Schneidenwinkel zusätzlich verstärkt (Jørgensen 1985, 30), eine zu große Wucht führt hierbei unweigerlich zum Bruch der Auflagefläche (Elburg/Hein 2011, 23). Das Ausräumen der Fällkerben von unten nach oben ist mit diesen Geräten unmöglich, anders als bei Parallelbeilen durch das gelegentliche Schlagen (Hein u. a. 2012, 53). Ausschlaggebend für die Arbeiten, die mit einem bestimmten Gerät verrichtet werden können sowie für die Art, wie es gehandhabt werden muss, ist der Schäftungswinkel. Ein Winkel von 50° bis 70° ist für das Behauen von Holz besonders gut geeignet (Elburg 2008, 14), einer von 115° vor allem für das Glätten von Holzoberflächen (Walter u. a. 2012a, 93). Anhand von Bearbeitungsspuren an Hölzern z. B. aus neolithischen Brunnen (Walter u. a. 2012a, 182) zeigt sich, dass die geglätteten Seiten Spuren der Bearbeitung mit flach-breiten Dechselklingen aufweisen, die Balken aber mit hoch-schmalen Geräten auf Länge gebracht wurden (Elburg/Hein 2011, 21). Kleine, hohe Dechsel sind auch besonders gut dafür geeignet, anhaftende Splitter zu entfernen und Bretter zu durchtrennen (Elburg/Hein 2011, 24–25). Mittelgroße Dechselklingen eigenen sich ebenfalls zum Behauen von Planken (Weiner 1986, 40). Die Effektivität von Beilen hingegen ist beim Fällen von Bäumen deutlich höher als die von Dechselklingen (Walter u. a. 2012a, 93). Zudem sind Beile leichter zu schärfen (Weiner 1986, 41) und die Ausbeute an Holz ist deutlich höher, da die Schläge niedriger am Stamm angesetzt werden können (Elburg u. a. 2015, 69).

Neben diesem allgemeinen Verständnis für den Fäll- und Bearbeitungsvorgang ist Fachwissen im Bezug auf die Klingenformen nötig, um eine Aussage zu ihrer Funktionalität zu treffen. So geht Elburg auf Basis der durchgeführten Experimente „stark davon aus, dass Schneidenbreite sowie -radius, Schneidenwinkel, Asymmetrie zwischen ‹Aufwippung› der unterer Fase und Wölbung der Oberseite bei Dechseln beziehungsweise Asymmetrie der beiden die Schneide formenden Seiten bei Beilen und Äxten sowie absolute Dicke der Klinge bestimmende Merkmalen sind. Die restliche Form ist nachrangig bis völlig belanglos […] nur die Schneide und der vordere Teil der Klinge, der in Kontakt kommt mit dem Holz, sind bestimmend für die Funktion. Sogar Größe beziehungsweise Gewicht kann man mittels der Schäftung ausgleichen, sodass auch hier nur die Form und Größe der Schneide von Wichtigkeit sind." (Elburg, pers. Mitt. per E-Mail, 26. 05. 2015). „Die Krümmung im vordersten Bereich der Klinge ist insoweit wichtig, dass diese die abspaltende Wirkung des Schlages bestimmt, aber dies gilt nur für die 1–2 cm direkt hinter der Schneide." (Elburg, E-Mail, 28.05.2015).

In der Literatur wurde durch einige Autoren versucht, diesen wichtigen Kriterien Rechenschaft zu tragen. Schietzel (1965, 30–33) versuchte durch die Berechnung eines Indexes aus Schneidenbreite/Schneidenhöhe die Schneide näher zu beschreiben, scheiterte jedoch, da dieser Index eher zur individuellen Identifizierung eines Gerätes dienen kann. Auch erwiesen sich die ermittelten Schneidenwinkel und der Winkel der Aufwippung für seine Typenbestimmung als nicht verwendbar. Böhner (1997, 59) griff diesen Index, nun bezeichnet als Schneidenkrümmung, erneut auf, konnte aber ebenfalls lediglich feststellen, dass dieser Wert innerhalb eines Typs zu stark schwankt um von Nutzen für die Typendefinition zu sein. Spatz (1999, 101–102) versuchte sich erneut an dem Verhältnis von Schneidenkrümmungsbreite (SKB) und Schneidenkrümmungshöhe (SKH), doch auch hier ließ sich lediglich eine Trennung der Werte in hohe und flache Dechsel fassen. Die Messung von Schneiden- und Aufwippungswinkel brachten ebenfalls keine verwertbaren Ergebnisse.

Zusammenfassend ist demnach festzuhalten, dass die in der Literatur als typendefinierend verwendeten Kriterien nur wenig mit den für den realen Gebrauch ausschlaggebenden Variablen zu tun haben. Jene Kriterien, die auf den nach der experimentellen Archäologie wichtigen Gerätebereich zielen, können hingegen zum aktuellen Stand der Forschung noch nicht zielführend ausgewertet beziehungsweise verarbeitet werden.

Es zeigt sich deutlich, dass jede theoretische typologische Arbeit – so sie nicht nur als formenkundliche Gliederung dienen soll – von Beginn an mit einem aktiven Praxisbezug verbunden werden sollte. Ist eine an der Funktion der Objekte orientierte Typologie das Ziel, so müssten auf Grund der Aussagen der experimentellen Archäologie sämtliche bis dato erstellten Typologien hinterfragt werden. Auch die hier vorgestellte Typologie bleibt, trotz des Versuchs, sich an der Funktion zu orientieren, eine in der Theorie verhaftete, da die genutzten Kriterien und Definitionen nur in Ansätzen in der Praxis als relevant wiederzufinden sind. Anzumerken ist hier jedoch auch, dass auf Grund der Fundumstände (Oberflächenfunde) weder Schäftungen noch Spuren davon erhalten sind. Ebenso wenig sind eindeutige Gebrauchsspuren erfasst, da durch die Lagerung im Pflughorizont die originale Oberfläche der Geräte meist nicht mehr erhalten ist. Einige der relevanten Kriterien sind hier demnach schlicht nicht anwendbar und dies wird sich auch bei den meisten zukünftigen zu bearbeitenden Fundorten oder Fundkomplexen wahrscheinlich ähnlich darstellen.

Zusammenfassung

Auf Basis der Angaben aus der Literatur wurden Umriss und Querschnitt als relevante Gliederungskriterien für die Bestimmung von geschliffenen Felsgesteingeräten (Beile, Dechsel, Äxte) ausgewählt und die so ermittelten Typen im Nachgang durch mathematische Kriterien untermauert. Es konnten zudem die aus der Literatur stammenden Formen mehr oder weniger exakt den neu entwickelten Typen zugeordnet werden. Relevant für die Funktion dieser Geräte sind aber vor allem Schneidenform und -winkel sowie die Art der Schäftung, welche bis dato nicht aussagekräftig als typendefinierende Kriterien erfasst werden können. Diese Typologie kann demnach als ‚Zusammenfassung' der bisher Existierenden verstanden werden. Sie erlaubt eine exakte Ansprache der Geräte der Sammlung Schindler, ihre Aussagekraft bleibt aber bis auf weiteres ungewiss, ebenso die jener Typologien, welche die funktionsrelevanten Kriterien (noch) nicht mit einbezogen haben. Bis dato steht eine Möglichkeit noch aus, diese Kriterien (v.a. Schneidenform und Schneidenwinkel) sinnvoll in definierende Faktoren umzusetzen.

Literatur

BAUMEISTER/VAN WILLIGEN 1997: R. Baumeister/S. van Willigen, Ein Beitrag zur chronologischen und regionalen Differenzierung des südfranzösischen Néolithique ancien. In: J. Müller/A. Zimmermann (Hrsg.), Archäologie und Korrespondenzanalyse. Beispiele, Fragen, Perspektiven. Internat. Arch. 23 (Espelkamp 1997) 75–90.

BÖHNER 1997: U. Böhner, Die Felssteingeräte der endneolithischen Siedlung von Dietfurt a. d. Altmühl, Lkr. Neumarkt i. d. OPf. Arch. Main-Donau-Kanal 10 (Espelkamp 1997).

BÖHNER 1999: U. Böhner, Die Beilklingen der endneolithischen Siedlung Dietfurt a. d. Altmühl. In: H. Schlichtherle (Hrsg.), Aktuelles zu Horgen, Cham, Goldberg III, Schnurkeramik in Süddeutschland. Rundgespräch Hemmenhofen 26. Juni 1998. Hemmenhofener Skripte 1 (Freiburg i. Br. 1999) 61–62.

BRANDT 1967: K. H. Brandt, Studien über steinerne Äxte und Beile der jüngeren Steinzeit und der Stein-Kupferzeit Nordwestdeutschlands. Münstersche Beitr. Vorgeschichtsforsch. 2 (Hildesheim 1967).

BRANDT 1995: K. H. Brandt, Donauländische Geräte aus dem Südkreis Soltau-Fallingbostel. Die Kunde N. F. 46, 1995, 1–27.

BURGER 1988: I. Burger, Die Siedlung der Chamer Gruppe von Dobl, Gemeinde Prutting, Landkreis Rosenheim und ihre Stellung im Endneolithikum Mitteleuropas. Materialh. bayer. Vorgesch. A 56 (Fürth 1988).

BUTTLER 1938: W. Buttler, Der donauländische und der westische Kulturkreis der jüngeren Steinzeit. Handbuch Urgesch. Deutschlands 2 (Berlin, Leipzig 1938).

DOHRN-IHMIG 1983: M. Dohrn-Ihmig, Das bandkeramische Gräberfeld von Aldenhoven-Niedermerz, Kreis Düren. In: G. Bauchhenß (Hrsg.), Archäologie in den rheinischen Lössbörden. Beiträge zur Siedlungsgeschichte im Rheinland. Rhein. Ausgr. 24 (Düsseldorf 1983) 47–190.

ELBURG U. A. 2015: R. Elburg/W. Hein/A. Probst u. a., Field Trials in Neolithic Woodworking – (Re)Learning to use Early Neolithic stone adzes. In: R. Kelm (Hrsg.): Archeology and Crafts: Experiences and Experiments on traditional Skills and Handicrafts in Archeological Open-Air Museums in Europe. Proceedings of the VI. OpenArch-Conference in Albersdorf, Germany, 23.–27. September 2013 (Husum 2015) 62–77.

ELBURG 2008: R. Elburg, Eine Dechselklinge mit Schäftungsresten aus dem bandkeramischen Brunnen von Altscherbitz. Arbeits- u. Forschungsber. sächs. Bodendenkmalpfl. 50, 2008, 9–15.

ELBURG/HEIN 2011: R. Elburg/W. Hein, Steinbeile im Einsatz – Bäumefällen wie vor 7000 Jahren. Archaeo 8, 2011, 20–25.

ENGELHARDT 1981: B. Engelhardt, Das Neolithikum in Mittelfranken. Materialh. bayer. Vorgesch. A 42 (Kallmünz/Opf. 1981).

FARRUGGIA 1977: J.-P. Farruggia, Die Dechsel. In: R. Kuper/H. Löhr/J. Lüning u. a. (Hrsg.), Der bandkeramische Siedlungsplatz Langweiler 9. Beiträge zur neolithischen Besiedlung der Aldenhovener Platte 2. Rhein. Ausgr. 18 (Bonn 1977).

FIEDLER 1979: L. Fiedler, Formen und Technik neolithischer Steingeräte aus dem Rheinland (Köln 1979).

GRISSE 2013: A. Grisse, Äxte, Pickel, Keulen, Hacken, Hauen und Doppelhämmer im mitteleuropäischen Neolithikum. Eine Einführung in die Typologie der durchlochten Felsgesteingeräte anhand der graphischen Radien-Methode. Universitätsforsch. prähist. Arch. 231 (Bonn 2013).

HEIN U. A. 2012: W. Hein/R. Elburg/P. Walter u. a., Dechsel am Altenberg. Ein vorläufiger Bericht. Experimentelle Archäologie in Europa 2012, 49–55.

JACOB-FRIESEN 1924: K. H. Jacob-Friesen, Die neolithischen Steingeräte Niedersachsens. Nachrichtenbl. Niedersächs. Vorgesch. 1, 1924, 1–71.

JØRGENSEN 1985: S. Jørgensen, Tree-felling. With original neolithic flint-axes in draved wood: reports on the experiments in 1952–54 (Kopenhagen 1985).

KINNE 2013: A. Kinne, Tabellen und Tafeln zur Grabungstechnik 7 (Dresden 2013).

LICHARDUS-ITTEN 1980: M. Lichardus-Itten, Die Gräberfelder der Großgartacher Gruppe im Elsaß. Saarbrücker Beitr. Altertumskde. 25 (Bonn 1980).

LÖNNE 2000: P. Lönne, Das Mittelneolithikum im südlichen Niedersachsen. Untersuchungen zum Kulturenkomplex Großgartach – Planig-Friedberg – Rössen und zur Stichbandkeramik. Materialh. Ur- u. Frühgesch. Niedersachsens A 31 (Rahden/Westf 2000).

MODDERMAN 1970: P. J. R. Modderman, Linearbandkeramik aus Elsloo und Stein. Zur Typologie und Gebrauch von Dechseln in der Linearbandkeramik. Analecta praehist. Leidensia 3 (Leiden 1970).

MÜLLER 1997: J. Müller, Zur Struktur archäologischer Daten und die Anwendung multidimensionaler Verfahren. In: J. Müller/A. Zimmermann (Hrsg.), Archäologie und Korrespondenzanalyse. Beispiele, Fragen, Perspektiven. Int. Arch. 23 (Espelkamp 1997) 3–8.

NETH 1999: A. Neth, Eine Siedlung der frühen Bandkeramik in Gerlingen, Kreis Ludwigsburg. Forsch. u. Ber. Vor- u. Frühgesch. Baden-Württemb. 79 (Stuttgart 1999).

NIESZERY 1995: N. Nieszery, Linearbandkeramische Gräberfelder in Bayern. Internat. Arch. 16 (Espelkamp 1995).

RAMMINGER 2007: B. Ramminger, Wirtschaftsarchäologische Untersuchungen zu alt- und mittelneolithischen Felsgesteingeräten in Mittel- und Nordhessen. Archäologie und Rohmaterialversorgung. Internat. Arch. 102 (Rahden/Westf. 2007).

REINERTH 1923: H. Reinerth, Die Chronologie der Jüngeren Steinzeit in Süddeutschland. Veröff. Urgeschich. Forschungsinst. (Leipzig 1923).

REITER 2013: V. Reiter, Ressourcenmanagement im Pfahlbau. Technologie und Rohmaterial der Steinbeilklingen vom Mondsee. Mitt. Prähist. Komm. 81, 2 (Wien 2013).

SCHAUER 2017: M. Schauer, Studien zu Typologien von Beilen, Dechseln und Äxten. Ein Test auf Anwendbarkeit und Validität. Universitätsforsch. Prähist. Arch. 298 (Bonn 2017).

SCHIER 1990: W. Schier, Die vorgeschichtliche Besiedlung im südlichen Maindreieck. Teil I. Text und Tafeln. Materialh. bayer. Vorgesch. A 60 (Kallmünz/Opf. 1990).

SCHIETZEL 1965: K. Schietzel, Müddersheim. Eine Ansiedlung der jüngeren Bandkeramik im Rheinland. Fundamenta A 1 (Köln, Graz 1965).

SPATZ 1999: H. Spatz, Das mittelneolithische Gräberfeld von Trebur, Kreis Groß-Gerau. Mat. Vor- u. Frühgesch. Hessen 19 (Wiesbaden 1999).

WALTER U. A. 2012a: P. Walter/R. Elburg/W. Hein u. a., Ergersheimer Experimente zur bandkeramischen Fäll- und Holzbearbeitungstechnik. Experimentelle Archäologie 2012, 89–94.

WALTER U. A. 2012b: P. Walter/R. Elburg/W. Hein u. a., Dechsel in der „Saugrube" – Experimente zur Fäll- und Holzbearbeitungstechnik in der Bandkeramik. Arch. Jahr Bayern 2011 (2012) 182–185.

WEINER 1986: J. Weiner, Beile und Dechsel aus der Jungsteinzeit. Originalgetreue Nachbildungen steinzeitlicher Geräte. In: Berichte aus der Arbeit des Museums 3–4, hrsg. v. Rhein. Landesmus. Bonn (1986) 38–42.

WEGNER 1976: G. Wegner, Die vorgeschichtlichen Flußfunde aus dem Main und aus dem Rhein bei Mainz. Materialh. bayer. Vorgesch. A 30 (Kallmünz/Opf. 1976).

WELLER 2014: U. Weller, Äxte und Beile. Erkennen, bestimmen, beschreiben. Bestimmungsbuch Archäologie 2 (Berlin u. a. 2014).

WILLMS 2012: C. Willms, Beile und Äxte aus Felsgestein. In: H. Floss (Hrsg.), Steinartefakte vom Altpaläolithikum bis in die Neuzeit. Tübingen Publications in Prehistory (Tübingen 2012) 857–874.

ZIMMERMANN 1997: A. Zimmermann, Zur Anwendung der Korrespondenzanalyse in der Archäologie. In: J. Müller/A. Zimmermann (Hrsg.), Archäologie und Korrespondenzanalyse. Beispiele, Fragen, Perspektiven. Internat. Arch. 23 (Espelkamp 1997) 9–16.

Michaela Schauer
Ludwig-Maximilians-Universität München
Department für Kulturwissenschaften und Altertumskunde
Schellingstr. 12
80799 München
m.schauer@campus.lmu.de

www.ingramcontent.com/pod-product-compliance
Lightning Source LLC
Chambersburg PA
CBHW081509290326
41932CB00051B/3089